Java 2
Iniciación y referencia

2.ª edición

María Victoria Sainz de Cea

Java 2
Iniciación y referencia
2.ª edición

JESÚS SÁNCHEZ ALLENDE
Dr. Ingeniero de Telecomunicación
Dpto. de Electrónica y Sistemas
Universidad Alfonso X El Sabio

GABRIEL HUECAS FERNÁNDEZ-TORIBIO
Dr. Ingeniero de Telecomunicación
Dpto. Ingeniería de Sistemas Telemáticos
Universidad Politécnica de Madrid

BALTASAR FERNÁNDEZ MANJÓN
Dr. en Ciencias Físicas
Dpto. de Sistemas Informáticos y Programación
Universidad Complutense de Madrid

PILAR MORENO DÍAZ
Licenciada en Matemáticas
Dpto. de Electrónica y Sistemas
Universidad Alfonso X El Sabio

McGraw Hill

MADRID • BOGOTÁ • BUENOS AIRES • CARACAS • GUATEMALA • LISBOA
MÉXICO • NUEVA YORK • PANAMÁ • SAN JUAN • SANTIAGO • SÃO PAULO
AUCKLAND • HAMBURGO • LONDRES • MILÁN • MONTREAL • NUEVA DELHI
PARÍS • SAN FRANCISCO • SIDNEY • SINGAPUR • ST. LOUIS • TOKIO • TORONTO

La información contenida en este libro procede de una obra original entregada por el autor. No obstante, McGraw-Hill/Interamericana de España no garantiza la exactitud o perfección de la información publicada. Tampoco asume ningún tipo de garantía sobre los contenidos y las opiniones vertidas en dichos textos.

Este trabajo se publica con el reconocimiento expreso de que se está proporcionando una información, pero no tratando de prestar ningún tipo de servicio profesional o técnico. Los procedimientos y la información que se presentan en este libro tienen sólo la intención de servir como guía general.

McGraw-Hill ha solicitado los permisos oportunos para la realización y el desarrollo de esta obra.

JAVA 2. INICIACIÓN Y REFERENCIA, 2.ª EDICIÓN

No está permitida la reproducción total o parcial de este libro, ni su tratamiento informático, ni la transmisión de ninguna forma o por cualquier medio, ya sea electrónico, mecánico, por fotocopia, por registro u otros métodos, sin el permiso previo y por escrito de los titulares del Copyright.

McGraw-Hill/Interamericana de España, S.A.U.

DERECHOS RESERVADOS © 2005, respecto a la segunda edición en español, por
McGRAW-HILL/INTERAMERICANA DE ESPAÑA, S.A.U.
Edificio Valrealty, 1.ª planta
Basauri, 17
28023 Aravaca (Madrid)

www.mcgraw-hill.es
profesional@mcgraw-hill.com

ISBN: 84-481-9816-6
Depósito Legal: M-34.789-2006

Editor: Carmelo Sánchez González
Diseño de cubierta: Luis Sanz Cantero
Compuesto en Puntographic, S. L.
Impreso en Cofás, S. A.

IMPRESO EN ESPAÑA - PRINTED IN SPAIN

A mis chicas Pilar, Blanca y Alicia
JSA

*A mi mujer, Paqui
y a mis hijos, Fernando, Carmen y Raquel*
GHFT

A Pilar, Balti y Celia
BFM

*A mi compañero Jesús,
y a mis niñas*
PMD

Contenido

Antes de comenzar	XIII
Acerca del libro	XIV
Organización y contenido del libro	XIV
Recomendaciones de uso del libro	XVI
Notas	XVII
Capítulo 1. Introducción	**3**
El lenguaje de programación Java	3
Java 2	4
Entorno de desarrollo de Java 2	5
Desarrollo de programas en Java	6
Proceso de desarrollo	8
Aspectos de la codificación	8
Estructura de un programa	9
Comentarios	12
Identificadores	13
Variables y valores	14
Tipos primitivos	16
Literales	17
Operadores	19
Expresiones	21
Expresiones aritmético-lógicas	22
Conversión de tipo	23
Enumerados	24
Petición de datos al usuario	25
Capítulo 2. Clases y Objetos	**29**
Clases y Objetos	30
¿En qué consiste una clase?	31

Uso de atributos e invocación de métodos	33
Referencia `null`	33
Referencias compartidas: alias	35
Ciclo de vida de un objeto	37
Criterios para definir clases	38
Atributos	38
Definición de atributos	38
Métodos	39
Definición de métodos	40
Invocación de un método	42
Funcionamiento de un método	43
Parámetros y argumentos	44
Paso de parámetros	45
Número variable de parámetros	47
Valor de retorno	48
Lanzamiento de excepciones	50
Autorreferencia `this`	51
Variables locales	52
Ámbito de variables	52
Sobrecarga	54
Recursividad	55
Criterios para definir métodos	57
Constructores	57

Capítulo 3. Ampliación de Clases — 65

Elementos de clase (`static`)	65
Valor inicial de atributos de clase	67
Efectos laterales (o secundarios)	68
Ámbito de clase	69
Derechos de acceso	70
Especificación y Realización	72
Encapsulación	73
Paquetes	73
Uso	74
Nombres	74
Clases internas	75
Clases locales y clases anónimas	77
Clases predefinidas	77
Envoltorios	77
Math	81
String	82
Importación estática de clases	84

Capítulo 4. Estructuras de control — 87

Estructuras de Control	87
Apilamiento y anidamiento de estructuras	88
Estructuras de selección	88
Estructura `if`	88

Contenido

Estructura `if-else`	89
Operador condicional	90
Estructuras `if-else` anidadas	90
Estructura `switch`	91
Estructuras de repetición	95
Estructura `while`	95
Estructura `do-while`	97
Estructura `for`	98
Uso de las estructuras de repetición	101
Iteratividad y recursividad	102
Estructuras de salto	102
Sentencia `break`	103
Sentencia `continue`	103
Uso de `break` y `continue`	104
Manejo de Excepciones	105
Clase Alumno	107
Aserciones	108
Aserciones como comprobación de invariantes	108
Aserciones como precondiciones	109
Aserciones como postcondiciones	109

Capítulo 5. Extensión de clases — 113

Composición	114
Herencia	116
Compatibilidad de tipos	119
Jerarquía de herencia	122
Ámbitos y Visibilidad	123
Reescritura	125
Constructores	128
Polimorfismo	131
Herencia forzada	132
Implementaciones parciales	133
Criterios de diseño	134

Capítulo 6. Estructuras de almacenamiento — 139

Arrays	139
Arrays multidimensionales	143
Uso de los arrays	145
Búsqueda y Ordenación en arrays	148
Búsqueda en arrays ordenados	149
Métodos de ordenación y búsqueda en la API del lenguaje	149
Colecciones	151

Capítulo 7. Entrada y salida — 157

Concepto de flujo en Java.	158
Tipos de flujos	158
Leer y escribir en un archivo	160

Leer y escribir en memoria	162
Filtros	164
La clase Alumno	166
Entrada desde teclado	167
La clase File.	169
Manejo de archivos de acceso aleatorio.	170
Lectura y escritura de objetos	171

Capítulo 8. Interfaces 177

Definición de interfaces	177
Uso de interfaces	179
Jerarquía de interfaces	180
Criterios de diseño	181
La interfaz `Iterator`	181
Uso de `Iterator`	182
Implementación de `Iterator`	183

Capítulo 9. Genéricos 191

Definición de genéricos	192
Herencia de genéricos y conversión de tipos	193
Comodines	193
Métodos genéricos	195

Capítulo 10. Interfaces gráficas de usuario con Swing 201

Creación de una interfaz gráfica	202
Los elementos de una interfaz gráfica como objetos	202
Tratamiento de eventos: El modelo de delegación	203
Eventos, objetos fuente y objetos oyente	204
Ejemplo sencillo	205
Jerarquía y tipos de eventos	207
Clases adaptadoras de eventos	209
Eventos y componentes gráficos	211

Capítulo 11. Construcción de una interfaz gráfica en Swing 217

Ventanas, contenedores y componentes gráficos en Java	218
Diseño y creación de la interfaz gráfica	219
Presentación y descripción general de Swing	220
Componentes gráficos: jerarquía y tipos	221
Clases básicas	221
Contenedores de alto nivel	224
Cuadros de diálogo estándar	228
Contenedores intermedios	232
Componentes atómicos	238
Otras clases gráficas de Swing	253
Administradores de disposición o diseño (layout managers) ...	254
Conceptos básicos	255

FlowLayout	255
BorderLayout	256
GridLayout	257
CardLayout	258
BoxLayout	259
GridBagLayout	261
Implementación de la interfaz gráfica de una aplicación de gestión de un grupo de alumnos	262

Capítulo 12. Applets 271

Entorno y ciclo de vida de un applet	272
Creación de una applet	273
Las clases Applet y JApplet	274
Ejemplo: La applet CicloVidaApplet	275
HTML, XHTML y las applets: la marca <APPLET>	277
Seguridad de las applets	280

Apéndice A.	Sintaxis de Java	285
Apéndice B.	Referencias	301
Apéndice C.	Documentación del código	309
Apéndice D.	Convenios de programación en Java	321
Apéndice E.	Clases de uso común.	331
Apéndice F.	Glosario	343

Índice analítico 349

Antes de comenzar

Ésta es la segunda edición del libro de fundamentos de programación con Java. Desde la primera versión del mismo, el entorno de desarrollo Java ha experimentado multitud de cambios que le han hecho mejorar y madurar. En esta edición encontrará todos los cambios que se pueden abordar desde un primer curso de programación.

El libro cubre una revisión completa de los cambios hasta la versión J2SE 5.0. Esta versión supone un cambio sustancial muy importante para el lenguaje. En particular incluye siete nuevos elementos en el propio lenguaje además de las aserciones que se incluyeron en la versión 1.4. Todas ellas, excepto las anotaciones, tienen su reflejo y uso en los ejemplos del libro y se describen apropiadamente para que pueda utilizarlas de forma natural, sin tener en cuenta que son elementos añadidos.

De hecho, se ha tratado con especial cuidado que todos los elementos que han ido apareciendo vayan surgiendo a lo largo del libro de la forma más natural posible. Ello le permitirá asimilar los conceptos y utilizarlos de la forma más apropiada.

A todos aquellos que han utilizado este libro desde su aparición deseamos darles nuestro más sincero agradecimiento, en particular a todos los que han ido haciendo críticas constructivas sobre su contenido y presentación y, a veces, comentándonos algunas de las erratas que contenía. Nuestro especial agradecimiento al profesor A. Peris del centro asociado de la UNED de Denia por sus anotaciones y trabajo sobre el libro para corregir los errores que contenía, que tan oportunamente nos hizo llegar.

ACERCA DEL LIBRO

Este libro ha sido escrito desde la experiencia docente de sus autores. Por ello, la estructura, contenidos, modo de presentación, etc., van dirigidos a que la persona que vaya a utilizarlos para aprender a programar en Java, consiga adquirir los conocimientos de programación adecuados.

El objetivo de este libro es enseñar los fundamentos de la programación orientada a objetos a quien no tiene conocimientos de programación y desea empezar con un lenguaje moderno y de amplio uso como es Java. Asimismo, sirve para que aprendan la programación orientada a objetos aquellas personas que provengan de un lenguaje sin esta particularidad.

De hecho, no se olvida que hay muchas personas que ya saben algo de programación. Encontrarán en el desarrollo del libro las pautas necesarias para seguir el lenguaje y aprender a utilizarlo de forma correcta.

El libro contiene muchos ejemplos de programas en Java que reflejan usos significativos de cada uno de los conceptos que se tratan. Además, para que el estudiante pueda unificar todos los conceptos, se desarrolla un ejemplo conductor que permite ir dando cuerpo a todos los elementos del libro en una aplicación de cierta complejidad.

En la última parte del libro se ha incluido un buen número de apéndices. En ellos podrá encontrar gran cantidad de información de referencia. Todos ellos seguramente le serán de utilidad. Unos en cuanto empiece a programar, como el de convenios de programación o documentación de programas, y otros, quizá más adelante, cuando ya conozca un poco más el lenguaje, como las referencias a otros libros o a documentos en Internet.

Organización y contenido del libro

En la primera edición no resultó nada fácil decidir la estructura para el libro. En esta segunda edición ir incluyendo todos los cambios del lenguaje y reordenar los contenidos también nos ha llevado largas discusiones que esperamos se reflejen de forma fructífera para el estudiante.

Ciertamente, enseñar los fundamentos de la programación utilizando un lenguaje como Java resulta más complejo que utilizando otros lenguajes. La propia estructura del mismo hace que todos los conceptos de orientación a objetos estén muy relacionados entre sí, siendo muy difícil separarlos para presentarlos uno a uno, que es lo adecuado para un estudiante.

A pesar de esta dificultad, creemos que se ha logrado un buen equilibrio en la presentación. Se han elegido ejemplos significativos en cada una de las partes y se han aislado los conceptos para contarlos de forma que el estudiante que siga el orden propuesto, pueda asimilarlos sin problemas y sea capaz de utilizar los conceptos en nuevos problemas.

Ya en su momento, muchas discusiones nos llevaron a plantearnos cómo exponer los distintos conceptos de programación como son la estructuración, la modularización, la orientación a objetos, etc. Desde la primera edición se ha optado por comenzar tratando los conceptos de orientación a objetos, ya que Java es un lenguaje moderno donde la orientación a objetos se puede ver desde la primera palabra que se escribe. Además, permite pensar desde el principio en el problema y cómo se puede llegar a su resolución, dejando los detalles para un segundo paso. Creemos que este modo de plantear la programa-

ANTES DE COMENZAR

ción redundará en un modelo de hacer las cosas que sea más provechoso para el estudiante.

En cualquier caso, consulte en la siguiente sección algunas recomendaciones sobre el uso del libro para la docencia del lenguaje. No se ha querido dejar aparte otros desarrollos curriculares y, por ello, aunque la estructura propuesta se inicia con la orientación a objetos, se puede utilizar empezando con las estructuras de control pues el libro también lo permite.

La ordenación de capítulos y contenido de los mismos es el siguiente:

En el Capítulo 1 se hace una introducción a la programación y al lenguaje. En este capítulo se incluyen los elementos básicos para un programa. Asimismo, se trata la terminología que se puede encontrar en el mundo de la programación y cómo encaja con el lenguaje Java. Para terminar este primer capítulo se presenta un ejemplo sencillo en Java y los principios más básicos de la programación y de petición de datos al usuario.

En el Capítulo 2, posiblemente el más importante del libro para quien empieza, se desarrollan las particularidades más importantes de la programación orientada a objetos. En este capítulo se podrá comprobar qué son los objetos, cómo se usan en la programación, cómo se relacionan unos con otros, cómo se escriben en Java, etc.

En el Capítulo 3 se hace una ampliación de las clases y objetos del Capítulo 2, tratando aspectos específicos como los atributos y métodos de clase, así como algunas de las clases más interesantes que ya proporciona la plataforma Java2 y que resultan de utilidad en muchos programas.

En el Capítulo 4 se tratan las estructuras de control. Estas estructuras se utilizan para que el programa decida las acciones que debe realizar en cada momento. En este capítulo se detallan cómo se utilizan dichas estructuras de control y cuál es la más apropiada en cada caso.

En el Capítulo 5 se describe uno de los elementos propios de la orientación a objetos, la herencia y el polimorfismo. Es un capítulo imprescindible para entender correctamente qué significa la programación orientada a objetos y utilizar bien Java.

En el Capítulo 6 se tratan las estructuras de almacenamiento que le permitirán desarrollar programas que manejen muchos objetos y tratarlos de la forma que desee. Asimismo se presenta la biblioteca de clases de colecciones para el manejo de estructuras de datos de objetos.

En el Capítulo 7 se presenta cómo Java maneja la entrada y salida de datos. En este capítulo se describe el almacenamiento en archivos, la salvaguarda de objetos, el manejo del sistema de archivos, la serialización de objetos, etc.

En el Capítulo 8, se introducen las interfaces, su definición y uso en la programación en Java, como mecanismo de abstracción.

En el Capítulo 9, se presenta la genericidad, un mecanismo que pretende manejar colecciones de objetos de forma que se decide en tiempo de compilación cuál es la clase de los mismos que se va manejar realmente y todo ello con las garantías de la compatibilidad de clases.

En el Capítulo 10, se introduce la programación de interfaces de usuario y la programación dirigida por eventos. En este capítulo se le da la información para pensar en la interfaz de usuario de un programa y cómo plasmarla en una aplicación.

En el Capítulo 11 se completa el tratamiento de los principales componentes que ofrece Java 2 para el desarrollo de interfaces de usuario profesionales. Se presentan ejemplos de cómo utilizarlos para la creación de aplicaciones interactivas y se completa con una aplicación para el manejo de datos de alumnos.

En el Capítulo 12 se trata cómo incluir aplicaciones Java en una página Web y crear aplicaciones que puedan ejecutarse desde Internet mediante las applet.

Por último, en los Apéndices encontrará gran cantidad de información especialmente seleccionada para que le sea útil como programador.

Recomendaciones de uso del libro

El uso que le dé al libro depende de por qué lo haya comprado. Si ha comprado el libro para estudiar Java por su cuenta, la recomendación de uso es sencilla. Empiece por el principio del libro y vaya siguiendo los ejemplos uno a uno. Tenga en cuenta de forma especial las notas importantes que aparecen en él y no deje de utilizar un entorno de programación para ir probando todos los ejemplos. Ya en el Capítulo 1 se le ofrecen distintas alternativas para conseguir un entorno de programación de forma completamente gratuita.

Si sigue el libro con detalle, al final habrá conseguido la experiencia suficiente para iniciarse de verdad en el mundo de la programación. Sin embargo, aunque con este libro puede aprender los fundamentos de la programación con Java, no debe olvidar que existen elementos a los que no se ha podido dar cabida en el libro. Estos últimos deberá estudiarlos en libros más avanzados.

En el caso de que haya elegido el libro como profesor para la docencia del lenguaje, y para acomodarlo a su experiencia docente le recomendamos dos líneas de uso principales:

- La primera es seguir el orden en que se desarrollan los temas en el libro: Introducción a la programación, Orientación a objetos, Sentencias de control, Almacenamiento de datos, Entrada/Salida, Interfaz de usuario.
- La segunda es seguir una estructura más clásica de desarrollo: Introducción a la programación, Sentencias de control, Almacenamiento de datos, Orientación a objetos, Entrada/Salida, Interfaz de usuario.

Los temas más avanzados como Interfaces, y determinadas secciones como clases internas o el capítulo de genericidad podrá incluirlos o no de acuerdo con el desarrollo del temario y el nivel del curso que se encuentre impartiendo.

También podría crear un orden diferente. Sin embargo, sí nos ha parecido importante diferenciar la parte de Interfaz de usuario para el final. A pesar de que en muchos libros se considera anticuado seguir utilizando la interfaz de comandos seguimos prefiriendo centrar la atención del estudiante en los conceptos de uno en uno. Consideramos que incluir la interfaz de usuario en un programa simple significa mezclar elementos que se pueden separar conceptualmente para un mejor aprovechamiento.

Una vez decidido el modo de seguimiento del libro no deje de considerar las siguientes recomendaciones adicionales:

- Siempre que tenga dudas de alguna palabra o concepto, puede consultar el glosario para tener una idea rápida y concreta del significado de la misma y cómo se emplea en Java.
- Cuando tenga una duda concreta de uso del lenguaje puede consultar el Apéndice A, un resumen de la sintaxis del lenguaje, de forma que puede

ANTES DE COMENZAR

tener rápidamente todos los elementos que necesita para la programación en Java resumidos.
- Empiece desde el principio revisando los convenios de programación del Apéndice D. Ello hará que pueda ver y corregir mucho antes los posibles errores al escribir los programas.

Por último, no dude en ponerse en contacto con nosotros para trasladarnos cualquier sugerencia sobre el libro[1].

Notas

A lo largo de este libro encontrará repartidas multitud de notas o llamadas de atención sobre hechos importantes relacionados con el tema que se está tratando. Estas notas se han dividido en cuatro categorías:

IMPORTANTE: Proporciona una idea adicional acerca del tema tratado para facilitar el trabajo o aprovechar alguna característica del programa.

PARA LOS MANITAS: Estas notas están pensadas para los lectores con afán investigador. Se trata de ideas para explorar nuevas posibilidades, que repercutirán en un mayor dominio del tema tratado.

AHORRE TIEMPO: Aquí se incluyen ideas para ahorrar tiempo a la hora de llevar a cabo determinadas tareas. Si está interesado en hacer las cosas lo más rápidamente posible, no pase por alto estas llamadas.

PRECAUCIÓN: Son mensajes de alerta acerca de posibles causas de problemas. Es muy importante que lea estas notas para evitar quebraderos de cabeza en el futuro.

---

[1] *Nota del Editor:* En los distintos capítulos del libro, como parte de los mismos, aparecen palabras en tipo `courier`, que representan código Java. Aunque esas palabras aparezcan con guiones, realmente no los tienen, ya que se ponen sólo para indicar la partición de la palabra a un cambio de línea.

CAPÍTULO

[1]

Introducción

[Notas]

Introducción

En este primer capítulo se presentan inicialmente algunos de los aspectos generales sobre qué es Java, el lenguaje de programación, los entornos de programación, el proceso de desarrollo de programas, etc. En la segunda mitad del capítulo se muestran los elementos más sencillos de programación, como son los tipos primitivos del lenguaje y algunos ejemplos sencillos escritos en Java con los que puede empezar a familiarizarse con este lenguaje de programación. Le recomendamos que los pruebe y los modifique para probar los distintos aspectos comentados.

EL LENGUAJE DE PROGRAMACIÓN JAVA

En este libro se exponen los fundamentos de la programación con el lenguaje Java. Java es un lenguaje moderno, publicado por Sun Microsystems en la última mitad de 1995, por tanto es un lenguaje muy, muy joven. A pesar de esta juventud ha ganado muchos adeptos rápidamente por muy diversas razones, una de ellas es la posibilidad de añadir programas a una página web de Internet.

Pero quizá lo que más guste a los programadores son un par de aspectos que le hacen muy cómodo y agradable de usar para programar:

- La sencillez y elegancia de cómo se escriben los programas en Java. A ello se une que es un lenguaje orientado a objetos que evita muchas preocupaciones a los programadores. En el proceso de compilación se realizan multitud de comprobaciones que permiten eliminar muchos posibles errores posteriores.
- Las bibliotecas ya definidas que proporciona el lenguaje y que el programador puede utilizar sin tener que hacerlas de nuevo.

Java 2

La evolución de Java ha sido muy rápida. Desde que se hizo público el lenguaje y un primer entorno de desarrollo, el JDK (*Java Development Kit*), hasta el momento actual, la plataforma Java ha ido creciendo constantemente y a un ritmo cada vez mayor según se han ido incorporando un gran número de programadores de todo el mundo.

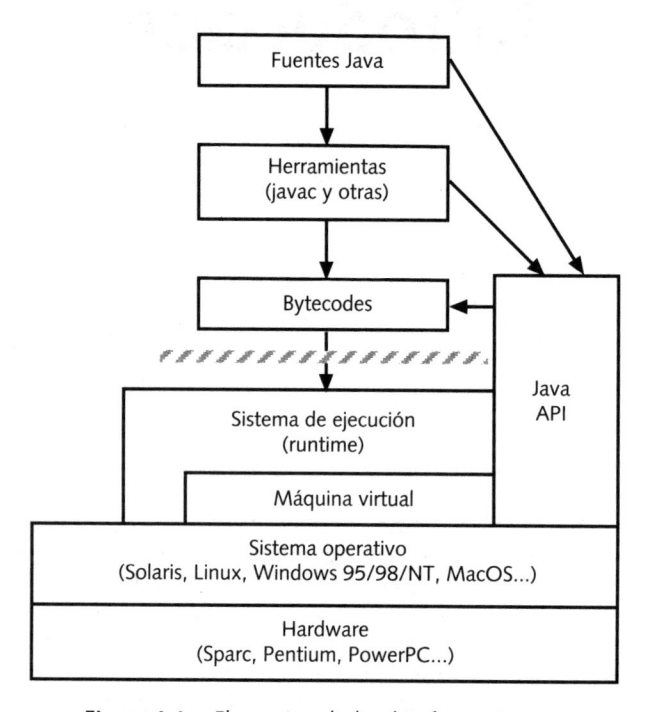

Figura 1.1. Elementos de la plataforma Java 2.

> **PRECAUCIÓN:** Java 2 es más que un lenguaje de programación. Es todo un conjunto de elementos para el desarrollo de aplicaciones.

Pero Java 2 no es sólo un lenguaje. Es una plataforma de desarrollo de programas que consta de:

- Un lenguaje de programación: el lenguaje Java, del mismo nombre que la plataforma.
- Un conjunto de bibliotecas estándar que se incluyen con la plataforma y que deben existir en cualquier entorno con Java. También se denomina Java Core. Estas bibliotecas comprenden: strings, procesos, entrada y salida, propiedades del sistema, fecha y hora, etc., Applets, API de red, Internacionalización, Seguridad, Componentes, Serialización, acceso a bases de datos, etc.

- Un conjunto de herramientas para el desarrollo de programas. Entre ellas cabe citar el compilador de Java a código de bytes, el generador de documentación, el depurador de programas en Java, etc.
- Un entorno de ejecución cuyo principal componente es una máquina virtual para poder ejecutar los programas en código de bytes.

La plataforma Java2 se puede utilizar desde distintos sistemas operativos, ejecutándose cada uno de ellos en el hardware correspondiente.

Entorno de desarrollo de Java 2

Existen multitud de fabricantes que disponen de entornos de desarrollo para Java. En primer lugar están teniendo una gran aceptación algunos entornos de libre disposición entre los que se pueden citar los siguientes:

- NetBeans (*java.sun.com* o *www.net-beans.org*).
- Eclipse (*www.eclipse.org*).
- BlueJ en *www.bluej.org*. Para su instalación necesita obtener primero el J2SE que puede descargar de *java.sun.com*.

Entre los entornos comerciales de los que puede obtener una versión gratuita se pueden citar:

- JBuilder de Inprise (*www.borland.com/products/downloads download_jbuilder.html*). La versión Foundation es de uso gratuito.
- JCreator Pro (*www.jcreator.com*). La versión LE es una versión de uso gratuito.

Existen muchos más. De algunos de los entornos comerciales puede obtener versiones de evaluación. En el Apéndice B, al final del libro, dispone de una lista adicional de otros entornos que, sin embargo, tampoco pretende ser exhaustiva, sino recoger sólo los principales.

PARA LOS MANITAS: Sun distribuye gratuitamente desde su Web específica para de Java (*java.sun.com*) todos los entornos necesarios para las distintas versiones. Además de obtener las herramientas, obtenga la documentación de la API (Interfaz de programación de aplicación), que le será de gran utilidad para conocer con detalle cómo utilizar la API con toda la potencia del lenguaje.

Este libro es una introducción a la programación con Java. En este momento la plataforma Java 2 dispone de una rica variedad de elementos y API, que resulta inabarcable en un libro del tamaño de éste. En los Apéndices encontrará información adicional que le permitirá hacerse una idea de lo que Java le puede ofrecer. Por eso, en este libro, se ha preferido realizar una selección de los elementos del lenguaje que son importantes para comprender qué son los fundamentos de la programación.

AHORRE TIEMPO: Utilice los Apéndices siempre que lo necesite. Le serán de gran utilidad para resolver dudas sobre el lenguaje o sobre alguna API, o para localizar información adicional sobre Java.

Por ello, en el libro no se abordan temas como la programación concurrente con threads, acceso a bases de datos, programación cliente/servidor para Internet, programación distribuida, programación gráfica, programación multimedia, y muchos otros tipos de programas que se pueden realizar con Java. Para cubrir estas partes debe utilizar otros libros, o consultar la documentación que puede encontrar en Internet. Para ayudarle a localizarla se ha hecho un gran esfuerzo en incorporar en el Apéndice B un buen número de recursos, seleccionando los que son realmente importantes y catalogándolos teniendo en cuenta distintos aspectos del mismo. Consúltela siempre que lo necesite.

Desarrollo de programas en Java

El desarrollo de programas en Java, al igual que ocurre normalmente en otros lenguajes de programación, sigue el siguiente proceso:

- Edición del programa fuente. Se denomina **programa fuente** al programa que se escribe utilizando el lenguaje de programación Java. La edición del programa se realiza escribiendo en Java dentro de un entorno de desarrollo, como los que se han comentado anteriormente. Si no dispone de uno puede escribir directamente los programas utilizando cualquier editor que le permita escribir texto, como el Bloc de notas de Microsoft Windows, o el editor vi para UNIX o Linux. Cuando haya terminado guarde el archivo escrito como `nombre.java`, donde el nombre ha de ser el mismo que el empleado como nombre de la clase.
- Una vez escrito el programa como un archivo de texto, necesita compilarlo utilizando un compilador. En los entornos de desarrollo se puede compilar el programa desde el propio entorno de programación. Consulte la documentación del entorno que utilice para ello. También se puede compilar utilizando la línea de comandos con la herramienta javac, de la siguiente forma: `javac nombre.java`.
  En el proceso de compilación el compilador comprueba que lo que se ha escrito es correcto en Java y lo traduce a otro lenguaje cercano al lenguaje de la máquina, denominado código de bytes (bytecode). Si durante la compilación se detectan errores, el compilador avisará de los problemas detectados y dónde se han encontrado para que pueda corregirlos y volver a compilar después. Si en la compilación no se detecta ningún error se genera un archivo como `nombre.class`, con el mismo nombre que la clase que se compila pero con la extensión `.class`.
- Después del proceso de compilación ya se puede ejecutar el programa. Para ello la máquina virtual de Java lee y ejecuta los códigos de bytes. Para ejecutar el programa puede utilizar alguna opción del entorno de desarrollo que esté utilizando. También se puede ejecutar desde la línea de comandos de la forma: `java nombre` donde no necesita indicar la extensión del archivo.

[6]

CAPÍTULO [1] Introducción

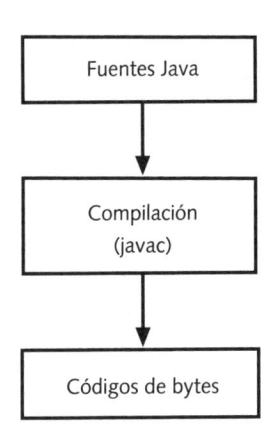

```
┌─────────────────┐
│  Fuentes Java   │
└────────┬────────┘
         │
         ▼
┌─────────────────┐
│  Compilación    │
│    (javac)      │
└────────┬────────┘
         │
         ▼
┌─────────────────┐
│ Códigos de bytes│
└─────────────────┘
```

Figura 1.2. Desarrollo de programas en Java.

En otros lenguajes de programación se utiliza únicamente un *compilador* que traduce el lenguaje de programación a un lenguaje que el microprocesador del ordenador es capaz de ejecutar. O bien, se utiliza un *intérprete* que va ejecutando directamente lo que indica el programa, indicando en este caso los posibles errores según los encuentra.

En Java, primero se compila el programa a un lenguaje, códigos de bytes, muy parecido al lenguaje de la máquina, pero es un lenguaje que ningún microprocesador entiende hasta el momento. Por ello, se necesita una máquina virtual de Java que sea capaz de ejecutar lo que indica ese lenguaje de códigos de bytes. A la vez, si se dispone de una máquina virtual en distintas plataformas, el mismo programa se puede ejecutar en tantas máquinas distintas como se desee, sin necesidad de volver a compilar el programa. Por eso, su gran ventaja y desventaja: se puede ejecutar en cualquier máquina y sistema operativo, pero para ello se necesita una máquina virtual de Java.

> **PRECAUCIÓN:** Java no es un lenguaje compilado o interpretado. Es las dos cosas a la vez. Primero se compila, y el resultado, los códigos de bytes, se interpretan. En realidad el proceso es más complejo, pues la máquina virtual puede traducir los códigos de bytes al código de la máquina donde se ejecute, realizando un proceso de compilación durante la propia ejecución del programa.

Por ello, Java es muy adecuado para Internet. Una vez se ha desarrollado un programa en Java y se ha compilado como códigos de bytes, se puede poner, por ejemplo, en una página Web. Cuando un usuario descargue el programa y lo vaya a ejecutar, sólo necesita disponer de una máquina virtual de Java. Y los navegadores más utilizados disponen de ella.

De esta forma, con una máquina virtual de Java para distintos equipos, todo el mundo puede ejecutar ese programa. Cuando se indica distintos equipos se puede estar hablando de ordenadores personales de distintas marcas y fabricantes, con distinto sistema operativo, en teléfonos móviles, en PDA, etc. En este sentido la máxima de Sun es: "Write once, run everywhere" (Escribir una vez, ejecutar en cualquier lugar).

Proceso de desarrollo

Cuando se escribe un programa en un lenguaje de programación, y en Java no es distinto, un programa suele seguir un conjunto de pasos para su desarrollo. De forma resumida se puede decir que el proceso de desarrollo que sigue cualquier programa es el siguiente:

- **Especificación.** Es el proceso en el que se decide qué va a hacer el programa. En esta fase del proceso se suele escribir todos los aspectos de las funciones que tiene que hacer el programa, para qué se va a usar, cómo se debe usar, etc.
- **Diseño.** En esta fase se toma toda la información que se ha recogido en la fase de especificación y se plantea una solución que permita programarla posteriormente. En esta fase se decide cómo dividir el programa en partes fáciles de programar, se decide cómo se van a organizar los trozos, qué relaciones hay entre unos y otros, etc.
- **Codificación.** También llamada implementación, en esta fase se recoge el diseño y la especificación y se escribe como un programa en un lenguaje de programación. Este libro se centra en cómo abordar esta fase del desarrollo utilizando el lenguaje Java.
- **Prueba.** En esta fase se compila y ejecuta el programa para comprobar si hace exactamente lo indicado en la fase de especificación. Si el programa no hace todo lo indicado en la especificación o lo hace de forma diferente puede deberse a errores de codificación o a errores de diseño. Entonces, habrá que corregir los errores que hubiese y volver a repetir el proceso.
- **Mantenimiento.** Una vez que se ha probado lo suficiente se puede utilizar el programa para el fin con el que se desarrolló. Sin embargo, ningún programa termina en ese punto. Después de puesto en funcionamiento surgen nuevas necesidades, o ampliación de funciones, o errores que no se habían detectado anteriormente, que obligan a modificarlo. Y es la fase que más dura pues puede hacer que el código que se escribió hace muchos años se siga utilizando en versiones muy posteriores del programa.

> **PARA LOS MANITAS:** El proceso de desarrollo descrito es una simplificación de un proceso real. Si desea más información sobre el tema puede consultar cualquier libro sobre ingeniería del software.

Aspectos de la codificación

El proceso indicado en la sección anterior es una breve descripción de los principales pasos que se dan en el desarrollo de programas. El contenido de este libro se centra en el proceso de codificación, es decir, cómo escribir programas en el lenguaje Java. Cuando se escribe un programa debe tener en cuenta a qué dar más importancia de acuerdo con la siguiente máxima:

$$\text{Legibilidad} > \text{Corrección} > \text{Eficiencia}$$

que viene a indicar la importancia que debe conceder a estos tres aspectos en la programación:

- **Legibilidad.** El programa ha de ser fácil de leer y entender, incluso para una persona que no haya participado en el desarrollo del mismo. Este aspecto es en la actualidad el más importante pues facilita tanto el que uno mismo sea capaz de entender el programa y detectar pronto los problemas que tiene, como el que un programa pueda seguir utilizándose durante muchos años y se pueda seguir realizando el mantenimiento del mismo. A pesar de lo que pueda pensar en este momento, dar legibilidad a un programa hará que los otros aspectos salgan ganando.
- **Corrección.** Un programa debe hacer lo que tiene que hacer, ni de más, ni de menos. Se supone que con la fase de pruebas se comprueba hasta cierto nivel que es cierto y que el programa funciona correctamente.
- **Eficiencia.** Suele ser una preocupación típica de algunos programadores. La eficiencia se suele medir en tiempo que se tarda en ejecutar o en cantidad de memoria que ocupa el programa. Sin embargo, suele ser un problema sólo importante en muy pocas ocasiones y nunca debe plantearse como tal a alguien que empieza a programar. Si se desea eficiencia suele ser preferible cambiar los algoritmos utilizados y dejar que el compilador lleve a cabo las optimizaciones. Sólo debe preocuparse de este aspecto una vez terminado el programa y comprobado que es correcto.

> **IMPORTANTE: Lo más importante de un programa es que sea legible. Si es así, es más fácil que sea correcto. Y si no es correcto, es más fácil de corregir para que lo sea.**

ESTRUCTURA DE UN PROGRAMA

Un programa describe cómo el ordenador debe entender las órdenes que se le quieren dar para que éste las ejecute y haga las cosas tal y como están escritas. Un programador debe utilizar los elementos que le ofrece el lenguaje de programación para, utilizándolos de forma inteligente y lógica, crear un programa que resuelva un problema.

En el Ejemplo 1.1 puede ver un programa muy sencillo escrito en Java. Este programa escribe en la pantalla el texto Hola a todos.

```java
/**
 * Programa en Java que escribe un texto en la pantalla.
 */
public class Hola {
    public static void main(String[] args) {
        System.out.println("Hola a todos.");
    }
}
```

Ejemplo 1.1. Primer programa de Java.

En el programa del Ejemplo 1.1 se pueden ver alguno de los elementos que se van a utilizar siempre que se escribe un programa en Java:

- **Comentario.** El programa empieza con un comentario. El comentario del programa empieza con /** y acaba con */. Los comentarios sólo le sirven al programador o a la persona que lea el programa. Es uno de los elementos importantes para mejorar la legibilidad de un programa. En un comentario se puede poner cualquier cosa para que una persona la lea. El ordenador no hace nada con ello. En Java existen comentarios especiales como el del ejemplo que se llaman de documentación y se comentarán más adelante.
- **Definición de clase.** La primera línea del programa después del comentario define una clase que se llama Hola. La definición de la clase empieza en el carácter abre llave { y termina en el carácter cierra llave }. El nombre de la clase la puede elegir el programador. En el siguiente capítulo del libro verá todo lo relativo a la definición y uso de clases. También se suele llamar declaración de la clase.
- **Definición de método.** A continuación, se escribe el método main(). Todos los programas en Java deben tener un método main(), que se escribe de la misma forma que el del Ejemplo 1.1. Aunque en este momento le parezca enrevesado escribir todo ese texto, en el próximo capítulo verá el significado de cada una de las palabras que se utilizan y para qué sirven. Un método es algo que se ejecuta, por lo que dentro de él, entre abre llave y cierra llave, se escriben todas las sentencias o instrucciones que se quiere que realice el programa. También se suele llamar declaración del método.
- **Sentencia.** Dentro del método main() existe una única sentencia o instrucción que escribe un texto por pantalla. Los textos siempre se ponen entre comillas dobles para distinguirlos de otros elementos del lenguaje. Toda sentencia debe terminar con el carácter punto y coma, lo que permite al compilador conocer dónde acaba una sentencia y empieza la siguiente.

Para ver el resultado de este programa, necesita compilarlo y ejecutarlo. Si el programa no está correctamente escrito, al compilarlo, el compilador indicará los errores detectados y dónde se encuentran. Cuando aparezca un mensaje de error, fíjese dónde le indica el compilador que lo ha detectado y qué tipo de error se ha producido. Normalmente, el error está algo **antes** de la posición donde se detecta. Compruebe que haya escrito el programa tal como aparece en el Ejemplo 1.1. En Java las letras mayúsculas y las letras minúsculas son letras distintas, por lo que debe escribirlas tal como aparecen en el ejemplo dado.

> **IMPORTANTE:** Antes de corregir un error que haya aparecido al compilar, lea detenidamente el mensaje que aparece e intente corregirlo teniendo en cuenta dicho mensaje. Corrija los errores uno a uno empezando por el primero. Vuelva a compilar después de corregir cada error, ya que un error puede generar problemas posteriores en lugares donde no los había.

En el Ejemplo 1.1 se pueden ver ya algunos elementos que van a ser comunes a todos los programas en Java. Sin embargo, todavía faltan muchos otros. En el Ejemplo 1.2 puede ver un programa en Java un poco mayor donde se han añadido algunos elementos adicionales.

CAPÍTULO [1] Introducción

```java
/**
 * Programa en Java que dados un radio,y una altura
 *   de un cilindro calcula su volumen
 */
public class VolumenCilindro {
    public static void main(String[] args) {
        /* El valor del numero pi */
        final double PI = 3.1415926536;
        double radio;
        double altura;

        radio = 23.4;    // en centímetros
        altura = 120.2;  // en centímetros
        System.out.println("Datos del cilindro:");
        System.out.println("Radio: " + radio);
        System.out.println("Altura: " + altura);
        System.out.print("El área del cilindro es: ");
        System.out.println(PI * radio * radio * altura);
    }
}
```

Ejemplo 1.2. Segundo programa en Java.

En primer lugar, puede observar que el tamaño del programa ha crecido. Puede reconocer los elementos descritos anteriormente: el comentario inicial, la definición, o declaración, de la clase con su nombre, en este caso VolumenCilindro y la definición, o declaración, del método main(), que es exactamente igual que la anterior. También podrá reconocer que se ha utilizado la misma sentencia para escribir texto por la pantalla.

En este programa el *cuerpo* del método main(), es decir, el programa que va entre abre llave({) y cierra llave(}), consta de una serie de sentencias. Todas las sentencias se ejecutarán una detrás de otra y en el orden en que están escritas.

Dentro del cuerpo del método main() se pueden distinguir dos partes bien diferenciadas. La primera, compuesta por un comentario y las tres primeras sentencias, las cuatro primeras líneas, donde se declaran variables y constantes que se utilizan en el programa. La segunda, el resto de las líneas hasta terminar el bloque del main(), compuesto por las siete siguientes líneas.

En la primera sentencia, después del comentario, se declara que existe una constante llamada PI que es del tipo double (un número real) y que su valor va a ser constante en el programa (final). En la misma declaración se le da un valor. En este caso el del número π. Fíjese en que para escribir un número con decimales se usa un punto, no una coma.

IMPORTANTE: Los números decimales se escriben con un punto decimal, no con una coma.

A continuación, se declaran otras dos variables que van a guardar números reales (tipo double), números con decimales, con los nombres radio y altura. En una variable se puede guardar solamente un valor del tipo indicado. Cuando luego se utilice el nombre de la variable es como si se estuviese poniendo el valor que contiene, de manera que se pueden hacer cálculos poniendo sólo los nombres de las variables.

[11]

Después se ha escrito la sentencia `radio = 23.4;`. Esta sentencia significa: guarda el valor 23.4 en la variable radio. De esta forma, cada vez que se utilice el nombre radio para hacer algo es como si se estuviese poniendo ese valor. El valor de una variable se puede cambiar en cualquier momento. De la misma forma, a continuación, se guarda en la variable altura el valor 120.2. Fíjese que sólo se guarda cuanto vale. El programa no sabe nada de si ese número son metros, milímetros, manzanas, número de estrellas o cualquier otra cosa. Para el programa lo que se ha puesto sólo son nombres y valores (en este caso números). Por ello se ha incluido un comentario donde el programador indica que él supone que son centímetros. El comentario empieza con dos barras (//) y termina al final de esa misma línea.

> **IMPORTANTE:** Un programa no sabe nada de las intenciones del programador. El programa sólo sabe de nombres y valores. Es el programador quien los utiliza de la forma apropiada para conseguir que un programa haga lo que se desea.

A continuación, se escribe por pantalla un mensaje como se había escrito en el Ejemplo 1.1. Después, se escribe otro mensaje algo distinto:

```
System.out.println("Radio: " + radio);
```

Esta sentencia escribe el texto "Radio: " seguido del texto que resulta de escribir el valor del radio. De hecho el operador + lo que hace es concatenar dos textos, el que está entre comillas dobles y el texto que escribe el valor del radio. La suma o concatenación de dos textos lo que hace es poner uno a continuación del otro.

De esta misma forma se van escribiendo más líneas en la pantalla. Fíjese sólo en dos detalles: `System.out.println()` se utiliza para escribir una línea y pasar a la línea siguiente, mientras que `System.out.print()` se utiliza para escribir un texto y continuar después escribiendo a continuación en la misma línea. Por otra parte, fíjese en la última sentencia que `System.out.println()` se puede utilizar para escribir el valor de una variable o el valor de los cálculos que se hacen con las variables.

Comentarios

Como ya ha visto en el Ejemplo 1.2 un programa puede disponer de tres tipos de comentarios diferentes:

- **Comentario de bloque.** Empieza por /* y termina en */. El compilador ignora todo lo que vaya entre el principio y fin de comentario. Como el bloque puede ser grande, se suele utilizar un modelo de escritura similar al utilizado en el Ejemplo 1.2, donde cada línea adicional del comentario comienza con un carácter '*', aunque sólo se hace así por facilitar la localización y lectura de los comentarios.
- **Comentario de documentación.** Empieza por /** y termina en */. En realidad es una particularización del comentario anterior pues cumple también la regla anterior. Java2 dispone de una herramienta, llamada javadoc, que permite la

documentación automática de programas utilizando este tipo de comentarios. En el Apéndice C puede encontrar más información sobre cómo generar la documentación de un programa utilizando este tipo de comentarios.
- **Comentario de línea,** Empieza con //. El comentario empieza en estos caracteres y termina al final de la línea.

El uso de comentarios es muy recomendable. Utilícelos siempre que tenga dudas acerca de si alguien que no conozca el programa entenderá que es lo que hace, para qué se hace algo, o cuál es el fin que se persigue. Es decir, siempre que crea que vale la pena hacer una aclaración.

> PRECAUCIÓN: En el libro los programas deberían de ir mucho más comentados. Sin embargo, el espacio de que se dispone para escribir el libro es muy limitado. Por ello, se ha preferido poner los programas con los comentarios imprescindibles para seguirlos y explicar su funcionamiento en el texto del libro.

Identificadores

En todos los programas el programador puede elegir cómo se llaman muchos de los elementos que se utilizan. En particular, como ya ha visto en el Ejemplo 1.2, se ha elegido que la clase que define el programa se llame VolumenCilindro. Quizá este nombre pueda parecerle caprichoso pero existen reglas muy estrictas sobre cómo se pueden escribir los nombres de las clases, las variables, métodos, etc. Cualquiera de estos nombres debe ser un *identificador*: Un identificador debe empezar con una letra y debe seguir una sucesión de letras y dígitos.

Una letra es cualquier carácter que se considera una letra en Java. Como en Java se utiliza Unicode para los caracteres un identificador se puede escribir con caracteres hebreos, cirílicos, armenios, katakana, etc. Para formar un identificador también se consideran letras los caracteres subrayado '_' y dólar '$', aunque el carácter '$' prácticamente no se suele utilizar, salvo en algún tipo de nombrado automático. Se considera un dígito a cualquier carácter entre los caracteres '0' a '9'. De esta forma son válidos los siguientes identificadores:

```
ejemplo, EjemploDeIdentificador, εφεμπλο, otroEjemplo12, uno2tres4oMás,
AñoMás, _víó_LôQüëö_Nô_3303459345
```

En particular son válidos todos los caracteres españoles. No son válidos los identificadores que coincidan con una palabra reservada del lenguaje (véase el Apéndice A).

> PRECAUCIÓN: Para los programadores en español hay que tener cuidado porque la palabra *final* es una palabra reservada del lenguaje. Esto significa que, por ejemplo, no se puede declarar ninguna variable que se llame final.

Cuando elija un identificador, es decir, un nombre para una clase, variable, etcétera, intente seguir los convenios de codificación que se describen en el Apéndice D. Un pequeño resumen sobre nombrado es el siguiente:

- Los nombres de variables y métodos empiezan con minúscula. Si se trata de un nombre compuesto, cada palabra empieza con mayúscula. No se utiliza el carácter subrayado para separar unas de otras. Ejemplos de nombres de variables o métodos: `n`, `númeroElementos`, `ponValor`, `escribeTítulo`.
- Los nombres de clases empiezan con mayúscula. Si se trata de un nombre compuesto, cada palabra empieza con mayúscula. No se utiliza el carácter subrayado para separar unas de otras. Ejemplos de nombres de clases: `VolumenCilindro`, `Alumno`, `ProgramaDePrueba`.
- Los nombres de constantes se escriben en mayúsculas. Si el nombre es un nombre compuesto utilice el carácter subrayado para separar unos de otros. Ejemplos de nombres de constantes: `PI`, `TAMAÑO_MÁXIMO`.

Variables y valores

Un programa maneja valores. De hecho, lo que se desea hacer con un programa es manejar los datos, de forma apropiada para cambiarlos, hacer cálculos, presentarlos, solicitarlos al usuario, escribirlos en un disco, enviarlos por una red, etc.

Para poder manejar los valores en un programa se guardan en variables. Una variable guarda un único valor. Una variable queda determinada por:

- Un nombre, que permitirá referirse a la misma. Este nombre debe ser como se ha indicado en la sección de identificadores.
- Un tipo, que permite conocer qué valores se pueden guardar en dicha variable.
- Un rango de valores que puede admitir.

Por ejemplo, si se tiene una variable que se llama `númeroElementos` donde el tipo de valores que se pueden guardar son números enteros, `númeroElementos` puede contener el número 34, o el número –234 (aunque no tenga sentido contar elementos negativos, la variable podría contener ese valor). Pero nunca puede contener el valor 3.45 ni un texto como "ejemplo de texto", ni un valor mayor que el admitido por la variable, como por ejemplo 2398496952873982748327 49.

En Java para indicar en un programa que una variable tiene un nombre y pertenece a un tipo se indica de la siguiente forma:

```
double radio;
```

Con ello se declara que va a existir en el programa una variable con el nombre `radio` y que esa variable va a guardar un valor del tipo `double`. Un tipo `double` permite guardar números reales (con decimales). Más adelante se verá la lista completa de tipos que se pueden utilizar en un programa.

Una vez declarada la variable ya se puede utilizar en cualquier lugar del programa poniendo su nombre. Siempre que se utilice el nombre de una variable es como si pusiese el valor que tiene dicha variable.

Si se quiere guardar un valor distinto en una variable se utiliza el operador de asignación de valor. El operador de asignación de valor es el carácter igual y se utiliza de la siguiente forma:

```
radio = 23.4;
```

Donde se indica el nombre de la variable, el carácter igual (=), y cualquier expresión o cálculo que se desee cuyo resultado se vaya a guardar en la variable. Tenga cuidado porque el símbolo igual no es como el símbolo matemático de igualdad. El símbolo igual significa en una sentencia lo siguiente: haz el cálculo de la expresión que se encuentra a la derecha del igual y, después, guarda el valor calculado en la variable que hay a la izquierda.

IMPORTANTE: El tipo del valor resultado del cálculo que esté a la derecha debe de coincidir con el tipo que se puede guardar la variable.

Después de esta asignación la variable radio guarda el valor 23.4. Si a continuación se ejecuta:

```
radio = 44.56;
```

En este momento la variable `radio` guarda el valor 44.56. Esa es la forma de escribir correctamente en Java que el valor que se desea guardar es 44'56. Una variable sólo puede guardar un valor, por lo que, una vez se ha guardado el valor 44.56, ya se ha perdido el valor que hubiese anteriormente.

Si, a continuación, el programa ejecuta:

```
radio = 12.4 + 4.2 + 0.1;
```

El valor de `radio` a partir de este momento sería de 16.7, ya que en primer lugar se hacen todos los cálculos y después se guarda el valor resultado en la variable radio. Cualquier valor anterior que hubiese tenido la variable radio ya no existirá. A los cálculos a la derecha del igual se denomina una *expresión*.

En el Ejemplo 1.2 se han declarado 3 variables de la siguiente forma:

```
final double PI = 3.1415926536;
double radio;
double altura;
```

La primera de las variables se llamará PI y será del tipo `double`. A la vez que se declara se le asigna un valor inicial. Como se puede observar, además, se ha añadido una palabra delante. Al poner delante la palabra reservada `final` se indica que esa variable ya no se puede cambiar su valor después, es decir, no se puede asignar un valor diferente más adelante en el programa, convirtiéndose, por tanto, en una constante. Por eso el nombre se ha puesto todo en mayúsculas, como se indicó anteriormente para las constantes en la sección de identificadores.

AHORRE TIEMPO: Si utiliza variables con nombres que indiquen para qué sirven, no necesitará consultar constantemente cómo se declararon y cómo se usan. Su propio nombre le indicarán para qué se utilizan y, seguramente, cómo utilizarlas. Esto mejora la legibilidad del programa.

[15]

A continuación, se han declarado dos variables del tipo `double` que se llamarán `radio` y `altura`. Cuando declare variables utilice nombres significativos con los que sea fácil saber para qué sirven cuando alguien lea el programa. El elegir nombres que se entiendan fácilmente es una de las reglas clave que facilitan la legibilidad.

Tipos primitivos

En Java 2 las variables se pueden declarar como pertenecientes a un tipo primitivo o como una referencia a un objeto. Los tipos primitivos en Java 2 son los que se indican en la Tabla 1.1.

Tabla 1.1. Tipos primitivos en Java 2

Tipo	Descripción	Valor mín./máx.
byte	Entero con signo	−128 a 127
short	Entero con signo	−32768 a 32767
int	Entero con signo	−2147483648 a 2147483647
long	Entero con signo	−9221170368547758080 a 9221170368547758070
float	Real de simple precisión	±3.40282347e+38 a ±1.40239846e−45
double	Real de doble precisión	±1.79769313486231570e+308 a ±4.94065645841246544e−324
char	Caracteres Unicode	\u0000 a \uFFFF
boolean	Verdadero o falso	True o false

Los tipos primitivos permiten representar los valores básicos de los elementos que maneja un programa. Estos tipos primitivos se pueden clasificar en:

- **Números enteros.** Permiten representar números enteros positivos y negativos con distintos rangos de valores. Desde unos cientos a trillones. En la tabla se indica el rango de valores entre el mínimo y máximo que pueden tomar los distintos tipos números enteros que se pueden declarar en Java.
- **Números reales.** En Java 2 existen dos tipos de números reales. La diferencia entre ambos está en el número de decimales que se pueden expresar y en los rangos de valores. Los diferentes rangos se muestran en la tabla anterior.
- **Caracteres.** Existe un tipo carácter (char) que permite representar cualquier carácter individual. En Java los caracteres se representan utilizando la tabla de caracteres Unicode, creada para que se pudiese escribir en cualquier idioma del mundo. La tabla Unicode contiene todos los caracteres con los que se escribe en español, como las letras ñ, Ñ, ü, ó, etc.
- **Booleano.** Es un tipo que indica un valor lógico. Sólo tiene dos valores verdadero (`true`) y falso (`false`). Más adelante se verá su uso, en especial cuando se escriben condiciones que se pueden cumplir o no dependiendo de ciertos valores.

Además de los tipos básicos se pueden declarar variables que sean referencias a objetos. El tema de las referencias a objetos se verá con detalle en el Capítulo 2. Además de las referencias a objetos que el programador pueda hacer en Java ya existe una referencia a un objeto especial, definido para que sea cómoda de utilizar. Se trata del uso de textos con un String. Un String permite guardar en una variable un texto cualquiera. Un texto viene representado por cualquier serie de caracteres entre comillas dobles.

```
String texto;
texto = "En un lugar de la mancha de cuyo nombre...";
```

Es un ejemplo de un trozo de programa en el que se declara una variable de nombre texto que es una referencia a un String (es un String), y en la siguiente sentencia se asigna a la variable texto una referencia al texto que se ha escrito entre comillas dobles.

Literales

Además de conocer los tipos que se pueden utilizar para escribir un programa en Java, hay que conocer cómo se pueden escribir valores de cada uno de los tipos anteriores. Es lo que se denominan *literales*.

Números enteros

Para escribir los números enteros en Java está permitido hacerlo en decimal, que es la forma normal, en octal lo que se indica añadiendo un dígito cero (0) delante o en hexadecimal, añadiendo un (0x) delante. De esta forma el valor entero 21 se puede escribir de cualquiera de la siguientes formas: 21, 025 o 0x15. Si no se indica nada se supone que el valor pertenece al tipo int.

> **IMPORTANTE:** Si al escribir un número no se indica nada se supone que el valor pertenece al tipo int.

Fíjese en la diferencia entre valor y representación. El mismo valor entero 21, se puede representar de tres formas diferentes dependiendo de cómo se exprese:

- **En decimal:** 21.
- **En octal:** 025. En octal un número siempre empieza por cero, seguido de dígitos octales (del 0 al 7).
- **En hexadecimal:** 0x15. En hexadecimal un número siempre empieza por 0x seguido de dígitos hexadecimales: del 0 al 9, de la 'a' a la 'f' y de la 'A' a la 'F'. De esta forma el valor hexadecimal 0xCafe, por ejemplo, es un valor entero válido que se puede guardar en una variable entera.

A un número entero se le debe añadir detrás el carácter 'l' o 'L', (una letra ele minúscula o mayúscula) para indicar que el valor es del tipo long.

[17]

Números reales

Para escribir valores reales en Java se puede hacer de las siguientes formas: 1e2, 2., .54, 0.45, 3.14, 56.34E-45. Es decir, un número real en Java siempre tiene que tener un punto decimal o, si no tiene un punto decimal, tiene un exponente indicado por la letra e minúscula o la letra E mayúscula.

> **IMPORTANTE:** La notación 1e3 significa 1×10^3. De la misma forma 3.4E-5 significa $3{,}4 \times 10^{-5}$.

Cualquiera de los valores anteriores se supone que pertenecen al tipo double. Si se desea que se interpreten como del tipo float se debe añadir un carácter 'f' o 'F' detrás del valor de la siguiente forma: 1e2f, 2.f, .54f, 0.45f, 3.14f.

Del mismo modo, se puede añadir el carácter 'd' o el carácter 'D' para indicar explícitamente que el valor es del tipo double, de la siguiente forma: 4.56d, 78.34e-4d.

Booleanos

Los valores del tipo boolean sólo pueden ser dos true y false y se escriben siempre en minúsculas.

Caracteres

Los valores del tipo carácter representan un carácter Unicode. Un carácter siempre se escribe entre comillas simples. Un valor carácter se escribe como 'a', 'Z', 'Ñ', ';', 'p', etc.

En Java un carácter se puede expresar por su código de la tabla Unicode, en octal o en hexadecimal. Por ejemplo: '\u00A3', en hexadecimal o '\102' en octal.

Algunos caracteres tienen una representación especial. Estos caracteres se pueden ver en la Tabla 1.2.

Tabla 1.2. Caracteres especiales en Java

Carácter	Significado
\b	Retroceso
\t	Tabulador
\n	Salto de línea
\r	Cambio de línea
\"	Carácter comillas dobles
\'	Carácter comillas simples
\\	Carácter barra hacia atrás

Textos

Un texto en Java pertenece a la clase String y se expresa como el texto entre comillas dobles. Un texto siempre debe aparecer en una única línea. Si desea que el texto aparezca en más de una línea se puede utilizar el operador de concatenación de textos de la siguiente forma:

```
"Mi texto de ejemplo " +
"continúa con una segunda línea de abajo " +
"y después con una tercera línea para terminar."
```

De esta forma se puede obtener un valor textual del tamaño deseado. El operador +, de concatenación, se evalúa a un único texto que se forma con el texto que aparece a su izquierda seguido del texto que aparece a su derecha.

Un texto puede estar compuesto por 0 o más caracteres. De esta forma son válidos los siguientes textos:

- `"Texto normal"`, un texto normal.
- `""`, texto vacío que no tiene ningún carácter.
- `"a"`, texto con un sólo carácter que es distinto de 'a' que es tipo char.
- `"Línea 1\nLínea 2\nLínea 3"`, texto donde se utiliza el carácter especial '\n' en este caso para indicar que el texto consta de tres líneas.

Operadores

Al igual que cada uno de los tipos tiene asociado un rango de valores que se pueden utilizar para dicho tipo, también se pueden utilizar determinados operadores para realizar operaciones o cálculos entre valores.

Números enteros

Al realizar una operación entre dos números enteros el resultado **siempre** es un entero.

Con los números enteros se pueden realizar las siguientes operaciones:

- Unarias: poner un signo más o un signo menos delante. Por ejemplo: +44, –56.
- Multiplicativas: * multiplica dos valores, / divide el primer valor entre el segundo, y % calcula el resto de la división entera. Ejemplos: 4 * 5, 8 / 2, 5 % 2.

> **IMPORTANTE: Recuerde que las operaciones entre enteros siempre devuelven un número entero, por lo que el resultado de 3 / 2 vale 1, el resultado de 9 / 12 vale 0. El resultado de 3% 2 es 1, el resultado de 9% 12 es 9. Tenga en cuenta que al dividir 9 / 12 es resultado es 0, y restan 9, que es lo que se obtiene con la operación módulo.**

- Aditivas (+, –): La suma y la resta de la forma usual.
- Incremento y decremento (++, – –): Incrementa el valor en uno y decrementa el valor en uno de una variable. Por ejemplo, si num es una variable entera que

guarda el valor 4: después de ejecutar la sentencia num++, la variable num guarda el valor 5, si a continuación se hace ++num, la variable num guarda el valor 6. Los operadores de incremento y decremento se pueden poner antes o después de la variable que se desea incrementar o decrementar.
- Relación (>, >=, <, <=). Los operadores de relación permiten comparar valores. Significan mayor que, mayor o igual que, menor que y menor o igual que. El resultado de una operación con los operadores de relación es un valor booleano indicando si es cierta o falsa la relación.
- Operadores de igualdad (==, !=). Comparan si dos valores son iguales o son distintos. El resultado de una operación con los operadores de igualdad es un valor del tipo boolean, indicando si es cierta o no la igualdad o desigualdad.
- Operadores de asignación (=, +=, -=, *=, /=, %=), donde el primero es de asignación ya visto y el resto son operadores que permiten simplificar la escritura de expresiones muy comunes. Consulte el Apéndice A.

IMPORTANTE: No confunda un igual que significa asignar un valor, con dos iguales que debe leerse "igual a". En el primer caso el resultado es un valor del tipo asignado y en el segundo es un valor del tipo boolean.

Números reales

Con los números reales se pueden realizar las mismas operaciones que con números enteros. En el caso de las operaciones unarias, aditivas o multiplicativas el resultado de la operación con números reales es un número real. También se pueden utilizar los operadores de relación e igualdad cuyo resultado es un valor booleano.

Por ejemplo: 3.2 * 2.1 es una expresión multiplicativa cuyo valor es 6.72, el resultado de 5.2 % 2.1 es 1.0. El resultado de 45.56 > 78.3 es `false`.

IMPORTANTE: No utilice nunca las comparaciones por igualdad entre dos números reales. El resultado puede no ser el esperado. Ello se debe a la diferencia de codificación de los números en decimal y en binario, que es como trabaja el computador.

Booleanos

Los operadores sobre booleanos son los siguientes:

- Negación (!): Devuelve true si el operando vale false.
- Y lógico (&&): Devuelve false si el primer operando vale false. En otro caso devuelve lo que valga el segundo operando. También existe la versión con un solo ampersand (&) en cuyo caso siempre se evalúan los dos operandos.
- O lógico (||): Devuelve true si el primer operando vale true. En otro caso devuelve lo que valga el segundo operando. También existe la versión con una sola barra vertical (|) en cuyo caso siempre se evalúan los dos operandos.

Por ejemplo, el resultado de (!true) vale false, el resultado de (true && false) vale false, el resultado de (true || false) vale true.

Expresiones

Una expresión permite realizar tanto operaciones simples como operaciones complejas entre valores utilizando distintos operadores. Una expresión permite, por ejemplo, representar fórmulas matemáticas que se utilizan para realizar cálculos.

En Java una expresión puede ser tan compleja como sea necesario. Por ejemplo, para transformar una temperatura de grados Fahrenheit a Centígrados se utiliza la fórmula:

$$C = \frac{5 \cdot (F - 32)}{9}$$

donde F representa la temperatura en grados Fahrenheit y C la temperatura en grados Centígrados. Esta fórmula se escribiría en Java, suponiendo que se han declarado las variables gradosC y gradosF como del tipo double, de la siguiente forma:

```
gradosC = (gradosF - 32.0) * 5.0 / 9.0;
```

Fíjese que para que la expresión de la izquierda del operador de asignación coincida con el mismo tipo para todas las operaciones y el resultado sea del mismo tipo que el que se puede guardar en la variable gradosC, todos los valores que se han escrito son valores del tipo double.

Toda expresión se evalúa a un valor de una forma estricta. Cómo se evalúa una expresión depende del orden de prioridad de los operadores que contenga dicha expresión. El orden completo de prioridad de los operadores puede verlo en el Apéndice A. De forma simplificada el orden de prioridad y la forma de evaluación es:

1. Operadores unarios.
2. Operadores multiplicativos, de izquierda a derecha.
3. Operadores aditivos, de izquierda a derecha.
4. Operadores de relación.
5. Operadores de asignación.

Teniendo en cuenta el orden de evaluación, la siguiente sentencia:

```
a = -3 + 5 + 2 * 4 - 6 / 4 * 3 - 5 % 2;
    1    6   7   2   8   3   4   9   5
```

Evalúa la expresión de acuerdo al orden indicado debajo de la misma. De esta forma, primero se aplica el operador unario a 3 para obtener el valor –3. A continuación, se van evaluando los operadores multiplicativos de izquierda a derecha, 2 * 4 se evalúa a 8, 6 / 4 se evalúa a 1 que multiplicado por 3 se evalúa a 3 y 5 % 2 se evalúa a 1. En este momento la expresión queda:

```
a = -3 + 5 + 8 - 3 - 1;
```

Por último, se evalúan los operadores aditivos de izquierda a derecha, siendo el resultado final de 6. Éste es el valor que se guarda en la variable a.

Si se desea que la evaluación se realice en un orden específico, puede utilizar paréntesis. Si en una expresión hay paréntesis, siempre se empieza a evaluar por los paréntesis más internos. Por ejemplo en la siguiente expresión:

```
a = (3 + 4) * (7 - (4 + 1));
```

Se empieza a evaluar por la expresión del paréntesis más interno (4 + 1) cuyo valor es 5. A continuación, se evalúa (3 + 4) a 7 y, después, (7 − 5) a 2, para terminar realizando el producto de 7 * 2. El valor final es, por tanto, 14.

Expresiones aritmético-lógicas

Una expresión aritmético-lógica, es una expresión que devuelve un valor booleano donde se utilizan operadores aritméticos y operadores relacionales y de igualdad. Una expresión aritmético-lógica podría ser:

```
(3+5) < (5*2)
```

cuyo valor es `true` pues es cierto que 8 es menor que 10.

En una expresión aritmético-lógica se pueden combinar varias expresiones sencillas de las anteriores mediante los operadores lógicos. La precedencia de los operadores booleanos es menor que la de los operadores relacionales, por lo que primero se evalúan las desigualdades y después los operadores booleanos. El orden de prioridad entre los operadores booleanos es: la negación, después el Y lógico y, por último, el O lógico. La prioridad de los operadores de asignación es la menor de todas. Por tanto, la expresión:

```
3+5 < 5*2 || 3 > 8 && 7 > 6
```

Se evalúa primero las expresiones aritméticas y después las relacionales quedando la expresión

```
true || false && true
```

en la que en primer lugar se evalúa el Y lógico (&&), `false && true` vale `false`. Por último se evalúa `true || false` a `true`. Por tanto, el valor final de la expresión anterior es: `true`.

Los operadores `&&` y `||` se dice que se evalúan en cortocircuito. Esto significa que cuando se va a evaluar una expresión como a `&&` b, primero se comprueba si a vale `false`. En este caso, ya no tiene sentido evaluar b, pues `false && b`, siempre valdrá `false` independientemente del valor de b.

Lo mismo ocurre con el operador `||`. Cuando se va a evaluar una expresión de la forma a `||` b, primero se comprueba si a vale `true`. En este caso, ya no se evalúa b, pues `true || b`, siempre valdrá `true` independientemente del valor de b.

De esta forma se puede escribir una expresión, donde todas las variables son del tipo `int`, como:

```
(y != 0) && (x/y > 1)
```

En esta expresión aparece la variable y como denominador de una fracción. En el caso de que y valiese 0, la condición (y != 0) vale `false`, por lo que la

CAPÍTULO [1] Introducción

segunda parte no se calcula, evitando evaluar una expresión con un denominador a 0, siendo el valor final `false`.

En cualquiera de los lugares donde se ha utilizado una expresión se podría haber utilizado un nombre de variable o una llamada a un método que devolviese un valor del tipo apropiado, lo que se tratará en el Capítulo 3. De esta forma se puede utilizar la siguiente expresión para calcular el volumen de un cilindro:

```
área = 3.1416 * radio * radio * altura;
```

Conversión de tipo

En muchas ocasiones resulta necesario realizar algunas conversiones de tipos de forma que el resultado sea el esperado. Por ejemplo, para realizar el cálculo de conversión de grados Fahrenheit a grados Centígrados se podría haber escrito la fórmula en Java de la siguiente forma:

```
gradosC = (gradosF - 32) * 5 / 9;
```

donde `gradosC` y `gradosF` son variables del tipo `double`. Al realizar la resta de `gradosF - 32`, los tipos no coinciden pues el número 32 es un entero del tipo `int`. En este caso se realiza una conversión automática de tipo, al tipo mayor (que puede guardar un valor mayor), de forma que se pueda realizar la operación. En este caso el 32 se convierte a `double` y el resultado es un valor `double`. A continuación, al multiplicarlo por 5, los operandos no son del mismo tipo, por lo que, de la misma forma, el valor 5 se convierte al tipo `double` y se realiza la multiplicación. Lo mismo ocurre al dividir por 9.

IMPORTANTE: La conversión de tipos ascendente siempre se hace de forma automática. La conversión de tipos descendente debe obligarla el programador.

Como se puede observar, siempre es posible convertir un valor de un tipo a otro tipo mayor, que pueda almacenar más valores. Si es necesaria, el compilador realizará la conversión de forma automática. A esta conversión se le llama conversión ascendente.

Si se desea que un valor se convierta a un tipo con menor número de valores posibles la conversión debe realizarla el programador explícitamente como se muestra en el siguiente ejemplo. A esta conversión se le llama conversión descendente.

Si se deseare que el resultado final fuese un número entero habría que escribir una conversión explícita de tipos, poniendo delante del valor el tipo al que se quiere convertir. Por ejemplo.

```
gradosEnteros = (int) ((gradosF - 32) * 5 / 9);
```

De esta forma `(int)` afecta a todo el resultado de la expresión. Fíjese que al realizar una conversión de tipo, a uno que puede guardar menos valores, se puede perder valores. En este caso se pierden todos los decimales.

[23]

PARA LOS MANITAS: Forzar la conversión de tipos puede hacer que se pierda parte del valor de un cálculo o de una variable. Utilícelo siempre estando seguro que el resultado es realmente el que desea.

En la conversión de tipos existe un tipo especial de expresiones que involucra a los valores del tipo char. De hecho, un tipo char siempre se puede utilizar en una expresión junto con números enteros como se muestra en el siguiente ejemplo:

```
char c = 'A';
int n;
n = c + 2;
```

El resultado en la variable n es el valor 67. Si el resultado que se deseaba obtener es el carácter dos posiciones posterior al carácter 'A', es decir, el caracter 'C', habría que haber convertido el resultado al tipo char, de la siguiente forma:

```
char c = 'A';
c = (char)(c + 2);
```

IMPORTANTE: Aunque los caracteres en Java se pueden emplear en cualquier expresión entera, no es un tipo de operaciones que sea recomendable realizar, salvo que conozca bien qué está haciendo. Este tipo de operaciones no generan ningún error del compilador.

En este caso el resultado hubiese sido de manera esperada el carácter 'C'. De todas formas recuerde que los caracteres en Java siguen la ordenación Unicode, aunque los primeros caracteres coinciden en orden y número con la tabla ASCII.

Enumerados

Como ha visto hasta ahora, es habitual utilizar los tipos anteriores en cualquier programa en Java. También es habitual utilizar elementos más complejos que verá cómo se definen en los próximos capítulos. Los enumerados son conjuntos de valores constantes para los que no existe un tipo predefinido. Por ejemplo, no existe ningún tipo predefinido para representar los días de la semana, las estaciones del año, los meses del año, los turnos de clases, etc.

Para definir un tipo enumerado con sus valores se haría de la siguiente forma:

```
enum DiaSemana {LUNES, MARTES, MIÉRCOLES, JUEVES, VIERNES, SABADO, DOMINGO}
enum TurnoDeClase {MAÑANA, TARDE}
enum TipoDeClase {TEORIA, LABORATORIO, SEMINARIO, CHARLA, EXPERIMENTO}
```

En el Ejemplo 1.3 puede ver un programa que maneja los valores de los días de la semana.

```
public class Dias {
    public enum DiaSemana {LUNES, MARTES, MIÉRCOLES, JUEVES, VIERNES,
SABADO, DOMINGO}

    public static void main(String[] args) {
        DiaSemana hoy = DiaSemana.JUEVES;
        DiaSemana ultimo = DiaSemana.DOMINGO;

        System.out.println("Hoy es " + hoy);
        System.out.println("El ultimo día es " + ultimo);
    }
}
```

Ejemplo 1.3. Programa que utiliza valores enumerados.

Fíjese que para declarar que un conjunto de valores pertenece a un enumerado se pone el nombre que define al enumerado, en este caso, DiaSemana y, a continuación, entre llaves la lista de valores separados por coma. Cada uno de los valores es un identificador. Tras la definición no se ha puesto punto y coma, aunque puede llevarlo.

Como podrá comprobar más adelante, la definición de un enumerado es en realidad la declaración de una clase que tiene ese nombre y un conjunto de atributos con los nombres de los valores.

Petición de datos al usuario

Como ya habrá imaginado, lo habitual en un programa es que solicite datos al usuario para realizar los cálculos del programa. En el Ejemplo 1.4 se presenta de nuevo el ejemplo del cálculo del volumen de un cilindro en el que se piden al usuario los datos del radio y la altura.

```
/**
 * Programa en Java que pide al usuario los datos
 * del radio y la altura de un cilindro y calcula su volumen
 */
import java.util.Scanner;
public class PedirDatos {
    public static void main(String[] args) {
        /* El valor del numero pi */
        final double PI = 3.1415926536;
        double radio;
        double altura;

        Scanner teclado = new Scanner(System.in);

        System.out.println("Introduzca los datos del cilindro:");
        System.out.print("Radio: ");
        radio = teclado.nextDouble();
        System.out.print("Altura: ");
        altura = teclado.nextDouble();
        System.out.print("El área del cilindro es: ");
        System.out.println(PI * radio * radio * altura);
    }
}
```

Ejemplo 1.4. Programa con petición de datos al usuario.

Como puede, ver las líneas que han cambiado respecto al Ejemplo 1.2 son las que aparecen con fondo más oscuro. En la primera de ellas se declara un objeto de la clase Scanner. Ya verá en el Capítulo 2 qué es un objeto y cómo se utiliza. De momento, piense que la variable teclado va a ser un objeto que nos va a permitir leer los datos que se escriben por el teclado.

En la segunda línea marcada, cuando el programa la ejecuta se queda esperando a que el usuario escriba algo en el teclado y pulse la tecla de retorno. En ese momento convierte lo leído en un valor del tipo `double` y lo guarda en la variable radio.

De la misma forma ocurre con la tercera línea marcada para leer un valor para la altura del cilindro. En el caso de que el usuario no introdujese un número el sistema daría un error y terminaría la ejecución del programa. En el Capítulo 4 verá cómo controlar este tipo de errores utilizando excepciones.

Si lo que desea es leer otro tipo de datos hágalo como se indica en la Tabla 1.3.

Tabla 1.3. Métodos para la lectura de distintos tipos de datos.

Tipo	Método a invocar
byte	teclado.nextByte();
short	teclado.nextShort();
int	teclado.nextInt();
long	teclado.nextLong();
float	teclado.nextFloat();
double	teclado.nextDouble();
bolean	teclado.nextBoolean();

Para introducir un valor del tipo `boolean` debe escribir uno de sus dos valores, o bien `true`, o bien `false`.

También puede solicitar un texto cualquiera, por ejemplo el nombre de una persona. Para ello utilice la llamada de la forma `teclado.nextLine();`.

Como puede observar no existe ningún método para leer un carácter. Si desea un único carácter utilice el método para leer una línea de texto y extraiga el primero de los caracteres utilizando el método `charAt(índice)` de la clase `String`. Para más información consulte la API de la clase `String`.

CAPÍTULO

[2]

Clases y objetos

[Notas]

Clases y objetos

El objetivo de este capítulo es conocer las piezas arquitecturales básicas de un programa: las clases y los objetos. Dada la extensión del tema y la gran cantidad de conceptos que se manejan en la Programación Orientada a Objetos (POO), se presentan en este capítulo las características fundamentales de las clases y los objetos, dejando para el siguiente capítulo otros aspectos más avanzados.

Un programa es en esencia una colección de objetos que se crean, interaccionan entre sí y, eventualmente, desaparecen cuando ya no son útiles. Un programa puede ser muy complejo, pero esa complejidad es más manejable si se descompone en partes más sencillas y abordables, los objetos. Una clase es una descripción de un tipo de objetos.

Después de entender este capítulo, el lector conocerá cómo se construye un programa, cómo se definen los objetos, cómo se construyen y cómo se usan. El capítulo se organiza de la siguiente forma: la primera sección, Clases y Objetos, describe los conceptos de clase y objeto, se introducen los elementos básicos de una clase, a saber; los atributos que guardan la información de los objetos y los métodos que constituyen su comportamiento. Asimismo, se explica lo que es una referencia a un objeto, cómo se declaran y se usan y se describe el ciclo de vida típico de un objeto. La siguiente sección, Atributos, describe cómo se almacena información en los objetos mediante unos campos o atributos. La siguiente sección, Métodos, se dedica al comportamiento o acciones que puede realizar un objeto mediante sus métodos. Se explica cómo se declaran los métodos en las clases y cómo se usan posteriormente en los objetos o instancias de tales clases. La última sección, Constructores, está dedicada a la creación de objetos.

CLASES Y OBJETOS

Un programa utiliza una serie de objetos y, normalmente, muchos son iguales. La descripción (modelo) de un tipo de dichos objetos es una clase. Una aplicación se compone de una serie de clases, produciendo objetos que interactúan entre sí.

El ejemplo conductor a lo largo del libro será el desarrollo de una aplicación que dé soporte informático a la matriculación universitaria de alumnos, en el control de las notas obtenidas en las diferentes asignaturas y en la generación de actas (listados de notas por asignatura). Un programa capaz de dar dicho soporte necesita modelar lo que es un "Alumno", una "Asignatura", un "Grupo", etc. Posteriormente, en el proceso de matriculación, muchos alumnos distintos se irán matriculando, habrá un conjunto de asignaturas que cursar, se podrá elegir entre diferentes grupos de clase y habrá horario de mañana y tarde. Es importante la diferencia entre el modelo de "Alumno" de los diferentes alumnos concretos que se matriculan. En POO (Programación Orientada a Objetos) se denomina "clase" al modelo o descripción de "Alumno" y se llama "objeto" o "instancia de una clase" a los alumnos concretos que maneja un programa. En definitiva, el programador define las clases que considera necesarias y luego crea objetos de las clases definidas.

En su forma más sencilla, una clase se define con la palabra reservada `class`, seguida del nombre elegido para la clase y un bloque de definición, que se delimita por llaves {}. Dentro de las llaves irán los detalles descriptivos de la clase.

```
class Alumno { ... detalles ... }
```

Una vez que la clase está disponible, el programador puede instanciar (es decir, crear) objetos de dicha clase. Por ello, los términos "objeto" e "instancia de clase" o, simplemente, "instancia" se usan como sinónimos.

Como ejemplo se van a usar dos instancias de la clase `Alumno` para obtener un par de alumnos concretos, `alumno1` y `alumno2`. Evidentemente, en la Universidad se matricularán muchos alumnos desconocidos *a priori*, pero en posteriores capítulos (6 y 9) se resolverá este punto.

La definición consiste en el nombre de la clase seguido del nombre elegido para el objeto.

```
Alumno alumno1;
Alumno alumno2;
```

Con esto hemos definido dos objetos, de nombre `alumno1` y `alumno2`, que usaremos para modelar un par de alumnos. Pero esta definición es sólo una declaración de intenciones: "este programa dispondrá de dos objetos, llamados alumno1 y alumno2, de la clase `Alumno`". Para crear los objetos en sí, se usa la construcción `new` seguida del nombre de la clase de la cual se quiere crear los objetos, seguidos de una pareja abre-paréntesis, cierra-paréntesis.

```
alumno1= new Alumno();
alumno2= new Alumno();
```

Puede parecer redundante volver a poner el nombre de la clase después de `new`. Al final del capítulo veremos que hay otras posibilidades. Lo importante es que ahora tenemos dos objetos de la clase `Alumno` y que el programa conoce

CAPÍTULO [2] Clases y objetos

dichos objetos por su nombre o referencia (alumno1, alumno2). Con estas tres líneas, hemos obtenido tres cosas: la clase (incompleta) Alumno (class Alumno), dos objetos de dicha clase (new Alumno) y dos referencias para manejar dichos objetos (alumno1 y alumno2).

¿En qué consiste una clase?

Una clase es una descripción de un tipo de objetos. Para ello se disponen de dos tipos de componentes de los objetos:

1. Por una parte, se debe guardar la información del objeto. En el ejemplo anterior, de un alumno se necesita saber, por ejemplo, la siguiente información: el nombre, los apellidos, el curso en que está matriculado, horario de mañana o tarde, etc. Estos datos se almacenan en unos campos o atributos que se declaran poniendo el tipo del valor del atributo seguido del nombre que se les quiere dar:

```
enum Horario { MAÑANA, TARDE } // posibles horarios

class Alumno {
    String nombre;
    String apellidos;
    int añoDeNacimiento;
    int NP;    // Número Personal: identificativo único
    String grupo;
    Horario horario;
}
```

Ejemplo 2.1. Definición de atributos.

En este ejemplo, se ha declarado que la clase Alumno contiene 6 atributos, nombre, apellidos, añoDeNacimiento, NP, grupo y horario. El Horario se ha definido como un enumerado con dos posibles turnos, MAÑANA y TARDE.

2. Por otra parte, se debe poder definir el comportamiento del objeto en sus interacciones con otros objetos. Este comportamiento se define mediante los métodos que posee la clase. Siguiendo con el ejemplo, de un (objeto) Alumno se puede pedir su nombre, asignarle grupo, etc.

```
enum Horario { MAÑANA, TARDE } // posibles horarios

class Alumno {
    String nombre;
    String apellidos;
    int añoDeNacimiento;
    int NP;    // Número Personal: identificativo único
    String grupo;
    Horario horario;

    public String dameGrupo() { ... }
    public void ponGrupo(String nuevoGrupo) { ... }
    ...
}
```

Ejemplo 2.2. Declaración de atributos y métodos.

[31]

En el Ejemplo 2.2 se han añadido dos métodos a la clase `Alumno`, uno llamado `dameGrupo()` para pedir a un objeto de la clase `Alumno` el grupo al que asiste a clase y otro `ponGrupo()` para poder asignar un nuevo grupo a un `Alumno`.

Gráficamente se representa una clase como un cuadrado con la esquina superior derecha doblada con el nombre de la clase en la parte superior, más los atributos y métodos definidos en la clase, como se muestra en la Figura 2.2.

Alumno
–nombre: String –apellidos: String –añoDeNacimiento: int –NP: int –grupo: String –horario: Horario
+dameGrupo: String +ponGrupo: void

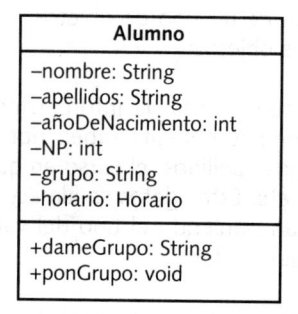

Figura 2.1. Representación gráfica de la definición de la clase `Alumno`.

En una clase, se distinguen dos partes: la declaración de la misma (`class Alumno`) y su definición, que es el bloque encerrado entre llaves ({...}). En el bloque se pueden declarar atributos o campos que contendrán la información de los objetos que se instancien. También se pueden declarar métodos, que definen el comportamiento de los objetos.

Gráficamente se representará a los objetos como cajas con el nombre de la clase a la que pertenecen:

```
alumno1 ---▶  alumno1:Alumno
              nombre:String="Juan"
              apellidos:String="García"
              añoDeNacimiento:int=1980
              NP:int=3376
              grupo:Horario=MAÑANA

              dameGrupo
              ponGrupo


alumno2 ---▶  alumno2:Alumno
              nombre:String="María"
              apellidos:String="López"
              añoDeNacimiento:int=1981
              NP:int=2143
              grupo:Horario=TARDE

              dameGrupo
              ponGrupo
```

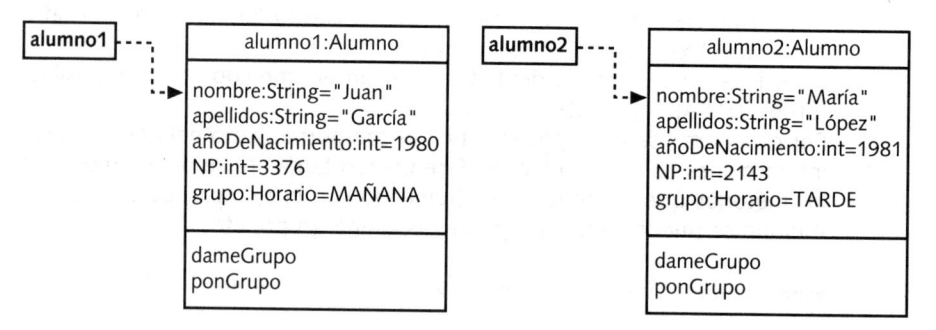

Figura 2.2. Representación gráfica de la clase `Alumno` con sus atributos y métodos.

Donde se ha rellenado con datos ficticios los atributos de los objetos. Se denomina "estado del objeto" al valor concreto que contienen los atributos en un momento dado. Así, el objeto `alumno1` tiene como estado actual ("Juan", "García", 1980, 3376, "33", MAÑANA). Si, posteriormente cambia de grupo, digamos al "36" MAÑANA, el estado del objeto cambiará a ("Juan", "García", 1980, 3376, "36", MAÑANA).

Además de atributos y métodos, una clase puede contener definiciones de otras clases denominadas internas, que se describen en el Capítulo 3.

Uso de atributos e invocación de métodos

Un objeto se compone de atributos y métodos. Para acceder a los componentes de un objeto, se escribe el nombre de la referencia que se desea usar, un punto (.) y el nombre del componente al que se quiere acceder.

Como ejemplo de uso de atributos, las siguientes líneas de código imprimen el nombre, los apellidos y el año de nacimiento del objeto `alumno1`:

```
System.out.println("Nombre: " + alumno1.nombre);
System.out.println("Apellidos: " + alumno1.apellidos);
System.out.println("Año de nacimiento: "
                    + alumno1.añoDeNacimiento);
```

Y se imprimirá por pantalla:

```
Nombre: Juan
Apellidos: García
Año de nacimiento: 1980
```

Para acceder a un método, además de su nombre hay que añadir la lista de parámetros que el método requiere. Aunque los métodos se tratarán con detalle más adelante en este mismo capítulo, se puede ver un ejemplo de uso en el que asignaremos el grupo "33" MAÑANA a `alumno1` y posteriormente se imprimen sus datos por pantalla:

```
alumno1.ponGrupo("33", Horario.MAÑANA);

System.out.println("El grupo de "
                    + alumno1.nombre
                    + " " + alumno1.apellidos
                    + "es el " + alumno1.dameGrupo());
```

Y se imprimirá por pantalla:

```
El grupo de Juan García es el 33
```

En la sección Métodos se explicará cómo codificar `ponGrupo()`, `dameGrupo()` y otros métodos.

Nótese que los ejemplos de código pueden usar los nombres de los atributos y métodos definidos en la clase. En el siguiente capítulo se explica esta capacidad.

Referencia `null`

Una referencia a un objeto puede no tener asignada instancia alguna. Esto puede ocurrir en dos circunstancias: nada más declarar la referencia o porque el programador decide que esto sea así. Existe un valor especial, llamado `null`, que indica cuándo una referencia no tiene asignada ninguna instancia.

> **IMPORTANTE:** El valor `null` puede asignarse a cualquier referencia, independientemente de la clase de la que fue declarada.

Como ejemplo, se declara un nuevo `alumno3` de la clase Alumno:

```
Alumno alumno3; // vale "null" por defecto
```

[33]

Se puede poner explícitamente una referencia a null:

```
alumno2= null;   // vale "null" por asignación explícita
```

En este caso, el objeto que antes era referenciado por alumno2 es olvidado y no puede usarse más. Gráficamente se representa en la Figura 2.3:

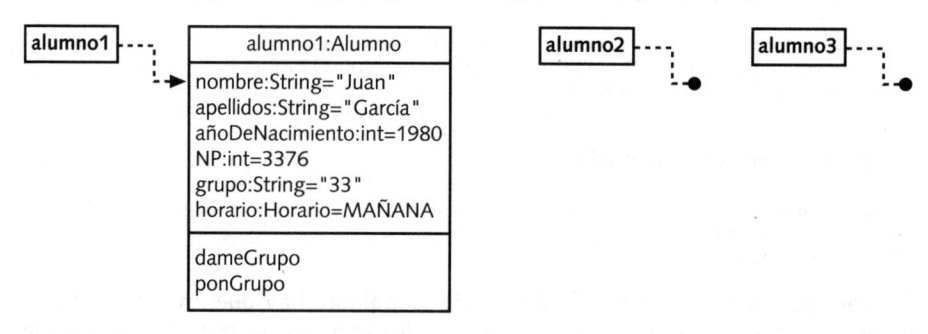

alumno1	alumno1:Alumno
	nombre:String="Juan" apellidos:String="García" añoDeNacimiento:int=1980 NP:int=3376 grupo:String="33" horario:Horario=MAÑANA
	dameGrupo ponGrupo

alumno2

alumno3

Figura 2.3. Representación gráfica de null.

Evidentemente, no es posible usar ningún atributo o método de una referencia que vale null porque no existe objeto del cual invocarlos. Este punto es importante y es el programador el que tiene que asegurarse de que al usar un objeto, realmente existe (es decir, la referencia no contiene el valor null). Si, por error, se usa un atributo o método de una referencia con valor null, el sistema lanzará una excepción NullPointerException y el programa acabará (las excepciones se describen en el Capítulo 6 y se mostrará cómo modificar este comportamiento).

IMPORTANTE: No es posible usar como un objeto una referencia que contiene el valor null.

En las siguientes líneas se muestra un uso erróneo de la referencia null

```
Alumno alumno3;

alumno3.ponGrupo("42", Horario.MAÑANA);   // ¡Error!

alumno2= null;

System.out.println("Nombre: " + alumno2.nombre);   // ¡Error!
```

Afortunadamente, es posible comparar una referencia con el valor null, de forma que las siguientes expresiones sirven para saber si una referencia tiene asignada una instancia:

```
p == null
p != null
```

Son expresiones booleanas que nos determinan si es posible o no usar una referencia. La primera se evalúa a true si p es null y a false en caso contrario.

[34]

La segunda expresión se evalúa a `true` cuando la referencia tiene asignada una instancia y a `false` en caso contrario. En el Capítulo 4 se verán estructuras de control, pero en el siguiente código se muestra un ejemplo de uso de estas expresiones booleanas:

```
if (alumno1 != null)  // si alumno1 es distinto de null
    System.out.println("Nombre: " + alumno2.nombre); //;Ok!
```

En este ejemplo, se comprueba que la referencia `alumno1` es distinta de `null` antes de intentar acceder a su atributo `nombre`.

Referencias compartidas: alias

Es posible que un objeto tenga varias referencias. A fin de cuentas, si la referencia es el nombre del objeto, se puede tener varios nombres para el objeto, es decir, tener alias.

Se desea identificar al delegado de una clase, para lo cual se define una nueva referencia `delegado`. Ahora bien, evidentemente el delegado es uno de los alumnos matriculados, por ejemplo, el `alumno1`. Una posible codificación es:

```
Alumno alumno1;         // declaración de un alumno
Alumno delegado;        // declaración del delegado

alumno1= new Alumno();  // instanciación de alumno1

delegado= alumno1;      // asignación como delegado
```

En este caso, las referencias `alumno1` y `delegado` comparten el mismo objeto, es decir, dicho objeto es conocido con dos nombres distintos. Gráficamente, esto se representa así:

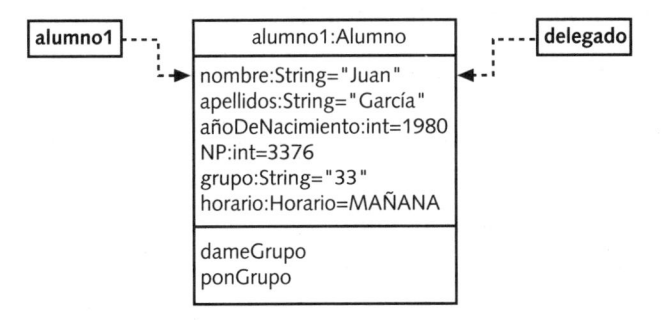

Figura 2.4. Representación gráfica de dos alias de un objeto.

Se puede imprimir el nombre del delegado de un grupo:

```
System.out.println("El delegado del grupo" +
                delegado.dameGrupo() +
                "se llama" +
                delegado.nombre
            );
```

! **PRECAUCIÓN:** El uso de alias puede dificultar al programador el mantener el control del objeto que tiene varias referencias.

Hay que tener cuidado cuando existen alias de un objeto, pues ahora es posible modificarlo con cualquiera de las referencias:

```
delegado.ponGrupo("36", Horario.MAÑANA);
```

La instrucción anterior modifica el grupo asignado al objeto delegado. Pero, ¿es entonces el delegado del nuevo grupo? Evidentemente no, el grupo "36" MAÑANA tendrá su propio delegado. Más adelante se presentarán técnicas para evitar este comportamiento. Por ahora, el punto importante es que un objeto puede tener varias referencias y que el acceso necesita ser pensado con cuidado.

IMPORTANTE: El operador de asignación = proporciona alias sobre un objeto.

Como se ha visto, al asignar una referencia a otra (delegado= alumno1) se obtiene un objeto con dos nombres. Sin embargo, si el tipo es primitivo, el valor de la derecha del operador se copia en la variable de la izquierda, pero no son dos nombres distintos para el mismo valor. Por ejemplo:

```
int x= 3;
int y= x;  // "x" e "y" tienen el mismo valor, 3

y++;       // incremento el valor de "y". "x" no es afectada

System.out.println("x = " + x + " y = " + y);
```

Se imprimirá por pantalla "x = 3 y = 4".

La conclusión es que no se duplican objetos con el operador "=", pero sí valores de tipo primitivo. La pregunta inmediata es, ¿cómo se comportan el resto de los operadores, en especial, "==" y "!="? Pues, consecuentemente, se comparan las referencias, ergo dos referencias son iguales si son nombres del mismo objeto.

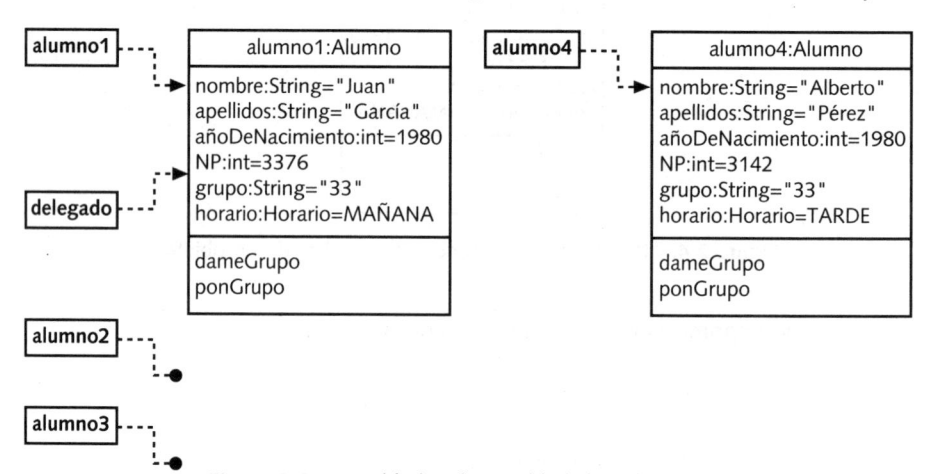

alumno1	alumno1:Alumno	alumno4	alumno4:Alumno
	nombre:String="Juan"		nombre:String="Alberto"
	apellidos:String="García"		apellidos:String="Pérez"
	añoDeNacimiento:int=1980		añoDeNacimiento:int=1980
	NP:int=3376		NP:int=3142
delegado	grupo:String="33"		grupo:String="33"
	horario:Horario=MAÑANA		horario:Horario=TARDE
	dameGrupo		dameGrupo
	ponGrupo		ponGrupo

alumno2 ---•

alumno3 ---•

Figura 2.5. Igualdad y desigualdad de referencias.

La figura anterior muestra una situación en la que `alumno1` y `delegado` son referencias a un mismo objeto. Además, las referencias `alumno2` y `alumno3` contienen el valor `null`. Por último, `alumno4` contiene otra instancia de la clase `Alumno`. En este caso, la siguiente tabla condensa los resultados de aplicar los operadores de comparación.

```
alumno1 == delegado  → true      alumno1 != delegado → false
alumno1 == alumno2   → false     alumno1 != alumno2  → true
alumno1 == alumno3   → false     alumno1 != alumno3  → true
alumno1 == alumno4   → false     alumno1 != alumno4  → true
alumno2 == delegado  → false     alumno2 != delegado → true
alumno2 == alumno3   → true      alumno2 != alumno3  → false
alumno2 == alumno4   → false     alumno2 != alumno4  → true
alumno3 == delegado  → false     alumno3 != delegado → true
alumno3 == alumno4   → false     alumno3 != alumno4  → true
alumno4 == delegado  → false     alumno4 != delegado → true
```

En definitiva, "`==`" compara referencias y se evalúa a `true` si son referencias al mismo objeto, y a `false` en caso contrario. Además, si ambas referencias son `null`, al compararlas con el operador "`==`", también se evalúa como `true`. Por último, reseñar que si tenemos dos referencias a objetos distintos, aunque los estados de ambos objetos fueran iguales (es decir, contuvieran la misma información), la comparación de dichos objetos con "`==`" se evaluará a `false`.

Ciclo de vida de un objeto

Cuando los objetos se quedan sin referencias dejan de ser accesibles por el programa. A partir de ese momento, el sistema puede reclamar sus recursos (la memoria que ocupa). Por ello, se habla del ciclo de vida de un objeto, que consta de las siguientes fases:

- Definición.
- Creación.
- Uso.
- Desaparición.

En el siguiente código se muestra un ejemplo de ciclo de vida de un objeto de la clase `Alumno`.

```
{
    Alumno p;                           // Definición
    p= new Alumno();                    // Creación
    p.ponGrupo("33", Horario.MAÑANA);   // Uso
    System.out.println(p.nombre);       // Uso
    ...
}                                       // Desaparición
```

El sistema decide cuándo desaparecen los objetos que se han quedado sin referencias y decide cuándo reclamar los recursos que fueron asignados en la creación del objeto. El programador no tiene control de cuándo se liberarán los recursos ocupados por un objeto ni tiene que preocuparse de ello.

Criterios para definir clases

El diseño de clases es un tema de Ingeniería del Software al que se le han dedicado sesudos estudios y extensos libros. Por tanto, el tema cae fuera del ámbito de este libro. No obstante, para el programador novel pueden serle útiles los siguientes criterios. Se crea una nueva clase:

- Cuando aparezca un concepto nuevo, bien del problema a solucionar, bien de la solución al problema.
- Cada vez que se requiera un tipo de datos nuevo, se diseña una clase con unos atributos que modelan el rango del tipo de datos y unos métodos que modelan las operaciones soportadas.

A medida que el programador adquiera experiencia, requerirá textos más avanzados en el campo del diseño orientado a objetos.

Atributos

Los atributos son los elementos que definen el estado de un objeto. Los atributos se definen de la misma forma que las variables, pero en el ámbito del bloque de una clase. De esta forma, cualquier método que sirva para dar un comportamiento al objeto puede acceder a cualquiera de los atributos del mismo.

Existen dos tipos de atributos: los atributos de clase y los atributos de instancia (o de objeto).

Los atributos de clase existen independientemente de si se han creado objetos de una determinada clase o no. Se identifican por el modificador `static`. Se tratan con detalle en el Capítulo 5.

Los atributos de instancia, o de objeto, tienen un ciclo de vida asociado al del objeto al que pertenecen:

1. Se crean cuando se crea el objeto. Cada objeto que se crea tiene una copia propia de sus atributos.
2. Se pueden usar mientras exista una referencia al objeto.
3. Desaparecen cuando el objeto desaparece.

Los atributos que se elijan para un objeto deben recoger las características de la clase que están definiendo. Deben declararse del tipo o clase más adecuado a la información que habrán de almacenar.

Definición de atributos

Un atributo se define de la siguiente forma:

```
acceso tipo nombre = valorInicial;
```

Las diferentes formas de acceso se definen en el siguiente capítulo. De momento, se utilizará el denominado acceso de paquete, que no requiere ningún calificador, es decir, no se pone nada. El tipo puede ser, o bien el identificador de un tipo simple, es decir, se puede elegir entre los predefinidos en Java, o bien el identificador o nombre de una clase, ya sea predefinida en Java o definida por el programador. Después, le sigue el nombre que se elija para el atributo, que debe ser lo más representativo posible de la información almacenada. Por último, opcionalmente, se puede adjuntar un valor inicial, separado por el signo '='.

Como se puede observar, en la clase `Alumno` se ha declarado un conjunto de atributos que permitirán identificar un alumno. Entre ellos se encuentran su nombre y apellidos, su año de nacimiento, su número personal, su grupo y su horario. Con estos atributos se supone que un alumno queda completamente caracterizado.

En la clase `Alumno` existen atributos que son tipos primitivos, como el año de nacimiento que es un entero del tipo `int`, y existen atributos que son referencias a objetos, como el nombre que es una referencia a un objeto de la clase `String`.

Los atributos de una clase pueden tener asignado un valor inicial, definido junto a la declaración del atributo, como se muestra a continuación:

```
class Alumno {
    String nombre = null;
    String apellidos = null;
    int añoDeNacimiento;
    int NP; // Número Personal: identificativo único
    String grupo = "INF-1";
    Horario horario = Horario.MAÑANA;
    Alumno compañero;
}
```

Ejemplo 2.3. Valor inicial en atributos.

Con esta declaración de atributos, al crear un objeto `Alumno` y crearse, por tanto, sus atributos, éstos tomarán como primer valor los asociados en su declaración. En el caso anterior se crea un objeto `String` "INF-1" y se asigna a la referencia `grupo`.

Como curiosidad, dentro de una clase se pueden utilizar atributos que sean referencias a objetos de la misma clase. En la clase anterior se ha declarado una referencia llamada compañero que representará al alumno con el que va a realizar todas las prácticas de laboratorio. Esto se puede hacer así porque compañero es una referencia a un objeto, cuyo valor inicial es `null`. Hasta que no se cree otro objeto de la clase `Alumno` y se haga referencia a él desde este atributo no es necesario conocer nada más.

Métodos

Los métodos son funciones que determinan el comportamiento de los objetos. Un objeto tendrá un comportamiento u otro según los métodos de que disponga. Los métodos se declaran y definen en las clases. Así, cualquier objeto de esa clase tendrá disponibles esos métodos y podrán ser invocados.

Se pueden catalogar los métodos en:

- Métodos de consulta: sirven para extraer información de los objetos.
- Métodos modificadores: se usan para cambiar uno o varios de los atributos de los objetos.
- Operaciones: comportamiento de los objetos

Aunque es posible que un mismo método pueda caer en varias categorías, es una práctica desaconsejable en programación.

> **PARA LOS MANITAS:** Diseñe las clases de forma que los métodos caigan siempre en una sola categoría.

Al primer tipo pertenece el método `dameGrupo()`:

```
public String dameGrupo() {...}
```

Al segundo tipo pertenece el método `ponGrupo()`:

```
public void ponGrupo(String nuevoGrupo,
                     Horario nuevoHorario) {...}
```

Como ejemplo de operación está la impresión de los datos de un alumno por pantalla, para lo cual se proporciona un método denominado `imprime()`:

```
public void imprime() {
    System.out.println("Nombre: " + nombre);
    System.out.println("Apellidos: " + apellidos);
    System.out.println("Año de nacimiento: "
                       + añoDeNacimiento);
}
```

Definición de métodos

Para saber si un método requiere argumentos, se necesita conocer cómo ha sido declarado. Así, el método `dameGrupo()` está seguido por una pareja abre-cierra paréntesis, lo que indica que no requiere parámetros adicionales. Por el contrario, el método `ponGrupo()` tiene `String nuevoGrupo` y `Horario nuevoHorario` como parámetros.

Además, delante justo del nombre del método, aparece un nombre de tipo. Esto es así porque los métodos pueden devolver, tras su ejecución, un valor. Y ese valor sólo podrá ser del tipo declarado. En este caso, `ponGrupo()` viene antecedido por la palabra `void`, lo que quiere decir que no va a devolver ningún valor. Sin embargo, el método `dameGrupo()` viene precedido por el tipo `String`, por lo que tras su ejecución, se devolverá un valor de tipo `String`.

Un método tiene dos partes claramente diferenciadas, la cabecera y el cuerpo. La cabecera está formada por:

- Accesibilidad del método. De momento se declara `public`, en el Capítulo 3 se describen todas las posibilidades.
- Tipo del valor a devolver: si el método devuelve un valor, hay que poner el tipo que se devuelve. Si no devuelve valor, se pone `void`.
- Nombre del método. El identificador con el que se invoca o usa el método. Debe ser descriptivo de lo que hace el método, pues facilita en gran medida la legibilidad de los programas.
- Parámetros: los parámetros que requiere el método para su ejecución. Son valores que se utilizarán en el código que compone el cuerpo del método. Los parámetros aparecen encerrados entre paréntesis.
- Tipo de excepción: si el método puede lanzar excepciones, hay que indicarlo. Véase el Capítulo 4.

Es decir, la cabecera tiene la siguiente estructura:

```
acceso tipo nombre (parametros) excepciones
```

Dentro de una clase, los métodos se identifican unívocamente por la signatura del método. La signatura es la forma de describir el método en base a su nombre y los tipos de los parámetros que recibe. Por tanto, la signatura es una tupla compuesta por:

```
<nombre, TiposDeLosParámetros>
```

La accesibilidad del método, el valor devuelto por el método y el tipo de la excepción lanzada NO forma parte de la signatura. Ejemplos de signaturas de métodos vistos son:

```
<dameGrupo, ()>
<ponGrupo, (String, char)>
<imprime, ()>
```

donde `dameGrupo()` e `imprime()` no tienen parámetros.

El cuerpo de un método es el conjunto de instrucciones que se ejecutarán cuando se invoca. Va encerrado entre llaves "{...}", como se ha visto en los ejemplos previos.

En el Ejemplo 2.4, codificamos completamente los métodos del ejemplo Alumno:

```java
enum Horario { MAÑANA, TARDE } // posibles horarios

class Alumno {

    String nombre;
    String apellidos;
    int añoDeNacimiento;
    int NP; // Número Personal: identificativo único
    String grupo;
    Horario horario;

    String dameGrupo() {
        return grupo;
    }
}
void ponGrupo (String nuevoGrupo, Horario nuevoHorario) {
        grupo= nuevoGrupo;
        horario= nuevoHorario;
    }

void imprime () {
        System.out.println("nombre: " + nombre);
        System.out.println("apellidos: " + apellidos);
        System.out.println("Año de nacimiento: "
                           + añoDeNacimiento);
        System.out.println("Número Personal: " + NP);
        System.out.println("grupo: " + dameGrupo());
        System.out.println("horario: " + horario);
    }
}
```

Ejemplo 2.4. Codificación de la clase `Alumno`.

En este ejemplo, los métodos se han codificado de la siguiente forma: `dameGrupo()` devuelve el grupo al que pertenece el alumno. El método `ponGrupo()` asigna el grupo y el horario al alumno. El método `imprime()` presenta por pantalla todos los datos de un alumno.

Invocación de un método

Para invocar un método, existen tres mecanismos distintos.

Fuera de la clase en la que se define el método, se pone el nombre de un objeto que tenga el método, un punto y luego el nombre del método que se desea invocar:

- objeto.metodo (argumentos)
```
alumno1.ponGrupo("33", Horario.MAÑANA);
```

En el caso de que se trate de un método de clase (declarado `static`, véase Capítulo 3), se pone el nombre de la clase que define el método, un punto y el nombre del método a invocar:

- clase.metodo (argumentos)
```
Math.sqrt(2);
```

Por último, cuando el método es utilizado de la misma clase que lo define, basta poner directamente el nombre:

- metodo (argumentos)
```
dameGrupo();
```

En cualquiera de los casos, después del nombre se ponen entre paréntesis los argumentos que necesite el método. Incluso si se trata de un método que no tiene parámetros declarados, se ponen los paréntesis.

```
class ejemplo {
    public static void main(String args[]) {
        Alumno p= new Alumno();
        double alfa;

        // nombreObjeto.nombreMétodo(argumentos)
        p.ponGrupo("33", Horario.MAÑANA);

        // nombreObjeto.nombreMétodo()
        p.imprime();

        // nombreClase.nombreMetodo
        alfa= Math.atan2(1, 0);
    }
}
```

Ejemplo 2.5. Las distintas formas de invocación de métodos.

En el Ejemplo 2.5, se supone declarada la clase `Alumno` según el Ejemplo 2.4. Se declara `p` como referencia de la clase `Alumno` y se le asigna una instancia de dicha clase. Después, se declara la variable local `alfa`. Las siguientes líneas tienen ejemplo de invocaciones de métodos. La primera, invoca `ponGrupo()` con argumentos `"33"` y MAÑANA. La segunda, invoca el método `imprime()` sin argumentos, y la tercera invoca el método `atan2()` de la clase `Math` (véase Capítulo 3). Una invocación de método dentro de una clase se puede ver en el método `imprime()` del ejemplo anterior, que llama a `dameGrupo()` para imprimirlo.

Funcionamiento de un método

Cuando se invoca a un método, ocurre lo siguiente:

1. En el punto del programa en el que se llama al método, se calculan los valores de los argumentos.
2. Se cargan los parámetros con los valores de los argumentos, la relación entre parámetros y argumentos se establece por el orden de aparición.
3. Se ejecuta el bloque hasta que se alcanza `return` o se acaba el método con }.
4. Si el método devuelve un valor, se sustituye la invocación por el valor devuelto.
5. Se continúa a continuación del punto en el que se llamó (siguiente instrucción tras la invocación del método).

A continuación, se muestran separadamente estos pasos. Supongamos el siguiente código:

```
class ejemplo {

    public static int mayor(int m, int n) {
        if (m > n)
            return m;
        return n;
    }
    public static void main(String []args) {
        int x, y, z;

        x= 3;
        y= 5;

        z= mayor(10*x, 2*y);

        System.out.println("El valor mayor es: " + z);
    }
}
```

> **IMPORTANTE:** Hay un método especial, el `main()`, que es llamado por el intérprete de Java cuando ejecutamos un programa.

El intérprete Java invoca al método `main()`. El código se ejecuta secuencialmente en el orden que aparecen las instrucciones. En primer lugar, se declaran tres variables, x, y y z. Las dos primeras instrucciones cargan x e y con los valores 3 y 5, respectivamente. Después se encuentra la carga de z, pero a la derecha del operador de asignación = aparece la invocación del método `mayor()`. Entonces:

1. Se calculan los valores de los argumentos, resultando en 30 y 10, en este orden.

2. Se cargan los parámetros con los valores del paso anterior, con lo que resulta que m se carga con el valor 30 y n con el valor 10.
3. Se ejecuta el bloque del método: la estructura if compara los valores contenidos en m y n. Como m es mayor que n, se ejecuta la siguiente línea (return m), que determina que el valor de retorno es 30.
4. Se sustituye la invocación del método mayor() con el valor 30.
5. Se continúa desde el punto de invocación, con lo que se carga la variable z con el valor 30.

Por último, se ejecutará la última línea que, siguiendo los mismos pasos, imprimirá por pantalla:

```
El valor mayor es: 30
```

Parámetros y argumentos

Se ha visto que un método puede requerir ciertos datos para su ejecución. Los valores con los que se invoca el método constituyen los argumentos de la llamada. Estos valores llegan al método en los parámetros, que se definen en la cabecera del método. Se pueden poner tantos parámetros como se deseen, separados por comas. La clase Alumno dispone de un método para asignar el grupo y el horario a un alumno, con un nombre significativo de su función: ponGrupo(). El método registra un nuevo grupo y horario asignado al alumno. Por tanto, requiere los valores del nuevo grupo y del nuevo horario a asignar. Nombres adecuados pueden ser nuevoGrupo y nuevoHorario respectivamente. Con esto se tiene la cabecera del método. El cuerpo es sencillo: simplemente, registra en los atributos grupo y horario los nuevos valores:

```
public void ponGrupo(String nuevoGrupo,
                     Horario nuevoHorario) {
   grupo= nuevoGrupo;
   horario= nuevoHorario;
}
```

En algún sitio del programa, donde se disponga de un objeto de la clase Alumno, se puede invocar el método ponGrupo(), pasándole los argumentos necesarios, como se muestra a continuación:

```
String grupoTarde= "33";
Horario horarioTarde= Horario.TARDE;

alumno1= new Alumno();
alumno1.ponGrupo(grupoTarde, horarioTarde);
alumno1.ponGrupo("24", Horario.TARDE);
```

grupoTarde, horarioTarde, "24" y TARDE son argumentos con los que se invoca al método ponGrupo().

IMPORTANTE: El compilador comprueba que en la invocación de un método se pasan tantos argumentos como parámetros tiene declarados y que los tipos coinciden. Esto es una característica de los lenguajes denominados como fuertemente tipados.

CAPÍTULO [2] Clases y objetos

Así, el siguiente código ejemplo producirá errores de compilación por no coincidir el número o el tipo de parámetros con los de los argumentos correspondientes.

```
alumno1.ponGrupo(grupoTarde);          // error en el número
alumno1.ponGrupo(26, Horario.TARDE);   // error en el tipo
Math.sqrt("124");                       // error en el tipo
Math.atan2(3.14159);                    // error en el número
```

En la primera instrucción, se invoca `ponGrupo()` con sólo un argumento, cuando en la cabecera del método se definen dos parámetros.

En la segunda instrucción, hay dos argumentos, pero el primero es de tipo numérico y en la cabecera de `ponGrupo()` se definió el primer parámetros como de tipo `String`.

La tercera instrucción tiene un error de tipo, porque `Math.sqrt()` espera un parámetro numérico pero el argumento es de tipo `String`.

En el último caso, el método `Math.atan2()` espera dos argumentos numéricos y se le invoca con uno.

Paso de parámetros

Se ha explicado, que cuando se invoca un método, se copian los valores de los argumentos en los parámetros. Ninguna actuación del método sobre el parámetro puede variar el valor original. Pero en el caso de pasar una referencia a un objeto es posible modificar el objeto en sí, aunque la referencia original no se pueda modificar. Los siguientes ejemplos muestran este comportamiento:

```
void dup(int m) {   // esperamos un entero
    m= 2*m;         // lo multiplicamos por dos!
}

// la llamada a dup no tendrá efecto sobre n:
int n= 3;
System.out.println("n= " + n);   // imprimirá "n= 3"
dup(n);                           // pasa n por valor
System.out.println("n= " + n);   // imprimira "n= 3",
```

Ahora bien, si un método espera un objeto como parámetro se obtiene un nuevo alias sobre el objeto. Por tanto, se tiene acceso al objeto y puede modificarse.

```
void buf(Alumno a) {
    a.ponGrupo("00", Horario.TARDE);   // modifica el objeto
}

...
Alumno alumno1= new Alumno();

alumno1.ponGrupo("33", Horario.MAÑANA);   // grupo es 33 MAÑANA
buf(alumno1);                              // se pasa la referencia
                                           // ¡el grupo ha cambiado!
System.out.println("grupo= " + alumno1.dameGrupo());
                                           // ¡¡Imprimirá "grupo= 00" !!
```

Lógicamente, la referencia con la que se invoca al método no puede modificarse:

[45]

```
void buf2(Alumno a) {
    a= new Alumno();      // Intento de sustituir el
                          // objeto exterior por otro nuevo
    a.ponGrupo("00", Horario.TARDE);
}

...
Alumno alumno1= new Alumno();
alumno1.ponGrupo("33", Horario.TARDE);
buf2(alumno1);                       // ¿conseguirá cambiarlo?
System.out.println("grupo= " + grupo); // ¿qué imprimirá?
```

Para entender el resultado de la ejecución de dicho código, repasamos con cuidado los pasos del funcionamiento de los métodos. Se comienza creando el objeto `alumno1` y seguidamente se le asigna el grupo `"33"` y el horario `TARDE`. Entonces se procede a invocar el método `buf2()`, pasando `alumno1` como parámetro `a`. En este momento (comienzo de ejecución de `buf2()`), existen dos referencias (`alumno1` y `a`) al objeto de clase `Alumno`. Gráficamente se muestra en la Figura 2.6.

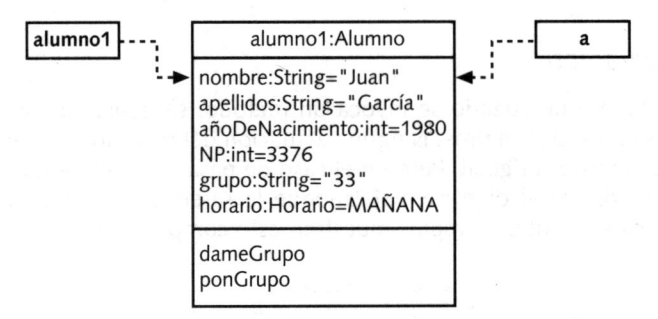

Figura 2.6. Parámetros como alias de un objeto.

Entonces se ejecuta `a= new Alumno()`. Esta instrucción construye un nuevo objeto de la clase `Alumno` y se asigna a la referencia. Gráficamente se muestra en la Figura 2.7.

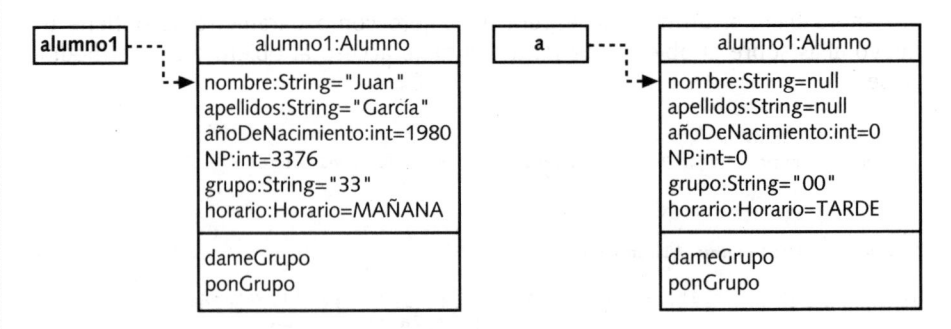

Figura 2.7. El parámetro a referencia a un nuevo objeto.

Por tanto, cuando se ejecuta la instrucción `a.ponGrupo("00", Horario.TARDE)` se invoca el método `ponGrupo()` del nuevo objeto. Y el original no ha sido modificado.

Número variable de parámetros

Se ha comentado que el compilador comprueba el número y el tipo de los parámetros pasados a un método. Éste es el caso general, pero a veces es conveniente poder especificar un método al que se le pasa un número variable de argumentos. Supongamos que proporcionamos un método para poner el primer apellido de un alumno (veremos un método más adecuado para hacer esto en la Sección Constructores):

```java
public void ponApellido(String primerApellido) {
    apellidos= primerApellido;
}
```

Ahora bien, si deseamos añadir además el segundo apellido, habría que modificar el método añadiendo un nuevo parámetro. Por otro lado, algunos alumnos (quizá por motivos de idioma) pueden tener sólo un apellido. Otros pueden tener apellidos compuestos. Es posible admitir un número variable de argumentos, siempre que sean del mismo tipo, de la siguiente forma:

```java
public void ponApellidos(String ... misApellidos) {
    for (String ape: misApellidos)
        apellidos += ape + " ";   // apellidos separados por " "
}
```

Los tres puntos indican que el método admite cualquier número de variables de tipo `String`. El uso del `for` se explica en detalle en el Capítulo 4. De momento, baste decir que en este caso concatena todos los apellidos pasados al método `ponApellidos` en el atributo `apellidos`. Un ejemplo de uso se muestra a continuación:

```java
Alumno alumno1= new Alumno();
Alumno alumno2= new Alumno();

alumno1.ponApellidos("González", "Rodríguez");
alumno2.ponApellidos("Huecas", "Fernández", "Toribio");

System.out.println("alumno1" + alumno1.apellidos);
System.out.println("alumno2" + alumno2.apellidos);
```

Este código imprime los apellidos de `alumno1` y `alumno2`. En el primer caso, se imprime "González Rodríguez" y en el segundo "Huecas Fernández Toribio".

> **IMPORTANTE:** Se pueden especificar argumentos fijos y un número variable de argumentos de un cierto tipo. Éstos deben aparecer como el último parámetro del método.

Esta característica tiene dos importantes limitaciones:

- Los argumentos cuyo número no se especifica deben ser del mismo tipo.
- Deben aparecer al final del método.

> **PARA LOS MANITAS:** Los tres puntos después del tipo del último parámetro indica que el argumento final puede pasarse como una secuencia de argumentos o como un array, como se explica en detalle en el Capítulo 6.

Un ejemplo claro de método que admite un número variable de argumentos es la impresión formateada de la salida mediante `printf`. Se puede imprimir la información de un alumno separando los datos con tabuladores, como muestra el siguiente ejemplo:

```java
public void imprime2() {
    System.out.printf(
        "Nombre:%s \tApellidos=%s NP=%d Grupo=%s\n",
        nombre, apellidos, NP, grupo);
}
```

El método `imprime2` presenta la información por pantalla con un formato específico. El método `printf` admite un número arbitrario de parámetros. El siguiente código muestra cómo sale la información:

```java
Alumno alumno1= new Alumno();

alumno1.nombre= "Juan";
alumno1.apellidos= "García";
alumno1.NP= 1234;
alumno1.grupo= "33";

alumno1.imprime2 ();
```

Este código imprimiría por pantalla:

```
Nombre= Juan        Apellidos= García NP= 1234 Grupo= 33
```

Valor de retorno

Ya se ha comentado que los métodos pueden devolver valores. Para ello se necesitan dos cosas:

1. Declarar en la cabecera qué tipo de valor se va a devolver.
2. Y ejecutar en el cuerpo del método la instrucción que devuelve un valor, que debe coincidir con el tipo declarado en la cabecera.

Como ya se ha visto, lo primero se hace simplemente anteponiendo el tipo del valor a devolver antes del nombre del método en la cabecera.

Para lo segundo, el cuerpo ejecutará una instrucción de retorno, cuya sintaxis es:

```java
return expresión;
```

El compilador de Java comprueba que el tipo de la expresión adjunta en el `return` coincide con el declarado en la cabecera del método. En caso contrario, emitirá un mensaje de error.

CAPÍTULO **[2]** **C**lases y objetos

```
public String dameGrupo() {
    return grupo;  // esta expresión es bien sencilla
}
```

Hay que tener en cuenta que la instrucción de retorno termina la ejecución del cuerpo del método en que encuentra. Esto significa que las instrucciones inmediatamente después de una instrucción `return`, nunca se ejecutarán. En este caso, el compilador emite un mensaje de error.

```
//código erróneo
public String dameGrupo(void) {
    return grupo;
    System.out.println("Acabo de devolver el grupo");
}
```

El compilador también comprueba que si en la cabecera se declara un tipo como valor de retorno, el método contiene al menos una instrucción `return`. Además, se comprueba que cualquier posible bifurcación en el código del cuerpo del método dará lugar a una instrucción de retorno. Esto es, si un método devuelve un valor, el cuerpo debe estar codificado de forma que se asegure la ejecución de una instrucción `return`. En el Capítulo 6 se verá que es posible que el cuerpo del método se bifurque en diferentes ejecuciones, por lo que asegurar la ejecución de una instrucción `return` puede ser un trabajo delicado.

A continuación, se presenta un ejemplo en el que se utiliza una estructura de bifurcación `if` para construir el cuerpo de un método.

Para ello, se codificará un método que devuelve `true` si el horario es de mañana (MAÑANA) y `false` en caso contrario, esto es, el horario es de tarde (TARDE). Una sencilla forma de codificar el método (¡no la mejor!), es:

```
public boolean esHorarioDeMañana() {
    if (horario == Horario.MAÑANA)
        return true;

    if (horario == Horario.TARDE)
        return false;
}
```

El compilador da error porque en un caso no hay `return`. Efectivamente, si las expresiones de los dos `if` son falsas, se llega al final del bloque sin instrucción de retorno. El compilador no sabe (ni puede saber) que todos los grupos son de mañana MAÑANA o de tarde TARDE. Ciertamente, se podría asignar un nuevo horario NOCTURNO. En estas condiciones, una mejor codificación sería:

```
public boolean esHorarioDeMañana() {
    return horario == Horario.MAÑANA;
}
```

que devolverá `true` si el horario es MAÑANA o `false` en caso contrario.

Es posible utilizar la instrucción de retorno en métodos que no devuelven valor, sin poner expresión alguna:

```
return;
```

Esto es útil en los casos en que no hay nada que hacer para cumplimentar la tarea del método pero el final del método está lejos. Suele mejorar la legibilidad si se emplea con precaución. Como ejemplo, se modifica el método `imprime()` para que presente los datos disponibles de un `Alumno`, pero si todavía no se han asignado el grupo y el horario, no se imprimirán dichos atributos:

```java
public void imprime() {
    System.out.println("Datos personales: " + nombre
                    + " " + apellidos
                    + " " + añoDeNacimiento);
    if (grupo == null)  // todavía no se ha asignado
        return;

    System.out.println("Grupo: " + grupo + " " + horario);
}
```

No hay ninguna limitación al tipo a devolver, excepto que debe ser un único valor (no es posible devolver dos o más valores). Así, tenemos métodos que devuelven valores de tipo simple:

```java
public int dameAñoDeNacimiento() {
    return añoDeNacimiento;
}
```

y otros que devuelven (referencias a) objetos:

```java
public String dameGrupo() {    // devuelve objeto tipo String
    return grupo;
}

public Alumno duplica() {      // devuelve objeto tipo Alumno
    Alumno copia= new Alumno();

    return copia;
}
```

Lanzamiento de excepciones

Las excepciones se describen en detalle en el Capítulo 4. Por ahora, baste decir que las excepciones son objetos que se pueden generar en situaciones de error. Los métodos que lancen excepciones deben declararlo en la cabecera:

```
acceso tipo nombre (parametros) throws tipoDeExcepcion
```

No es correcto que se asigne un grupo con una cadena vacía (`""`) o con valor `null`. Y el método `ponGrupo()` no se puede inventar el valor. Se va a lanzar una excepción si ocurre una de estas circunstancias. Para ello se modifica la cabecera de `ponGrupo()` de la siguiente forma:

```java
public void ponGrupo(String nuevoGrupo, Horario nuevoHorario)
        throws Exception {
    if (nuevoGrupo == null)  // no hay cadena
        throw new Exception("cadena nula");

    if (nuevoGrupo.lenght() == 0)  // cadena vacía ""
        throw new Exception("cadena vacía");

    grupo= nuevoGrupo;
    horario= nuevoHorario;
}
```

[50]

CAPÍTULO **[2]** **C**lases y objetos

Ahora el método `ponGrupo()` comprueba la validez de los argumentos que se le pasan. Así, el primer `if` comprueba si el grupo tiene valor asignado. En caso negativo, se lanza una excepción con el mensaje `"cadena nula"`. Después, si tiene valor asignado, se comprueba si la longitud de `grupo` es 0, es decir, si la cadena contiene o no caracteres. En el caso de haber pasado una cadena sin caracteres (la cadena vacía `""`), se lanza una excepción con el mensaje `"cadena vacía"`.

Por último, si los parámetros eran válidos no se habrá lanzado ninguna excepción y se llega a la asignación de los valores de los parámetros a los atributos del objeto.

> **PARA LOS MANITAS:** Se considera una buena norma de programación que los métodos verifiquen la validez de los valores pasados en sus parámetros.

Autoreferencia `this`

Desde fuera de un objeto, se pueden usar sus elementos mediante su referencia:

```
alumno1.nombre = "pepe";
alumno1.ponGrupo("33", Horario.MAÑANA);
Strint suGrupo = alumno1.dameGrupo();
...
```

Desde dentro (en la definición de la clase), se pueden usar sin referencia o con `this`:

```
//
// No se ponen las excepciones por claridad
//
public void ponGrupo(String nuevoGrupo,
                     Horario nuevoHorario) {
   grupo= nuevoGrupo;
   horario= nuevoHorario;
}
```

Alternativamente, podemos escribir este constructor de la siguiente forma:

```
//
// No se ponen las excepciones por claridad
//
public void ponGrupo(String grupo, Horario horario) {
   this.grupo= grupo;
   this.horario= horario;
}
```

`this` funciona como una referencia especial predefinida, es decir, siempre disponible de forma automática, dentro de cada objeto y es un alias del propio objeto. Sin embargo, `this` no es una referencia real. En particular, no se tiene en cuenta para determinar si un objeto ha quedado sin referencias y, por tanto, el sistema puede hacerlo desaparecer (de otro modo, todos los objetos tendrían una referencia a sí mismos y nunca desaparecerían). Su utilidad en Java abarca: acceso a atri-

[51]

butos del objeto cuando hay variables locales o parámetros con el mismo nombre, uso en los constructores y otros usos que caen fuera del ámbito de este libro. El primer caso se puede evitar fácilmente eligiendo nombres distintos. El uso en los constructores se explica más adelante, en la sección Constructores, en este mismo capítulo.

Variables locales

Se ha dicho que el cuerpo de un método es un conjunto de instrucciones encerradas entre llaves. Con precisión, el cuerpo de un método es un bloque. Un bloque tiene las siguientes características:

- Se delimita por llaves { . . . }.
- Hay una instrucción compuesta, que consiste en una serie de instrucciones separadas por punto y coma (';').
- Se ejecuta hasta encontrar un `return` o el } que lo finaliza.
- Se pueden declarar variables, que se denominan locales porque sólo se pueden usar localmente en el cuerpo del método a partir de su declaración. Aparecen cuando se invoca al método y desaparecen cuando acaba su ejecución.
- Los parámetros se comportan como variables.

Se desea codificar un método que devuelva un objeto de tipo cadena (`String`) que contenga el grupo y el horario del alumno, concatenados. Para ello se crea una variable local `grupoYHorario` en el que se concatenan los valores de los atributos `grupo` y `horario` y luego se devuelve. El código del método sería:

```
public String dameGrupoyHorario() {
    String grupoYHorario;

    grupoYHorario= grupo + horario;

    return grupoYHorario;
}
```

Ámbito de variables

En un método existen dos ámbitos, estático y dinámico. El estático existe en la definición del cuerpo. El dinámico aparece cuando se ejecuta el método.

Ámbito estático

El ámbito estático se crea en la definición de los métodos y contiene los identificadores declarados en el mismo, es decir, los nombres de atributos de la clase, de los parámetros y de las variables locales. Para usar un identificador en el cuerpo de un método, debe estar incluido en el ámbito, por lo que dicho identificador debe haber sido declarado previamente.

El siguiente ejemplo usa identificadores que provienen de la definición de la clase:

```
class Alumno {
    void imprime() {
        // se usa "nombre" porque está definido en
        // el ámbito de la clase, aunque textualmente
        // aparezca después
        System.out.println("nombre: " + nombre);
    }
    String nombre; // aparece después, pero está en
                   // el ámbito de la clase
}
```

Dicho de otro modo, el ámbito estático de un método tiene inicialmente todos los identificadores definidos en su clase.

El siguiente código es un ejemplo en el que se van incluyendo identificadores en el ámbito de main() a medida que se escribe el cuerpo:

```
public static void main(String []args) {
                        // se puede usar args
    Alumno alumno1;     // ya se puede usar alumno1

    alumno1= new Alumno();

    alumno2= alumno1;   // Error, alumno2 no está declarado

    Alumno alumno2;     // se puede usar alumno2

    alumno2= alumno1;   // Ambos están declarados
}
```

Ámbito dinámico

El ámbito dinámico se crea al invocar un método. En él, se introducen todos los identificadores de los parámetros del método, y se van incluyendo los nombres de las variables locales a medida que se ejecuta el cuerpo.

Cuando el método termina, desaparece el ámbito dinámico. Es decir, el ámbito dinámico existe (está activo) mientras estemos ejecutando el método e incluso si se están ejecutando nuevos métodos invocados desde éste.

```
class Alumno { // simplificada por claridad
    String grupo;
    Horario horario;

    public void ponGrupo(String grupo, Horario horario) {
        // simplificado por claridad
        this.grupo= grupo;
        this.horario= horario;
    }

    public static void main(String []args) {

        Alumno alumno1;

        alumno1= new Alumno();
        String grupo= "34";

        alumno1.ponGrupo(grupo);
        alumno1.imprime();
    }
}
```

Cuando el intérprete de Java comienza a ejecutar main(), aparece su ámbito dinámico que contiene el nombre args. Al ejecutarse las tres primeras líneas, en el ámbito se incluyen los nombres alumno1 y grupo. Cuando se invoca al método ponGrupo(), aparece un nuevo ámbito dinámico, que contiene los nombres de los parámetros de ponGrupo() (es decir, grupo y horario) y los identificadores de las posibles variables locales que se hubieran definido en el método (en este caso, ninguna). Al acceder al identificador grupo en el bloque de ponGrupo(), se busca primero en el ámbito más interno, encontrando el parámetro del método. Cuando acaba la ejecución de ponGrupo(), su ámbito se destruye, con lo que desaparecen sus identificadores. Cuando acaba main(), se destruye al ámbito más externo, desapareciendo todos los identificadores.

Sobrecarga

La única limitación en la elección del nombre de un método es que, en una clase, todos los métodos deben tener diferente signatura. Esto permite que existan varios métodos con el mismo nombre pero con diferentes parámetros o diferente tipo de retorno.

PARA LOS MANITAS: Es fácil confundir la signatura del método con su cabecera. Hay que familiarizarse con el concepto para usar correctamente la sobrecarga y evitar errores de compilación.

Como ejemplo parece que System.out.println() acepta parámetros de diferentes tipos, pero es que existen varios println(), uno que acepta String, otro que acepta int, etc. Lo mismo que el método para calcular el valor absoluto de un número, Math.abs():

```
double Math.abs(double x)
long Math.abs(long m)
```

donde existe un método que acepta enteros y otro que acepta reales.

En la clase Alumno se desea poder cambiar el grupo sin tener que especificar el horario simultáneamente. Una forma de hacerlo sería sobrecargar el método ponGrupo(), como sigue en el ejemplo:

```
//
// Asigna grupo y horario
// No lanza excepciones por simplicidad
//
public void ponGrupo (String grupo, Horario horario) {
    this.grupo= grupo;
    this.horario= horario;
}

//
// Asigna el grupo solamente
//
public void ponGrupo (String grupo) {
    this.grupo= grupo;
}
```

[54]

CAPÍTULO **[2]** **C**lases y objetos

De esta forma se puede especificar el grupo de un alumno como se ve en el siguiente ejemplo:

```
Alumno alumno1= new Alumno();

// ponemos grupo y horario
alumno1.ponGrupo("33", Horario.TARDE);

// ponemos sólo el grupo
alumno1.ponGrupo("34");    // sigue siendo de tarde
```

Recursividad

Un método puede llamar a cualquier otro método que esté definido, incluido él mismo. A esto se denomina recursividad. Algunos problemas se resuelven mejor y resultan más claros y legibles cuando se programa su solución utilizando recursividad.

Por ejemplo, se define el factorial de un número no negativo de la siguiente forma:

$$n! = \begin{cases} 1 & n=0, n=1 \\ n*(n-1)! & n>1 \end{cases}$$

El Ejemplo 2.6 muestra la codificación de un método para calcular el factorial de un número dado. Si el argumento es negativo, el método lanza una excepción. Si es argumento es 0 o es 1, se devuelve 1. En otro caso, se devuelve el valor del factorial de (n-1) multiplicado por n:

```
public int factorial(int n) throws Exception {
    if (n < 0)
        throw new Exception("Factorial no admite negativo");

    if ((n == 0) || (n == 1))
        return 1;

    return n * factorial(n - 1);
}
```

Ejemplo 2.6. Método recursivo para calcular el factorial de un número.

En ejecución, la invocación del método `factorial` provocará la aparición de sucesivos ámbitos dinámicos, con expresiones parciales por resolver. Suponga que en un momento se ha invocado el método `factorial()` (del objeto al que pertenezca) con parámetro de valor 3. Como ya se ha explicado, se genera una variable llamada n en la que se guarda el valor 3. Se empieza a ejecutar el método, por lo que se compara el valor de n en dos estructuras `if`, resultando falsas ambas condiciones, por lo que se llega a la última sentencia, donde sustituyendo el valor actual de n queda:

```
return 3*factorial(3-1);
```

En esta expresión aparece una invocación al método `factorial()`, por lo que se calcula el parámetro resolviendo la expresión entre paréntesis (3-1) cuyo valor es 2. Como en cualquier invocación de método, se genera un nuevo ámbito para dicho método, con lo que aparece una nueva variable n en la nueva llamada en la que se guarda el valor 2. Fíjese que no se confundirá esta n con la variable n de la llamada anterior pues están en ámbitos distintos. Entonces, se empieza a ejecutar

[55]

el código del cuerpo de `factorial()`, esta vez con la segunda n generada. De nuevo se llega a la última sentencia donde sustituyendo el valor de n queda.

```
return 2*factorial(2-1);
```

Se aplica el mismo razonamiento que antes: se calcula la expresión entre paréntesis (cuyo valor ahora es 1) y se invoca al método `factorial()`. Esta llamada supone la creación de un nuevo ámbito con una nueva variable n (la tercera), en la que se guarda el valor 1. En este momento, el segundo `if` evalúa su condición a `true` y se ejecuta la sentencia.

```
if ((n == 0) || (n == 1))
    return 1;
```

En esta sentencia se hace referencia a la n más interna, que vale 1. Por tanto, el cuerpo termina, desapareciendo el ámbito más interno (que contiene la tercera n que vale 1). En ese momento se vuelve al punto donde se invocó al factorial sustituyendo su invocación por el valor de retorno:

```
return n*1;
```

Esta n es la del ámbito más interno, que vale 2 (la que valía 1 ya ha desaparecido después del retorno anterior). Por tanto se calcula la expresión 2*1 y se devuelve el valor (2). Entonces el ámbito más interno desaparece, y se vuelve al sitio donde se llamó a este factorial:

```
return n*2;
```

En este momento la n que queda vale 3, por lo que se calcula 3*2 y se devuelve el resultado (6) donde se había llamado a `factorial(3)`, devolviendo finalmente el valor correcto de 6.

Lo más importante es que, igual que en cualquier otra llamada a un método se genera un ámbito dinámico que desaparece cuando el cuerpo del método termina de ejecutarse.

PARA LOS MANITAS: En general, las soluciones recursivas son más legibles y fáciles de escribir. Sin embargo, se necesitan más recursos de memoria porque van generando ámbitos nuevos con cada llamada.

Como cada vez que se invoca al método recursivamente se crean ámbitos nuevos, hay que tener un especial cuidado en que en algún momento de todas las llamadas, la recursividad ya no se vuelva a producir. En este caso, se puede observar que cada recursiva recibe un número menor y positivo, por lo que en algún momento dicho número valdrá 1. En ese momento ya no se volverá a llamar recursivamente, terminando la recursión.

Si la recursión no termina, es como un bucle infinito que no acaba nunca, ejecutándose indefinidamente. La diferencia es que la recursión consume recursos de máquina pudiendo llegar a terminar el programa si los recursos son insuficientes. Esto último también podría llegar a ocurrir si, aun sabiendo que la recursión acabará en algún momento, el número de veces que se llama recursivamente es muy elevado.

Criterios para definir métodos

Un problema con el que se acaba encontrando todo programador (sobre todo en sus comienzos) es decidir cuándo se define un nuevo método. En esta sección se da una pequeña guía que no pretende sustituir la experiencia de muchos años de programación ni a los mejores cursos de Ingeniería del Software, pero que resultará útil por ser sencilla, clara y muy práctica.

- Un método debe representar un solo concepto distinto y detallado.
- Debe hacer una sola cosa bien definida.
- Debe aumentar la legibilidad del programa:
    — El nombre debe indicar lo que hace (usar verbos, por ejemplo).
    — Y se deben comentar adecuadamente.
- No debe ser muy largo (menos de una pantalla a ser posible).
- No debe tener muchos parámetros (si los tiene, es que quizá haga demasiadas cosas).
- No debe tener efectos laterales (véase Capítulo 3).

Constructores

Al principio del capítulo, se ha visto que para crear un objeto, se usa la instrucción `new` seguida del nombre de la clase y una pareja abre paréntesis-cierra paréntesis:

```
Alumno alumno1= new Alumno();
```

Esta operación invoca al constructor por defecto, que se proporciona automáticamente y tiene el mismo nombre de la clase. Básicamente, el constructor por defecto:

- Pide recursos al sistema para construir el objeto.
- Genera los atributos del objeto.
- Inicializa los atributos a su valor por defecto (0 para números enteros, 0.0 para números reales, `false` para booleanos, `\u0000` para caracteres y `null` para referencias).

Siempre existe este constructor por defecto, sin que el programador tenga que hacer nada especial. Ahora bien, hay casos en que el constructor por defecto no es suficiente y el programador necesita proporcionar un constructor específico. Por ejemplo, la clase `Alumno` no tiene forma de asignar el nombre, apellidos y año de nacimiento en la creación de sus instancias. Se podría añadir un método para asignar el nombre y los apellidos (como se vio en el ejemplo para número variable de argumentos) pero no es razonable que se pueda cambiar el nombre de un alumno en cualquier momento. De hecho, ¡lo normal es que uno obtenga su nombre cuando nace y no se cambie!

Precisamente, eso es lo que se desea: al instanciar la clase `Alumno` se puede asignar el nombre, apellidos y año de nacimiento. Por ello, se requiere un constructor que acepte esta información y pueda guardarla en los atributos correspondientes.

Para definir un constructor, se pone el tipo de acceso, el nombre de la clase, los parámetros que acepta, si lanza excepciones y un cuerpo o bloque de código, de la forma:

```
acceso nombreClase (parámetros) excepciones cuerpo
```

Así, para la clase `Alumno`, un constructor que tomara el nombre, los apellidos y el año de nacimiento en las instancias de objetos resultaría en un código como:

```java
class Alumno {
    Alumno(String nombre, String apellidos, int año) {
        this.nombre= nombre;
        this.apellidos= apellidos;
        this.añoDeNacimiento= año;
    }
    // resto de la clase, igual
}
```

Ejemplo 2.7. Constructor de la clase `Alumno`.

Este constructor sustituye al proporcionado por defecto. Ahora, para construir cualquier alumno debemos proporcionar su nombre, sus apellidos y su año de nacimiento. La ventaja es que no es posible construir objetos de la clase `Alumno` sin nombre, apellidos ni año de nacimiento:

```java
Alumno alumno1= new Alumno("Juan", "García", 1980);
Alumno alumno2= new Alumno("María", "López", 1981);

Alumno alumno3= new Alumno(); // ¡Error!
```

Nótese que la parte de construcción del objeto y sus atributos sigue teniendo lugar como antes sin que el programador tenga que preocuparse de esos detalles.

> **IMPORTANTE:** Al añadir uno o varios constructores a una clase, el constructor que por defecto proporciona Java deja de ser accesible.

Las posibles razones para definir un constructor son:

- Se necesitan parámetros para el estado inicial, como el ejemplo de la clase `Alumno`.
- La construcción del objeto es costosa y necesita código adicional.
- Las instrucciones deben crearse correctamente o no crearse en absoluto. Por ejemplo, podemos desear que tanto el nombre y los apellidos sean cadenas no vacías.
- Se requiere que el constructor no sea público. En ciertas circunstancias, es necesario limitar la instanciación de objetos, restringiendo el acceso del constructor.

Como ejemplo del tercer caso, se modifica el constructor de `Alumno` para que lance una excepción si los datos de creación de un alumno no son correctos. Esto

CAPÍTULO [2] Clases y objetos

tiene la ventaja de que el programador puede controlar que los objetos se crean siempre correctamente o no se crean en absoluto. El código del constructor de la clase Alumno queda de la siguiente forma:

```
class Alumno {
    Alumno(String nombre, String apellidos, int año)
            throws Exception {
        // Si el nombre o los apellidos son cadenas null
        // lanzamos una excepción y el objeto no se crea
        if (nombre == null || apellidos == null)
            throw new Exception("Argumentos no válidos");

        // Si el año es negativo
        // lanzamos una excepción y el objeto no se crea
        if (año < 0)
            throw new Exception("Año incorrecto");

        this.nombre= nombre;
        this.apellidos= apellidos;
        this.añoDeNacimiento= año;
    }
    // resto de la clase, igual
}
```

Ejemplo 2.8. Constructor que lanza excepciones.

En el Ejemplo 2.8, el primer if comprueba que el nombre y el apellido tienen asignadas referencias y, en caso de que no sea así se lanza una excepción con el mensaje "Argumentos no válidos". El siguiente if comprueba si el año es negativo, en cuyo caso lanza una excepción con el mensaje "Año incorrecto". Las tres últimas instrucciones asignan los valores de los parámetros a los atributos.

IMPORTANTE: Si un constructor lanza una excepción, el objeto no se crea.

A veces, es necesario disponer de diferentes modos de construir los objetos, es decir, es necesario disponer de varios constructores que necesariamente tendrán que aceptar distintos parámetros.

Se podría pensar en un alumno que al matricularse conociera el grupo y el horario al que asistirá. Añadir un constructor que aceptara el grupo y el horario y lo asignase sería la solución adecuada.

Otra posibilidad podría ser que un alumno deseara matricularse en diferentes carreras. Cada carrera tiene su propia lista de alumnos. Sin embargo, a la hora de matricularse en la segunda carrera, la universidad dispone de todos los datos del alumno, puesto que ya pertenece a la primera carrera. Para evitar tener que introducir todos los datos, se podría permitir crear un alumno a partir de los datos de uno ya existente. Los constructores quedan como sigue:

```
// constructor de la clase alumno con grupo y horario
// No se ponen las excepciones para simplificar
Alumno(String nombre,
       String apellidos,
       int añoDeNacimiento,
       String grupo,
       Horario horario) {
    this.nombre= nombre;
    this.apellidos= apellidos;
    this.añoDeNacimiento= añoDeNacimiento;
    this.grupo= grupo;
    this.horario= horario;
}

// contructor de la clase alumno
// a partir de un objeto "Alumno" ya construido
// No necesita lanzar excepciones,
// Pues el existente se construyó correctamente
Alumno(Alumno viejo) {
    this.nombre= viejo.nombre;
    this.apellidos= viejo.apellidos;
    this.añoDeNacimiento= viejo.añoDeNacimiento;
}
```

Ejemplo 2.9. Sobrecarga de constructores.

En el Ejemplo 2.9, simplificado sin la comprobación de la validez de los argumentos de invocación, se añaden dos constructores. El primero toma como parámetros el nombre, los apellidos y el año de nacimiento como en el caso anterior pero, además, acepta los valores para el grupo y el horario. El segundo constructor toma como parámetros un objeto de la clase `Alumno`, del cual se copian los valores de los atributos `nombre`, `apellidos` y `añoDeNacimiento`.

Cuando se tienen varios constructores, es muy común que parte de la construcción del objeto sea común a todos ellos. Por ello, se permite que los constructores se invoquen unos a otros. El único requisito es que debe hacerse en la primera línea del constructor. Para ello, se pone la referencia `this()` seguida de los parámetros del constructor que se desea invocar. Téngase en cuenta que todos los constructores tienen diferentes parámetros, por lo que sabiendo los parámetros que se desean usar, se conoce el constructor a invocar. Por ejemplo, en los dos constructores propuestos para la clase `Alumno`, la diferencia entre ellos estriba en la forma de obtener los datos, en el primero se dan explícitamente, en el segundo se obtiene de otra instancia de objeto. Ahora bien, la construcción es igual en lo demás. Es más correcto codificar dichos constructores de la siguiente forma:

```
class Alumno {
    Alumno(String nombre, String apellidos, int año)
            throws Exception {
        // Si el nombre o los apellidos son cadenas null
        // lanzamos una excepción y el objeto no se crea
        if (nombre == null || apellidos == null)
            throw new Exception("Argumentos no válidos");

        // Si el año es negativo
        // lanzamos una excepción y el objeto no se crea
        if (año < 0)
            throw new Exception("Año incorrecto");
```

CAPÍTULO [2] Clases y objetos

```java
        this.nombre= nombre;
        this.apellidos= apellidos;
        this.añoDeNacimiento= año;
    }

    // constructor de la clase alumno con grupo y horario
    // Sólo se comprueban el grupo y el horario
    // del nombre, apellidos y año de nacimiento
    // se encarga el primer constructor
    Alumno(String nombre,
           String apellidos,
           int añoDeNacimiento,
           String grupo,
           Horario horario) throns Exception {
        this(nombre, apellidos, añoDeNacimiento);

        if (grupo == null)
            throw new Exception("Grupo no espeficado");

        this.grupo= grupo;
        this.horario= horario;
    }

    // contructor de la clase alumno
    // a partir de un objeto "Alumno" ya construido
    Alumno(Alumno viejo) throns Exception {
        this(viejo.nombre,
             viejo.apellidos,
             viejo.añoDeNacimiento);
    }

    // resto de la clase, igual
}
```

Ejemplo 2.10. Invocación de un constructor desde otro.

Es importante señalar que en el segundo constructor, no es posible verificar la corrección del grupo y el horario antes de llamar a this(nombre, apellidos, añoDeNacimiento) porque entonces this() no sería la primera instrucción del constructor y, por tanto, sería ilegal.

> **IMPORTANTE: El uso de this() como acceso a un constructor está restringido al cuerpo de los constructores y debe aparecer como primera instrucción.**

[61]

CAPÍTULO [3]

Ampliación de clases

[Notas]

Ampliación de clases

El objetivo de este capítulo es avanzar en el diseño y construcción de clases.

Después de entender este capítulo, el lector conocerá los elementos de clase, el ámbito en una clase, los permisos de acceso a los elementos de las clases y los objetos, el concepto de encapsulación y paquetes en Java, las clases internas y conocerá algunas de las clases predefinidas en Java, en particular los envoltorios de los tipos simples, la clase Math y la clase String.

ELEMENTOS DE CLASE (static)

Hasta ahora, todos los atributos y métodos declarados en una clase están disponibles en cuanto creamos un objeto de dicha clase. Pero también hemos visto algunos métodos (de la clase Math, por ejemplo) que están disponibles *siempre*, sin objeto, directamente anteponiendo el nombre de la clase (véase Capítulo 3). Otro caso particular es el método main, que el intérprete invoca sin tener objetos. La particularidad de estos métodos es que aparece la palabra static delante del método.

Los atributos y métodos precedidos por la palabra static se denominan elementos de clase. Sólo existe uno de dichos elementos para todos los objetos, por tanto, los elementos de clase son compartidos por todas las instancias de la clase. Si se modifica un atributo de clase, todas las instancias de la clase ven dicha modificación.

Como ejemplo, se asignará el número personal de cada alumno según se matriculan, es decir, cada vez que se genere una instancia de la clase Alumno. Un mecanismo para realizarlo es declarar una variable de clase que lleve la cuenta de los alumnos creados. En el constructor de la clase Alumno, se incrementa dicho número y se asigna al atributo NP (Número Personal) del objeto creado. Con ello, la clase Alumno quedaría así:

```java
class Alumno {
    // conteo de alumnos matriculados,
    // inicialmente a 0
    static int numAlumnos = 0;

    // Los atributos de los objetos
    String nombre;
    String apellidos;
    int     añoDeNacimiento;
    int     NP;  // Número Personal: identificativo único

    // Omitimos las excepciones por claridad
    Alumno(String nombre, String apellidos, int año) {
        this.nombre = nombre;
        this.apellidos = apellidos;
        this.añoDeNacimiento = año;

        // Incrementamos el núm. de alumnos matriculados
        numAlumnos++;
        // lo asignamos como Número Personal de este alumno
        this.NP = numAlumnos;
    }
}
```

Ejemplo 3.1. La clase Alumno con un atributo de clase.

Los elementos de clase son necesarios en los siguientes casos:

- Definición de constantes (Math.PI).
- Variables únicas y comunes para todos los objetos de la clase (como en el Ejemplo 3.1).
- Métodos requeridos sin objetos (Math.sqrt()).
- Métodos que sólo usan elementos de clase (véase Ejemplo 3.2).
- El método especial main(), pues el intérprete lo debe encontrar antes de construir objeto alguno.

IMPORTANTE: Se debe limitar al máximo el uso de elementos de clase.

Un ejemplo de método que sólo usa elementos de clase es imprimir el número total de alumnos matriculados. Dicho método se puede invocar sin tener ninguna instancia de la clase Alumno.

```java
class Alumno {
    static int numAlumnos= 0;

    static void imprimeTotalAlumnos() {
        System.out.println("Numero total de matriculados "
                          + numAlumnos);
    }
```

CAPÍTULO [3] Ampliación de clases

```
    // resto de la clase igual
    // ...
    public static void main(String args[]) {
        Alumno.imprimeTotalAlumnos();
    }
}
```

Ejemplo 3.2. Ejemplo de un método de clase.

IMPORTANTE: Los métodos de clase sólo pueden usar elementos de clase.

Un error muy común es que un método de clase intente usar un atributo que no sea de clase. Evidentemente, al no haber objeto creado a la hora de invocar dicho método, los atributos y métodos normales no están disponibles. Por tanto, los métodos de clase sólo pueden usar directamente elementos de clase (indirectamente, podrían recibir objetos como parámetros o crear ellos mismos algún objeto si fuera necesario).

Valor inicial de atributos de clase

Los atributos de clase pueden tomar un valor inicial en la misma línea de su declaración. Para ello, se pone el signo "=" y el valor deseado a continuación.

```
class Alumno {
    static int numAlumnos= 0;
    ...
}
```

Como cualquier otro atributo, el valor por defecto es `false`, `\u0000`, `0`, `0.0` o `null` según sea booleano, carácter, número (entero o real) o referencia, respectivamente.

Si los valores iniciales de los atributos de clase requieren computación adicional, se usa un bloque de inicialización de atributos estáticos. Para ello, se pone la palabra `static` seguida de un bloque de código, como se muestra en el siguiente código.

```
class Alumno {
    static int numAlumnos;

    static {
        numAlumnos= 0;
    }

    ...
}
```

Este bloque no puede lanzar excepciones, por lo que si invoca algún método que lance, deben ser capturadas (véase estructura `try-catch` en el Capítulo 4).

[67]

> **PARA LOS MANITAS:** El bloque de inicialización estática es muy útil para la construcción costosa de los atributos de clase.

Siempre que sea posible, es deseable poner el valor inicial de los atributos en su declaración y evitar el bloque de inicialización de atributos estáticos.

Las inicializaciones estáticas tienen lugar cuando se carga la clase, por lo que no es posible controlar el orden en que se ejecutarán, puesto que la carga depende del intérprete y de las necesidades de la aplicación.

No obstante, se puede dar la siguiente situación: una clase A, en su bloque de inicialización estática, usa atributos estáticos de una clase B. Esta clase B dispone de un bloque de inicialización que usa atributos estáticos de la clase A. En este caso, no es posible resolver la dependencia cíclica, por lo que arbitrariamente, Java resuelve el problema como sigue: si se carga la clase A, se ejecuta su bloque de inicialización hasta encontrar el uso de la clase B. Entonces se invoca el bloque de inicialización de la clase B. En este bloque podrán usar los atributos estáticos de A, pero los que no se hubieran inicializado tendrán su valor por defecto (`false`, `\u0000`, `0`, `0.0`, `null`).

Efectos laterales (o secundarios)

Las variables definidas en un bloque pueden ser usadas por métodos definidos en el mismo bloque. Esto es un mecanismo delicado (incluso peligroso) pues el programador puede perder control de tales variables y no saber cómo se están modificando.

Por ejemplo, el siguiente programa calcula el número de monedas que se tienen que dar como vuelta de cierta cantidad introducida en línea de comandos. Usa una variable, `vuelta`, que lleva el pendiente de devolver y se modifica como efecto lateral de dar cambio. El código se muestra en el Ejemplo 3.3. Esto no es una buena práctica y se desaconseja en absoluto.

> **IMPORTANTE:** Evite siempre el uso de efectos laterales. Todo código se puede escribir sin ellos, pero los efectos laterales aumentan mucho el riesgo de aparición de errores y disminuye la legibilidad.

```
class Vueltas {
    static int vuelta;

    public static void cambia (int moneda) {
        if (vuelta / moneda > 0)
            System.out.println ("Monedas de " + moneda
                                + " = " + vuelta/moneda);
        vuelta %= moneda;
    }

    public static void main (String[ ] args) {
        vuelta = 783;
        cambia (vuelta, 100);
        cambia (vuelta, 50);
        cambia (vuelta, 25);
```

```
        cambia (vuelta, 10);
        cambia (vuelta, 5);
        cambia (vuelta, 1);
    }
}
```

Ejemplo 3.3. Ejemplo de efectos laterales: devolución de monedas.

PARA LOS MANITAS: Busque los posibles efectos laterales de su código y elimínelos.

ÁMBITO DE CLASE

Cuando se define una clase, después de la palabra `class` y el nombre, sigue un bloque. Dicho bloque es un bloque de declaración, en el que se pueden encontrar atributos y métodos. Dicho bloque genera un ámbito de declaración, en el cual aparecen los identificadores de los atributos y las signaturas de los métodos. Este ámbito es visible desde los diferentes bloques internos que aparezcan en la clase, es decir, los bloques de código de los métodos. Por ello, desde dichos bloques se pueden usar los elementos del ámbito superior, esto es, desde cualquier bloque de un método se pueden usar los atributos y métodos declarados en el ámbito.

En la clase `Alumno`, se define un bloque cuyo ámbito contiene las siguientes declaraciones:

```
String nombre
String apellidos
int añoDeNacimiento
int NP
String grupo
Horario horario
<ponGrupo, (String, char)>
<dameGrupo, void>
<imprime, void>
```

Es por ello, que el método `imprime()` puede usar los atributos y otros métodos de la clase, puesto que están disponibles en el ámbito de la clase `Alumno`.

La diferencia básica con el ámbito de un método es que en un método, un identificador (de variable local o parámetro) puede usarse desde que se ha declarado hasta el final del bloque, mientras que en una clase un identificador (de atributo, o de método) puede usarse en todo el bloque en el que se encuentra la declaración. De hecho, muchos programadores prefieren declarar primero los métodos y luego los atributos. Aunque hay un componente subjetivo de gusto personal, las clases suelen ser más legibles cuando los atributos se declaran al principio y después los métodos, pues cualquier otro programador que tuviera que leer el código (labores de mantenimiento, por ejemplo) se haría un esquema mental del modelo de datos de la clase más fácilmente.

> **IMPORTANTE:** Declare los atributos y métodos en el orden que los va a utilizar, pues aumenta la legibilidad y facilita la compresión del código.

DERECHOS DE ACCESO

Ya se definió el estado de un objeto como el conjunto de los valores de sus atributos. Una modificación arbitraria (intencionada o por error) de este estado puede dar lugar a inconsistencias semánticas o comportamientos indeseados del objeto. En otras palabras, se desea controlar el acceso a los atributos de los objetos.

En la clase `Alumno`, es posible cambiar el nombre, apellidos o el año de nacimiento de cualquier alumno como se muestra en el siguiente código:

```
Alumno alumno1= new Alumno("Juan", "García", 1980);

alumno1.nombre= "Ramón";
alumno1.añoDeNacimiento= 2050;
alumno1.horario= Horario.TARDE;
```

Java proporciona unos mecanismos de acceso a los componentes de una clase, de forma que es posible ajustarlo a las necesidades de la semántica de los objetos. Para ello, se antepone a la declaración de atributos y métodos el tipo de acceso que se requiere. Los tipos de acceso son:

- Acceso privado. Se antepone la palabra reservada `private`. Los elementos privados sólo pueden ser usados dentro de la clase que los define, lo que impide su invocación exterior.
- Acceso de paquete. No se pone nada. El acceso a estos componentes es libre dentro del paquete en el que se define la clase.
- Acceso protegido. Se antepone la palabra reservada `protected`. Este tipo de acceso permite que los elementos protegidos sólo puedan ser usados dentro de la clase que los define y aquellas clases que la extiendan y cualquier clase en el mismo paquete. Se explica en detalle en el Capítulo 5, Extensión de Clases.
- Acceso público. Se antepone la palabra reservada `public`. El acceso no está restringido y se puede usar dicho elemento libremente.

Así, se puede limitar el acceso a los atributos `nombre`, `apellidos` y `añoDeNacimiento` evitando la modificación arbitraria de los mismos:

```
enum Horario { MAÑANA, TARDE }

class Alumno {
    private String nombre;
    private String apellidos;
    private int añoDeNacimiento;
    private int NP; // Número Personal: identicativo único
    private String grupo;
    private Horario horario;
```

CAPÍTULO [3] **A**mpliación de clases

```java
public Alumno(String nombre,
              String apellidos,
              int añoDeNacimiento)
              throws Exception {
    // Si el nombre o los apellidos son cadenas null
    // lanzamos una excepción y el objeto no se crea
    if (nombre == null || apellidos == null)
        throw new Exception("Argumentos no válidos");

    // Si el año es negativo
    // lanzamos una excepción y el objeto no se crea
    if (añoDeNacimiento < 0)
        throw new Exception("Año incorrecto");

    this.nombre          = nombre;
    this.apellidos       = apellidos;
    this.añoDeNacimiento = añoDeNacimiento;
}

// constructor de la clase alumno con grupo y horario
// Sólo se comprueban el grupo y el horario
// del nombre, apellidos y año de nacimiento
// se encarga el primer constructor
public Alumno(String nombre,
              String apellidos,
              int añoDeNacimiento,
              String grupo,
              Horario horario) throns Exceptions {
    this(nombre, apellidos, añoDeNacimiento);
    ponGrupo(grupo, horario);
}

// contructor de la clase alumno
// a partir de un objeto "Alumno" ya construido
public Alumno(Alumno viejo) throns Exceptions {
    this(viejo.nombre,
         viejo.apellidos,
         viejo.añoDeNacimiento);
}

// resto de la clase, igual
public String dameGrupo() {
    return grupo;
}

public void ponGrupo(String nuevoGrupo,
                     Horario nuevoHorario)
                     throws Exception {
    if (nuevoGrupo == null || nuevoGrupo.length() == 0)
        throw new Exception("Grupo no especificado");

    grupo   = nuevoGrupo;
    horario = nuevoHorario;
}

public void imprime() {
    System.out.println("nombre: " + nombre);
    System.out.println("apellidos: " + apellidos);
    System.out.println("número personal " + NP);
    System.out.println("grupo: " + dameGrupo());
    System.out.println("horario: " + horario);
}
}
```

Ejemplo 3.4. Uso de los modificadores de acceso.

PARA LOS MANITAS: Nótese el uso de `ponGrupo()` desde el segundo constructor. Aunque se podría chequear en el constructor la corrección del parámetro `Grupo`, es buena costumbre de programación que la responsabilidad sobre la consistencia de unos o varios atributos se codifique en un solo método, y que el resto de la clase lo invoque, en vez de repetir el código.

De esta forma, ahora el intento de cambiar cualquier atributo privado dará lugar a un error de compilación, y sólo se podrá acceder a la parte pública de la clase. El siguiente código da ejemplo de esto:

```
Alumno alumno1= new Alumno("Juan", "García", 1980);

alumno1.nombre= "Ramón"; // ¡ERROR de compilación!

// Antes se podía cambiar el horario con la sentencia:
alumno1.horario= Horario.MAÑANA; // ¡ERROR de compilación!
// Ahora el compilador considera ilegal el código

alumno1.ponGrupo("33", Horario.TARDE);
```

Es importante resaltar en que el acceso a los atributos a través de métodos públicos permite al programador de la clase tener control del estado del objeto, en dos sentidos:

1. Se elimina totalmente el acceso exterior a todos los atributos.
2. Se controla el acceso puesto que aún es posible cambiar el grupo o el horario, pero sólo de forma controlada a través del método `ponGrupo()`, que puede verificar los argumentos y lanzar una excepción si son incorrectos.

IMPORTANTE: Ahora, el programador puede responsabilizarse de que el estado de un objeto es siempre legal y consistente, soportado por dos mecanismos:

- Las excepciones lanzadas por los métodos en caso de argumentos ilegales.
- Y la restricción del acceso a los atributos.

Especificación y realización

Otra visión dentro de la POO es la posibilidad de distinción entre lo que una clase ofrece (parte pública) y lo que es interno a ella (parte privada). Los derechos de acceso soportan este modelo, separando entre:

- Interfaz: es la parte pública de la clase, por tanto lo que se puede usar. Indica lo que hace la clase.
- Realización: es la parte privada de la clase, sólo accesible desde ella misma. Define cómo se hacen las cosas.

Esta distinción entre público y privado da soporte a la modificabilidad, puesto que los cambios en la realización (parte privada) no suponen ningún cambio en el uso de la clase o de los objetos, por lo que no se modifica el resto del código.

CAPÍTULO [3] **A**mpliación de clases

ENCAPSULACIÓN

La clase es la unidad de encapsulación básica en Java. Se maneja como un elemento, aunque está compuesta de varios. La encapsulación es la agrupación de una serie de datos (atributos) junto con las funciones que los manejan (métodos). Así, un objeto puede usar la parte pública de otro. En la nomenclatura de POO, se denomina clase servidora a la que define un servicio (método), es decir, a la que es usada. Y se denomina clase cliente a la que usa el servicio, es decir, invoca un método.

PAQUETES

Los paquetes son agrupaciones de clases, interfaces y otros paquetes (subpaquetes), normalmente relacionados entre sí. Los paquetes proporcionan un mecanismo de encapsulación de mayor nivel que las clases. Los paquetes satisfacen la necesidad de unificar todo un diseño de clases e interfaces relacionados funcionalmente. Ejemplo de paquete es `java`, que engloba una serie de paquetes con utilidades de soporte al desarrollo y ejecución de la aplicación. Ejemplo de subpaquetes son `util` o `lang`, contenidos en el paquete `java`.

Para construir un paquete, se añade a cada fichero que forma parte del mismo una declaración de paquete:

```
package nombrePaquete;
```

Todos los elementos contenidos en el fichero en el que aparece tal declaración formarán parte del paquete `nombrePaquete`. No es posible que sólo partes del fichero pasen a formar parte de un paquete. Si esto fuera necesario, el fichero tendrá que ser partido en varios ficheros.

La declaración de paquete debe aparecer una sola vez, por lo que no es posible que una clase o interfaz formen parte de dos paquetes distintos simultáneamente.

Como ejemplo, sería posible empaquetar la clase `Alumno` junto con otras relacionadas con la matriculación de una Universidad (asignaturas, notas, actas, profesorado, horarios, etc.) juntas, de forma que posteriormente se podrían desarrollar diferentes aplicaciones de matriculación, para Institutos, Universidades a distancia, etc. Toda la funcionalidad de matriculación se puede unificar en un paquete llamado `Matricula`.

```
package Matricula;

class Alumno { ... } // definición de clase Alumno
```

Con esta declaración, la clase `Alumno` pasa a formar parte del paquete `Matricula`. Posteriormente, se podrán añadir más elementos al paquete, bien porque aparezcan en el mismo fichero, bien porque se declaren clases o interfaces en otros ficheros que incluyan la misma declaración `package Matricula`.

Los paquetes han de construirse de forma que contengan clases e interfaces funcionalmente relacionados, de forma que proporcionen agrupaciones lógicas para los programadores que los usen. Si un paquete contiene clases sin ninguna relación, será difícil figurarse qué contiene y saber para qué sirve.

[73]

Uso

Cuando se requiere usar algún componente de un paquete, se añade una declaración de importación, que puede tener las siguientes formas:

Importación de un solo elemento (clase o interfaz). Se escribe la declaración de importación que consiste en la palabra `import`, el nombre del paquete, un punto y el nombre del elemento a importar. Para usar lo importado, simplemente se pone el nombre libremente.

```java
// importación de la clase "Alumno"
// del paquete "Matricula"
import Matricula.Alumno;

class Ejemplo {
    public static void main(String args[]) {
        Alumno alumno1; // uso de la clase "Alumno"
        alumno1= new Alumno("Juan", "García", 1980);
    }
}
```

Importación de todo un paquete. Se escribe la palabra `import` seguida del nombre del paquete a importar. Para usar cualquier elemento del paquete, hay que cualificarlo, es decir, poner el nombre del paquete, un punto y el nombre del elemento a usar dentro del paquete:

```java
// importación del paquete "Matricula"
import Matricula;

class Ejemplo {
    public static void main(String args[]) {
        // uso cualificado de la clase "Alumno"
        Matricula.Alumno alumno1;
        alumno1= new Alumno("Juan", "García", 1980);
    }
}
```

Importación de todos los elementos de un paquete sin uso cualificado. En realidad, es una abreviatura de importación sin cualificación, en el que se puede escribir un asterisco ("*") para importar todos los elementos de un paquete.

```java
// importación de todos los elementos
// del paquete "Matricula"
import Matricula.*;

class Ejemplo {
    public static void main(String args[]) {
        Alumno alumno1; // uso de la clase "Alumno"
        alumno1= new Alumno("Juan", "García", 1980);
    }
}
```

Nombres

El nombre del paquete, como todos los identificadores, debe ser representativo de la agrupación que contiene. En Java, se puede dar nombre a un paquete de forma única en el planeta. Esto se consigue anteponiendo el nombre del dominio Internet al nombre deseado para el paquete. Para asegurarse la localización del mismo los componentes del nombre del dominio son escritos en orden inverso. Esto tiene dos ventajas:

1. Están accesibles infinidad de bibliotecas de clases libremente en el planeta.
2. Es fácil asegurar la unicidad de los nombres de los paquetes: puesto que los dominios de Internet son únicos, los conflictos sólo pueden aparecer dentro del dominio, mucho más controlable que el planeta entero.

Si el desarrollador de la clase Alumno trabaja en la compañía Empresa S. A., con dominio empresa.com, el paquete Matricula puede tener el siguiente nombre:

```
package com.empresa.Matricula;
```

Este nombre será único salvo conflictos dentro del dominio empresarial.

Hay que resaltar que algunos entornos de desarrollo Java asocian los paquetes a directorios o carpetas, por lo que deben coincidir el nombre del paquete con el del directorio o carpeta (pudiéndose igualmente anteponer el nombre dominio).

Es importante resaltar que los derechos de paquete no se modifican porque estén contenidos en otro paquete. En efecto, un paquete que contenga dos subpaquetes no confiere permisos de acceso entre los mismos. Es decir, agrupar paquetes es conveniente para el posterior desarrollo de código, pero no modifica los derechos de acceso.

CLASES INTERNAS

Una *clase interna* es una clase cuya definición está dentro de otra clase. Una clase con una clase interna se denomina clase externa o clase contenedora. Hasta ahora se han creado clases independientes que modelan algún aspecto del problema, pero en Java también se pueden crear clases internas lo que permite realizar una agrupación lógica de clases que están relacionadas.

Las clases internas permiten evitar la proliferación de clases muy pequeñas que en muchos casos sólo se usan dentro de otra clase. De este modo se logra un control de la complejidad y de la visibilidad de las clases, a la vez que se mantiene un buen diseño orientado a objetos. Por ejemplo, se puede crear una clase auxiliar para evitar que una clase sea excesivamente compleja pero no se desea que esa nueva clase esté disponible para su uso en otras clases diferentes.

Hay distintos tipos de clases internas pero, por simplicidad, sólo se presentan las clases internas que se definen como miembros normales no estáticos de una clase contenedora. Como son miembros de la clase contenedora sólo puede existir un objeto de la clase interna cuando exista un objeto de la clase contenedora.

Además de estos aspectos de organización del código las clases internas tienen la característica de que pueden acceder directamente a todos los miembros de la clase contenedora. Esto es independiente de los modificadores de control de acceso que tengan los miembros de modo que, por ejemplo, puede utilizar directamente una variable miembro aunque esté declarada como privada.

Estas clases internas no estáticas tienen también algunas limitaciones. Los nombres de los miembros de la clase contenedora tienen que ser diferentes de los de la clase interna y una clase interna no puede contener ningún miembro estático. Además, no es posible crear un objeto de la clase interna sin tener un objeto de la clase contenedora.

En el siguiente ejemplo se añade una clase interna a la clase `Alumno` previamente definida para poder tener los datos sobre la dirección del alumno. Se ha simplificado la dirección a sólo la calle y el número. Se han añadido los métodos `toString()` tanto en `Alumno` como en `Dirección` que devuelve el contenido del objeto en forma de cadena y permite la escritura directa por pantalla de un objeto utilizando el método `System.out.println()`.

```java
public class Alumno {

    private String nombre;
    private String apellidos;
    private int añoNacimiento;
    private Horario horario;
    private Direccion direccion;

    public Alumno(String nombre,
                  String apellidos,
                  int año,
                  Horario horario,
                  String calle,
                  int num) {
        this.nombre    = nombre;
        this.apellidos = apellidos;
        añoNacimiento  = año;
        this.horario   = horario;
        direccion      = new Direccion(calle, num);
    }

    public void ponDireccion(Direccion dir) {
        direccion= dir;
    }

    // devuelve los datos del objeto en formato cadena
    public String toString(){
        return nombre + " " + apellidos + " "
                + añoNacimiento + " "
                + horario + " " + direccion;
    }

    class Direccion{
        String calle;
        int numero;

        Direccion(String rue, int num){
            calle = rue;
            numero = num;
        }

        public String toString() {
            return calle + " " + numero;
        }
    }

    public static void main(String args[]) {
        Alumno alumno =
        new Alumno("Balta", "Fernández", 1991,
                    Horario.MAÑANA, "Zamora", 23);
        System.out.println("Datos alumno: " + alumno);
```

[76]

```
        Alumno.Direccion direccion =
            alumno.new Direccion("Figueruela", 28);
        alumno.ponDireccion(direccion);
        System.out.println("Datos alumno: " + alumno);
    }
} // Alumno
```

Ejemplo 3.5. Ejemplo de uso de una clase interna.

Con las clases internas se introduce una nueva sintaxis en el nombrado de las clases, en el operador `new` de creación de una instancia y en la autoreferencia `this`. Como se puede ver en el ejemplo, si se quiere utilizar directamente la clase interna, por ejemplo, para crear un nuevo objeto, hay que hacerlo `NombreClase Contenedora.NombreClaseInterna`. Si la clase interna no se ha declarado privada se puede crear un objeto de esa clase interna mediante `referencia ObjetoClaseContenedora.new NombreClaseInterna()`.

Si dentro de la clase interna se desea hacer una referencia al objeto actual de la clase contenedora se hace mediante `NombreClaseContenedora.this`.

Las clases internas se pueden utilizar con otros propósitos más sofisticados como, por ejemplo, proteger y ocultar la implementación interna de determinadas operaciones de las clases pero estos aspectos quedan fuera del ámbito de este libro. Se puede ver un ejemplo de clase interna en el Capítulo 8.

Clases locales y clases anónimas

Siguiendo con este principio de anidación de clases, Java también permite crear clases locales. Las *clases locales* son aquellas que se definen dentro de un método y que, por tanto, sólo son visibles y utilizables en dicho método. Son muy útiles para crear clases adaptadoras pero hay que tener cuidado con que no dificulten la legibilidad del código.

Una *clase anónima* es una clase local sin nombre. Sólo puede existir una instancia de una clase anónima que es la que se crea cuando se declara y directamente se instancia dicha clase.

Las clases locales y las clases anónimas se usan de forma habitual en el trabajo con archivos y en la creación de interfaces gráficas de usuario como se verá en capítulos posteriores.

CLASES PREDEFINIDAS

Uno de los puntos fuertes de Java es la gran cantidad de clases predefinidas que aporta. Son muchas, abarcando temas como comunicaciones, web, diseño gráfico, utilidades matemáticas, contenedores genéricos y muchas más. En este apartado se verán varias clases muy utilizadas:

- Envoltorios de tipos simples.
- `Math`, que es una biblioteca de funciones matemáticas básicas.
- `String`, para la manipulación de cadenas de texto.

Envoltorios

Los tipos predefinidos en el lenguaje Java (véase Capítulo 1), son tipos simples, en el sentido de que no son clases. Por conveniencia, existen unas clases predefinidas, denominadas envoltorios (*wrappers*, en inglés), que representan estos tipos simples. Estas clases envoltorio proporcionan métodos de clase útiles para convertir cadenas al tipo adecuado, para imprimir los números con varios formatos, para la descripción de los tipos simples (constantes estáticas que representan el valor mínimo y máximo del tipo), y otras utilidades. Además, estas clases envoltorio generan automáticamente una instancia cuando se usan tipos simples en contextos en los que se espera un objeto. Asimismo, los envoltorios son compatibles con los tipos simples que representan, por lo que pueden usarse en expresiones en que se espera el tipo simple.

En la Tabla 3.1 se recogen los envoltorios existentes.

Tabla 3.1. Clases envoltorio de tipos predefinidos

Envoltorio	Tipo predefinido
Boolean	boolean
Character	char
Integer	int
Long	long
Float	float
Double	double

Los tipos `byte` y `short` se incluyen en el lenguaje Java por razones de eficiencia, por lo que no se incluyen envoltorios para ellos.

Todos los envoltorios disponen de los siguientes constructores y métodos:

- Constructor a partir de un valor del tipo simple:

```
Character miLetra = new Character('H');
Integer   miEntero= new Integer(1024);
```

- Constructor que toma una cadena y lo traduce al tipo simple:

```
Float miRealCorto= new Float("12.3E-2");
```

- Método `toString()` que transforma el valor almacenado en una cadena:

```
System.out.println("Mi entero es " + miEntero);
```

- Un método que produce el valor primitivo, cuyo nombre es la concatenación del tipo simple con la palabra Value, es decir, `charValue()` en el envoltorio `Character`, `intValue()` en el envoltorio `Integer`, etc.:

```
int m = miEntero.intValue();
```

- Un método `equals()` para comparar el valor entre envoltorios:

```
Integer otroEntero= new Integer(2048);
boolean res= miEntero.equals(otroEntero);
```

Existen otros métodos comunes a los envoltorios que caen fuera del ámbito de este libro.

CAPÍTULO [3] **A**mpliación de clases

> **PARA LOS MANITAS:** Cuando se concatena una cadena a un valor simple (`"valor = " + 234`), lo que ocurre es que se genera un envoltorio y se invoca el método `toString()` de forma automática.

En el siguiente ejemplo se muestra la posibilidad de mezclar tipos simples y envoltorios en expresiones matemáticas.

```java
public static void main(String args[]) {
    Integer envX = new Integer(7);
    int y= 8;
    double z;

    envX += y; // añade y a envX

    envX++; // incrementa en uno el valor de envX
    z= Math.sqrt(envX); // raíz cuadrada de envX, z == 4.0
}
```

Ejemplo 3.6. Mezcla de envoltorios y tipos simples en expresiones.

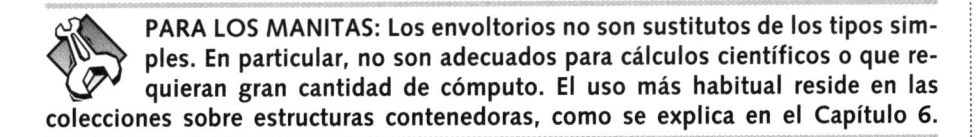

> **PARA LOS MANITAS:** Los envoltorios no son sustitutos de los tipos simples. En particular, no son adecuados para cálculos científicos o que requieran gran cantidad de cómputo. El uso más habitual reside en las colecciones sobre estructuras contenedoras, como se explica en el Capítulo 6.

En las siguientes secciones se presentan las particularidades más importantes de cada envoltorio.

Boolean

La única particularidad de Boolean es que al convertir una cadena, se traduce la cadena "true" (en cualquier combinación de minúsculas y mayúsculas) al valor `true`. Cualquier otra cadena se traduce al valor `false`.

Character

El envoltorio `Character` proporciona métodos para determinar si un carácter es letra o dígito, espacio en blanco (`' '`, `'\t'`, `'\n'`, `'\f'` o `'\r'`), pasar de mayúsculas a minúsculas, etc. Existen algunas particularidades en estos métodos dependiendo del alfabeto al que pertenecen los caracteres. Java, como lenguaje universal, permite otros alfabetos como el cirílico, griego, kanji, etc., cuyo comportamiento con las mayúsculas y minúsculas puede diferir de los alfabetos occidentales derivados del latín. Asimismo, los dígitos para dichos alfabetos también son diferentes de `'0'`, `'1'`, etc. Para estos detalles, consúltese un manual de referencia de Java.

Números

Todos los envoltorios numéricos tienen en común algunas características como constantes para determinar el rango y el método `valueOf()`. Cuando se intenta

[79]

convertir una cadena que no contenga un valor numérico, se lanza la excepción `NumberFormatException`.

A continuación se presentan unos ejemplos de uso de `valueOf`. La última sentencia lanzará una excepción, pues la cadena "hola" no puede convertirse a número.

```
Integer x= Integer.valueOf("1024");       // x valdrá 1024
Double  z= Double.valueOf("523.4E-02");   // z valdrá 5.234

Integer y= Integer.valueOf("hola");       // lanzará excepción
```

Integer

Aparte de almacenar un valor `int`, también se suele usar para los tipos predefinidos `byte` y `short`, dado que no tienen envoltorios propios.

Float y Double

En Java, los tipos float y double pueden contener el valor +∞ y el −∞, por ejemplo, en las divisiones por 0. Pero también algunas expresiones pueden dar lugar a valores que no representan un número como, por ejemplo, `Math.sqrt(-1)`. Esto en Java se representa con el valor NaN. Asimismo, existen métodos para determinar si un número es +∞, −∞ o NaN.

Además, `Float` contiene un constructor a partir de un valor `double` como valor inicial tras ser convertido a `float`.

```
float s= 0;
s = 10 / s;
Float infinito= new Float(s);

// Imprimirá "infinito es Infinity"
System.out.println("infinito es " + infinito);
Float noNumero= new Float(Math.sqrt(-1));
// Imprimirá "noNumero es NaN"
System.out.println("noNumero es " + noNumero);
```

El siguiente ejemplo ilustra el uso de infinito y de NaN.

```
class infinito {
    public static void main(String args[]) {
        double x= 10;
        double y= 0;

        double z= x / y; // ¡OJO! división por cero

        System.out.println("z= " + z);
        if (Double.isInfinite(z))
            System.out.println("z es infinito positivo");

        z *= -1.0;
        System.out.println("z= " + z);


        z= -1;
        System.out.println("z= " + z);

        z= Math.sqrt(z);
        System.out.println("z= " + z);
```

```
        if (Double.isNaN(z))
            System.out.println("z no es un número");
    }
}
```

Ejemplo 3.7. Infinito y NaN (Not-A-Number) en Java.

Este código imprimirá por pantalla:

```
z= Infinity
z es infinito positivo
z= -Infinity
z= -1.0
z= NaN
z no es un número
```

Math

La clase Math contiene constantes y métodos de uso común en matemáticas. Todas las operaciones que se llevan a cabo en dicha clase se realizan con tipo double. Contiene las constantes π (Math.PI) y el número de Euler, e (Math.E), ambos como doubles. En las funciones trigonométricas, los ángulos están en radianes y los métodos devuelven valores double. Se incluyen las funciones más comunes, como potenciación, redondeo, raíz cuadrada, y muchas otras.

En el Ejemplo 3.8 el programa toma tres números reales (declarados como estáticos) y los considera como los coeficientes de un polinomio de segundo grado ax2 + bx +c e imprime por pantalla sus raíces reales. Si las raíces son complejas o el polinomio no es de segundo grado (a == 0), se lanzará la excepción correspondiente.

```
class Raices {
    //
    // calcula las raices
    // del polinomio a*x*x + b*x + c
    //
    // se ponen los coeficientes como constantes
    // más adelante se aprenderá a leer los
    // valores desde teclado
    //

    static double a= 17; // coeficiente a
    static double b= 11; // coeficiente b
    static double c= 5;  // coeficiente c

    public static void main(String args[]) {
        double det= b*b - 4*a*c;
        // OJO a los paréntesis
        double r1= (-b + Math.sqrt(det)) / (2*a);
        double r2= (-b - Math.sqrt(det)) / (2*a);
        System.out.println("r1= " + r1 + "r2= " + r2);
    }
}
```

Ejemplo 3.8. Cálculo de las raíces de una ecuación de segundo grado.

En el Ejemplo 3.9 el programa calcula el logaritmo de un número x en una base cualquiera a. Se lanzará una excepción si la base es negativa, 0 o 1 (no valen como base de un logaritmo) o bien si x no es positivo.

```
class LogGenerico {
    static double x= ...; // poner valor double
    static double a= ...; // poner valor double

    // calcula logaritmo de "x" en base "a"
    public static void main(String args[]) {
        double res;
        res= Math.log(x) / Math.log(a);
        System.out.println("res= " + res);
    }
}
```

Ejemplo 3.9. Cálculo de un logaritmo genérico.

String

La clase String se usa para manejar cadena de caracteres de cualquier longitud finita. Es una clase especial con soporte específico incluido en el lenguaje Java. Así, un objeto String se puede crear a partir de un valor de cadena literal, es decir, una secuencia de caracteres encerrados entre comillas dobles:

```
String nombre; // crea variable "nombre" de tipo String
String saludo= "hola";
String mensaje= saludo;
```

También se pueden construir a través de new, mediante dos constructores:

```
String saludo= new String("hola");
String vacia= new String(); // cadena vacia ""
```

La clase String tiene un tratamiento particular en Java, pues aparte de la construcción de objetos a partir de literales entre comillas, se pueden aplicar los operadores + y += que se usan para concatenar String.

De particular interés es el método String.ValueOf(). Este método está sobrecargado, aceptando boolean, char, int, long, float y double. Devuelve el valor pasado convertido a cadena, por ejemplo:

```
String s = String.valueOf(1024); // s valdrá "1024"

class cadenas {
    public static void main(String []args) {
        String nombre1= ""Juan",
               nombre2= "Luis";

        nombre1 = nombre1 + " Luis";
        nombre2 = "Juan " + nombre2;

        System.out.println("nombre1 == \"Juan Luis\" "
                        + (nombre1 == "Juan Luis"));
        System.out.println("nombre1 == nombre2 "
                        + (nombre1 == nombre2));
        System.out.println("nombre1.equals(nombre2) "
                        + nombre1.equals(nombre2));

        nombre1 = nombre1 + " García";
        nombre1 += " ";
        nombre1 += " López";

        System.out.println("Nombre1 = " + nombre1);
    }
}
```

Ejemplo 3.10. Ejemplo de uso de objetos de la clase String.

CAPÍTULO [3] Ampliación de clases

Este código produce la siguiente salida:

```
nombre1 == "Juan Luis" false
nombre1 == nombre2 false
nombre1.equals(nombre2) true
Nombre1 = Juan Luis García   López
```

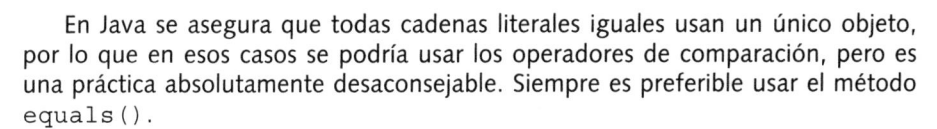

En Java se asegura que todas cadenas literales iguales usan un único objeto, por lo que en esos casos se podría usar los operadores de comparación, pero es una práctica absolutamente desaconsejable. Siempre es preferible usar el método equals().

```java
class literales {
    public static void main(String []args) {
        String nombre1= "Juan",
               nombre2= "Juan";

        System.out.println("nombre1 == \"Juan\" "
                           + (nombre1 == "Juan"));
        System.out.println("nombre1 == nombre2 "
                           + (nombre1 == nombre2));
        System.out.println("nombre1.equals(nombre2) "
                           + nombre1.equals(nombre2));
    }
}
```

Ejemplo 3.11. Uso de cadenas literales.

En este caso, la salida producida es:

```
nombre1 == "Juan" true
nombre1 == nombre2 true
nombre1.equals(nombre2) true
```

En el Ejemplo 3.11 el programa comprueba un palíndromo. Un palíndromo es una frase que se lee igual de izquierda a derecha como al revés. Ejemplos de palíndromos son "Ana", "Oso", etc. La siguiente clase toma una cadena de la entrada estándar e imprime "true" si es palíndromo y "false" en caso contrario. No se ha tenido en cuenta que para ser palíndromo, se deberían ignorar los espacios en blanco.

```java
class Palíndromo { //determina si una String es palíndromo
    public static void main(String args[]) {
        String cadena= "oso ele oso";
        boolean esPalindromo= true;

        for (int i= 0; i < cadena.length()/2; i++)
            if (cadena.charAt(i) !=
                cadena.charAt(cadena.length()-i) {
                esPalindromo= false;
                break;
            }

        System.out.println(esPalindromo);
    }
}
```

Ejemplo 3.12. Comprobación de un palíndromo.

IMPORTACIÓN ESTÁTICA DE CLASES

Para acceder a los miembros estáticos de una clase, es necesario cualificar los métodos con el nombre de la clase de la que proceden. Sin embargo, esto puede comprometer la legibilidad de un programa, sobre todo cuando aparecen muchos métodos y atributos estáticos cualificados con el nombre de la clase. En el Ejemplo 3.8 para el cálculo de un logaritmo genérico, se repite varias veces el nombre de la clase Math. Java proporciona un mecanismo para la importación de miembros estáticos, anteponiendo el cualificador static tras la importación. Se permite tanto la importación individual:

```
import static java.lang.Math.PI;
```

como el conjunto completo:

```
import static java.lang.Math.*;
```

De esta forma, se puede reescribir el Ejemplo 3.9 como se ve a continuación:

```
import static java.lang.Math.*;

class LogGenerico {
    static double x= ...; // poner valor double
    static double a= ...; // poner valor double

    // calcula logaritmo de "x" en base "a"
    public static void main (String args[]) {
        double res;
        res= log(x) / log(a); // uso de log sin cualificar
        System.out.println("res= " + res);
    }
}
```

Ejemplo 3.13. Logaritmo genérico con importación estática de Math.

> **IMPORTANTE:** Es conveniente restringir los casos de importación estática a los casos en que realmente se requiera el acceso a miembros estáticos de una o dos clases.

CAPÍTULO

[4]

Estructuras de control

[Notas]

[Estructuras de control]

Como se ha visto hasta este momento un programa consta de una o más clases. En cada clase se recoge el estado y el comportamiento de los distintos tipos de objetos que se utilizan en el programa. El cuerpo de un método consiste en una secuencia de sentencias que especifican las acciones que se ejecutan al invocarlo.

Dentro de cada uno de los métodos de una clase, incluido el método `main()` de la clase principal, tiene sentencias que especifican una secuencia de acciones que debe de ejecutar. Estas sentencias incluyen acciones como escribir, calcular valores, guardar valores en variables, etc. Y estas sentencias se ejecutan de una a una en el orden en que están escritas en el cuerpo del método.

Si se tiene en cuenta cómo se va ejecutando el programa completo se podría ir siguiendo qué sentencias se ejecutan de cada uno de los métodos según se construyen objetos, se invoca a los métodos de dichos objetos, etc. A este orden de ejecución se denomina *flujo* del programa. En este capítulo se va a tratar el conjunto de estructuras llamadas de control que permiten modificar el flujo secuencial visto hasta ahora.

ESTRUCTURAS DE CONTROL

Cuando se ejecuta un programa, no siempre se ejecuta de la misma forma siguiendo el mismo flujo de ejecución. Hay situaciones donde se desearía que el programa no ejecute un determinado grupo de sentencias, otras donde se desearía repetir ciertas sentencias muchas veces en lugar de escribirlas una a una todas las veces, etc. Todas las sentencias que permiten este control sobre la forma en que se va ejecutando el código se recogen en este capítulo.

Se podrían clasificar las sentencias de control en los siguientes grupos principales:

- Selección. Permiten decidir si cierto bloque de sentencias se ejecuta o no.
- Repetición: Permiten ejecutar un bloque de sentencias muchas veces.
- Salto. Permiten seguir ejecutando el programa en otro punto distinto del que sigue a continuación. Permiten romper la secuencia de sentencias tal como está escrita.
- Control de excepciones. Sirven para gestionar errores o situaciones extraordinarias que podrían ocurrir durante la ejecución del programa.
- Control de errores. Sirven para comprobar que en la ejecución de un programa los valores que se manejan son siempre correctos.

Apilamiento y anidamiento de estructuras

Todas las estructuras comentadas se pueden combinar sin ningún tipo de limitación. Cuando se abre un nuevo bloque de sentencias se pueden colocar varias estructuras de control unas a continuación de otras, denominándose un *apilamiento de estructuras*.

Asimismo, dentro de un bloque de una estructura de control se puede colocar otra estructura de control y dentro de este segundo bloque otra estructura de control y así sucesivamente. Es lo que se denomina *estructuras anidadas*. No existe limitación en cuanto al número de estructuras anidadas o apiladas que se pueden utilizar para escribir un programa de acuerdo a los deseos del programador. De todas formas, recuerde que uno de los principios básicos a tener en cuenta es la claridad, por lo que debe escribir los programas de forma que siempre sean claros y legibles.

ESTRUCTURAS DE SELECCIÓN

Estructura `if`

La estructura `if` se denomina estructura de selección única porque ejecuta o no una sentencia según se cumpla o no una determinada condición. Si la condición se cumple, se ejecuta la sentencia o el bloque de sentencias que va con la estructura. Si no se cumple la condición, la sentencia o el bloque de sentencias no se ejecuta.

La estructura `if` se escribe de la siguiente forma:

```
if (condición) {
    sentencias
}
```

La condición se escribe siempre entre paréntesis. Esta condición es una expresión que evalúa un valor de tipo boolean (booleano) como las expresiones aritmético-lógicas vistas en el Capítulo 1.

La selección se produce sobre la sentencia o el bloque de sentencias que se encuentren a continuación. Un bloque de sentencias está delimitado por llaves, por lo que la estructura `if` está asociada a todo el bloque de sentencias. Si la estructura `if` lleva asociada sólo una sentencia, se puede poner sin llaves, pero se recomienda añadirlas siempre aunque sea redundante.

CAPÍTULO [4] Estructuras de control

Cuando en el programa se llega a la estructura `if`, se evalúa la condición que está entre paréntesis. La sentencia o bloque de sentencia sólo se ejecuta si el valor de la condición es verdadero, es decir, vale `true`. En el caso de que la condición tomase el valor `false` el programa continuaría su ejecución de forma secuencial con la sentencia inmediatamente posterior a esta estructura, no ejecutando ninguna sentencia dentro de la estructura `if`.

Suponga un método donde existe una variable de tipo `int`, cuyo nombre es `velocidad`, que guarda la velocidad de un automóvil. En alguna parte del programa se desea imprimir por pantalla un aviso si la velocidad es superior a 120. La parte del programa que permitiría imprimir este mensaje sería la siguiente:

```
if (velocidad > 120) {
    System.out.println ("Cuidado, su velocidad es excesiva");
}
```

El mensaje de advertencia solamente se imprimirá en la pantalla en aquellas ejecuciones del programa en las que la variable velocidad tenga un valor mayor que 120. Si la variable velocidad tiene un valor igual o inferior a 120 el programa continúa su ejecución con la sentencia que sigue a este fragmento de código.

Estructura `if-else`

La estructura `if-else` se denomina de selección doble porque selecciona una entre dos acciones diferentes. Si se cumple una determinada condición se ejecuta una sentencia o un bloque de sentencias. Si no se cumpla dicha condición, se ejecuta otra sentencia u otro bloque de sentencias distinto del anterior.

La estructura `if-else` se escribe de la siguiente forma:

```
if (condición) {
    sentencias
} else {
    sentencias
}
```

Como en la estructura anterior, la condición tiene que estar obligatoriamente entre paréntesis.

La selección se produce entre la sentencia o el bloque de sentencias que se encuentren a continuación de la palabra `if` y la sentencia o el bloque de sentencias que se encuentran a continuación de la palabra `else`.

Si la condición es verdadera, es decir, se evalúa a `true`, se ejecuta la sentencia o bloque de instrucciones que se encuentra a continuación del `if`. A continuación, el programa continuaría su ejecución de forma secuencial con la sentencia inmediatamente posterior a **toda** esta estructura. Si, por el contrario, la condición se evalúa a `false`, se ejecuta la sentencia o el bloque de sentencias que se encuentra a continuación del `else` y el programa continuaría su ejecución.

A continuación se puede ver un ejemplo de uso de esta estructura de selección doble. Para ello suponga que en un método dispone de dos variables a y b de tipo `int` cuyos valores son 5 y 6 respectivamente. Se utilizará una estructura `if-else` para imprimir únicamente el mayor de dos números dados:

```
if (a > b) {
    System.out.println("El número mayor es el " + a);
} else {
    System.out.println("El número mayor es el " + b);
}
```

En este ejemplo se evalúa la condición, que es `false` (el número 5 no es mayor que el número 6) y, por tanto, se ejecuta la sentencia de la parte `else` imprimiendo en la pantalla el mensaje "El número mayor es el 6".

Como se puede observar, sería muy sencillo utilizar dos sentencias `if` para conseguir lo mismo. Sin embargo, resultaría un poco más complicado de escribir pues habría que tener en cuenta qué ocurre si ambas variables valen igual. Puede intentarlo y comprobar cómo quedaría con dos sentencias `if`. Al escribir este trozo de programa con una sentencia `if-else` se indica que si a > b se haga algo dejando el resto de los casos incluidos dentro de la parte `else`. Otra razón para desaconsejar dos `if` es que las condiciones se evaluarían dos veces.

En el ejemplo se han puesto llaves agrupando las sentencias que se ejecutan en la parte `if` y en la parte `else`. Se puede no poner las llaves si la parte `if` sólo contiene una sentencia. De la misma forma, se puede no poner las llaves de la parte `else` si la parte `else` contiene sólo a una única sentencia. De todas formas, se recomienda, por claridad, poner siempre las llaves que delimitan el bloque afectado.

Si se desea ejecutar varias sentencias, bien en la parte `if` o en la parte `else`, entonces siempre deben ir entre llaves. En el siguiente ejemplo se hace lo mismo pero separando la impresión del texto de la impresión del valor:

```java
if (a > b) {
    System.out.print("El número mayor es el a ");
    System.out.println("cuyo valor es: " + a);
} else {
    System.out.print("El número mayor es el b ");
    System.out.println("cuyo valor es: " + b);
}
```

Operador condicional

El operador condicional (**?:**) está relacionado con la estructura `if-else`. Éste es el único operador de Java que requiere tres operandos. El primer operando es una expresión booleana, el segundo es el valor que tomara la expresión si el primer operando es verdadero y el segundo es el valor que tomará la expresión si el primer operando es falso.

El ejemplo anterior se puede reescribir como:

```java
System.out.print("El número mayor es el de valor ");
System.out.println(a > b ? a : b);
```

El operador evalúa la condición delante del símbolo ?. Si la condición vale `true` devuelve el valor de la expresión que haya entre el ? y el :. Si la condición vale `false` se devuelve el valor de la expresión tras el símbolo :.

Estructuras `if-else` anidadas

Algunas veces hay que considerar más de dos posibilidades. Estas posibilidades pueden ser excluyentes unas de otras, es decir, cuando se cumple una de las condiciones no se cumple ninguna otra. En un programa en Java la forma de expresarlo es mediante varias estruturas `if-else` de forma anidada. Para ello se pone una condición y para la parte `else` se escribe una estructura `if-else` dentro del bloque de la parte `else`. La estructura anidada que se obtiene se suele escribir, por claridad, de la siguiente forma.

CAPÍTULO **[4]** **E**structuras de control

```
if (condición){
    sentencias
} else if (condición) {
    sentencias
} else if (condición) {
    sentencias
....
} else {
    sentencias
}
```

La condición de la primera instrucción `if` determina una posibilidad, dejando el resto de las posibles para la parte `else`. Dentro de la parte `else` se introduce otra estructura `if` que selecciona otra posibilidad y deja el resto para su parte `else`, y así sucesivamente.

Suponga un programa en el que se tiene un valor entero de la nota de un alumno y se desea escribir el texto que corresponde a dicha nota. El programa que lo consigue es el siguiente:

```
public class Nota {
    public static void main(String[] args) {
        int nota = 8;

        if (nota == 10)
            System.out.println("Matrícula de honor");
        else if (nota >= 9)
            System.out.println("Sobresaliente");
        else if (nota >= 7)
            System.out.println("Notable");
        else if (nota >= 5)
            System.out.println("Aprobado");
        else
            System.out.println("Suspenso");
    }
}
```

Ejemplo 4.1. Escribir la nota obtenida.

La condición de la primera sentencia `if`, cuando la nota es igual a 10, imprime Matrícula de honor, dejando el resto de las calificaciones para su parte `else`. En su parte `else` existe un `if` con la condición de que la nota sea mayor o igual a 9, en cuyo caso imprime la calificación Sobresaliente, dejando el resto de las calificaciones para la parte `else`. A su vez, la parte `else` introduce otra instrucción `if` con la condición de que la nota sea mayor o igual que 7, en cuyo caso imprime la calificación de Notable dejando el resto de las calificaciones para la parte `else`. A su vez otra instrucción `if` cuando la nota es mayor o igual que 5 imprime la calificación de Aprobado dejando el resto de calificaciones para la parte `else` que imprime la calificación de Suspenso.

Observe cómo en el ejemplo se van ordenando las condiciones de manera que una vez que se cumple que la nota es mayor que 7 es por que se está seguro de que no era mayor o igual a 9 y, por tanto, no era Sobresaliente. Por ello el orden es esencial para que se vayan eliminando los sucesivos rangos de notas.

Estructura `switch`

La estructura `switch` es una estructura de selección múltiple. Permite la selección de una sentencia o conjunto de sentencias entre múltiples casos, de forma parecida a la estructura anterior de varios `if-else` anidados. La diferencia es que la elección de la parte que se ejecuta depende del valor resultado de una expresión que se compara por igualdad con cada uno de los casos.

La estructura `switch` consta de una expresión y una serie de etiquetas `case` con un caso opcional `default`. La sentencia `switch` se escribe de la siguiente forma:

```
switch (expresión){
       case valor1:
              sentencias;
              break;
       case valor2:
       case valor3:
              sentencias;
              break;
       ...
       default:
              sentencias;
              break;
}
```

La expresión, que es obligatorio que esté entre paréntesis, tiene que evaluarse a un entero o un carácter (una expresión entera). A continuación, de cada `case` aparece un valor que únicamente puede ser una expresión constante, es decir, una expresión cuyo valor se puede conocer antes de empezar a ejecutar el programa, del mismo tipo que la expresión del `switch`. Después de cada `case` se puede poner una única sentencia o un conjunto de ellas. Cuando se quiere interrumpir la ejecución de sentencias se utiliza la sentencia `break` que hace que el control del programa termine el `switch` y continúe ejecutando la sentencia que se encuentre después de esta estructura.

Cuando el programa llega a una estructura `switch` se evalúa la expresión. A continuación, se comprueba si coincide con el valor del primer `case`. Si no coincide, se comprueba si coincide con el valor del segundo `case`, y así sucesivamente. Cuando el valor de la expresión coincide con el valor de uno de los `case`, se empieza a ejecutar a partir de los dos puntos hasta ejecutar una sentencia `break`, o llegar al final de la estructura donde se cierran las llaves. Por ello es muy importante no olvidar poner un `break` donde se desea que termine la ejecución de cada caso. Si no se encuentra ningún `case` que coincida con el valor de la expresión se ejecuta la parte `default`. Se ha puesto un `break` al final de la parte `default` por consistencia y claridad, así todos los casos llevan su `break`, aunque no es necesario.

En una estructura `switch` es obligatorio que los valores de los distintos casos sean todos distintos. Si hubiese dos casos con el mismo valor el compilador dará un mensaje de error indicándolo. Si no hay ningún caso que coincida con el valor de la expresión y la parte `default` no se ha puesto (recuerde que es opcional), no se ejecuta nada.

La estructura `switch` se diferencia de otras estructuras en que no es necesario encerrar entre llaves el conjunto de instrucciones de cada caso. Sin embargo, son obligatorias las llaves que inician el `switch` y lo terminan.

Suponga un programa en el que se desea imprimir por pantalla el nombre del mes que corresponde a un mes dado como un número entero. En este programa habría que comprobar el valor de la variable `mes` y, dependiendo de su valor, imprimir el nombre del mes correspondiente. Este programa quedaría:

CAPÍTULO [4] Estructuras de control

```java
public class MesesDelAño {
    public static void main(String[] args) {
        int mes = 8;
        switch (mes) {
            case 1:
                System.out.println("Enero");
                break;
            case 2:
                System.out.println("Febrero");
                break;
            case 3:
                System.out.println("Marzo");
                break;
            case 4:
                System.out.println("Abril");
                break;
            case 5:
                System.out.println("Mayo");
                break;
            case 6:
                System.out.println("Junio");
                break;
            case 7:
                System.out.println("Julio");
                break;
            case 8:
                System.out.println("Agosto");
                break;
            case 9:
                System.out.println("Septiembre");
                break;
            case 10:
                System.out.println("Octubre");
                break;
            case 11:
                System.out.println("Noviembre");
                break;
            case 12:
                System.out.println("Diciembre");
                break;
            default:
                System.out.println("Mes no válido");
                break;
        }
    }
}
```

Ejemplo 4.2. Mes del año.

Sería incorrecto, aunque legal, y el programa podría funcionar, haber escrito este mismo programa con una serie de estructuras if-else anidadas, pero hubiese resultado mucho más difícil de entender y de leer. Intente escribirlo si lo desea y compruebe la diferencia. Tal como se ha escrito anteriormente resulta mucho más legible. Recuerde que al escribir un programa se debe primar, ante todo, la legibilidad.

A continuación, se presenta un ejemplo más ilustrativo. Suponga que desea conocer el número de días de un mes dado. Para ello utilizaremos ya una representación de los meses mediante un enumerado. Se puede ver en el Ejemplo 4.3.

```java
public class DiasDelMes {
    enum Mes {Enero, Febrero, Marzo, Abril,
              Mayo, Junio, Julio, Agosto,
              Septiembre, Octubre, Noviembre, Diciembre}
```

```java
public static void main(String[] args) {
    int días;
    Mes mes = Mes.Noviembre;
    switch (mes) {
        case Abril:
        case Junio:
        case Septiembre:
        case Noviembre:
            días = 30;
            break;
        case Febrero: // no se conoce el año
            días = 28;
            break;
        default:
            días = 31;
            break;
    }
    System.out.println("El mes " + mes + " tiene " + días + " días.");
}
}
```

Ejemplo 4.3. Días del mes.

En este ejemplo hay varios casos seguidos. Si el valor de mes es 8, como en este caso, se va comparando este valor con el indicado en cada uno de los casos. Al encontrarlo se empieza a ejecutar a partir de ese caso en adelante por lo que se asigna el valor 30 a la variable días y, a continuación, se ejecuta un break con lo que termina la estructura switch. Debe tener cuidado en cómo utiliza esta estructura. Si se fija, en este caso si el valor de mes es 55 diría que tiene 31 días. Esta estructura sólo es correcta si puede estar seguro que el valor de la variable mes es siempre correcto.

Se ha puesto que el mes 2 (Febrero) tiene 28 días, pues no se conoce el año. Sin el año no se puede determinar el número correcto de días de febrero.

La estructura switch proporciona una manera muy práctica de seleccionar entre un conjunto de opciones predefinidas. Pero no se puede utilizar en situaciones donde la selección se basa en condiciones complejas o donde dependa de intervalos de valores.

A continuación, se presenta un ejemplo de clase que representa una Fecha como un día, un mes y un año. De manera ilustrativa se han codificado el constructor de la clase y los métodos díaSiguiente() y toString(). El método díaSiguiente() sirve para adelantar un día la fecha que tenga el objeto con que se llama. En este método podrá ver el uso de la estructura switch combinado con la estructura de selección if.

Para el ejemplo suponemos definido un enumerado para los meses de la siguiente forma:

```java
enum Mes {Enero, Febrero, Marzo, Abril,
          Mayo, Junio, Julio, Agosto,
          Septiembre, Octubre, Noviembre, Diciembre}
```

El programa es el que se presenta a continuación.

```java
public class Fecha {
    int día;
    Mes mes;
    int año;
```

```java
    public Fecha(int día, Mes mes, int año) {
        this.día = día;
        this.mes = mes;
        this.año = año;
    }

    public void díaSiguiente() {
        int díasMes;
        // Calculo los días que tiene el mes actual
        switch (mes) {
            case Abril:
            case Junio:
            case Septiembre:
            case Noviembre:
                díasMes = 30;
                break;
            case Febrero:
                if ((año % 4 == 0) && (año % 100 != 0)
                    || (año % 400 == 0)) {
                    díasMes = 29;
                } else {
                    díasMes = 28;
                }
                break;
            default:
                díasMes = 31;
                break;
        }

        if (día >= díasMes) {
            día = 1;
            if (mes.equals(Mes.Diciembre)) {
                mes = Mes.Enero;
                año++;
            } else {
                mes = Mes.values()[mes.ordinal()+1];
            }
        } else {
            día++;
        }
    }

    public String toString() {
        return día + "/" + mes + "/" + año;
    }
}
```

Ejemplo 4.4. Día de mañana.

En el Ejemplo 4.4 se muestra una clase llamada `Fecha` donde se puede ver el apilamiento y anidamiento de estructuras de selección. Dentro del método `díaSiguiente()` que sirve para pasar al día siguiente del día actual, se puede observar apilamiento de estructuras, ya que hay un estructura `switch` seguida de una estructura `if-else`. También se puede observar anidamiento de estructuras pues dentro de la estructura `switch` se ha puesto una estructura `if-else`. Dentro de la estructura `if-else` final, en la parte `if` también se ha añadido otra estructura `if-else`.

Este apilamiento y anidamiento de estructuras se puede hacer tantas veces como sea necesario.

El método `toString()` es una reescritura del método `toString()` de la clase `Object`. Se utiliza para poder escribir objetos de forma cómoda de la siguiente forma:

```
Fecha miFecha = new Fecha(28, Mes.Abril, 1998);
System.out.println("La fecha es: " + miFecha);
```

Con esta última sentencia se consigue escribir la fecha en el formato indicado en el método reescrito `toString()`.

ESTRUCTURAS DE REPETICIÓN

En esta sección se presentan las estructuras de repetición de Java con ejemplos de cada una de ellas. A estas estructuras también se les llama bucles o estructuras iterativas. Estas estructuras permiten repetir muchas veces un bloque de sentencias. Como todas las estructuras, se pueden combinar, por lo que dentro de un bucle es normal utilizar otro tipo de estructuras como las de selección o incluso otras estructuras de repetición.

Estructura `while`

La estructura de repetición `while` permite que mientras se cumpla una determinada condición se repita una sentencia o un bloque de sentencias. La condición ha de ser una expresión aritmética que devuelva un valor booleano.

La estructura de repetición `while` sigue el siguiente esquema:

```
while (condición){
    sentencias
}
```

La condición tiene que estar obligatoriamente entre paréntesis.

Cuando el programa empieza a ejecutar la estructura `while`, lo primero que hace es evaluar la condición. Si la condición vale `true`, se ejecutan las sentencias que componen el bucle. Cuando concluye la ejecución de las instrucciones del bucle se vuelve a evaluar la condición. De nuevo, si la condición es cierta se vuelven a ejecutar las instrucciones del bucle. En algún momento la condición vale `false`, en cuyo caso finaliza la ejecución del bucle y el programa continúa ejecutándose por la sentencia que se encuentra a continuación de la estructura `while`.

Si la condición del bucle siempre se evalúa a `true`, el bucle nunca termina, se ejecutará indefinidamente. Esto se conoce como bucle infinito. Las sentencias del `while` deberían de modificar los valores que forman parte de la condición, de forma que en algún momento la condición valga `false` y el bucle termine.

Si la primera vez que se evalúa la condición ya es `false`, no se ejecuta ninguna de las sentencias de la estructura. Es decir, puede que no sólo no se repita nada, sino que ni siquiera se llegue a ejecutar ni una sola vez. Se dice que la estructura `while` se repite cero o más veces.

Como ejemplo se desea comprobar si un determinado número positivo es un número primo. Un número positivo es primo si sus únicos divisores son él mismo y el uno. Dicho de otro modo un número no es primo si existe algún divisor menor que él. Un programa que calcula si un número es primo sería el siguiente:

```java
import java.util.Scanner;

public class Primo {
    public static void main(String[] args) {
        int numero;
        int divisor;
        boolean primo;

        Scanner teclado = new Scanner(System.in);
        System.out.print("Introduzca el número que desea comprobar: ");
        numero = teclado.nextInt();

        divisor = 2;
        primo = true;
        while ((divisor * divisor <= numero) && primo) {
            if (numero % divisor == 0)
                primo = false;
            divisor++;
        }

        System.out.print("El número " + numero);
        if (primo)
            System.out.println(" es primo.");
        else
            System.out.println(" no es primo.");
    }
}
```

Ejemplo 4.5. Número primo.

> **PARA LOS MANITAS:** Es posible escribir el código anterior probando a dividir sólo por los números impares. Bastaría con excluir el número 2 como número especial que sí es primo.

Fíjese que en el ejemplo anterior si el número a comprobar fuese el 3 no habría que realizar ninguna comprobación de divisibilidad, es decir, no habría que ejecutar nada del bucle `while`.

Estructura `do-while`

En la estructura de repetición `do-while` se repite una sentencia o grupo de sentencias mientras se cumpla una determinada condición. En esta estructura la condición se evalúa después de ejecutar las sentencias que componen la estructura.

El esquema de una estructura `do-while` es:

```
do {
    sentencias
} while (condición);
```

La estructura `do-while` comienza con la palabra reservada `do` y, a continuación, un bloque de sentencias que es el que se repite. La estructura finaliza con la palabra `while` y, a continuación, entre paréntesis, la condición que debe ser cierta para volver a repetir la ejecución del bucle.

Cuando en un programa se llega a una estructura `do-while` se empiezan a ejecutar las sentencias que componen la estructura. Cuando se terminan de ejecutar se evalúa la condición. Si la condición vale `true`, se ejecutan de nuevo las sentencias que componen la estructura. El bucle deja de repetirse cuando, tras evaluarse la condición, ésta vale `false`.

Como ocurría con la estructura `while` es necesario que dentro del bucle, en algún momento, la condición valga `false` para evitar que el bucle se ejecute indefinidamente.

Suponga que se desea realizar un programa que solicite al usuario un número entre 0 y 100, ambos inclusive. Al terminar debe imprimir por pantalla el número introducido. Si el número introducido no está dentro del intervalo, debe dar un mensaje de error. Un posible programa sería el que se muestra en el siguiente ejemplo:

```java
import java.util.Scanner;

public class PedirNumero {
    public static void main(String[] args) {
        int numero;
        String linea;

        Scanner teclado = new Scanner(System.in);

        do {
            System.out.println("Introduzca un número entre 0 y 100: ");
            numero = teclado.nextInt();
        } while (numero < 0 || numero > 100);

        System.out.println("El número introducido es: " + numero);
    }
}
```

Ejemplo 4.6. Pedir un número en un intervalo.

Tenga en cuenta que la estructura de repetición `do-while` siempre ejecuta las sentencias que lo componen la primera vez que se ejecuta. Se dice que el bucle se ejecuta una o más veces. En este caso es preferible esta estructura a la estructura `while`, ya que es necesario ejecutar al menos una vez las sentencias del bucle, pues al menos hay que pedir una vez el número al usuario.

Estructura `for`

La estructura de repetición `for` proporciona una forma muy apropiada para repetir una sentencia o un bloque de sentencias un número de veces determinado o recorrer todos los elementos de una estructura de almacenamiento. Las estructuras de almacenamiento se verán con detalle en el Capítulo 6.

La estructura `for` tiene dos formas. La más habitual es:

```java
for (inicialización; condición; actualización){
    sentencias
}
```

Los elementos de que consta esta estructura `for` son los siguientes:

- La `inicialización` es una sentencia que permite inicializar el bucle, puede ser la declaración e inicialización de las variables que se utilizan en el bucle. Esta sentencia de inicialización se ejecuta únicamente una vez en la primera ejecución del bucle.
- La `condición` es la condición para continuar la ejecución del bucle. La condición se evalúa siempre antes de empezar a ejecutar el bucle. Si la condición es cierta, se ejecutan las sentencias del bucle.

CAPÍTULO [4] Estructuras de control

- Después de ejecutar las sentencias del bucle y antes de volver a evaluar la condición se ejecuta la actualización. Esta parte se suele utilizar para modificar el valor de las variables que forman parte de la condición.

Todos los elementos que se acaban de describir del bucle for son opcionales, es decir, pueden ser vacías. Esto da una idea de la flexibilidad que proporciona este bucle. Sin embargo, aunque alguna de las tres partes, o varias, sea vacía siempre deben existir los caracteres punto y coma que separan las partes.

La segunda estructura de un bucle for es la siguiente:

```
for (variable : estructura){
    sentencias
}
```

donde la variable indicada entre paréntesis, que se puede declarar en ese mismo lugar va tomando el valor de todas las variable de la estructura indicada, repitiéndose el bucle para todos los valores.

Para ver cómo funciona la estructura for se ha escrito el Ejemplo 4.7. Este programa de ejemplo imprime cinco veces por pantalla el mensaje "Hola a todos". Además, antes de cada mensaje se imprime la cuenta de la vez que se imprime con un número indicando la ejecución del bucle que se está llevando a cabo.

```
public class EjemploFor {
    public static void main(String[] args) {
        for (int i = 0; i < 5; i++) {
            System.out.print(i);
            System.out.println(" Hola a todos.");
        }
    }
}
```

Ejemplo 4.7. Ejemplo de estructura for.

Cuando el programa llega a una estructura for, la primera vez se ejecuta la parte de la inicialización. En el Ejemplo 4.7 se declara la variable i que se va a utilizar en el programa para contar el número de veces que se ejecuta el bucle. Como esta variable sirve para contar el número de veces que se ejecuta el bucle se le suele denominar variable contador. Como esta variable se declara e inicializa en el bucle for, esta variable sólo existe dentro del bucle. Una vez se termine el bucle esta variable i no existe.

Una vez que se ha creado e inicializado al valor cero la variable i, se evalúa la condición. Mientras la condición se evalúa a true se seguirá repitiendo el bucle. Por tanto, para que el bucle se repita cinco veces, se debe repetir mientras i sea menor que 5. Suele ser habitual para repetir algo un número de veces inicializar el contador a cero y repetirlo mientras sea menor a dicho número de veces. El valor 5 es el valor final de la variable contadora i.

Una vez se haya ejecutado el bucle, se ejecuta la parte de la actualización. En esta parte, lo que se hace es incrementar en uno el valor de la variable i. Una vez se ha realizado la parte de la actualización se vuelve a comprobar la condición antes de volver a ejecutar el bucle.

La ejecución del programa paso a paso sería la siguiente: cuando se empieza a ejecutar se declara e inicializa la variable i con el valor 0, se comprueba que se satisface la condición, cero es menor que cinco, por tanto se ejecutan las sentencias del bucle, imprime el valor de i que es 0 y, a continuación, el mensaje "Hola a todos". A continuación, se actualiza el valor de la variable i incrementando su valor en uno, la variable ahora tiene el valor 1. Se inicia una nueva ejecución de la estructura comprobando la condición contadora. Dado que la variable contadora i toma ahora el valor 1, sigue siendo menor que 5, la estructura se repite de nuevo. Este proceso continuará hasta que la variable i se incremente al valor 5, esto hace que la condición sea falsa y concluya la ejecución del for.

El resultado de la ejecución del programa daría como resultado en pantalla:

```
0 Hola a todos.
1 Hola a todos.
2 Hola a todos.
3 Hola a todos.
4 Hola a todos.
```

Para la segunda forma del uso de un for se van a imprimir por pantalla todos los parámetros que se pasan en la ejecución del programa, indicando cuántos son y escribiendo uno en cada línea.

```java
public class EjemploFor2 {
    public static void main(String[] args) {
        System.out.print("Se llama con " + args.length);
        System.out.println(" argumentos.");
        for(String a : args){
            System.out.println(a);
        }
    }
}
```

Ejemplo 4.8. Ejemplo de uso de la estructura for.

En este ejemplo si se ejecuta el programa poniendo como parámetros de la ejecución del programa "uno dos tres", el resultado de la ejecución en pantalla será:

```
Se llama con 3 argumentos.
uno
dos
tres
```

Como se puede apreciar de la ejecución el bucle for se repite tres veces, de forma que en cada ejecución del mismo la variable a va tomando los distintos valores que contiene el array args.

A continuación, se presenta otro ejemplo que permite ver algunos usos del bucle for. En el Ejemplo 4.9, se realiza el cálculo del factorial de un número. El factorial de un número positivo se define matemáticamente como:

```
n! = n * (n-1) * ... 2 * 1
0! = 1
```

Para calcular el factorial de un número n es necesario realizar multiplicaciones sucesivas, donde se va multiplicando la primera vez por n, la siguiente por (n-1)... y así hasta multiplicar por 1.

CAPÍTULO [4] Estructuras de control

En el siguiente programa se calcula el factorial del número introducido e imprime por pantalla el valor de dicho factorial. Fíjese que no se presta atención a comprobar que el número introducido sea mayor que cero. Añada usted el código necesario para comprobarlo antes de calcular el factorial

```java
import java.util.Scanner;

public class Factorial {
    public static void main(String args[]) {
        Scanner teclado = new Scanner(System.in);
        System.out.print("Introduzca el número del que desea el factorial: ");
        int numero = teclado.nextInt();
        long factorial = 1;

        for (int i=1; i<=numero; i++) {
            factorial = factorial * i;
        }

        System.out.print("El factorial del " + numero + " es ");
        System.out.println(factorial);
    }
}
```

Ejemplo 4.9. Factorial de un número.

En el programa del Ejemplo 4.9, se utiliza una variable de nombre `factorial` donde se va almacenando el valor de los productos parciales y, al finalizar todas las multiplicaciones, tendrá el valor del factorial del número introducido por teclado. A esta variable se le asigna el valor inicial 1 pues es el que no afecta al resultado de los productos.

Fíjese que este programa permite calcular también correctamente el factorial del número 0, que es uno. Si la variable `numero` vale cero, después de inicializar la variable i a uno, se compara si i <= numero, siendo esta condición falsa. Por tanto, el bucle no se repite nunca. Si el bucle no se ejecuta ninguna vez la variable factorial vale el valor asignado inicialmente, es decir, uno.

Si se observa con detenimiento el funcionamiento de esta estructura `for`, existe un gran parecido a cómo se ejecuta un `while`. De hecho en el siguiente cuadro puede ver la relación entre esta estructura `for` y una estructura `while`, que permite pasar de una a otra con facilidad.

`for` (inicialización;
     condición;
     actualización) {
  sentencias;
}
	inicialización;
	`while` (condición) {
	  sentencias;
	  actualización
	}

La estructura `for` resulta apropiada cuando se conoce o se puede calcular el número de veces que se ha de repetir el bucle.

Uso de las estructuras de repetición

Es importante utilizar el tipo de bucle más apropiado en cada parte de un programa. En el siguiente cuadro se pueden ver las reglas a tener en cuenta para usar una u otra estructura de repetición.

Estructura	Usar si
while	Si el bucle se ejecuta 0 o más veces. Es decir, si hay casos donde no se ejecute.
do-while	Si la parte de ejecución del bucle se ha de hacer al menos una vez.
for	Se sabe el número de veces que se ha de repetir el bucle. Si utilizar la inicialización y la actualización del bucle permite escribir el código de forma más clara. Se realiza un recorrido en una estructura de almacenamiento. Si la estructura de almacenamiento se va a recorrer completa realizando operaciones con sus valores se utilizará la segunda versión del for.

Iteratividad y recursividad

Ya se ha visto en el Capítulo 2, cómo funciona la recursividad para el cálculo de funciones como la del factorial. Sin embargo, en ocasiones es posible utilizar las sentencias de repetición para crear un conjunto de sentencias que se repiten iterativamente y nos permiten realizar el cálculo. El mismo ejemplo del cálculo del factorial de un número del Ejemplo 2.6 puede escribirse como se muestra en el Ejemplo 4.10.

```
public int factorial(int n) throws Exception {
    if (n < 0)
        throws new Exception("Argumento negativo");

    int res = 1;

    for (int i= 2; i <= n; i++)
        res = res * i;

    return res;
}
```

Ejemplo 4.10. Método iterativo para calcular el factorial de un número.

Este tipo de soluciones se denominan iterativas porque necesitan uno o más bucles para los cálculos intermedios. En general, las soluciones recursivas son más legibles y fáciles de escribir. Sin embargo, se necesitan más recursos de memoria porque van generando ámbitos nuevos con cada llamada.

ESTRUCTURAS DE SALTO

En Java existen dos sentencias que permiten romper el flujo secuencial de un programa de forma que se produce un salto en la ejecución. Estas sentencias son break y continue. Ambas se utilizan con los bucles para cortar (break), o volver al principio (continue) de la ejecución de un bucle. Además, como ya se ha visto anteriormente, break se utiliza para terminar la ejecución de un switch.

Sentencia break

La sentencia break se utiliza para terminar inmediatamente la ejecución de una estructura de repetición o de un switch. Una vez se ha ejecutado la sentencia break, la ejecución continúa tras la estructura de repetición o switch donde se ha ejecutado break.

El uso de la sentencia break permite simplificar el programa del Ejemplo 4.5 para determinar si un número es primo. Estas modificaciones se pueden ver en el Ejemplo 4.11.

```
import java.util.Scanner;

public class Primo2 {
    public static void main(String[] args) {
        int numero;
        int divisor;
        boolean primo;

        Scanner teclado = new Scanner(System.in);
        System.out.print("Introduzca el número que desea comprobar: ");
        numero = teclado.nextInt();
        divisor = 2;
        primo = true;
        while (divisor * divisor <= numero) {
            if (numero % divisor == 0) {
                primo = false;
                break;
            }
            divisor++;
        }

        System.out.print("El número " + numero);
        if (primo)
            System.out.println(" es primo.");
        else
            System.out.println(" no es primo.");
    }
}
```

Ejemplo 4.11. Numero primo.

La condición del while se ha simplificado poniendo sólo el caso general, es decir, se repite el bucle mientras no haya probado todos los divisores posibles. Sin embargo, esta forma de programar puede ocultar cuándo termina el bucle pues puede hacerlo, no sólo cuando se haga falsa la condición, sino también cuando se haya encontrado un número cuya división sea exacta. En este caso al ejecutar la sentencia break el bucle termina precipitadamente.

Sentencia continue

La sentencia continue únicamente puede aparecer dentro de una estructura de repetición. El efecto que produce es que se deja de ejecutar el resto del bucle para volver a evaluar la condición del bucle, continuando con la siguiente iteración si el bucle lo permite.

En el Ejemplo 4.12 se puede ver un uso de la sentencia continue. Este programa escribe en la pantalla las letras de un texto, sin escribir los caracteres que no son letras.

```java
import java.util.Scanner;
public class Letras {
    public static void main(String[] args) {
        String texto = "En un lugar de la mancha, de cuyo ...";

        for (char c : texto.toCharArray()) {
            if (! Character.isLetter(c)) {
                continue;
            }
            System.out.print(c);
        }
    }
}
```

Ejemplo 4.12. Escribir las letras de un texto, utilizando `continue`.

Si se ve el funcionamiento del programa, éste consta de un bucle que se repite para cada uno de los caracteres del `String`, que ha habido que convertir en un array previamente utilizando el método `toCharArray()`. Se comprueba si dicho carácter no es una letra. Para ello se utiliza el método `isLetter()` de la clase `Character`, comprobando si el carácter es o no una letra. Si no es una letra se ejecuta `continue`, con lo que se vuelve al `for`, dejando de ejecutar lo que quede hasta el final de bucle.

Uso de `break` y `continue`

Además de los usos vistos de `break` y `continue`, existe la posibilidad de utilizar `break` y `continue` etiquetados. Si desea más información sobre el uso de break y continue, así como de las sentencias break y continue etiquetados, consulte un manual de referencia avanzado de Java.

> **PARA LOS MANITAS:** En Java se puede utilizar las sentencias `break` y `continue` etiquetadas. La ruptura de secuencia se produce a la sentencia con la etiqueta dada. El salto no puede realizarse a cualquier sentencia, sino teniendo en cuenta el anidamiento de bucles.

Suele ser muy poco habitual encontrarse un uso de break y continue que ofrezca grandes mejoras respecto a no utilizarlo, aunque las hay. Para alguien que comienza en la programación le recomendamos que intente evitar estas sentencias de salto. Sus programas serán más fáciles de entender y, por tanto, de corregir errores.

De hecho, el Ejemplo 4.12, se podría haber escrito de manera más natural de la siguiente forma:

```java
for (char c : texto.toCharArray()) {
    if (Character.isLetter(c)) {
        System.out.print(c);
    }
}
```

Es decir, indicando que si el carácter es una letra se imprime.

MANEJO DE EXCEPCIONES

En todo programa se producen errores. Y en la ejecución de un programa se pueden producir situaciones en las que su comportamiento no es el habitual y previsible. Cuando se produce un error o una situación excepcional el programador puede enfrentarse a distintas opciones: terminar el programa informando del problema, intentar seguir sin hacer mucho caso o intentar manejarlo.

Las excepciones son el mecanismo que proporciona Java para manejar de forma elegante estas situaciones.

La estructura de manejo de excepciones es `try-catch-finally`.

```
try {
    sentencias
} catch (ClaseException e) {
    sentencias
} catch (ClaseException e) {
    sentencias
} catch (ClaseException e) {
    sentencias
} finally {
    sentencias
}
```

En la estructura `try-catch-finally`, la parte `catch` puede repetirse tantas veces como excepciones diferentes se deseen capturar. La parte `finally` es opcional y sólo puede aparecer una vez.

Para ver cómo funciona esta estructura en el Ejemplo 4.13 se presenta un programa que pide al usuario un número entre 0 y 100, con manejo de excepciones.

```
import java.io.*;

public class PedirNumero2 {
    public static void main(String[] args) {
        int numero = -1;
        int intentos = 0;
        String linea;

        BufferedReader teclado = new BufferedReader(
                new InputStreamReader(System.in));

        do {
            try{
                System.out.println("Introduzca un número entre 0 y 100: ");
                linea = teclado.readLine();
                numero = Integer.parseInt(linea);
            }catch(IOException e){
                System.out.println("Error al leer del teclado.");
            }catch(NumberFormatException e){
                System.out.println("Debe introducir un número entero
                                    entre 0 y 100.");
            }finally{
                intentos++;
            }
        } while (numero < 0 || numero > 100);

        System.out.println("El número introducido es: " + numero);
        System.out.println("Numero de intentos: " + intentos);
    }
}
```

Ejemplo 4.13. Pedir un número con manejo de excepciones.

En este programa se pide repetidamente un número utilizando una estructura `do-while`, mientras el número sea menor que 0 o sea mayor que 100. Dentro de esta estructura `do-while` es donde se solicita el número al usuario. El método `nextInt()` de la clase `Scanner` puede lanzar varias excepciones. Si no se hace nada con ellas, cuando se produce alguna el programa termina. Una de las excepciones que puede lanzar `nextInt()` es `InputMismatchException`. Esta excepción se lanza cuando `nextInt()` no puede convertir lo que se ha introducido en un número entero.

Fíjese que en el Ejemplo 4.6, no se capturaban las excepciones. De esta forma cuando se genera una excepción no se hace nada con ella, sino que éste la delega a quien le llamó, en este caso la máquina virtual de Java, por lo que si se produce una excepción el programa termina y genera un mensaje de error. Pruébelo para comprobarlo.

> **PARA LOS MANITAS:** El método `main()` nunca debería delegar excepciones. Debería capturar todas las que se produjesen y tratarlas apropiadamente.

La excepción `Exception` engloba a todas las excepciones por lo que capturar `Exception` es como decir que se captura cualquier excepción. Por ello hay que tener cuidado en el orden en que se ponen las excepciones en las partes `catch` de una estructura `try-catch-finally`. Cuando se produce una excepción se compara si coincide con la excepción del primer `catch`. Si no coincide se compara con la excepción del segundo `catch`, y así sucesivamente. Cuando se encuentra un `catch` cuya excepción coincide con la que se ha lanzado, se ejecuta el bloque de sentencias de ese `catch`.

Por este modo de funcionamiento, si se pusiese en primer lugar un `catch` con la excepción `Exception`, siempre se ejecutaría su bloque de manejo. Por ello, hay que poner los bloques `catch` empezando por la excepción más específica y terminando con la más genérica.

Si ningún bloque `catch` coincide con la excepción lanzada, dicha excepción se lanza fuera de la estructura `try-catch-finally`. Si no se captura en el método, éste debe lanzarla delegándola en la declaración o, si no, dará un mensaje de error al compilar. Para delegar una excepción el método debe declararlo en su cabecera.

> **IMPORTANTE:** Todas las excepciones que se puedan generar se han de manejar o delegar.

El bloque `finally` se ejecuta tanto si `try` terminó normalmente como si se capturó una excepción en algún bloque `catch`. Es decir, el bloque `finally` se ejecuta siempre. Por ello, el número de intentos se cuenta correctamente. En este caso hubiese bastado con contar el número de intentos después de la estructura `try-catch`, pero si la estructura estuviese en un método y se devolviese el valor desde dentro de la parte `try`, se asegura que el `finally` se ejecuta, incluso en este caso.

El uso de las excepciones no es sencillo y suele generar errores como el siguiente. Fíjese en el Ejemplo 4.12. Suponga que se ejecuta el programa y se pide

CAPÍTULO [4]   Estructuras de control

un número al usuario entre 0 y 100. Si al introducir el número el usuario escribe un texto, cuando se llame a la función para convertirlo en un número, esta función genera una excepción. Al generar una excepción no se devuelve ningún número por lo que la variable número permanece sin cambios. Posteriormente, se captura la excepción y se escribe un mensaje en pantalla. Se acaba el bloque `catch` y se comprueba la condición de la estructura `do-while`. Pero en ella se comprueba el valor de la variable `numero` que no se ha leído ni asignado ningún valor.

Por eso, en la inicialización de la variable número, esta variable se ha inicializado al valor −1, un valor que no es aceptable en el intervalo solicitado. De esta forma, si el usuario introduce algo que genera una excepción y la variable no cambia, la condición del `while` se evalúa a `false` y se vuelve a repetir el bucle.

> **IMPORTANTE:** Hay que tener mucho cuidado de que cuando se manejen las excepciones, y después de un bloque `try-catch-finally`, todas las variables que se usen siempre, tengan valores predecibles.

Clase Alumno

Para completar la clase `Alumno` utilizando manejo de excepciones se deciden crear algunas excepciones propias para manejar el uso incorrecto de los métodos de dicha clase. Cuando se llame al método `ponAñoDeNacimiento()`, este año no debe ser inferior a 1900 ni superior a 1990. Si se introduce un año de nacimiento fuera de dicho intervalo el método `ponAñoDeNacimiento()` debe lanzar la excepción `AñoFueraDeRangoException`.

Una excepción es una clase. Para crear una excepción se deriva de la clase `Exception`. Para más detalles sobre derivación de clases y herencia véase el Capítulo 5.

```
public class AñoFueraDeRangoException extends Exception {
    public AñoFueraDeRangoException(String texto) {
        super(texto);
    }
}
```

Ejemplo 4.14. La clase AñoFueraDeRangoException.

Al crear la excepción se ha añadido un constructor que acepta un `String`. De esta forma se puede añadir un mensaje al crear la excepción que dé detalles adicionales sobre el problema que ha generado la excepción. Con una definición como la anterior para las excepciones propias es suficiente. A partir de este momento se dispone de una excepción que se puede lanzar cuando sea necesario.

En la clase `Alumno` el método `ponAñoDeNacimiento()` quedaría:

```
public class Alumno {
    ...
    public void ponAñoDeNacimiento(int año)
            throws AñoFueraDeRangoException {
        if (año < 1900 || año > 1990)
            throw new AñoFueraDeRangoException("Demasiado joven o demasiado viejo.");
        añoDeNacimiento = año;
    }
    ...
}
```

De esta forma si al llamar al método se pone un año anterior a 1900 o posterior a 1990, el método no pone este año al alumno, sino que genera la excepción indicando que ese año no tiene sentido para un alumno. Para lanzar una excepción se utiliza la sentencia throw con el objeto excepción que se desea lanzar. Se ha hecho en el mismo paso la creación y lanzamiento de la excepción. También se podría haber escrito de la siguiente forma:

```
if (año < 1900 || año > 1990) {
    AñoFueraDeRangoException ex;

    ex = new AñoFueraDeRangoException("Demasiado joven o demasiado
                                        viejo.");
    throw ex;
}
```

Desde donde se llame al método ponAñoDeNacimiento() de la clase Alumno se debe de capturar esta excepción y tratarla adecuadamente, de la siguiente forma:

```
try {
    ...
    alumno.ponAñoDeNacimiento(unAño);
    ...
} catch (AñoFueraDeRangoException e) {
    // manejar la excepción de poner el año
    ...
}
```

ASERCIONES

Las aserciones son un mecanismo de control que permite realizar comprobaciones en la ejecución del programa. Estas comprobaciones son expresiones booleanas que el programador supone que se cumplen siempre que se ejecutan. Si la condición de una aserción, al ejecutarse devolviese false, se genera un Error (en realidad genera un AssertionError). El objetivo es comprobar que el programa funciona correctamente pues ninguna de las aserciones genera un error durante la ejecución normal del programa. Una vez se suponga que el programa funciona siempre correctamente se puede indicar que se eliminen del programa final.

El uso principal de las aserciones es la comprobación de precondiciones, postcondiciones e invariantes que se deben cumplir en la ejecución de un método de una clase. Si no ha estudiado previamente los Capítulos 3 y 4, vuelva a ver esta sección cuando conozca el uso de los métodos. Se verá su uso en cada uno de los casos en las siguientes secciones.

Aserciones como comprobación de invariantes

Fíjese en el siguiente ejemplo, que utiliza los palos de una baraja española de cartas.

```
switch(palo){
    case OROS:
        ...
        break;

    case COPAS:
        ...
```

```
        break;
    case ESPADAS:
        ...
        break;
    case BASTOS:
        ...
        break;
    default:
        assert false;
}
```

Como puede ver, el caso `default` no debería ejecutarse nunca. Nunca debería ocurrir que la variable `palo` tuviese un valor distinto de los cuatro palos posibles. Si ocurriese se genera un error y el programa terminaría.

Este mismo esquema se puede utilizar cuando debe ocurrir obligatoriamente que una variable tome cierto valor o que un bucle salga con un valor correcto de una variable, etc.

Aserciones como precondiciones

Como convenio, las precondiciones de un método público en Java es preferible que se comprueben mediante una condición y lancen la excepción apropiada de acuerdo con el error encontrado, como en el siguiente ejemplo:

```
public void ponEdad(int edad) throws Exception{
    if(edad < 0 || edad > 150)
        throw new Exception("Edad no válida. ");

    //resto del método
    ...
}
```

Sin embargo, en un método no público sí se puede sustituir esa comprobación, en muchos casos redundante por una comprobación que asegure que el método se utiliza de forma consistente en la clase, como en el siguiente ejemplo.

```
void fijaIntervalo(int intervalo){
    assert intervalo > 0 && intervalo <= MAX_INTERVALO;

    //resto del método
    ...
}
```

Si al llamar al método `fijaIntervalo()` el valor del parámetro no está dentro del rango establecido, al no cumplirse la condición de la aserción, el programa terminará dando un error.

Aserciones como postcondiciones

En este caso sí se recomienda el uso de aserciones para la comprobación de las postcondiciones de un método, pues se supone que el método se encuentra bien implementado. En este caso el uso de postcondiciones nos permitiría asegurar que se cumplen en todas las ejecuciones que se hacen del método.

```
public void ordenar(int[] datos){
    //algoritmo de ordenación
    ...
```

```
    boolean desordenado = false;
    for(int i=0; i<datos.length-1; i++)
        desordenado = desordenado || datos[i]>datos[i+1];
    assert !desordenado : "Ordenar: array no ordenado.";
}
```

En el ejemplo anterior se trata de un método de ordenación de números enteros. Al finalizar el método debe ser seguro que el array termina con todos sus datos ordenados. Como esta comprobación es compleja se ha añadido unas líneas de código que hacen la comprobación. En la aserción se ha utilizado la versión completa en la que si la condición no se cumple se evalúa la parte que hay tras los dos puntos y con ello se construye el error AsertionError. Cuando el programa termina el mensaje que se ha puesto tras los dos puntos aparecerá en pantalla.

CAPÍTULO [5]

Extensión de clases

[Notas]

Extensión de clases

En este capítulo se presentan los dos mecanismos básicos para construir nuevas clases a partir de las ya existentes: la composición y la extensión.

La composición es la creación de una clase nueva agrupando objetos de clases preexistentes.

En la extensión de clases intervienen dos conceptos fundamentales de la programación orientada a objetos, la herencia y el polimorfismo. La herencia permite crear una nueva clase a partir de la definición de una clase ya existente. El polimorfismo permite que un objeto pueda ser usado con referencias de varias clases.

El capítulo comienza con la descripción de la composición de objetos en la definición de clases. Seguidamente, se introduce el concepto de herencia como mecanismo de extensión de clases y se describirá el ámbito de la clase heredada. Se dedica la siguiente sección a la compatibilidad entre las clases y las posibilidades de asignación de objetos. Luego se verá que la herencia es una relación jerárquica, de la cual se presentará como ejemplo la jerarquía de los envoltorios y se verá que todas las clases en Java pertenecen a una única jerarquía de herencia, con la introducción de la clase base `Object`.

En la siguiente sección, se presentan los diferentes derechos de acceso.

Posteriormente, se introducen las diferentes posibilidades de modificación del mecanismo de herencia: la reescritura y la herencia prohibida (cláusula `final`).

La siguiente sección describe el comportamiento de los constructores ante la herencia y las diferentes posibilidades de construcción de un objeto.

Se presentará el polimorfismo como concepto derivado de la herencia y complementario de la sobrecarga (ya visto en el Capítulo 2). El polimorfismo requiere un mecanismo de resolución de invocación de métodos conocido como ligadura o enlace dinámico.

Se verá la herencia forzada o implementaciones parciales a través de las clases abstractas.

Para terminar el capítulo se presenta una breve diserción comparando la herencia con la composición de objetos y se darán unos sencillos criterios de diseño respecto de la herencia.

COMPOSICIÓN

La composición es simplemente el agrupamiento de uno o varios objetos para componer una nueva clase. Por tanto, las instancias de la nueva clase contendrán uno o varios objetos de otras clases. Normalmente, los objetos contenidos se declaran como acceso privado (private) y se inicializan en el constructor de la nueva clase.

Ya se ha visto un sencillo ejemplo de composición en la clase Alumno: esta clase contiene dos objetos de la clase String, el nombre y el apellido.

Un ejemplo más elaborado en el que se utiliza la composición de objetos puede ser un Claustro (muy simplificado) compuesto de un Catedrático, un Profesor Titular, un Alumno, un Representante de la Administración y el Rector. En la siguiente definición, se suponen declaradas las clases de dichos objetos:

```
class Claustro {
    private Profesor catedrático, titular, rector;
    private Alumno alumno;
    private Personal repAdmon;

    // Construcción de los objetos contenidos
    // en el constructor de la clase contenedora
    Claustro(Profesor rector,
             Profesor catedrático,
             Profesor titular,
             Alumno alumno,
             Personal repAdmon) {
        this.rector= rector;
        this.catedratico= catedratico;
        this.titular= titular;
        this.alumno= alumno;
        this.repAdmon= repAdmon;
    }
}
```

Ejemplo 5.1. Clase Claustro como composición de otras clases.

En el Ejemplo 5.1 la clase contenedora es la clase Claustro, y las clases contenidas son las clases Profesor, Alumno y Personal. Se han declarado cinco atributos en la clase Claustro. Tres de esos atributos catedrático, titular y profesor son objetos de la clase Profesor. Otro de los atributos alumno es de la clase Alumno. Y el último atributo repAdmon es un objeto de la clase Personal.

De esta forma, si se crea un objeto de la clase Claustro, que es la clase contenedora, pueda utilizar la parte publica de las clases Profesor, Personal y Alumno, que son las clases contenidas.

CAPÍTULO [5] Extensión de clases

> **IMPORTANTE:** La composición es una relación "tiene-un", en la que un atributo de una clase que se denomina contenedora es un objeto de otra clase denominada contenida.

Más ejemplos de composición de clases serían:

- Una clase contenedora `Empleado` con un atributo de la clase contenida `Jefe`. Un `Empleado` (clase contenedora) tiene-un `Jefe` (clase contenida).
- Una clase contenedora `Automóvil` tiene un atributo motor, instancia de la clase contenida `Motor`. Un `Automóvil` (clase contenedora) tiene-un `Motor` (clase contenida).

> **IMPORTANTE:** Un objeto de la clase contenedora puede usar la parte pública de la contenida.

La composición introduce la delegación como mecanismo de acceso a las clases contenidas: cuando llamamos a un método de la clase contenedora, éste puede delegar llamando a un método de la clase contenida. Por ejemplo, el `Claustro` puede imprimir los datos del alumno (contenido) o de todos sus componentes:

```
class Claustro {

    // Constructor del Ejemplo 5.1

    // delegación pura en la clase Alumno
    public void imprimeAlumno() {
        alumno.imprime();
    }

    // delegación con código añadido
    public void imprimeClaustro() {
        System.out.println("El Claustro consiste en:");
        System.out.print("Rector: ");
        rector.imprime();
        System.out.print("Profesor: ");
        profesorTitular.imprime();

        // etcétera

    }
}
```

Ejemplo 5.2. Ejemplo de delegación en la clase `Claustro`.

En el Ejemplo 5.2 se ve como la clase `Claustro` tiene un método `imprimeClaustro()` para imprimir los datos de los atributos rector, profesor, alumno, etcétera. El método `imprimeClaustro()` contiene código propio y, además, delega en los métodos `imprime()` de las distintas clases contenidas, `Profesor`, `Alumno` y `Personal`.

Para imprimir este código se supone que las tres clases utilizadas en la composición de la clase `Claustro` tienen un método que imprime los objetos de cada una de las clases.

> **PARA LOS MANITAS:** La composición se emplea cuando se necesita toda o parte de la funcionalidad de una clase pero no su interfaz (por ello se declaran los contenidos como privados) o bien cuando hay más de un objeto a componer.

HERENCIA

La programación orientada a objetos introduce la capacidad de extender clases, produciendo nuevas definiciones de clases que heredan todo el comportamiento y código de la clase extendida. La clase original se denomina clase padre, clase base o superclase. La nueva clase que se define como una extensión se denomina clase hija, derivada o subclase. La extensión de una clase se denomina herencia, porque la nueva clase hija hereda todos los atributos y métodos de la clase padre que se extiende.

La herencia es un mecanismo importante de extensión que permite la reutilización de código existente. Así, se puede extender una clase `Conjunto` a una clase `ConjuntoOrdenado`. Y aparecen de forma natural muchos modelos de datos en los que la extensión modifica o añade comportamiento a clases ya existentes. En Matemáticas, un grupo abeliano es una extensión de un grupo. En Biología, un perro es una extensión de un mamífero. En el ejemplo de la Universidad, un `Alumno` o un `Profesor` son extensiones de una posible clase más general `Persona`. De aquí se deduce la siguiente propiedad:

> **IMPORTANTE:** La herencia es una relación "es-un" entre clases. Así, la clase derivada "es-una" clase base.

Por ejemplo, se puede establecer que:

- Una clase `Alumno` se puede declarar que herede de una clase `Persona`. La clase `Alumno` sería una clase derivada de una clase base `Persona`. Un `Alumno` es-una `Persona`.
- La misma relación de herencia se podría tener entre dos clases `Perro` y `Animal`, donde la clase `Perro` es una extensión de la clase `Animal`. Un `Perro` es-un `Animal`.
- Otro ejemplo sería tener dos clases, `Conjunto` y `ConjuntoOrdenado`, donde `ConjuntoOrdenado` es una extensión de un `Conjunto`, reutilizando todo el código existente que define la clase `Conjunto` añadiendo la ordenación de sus elementos en la extensión `ConjuntoOrdenado`. Un `ConjuntoOrdenado` es-un `Conjunto`.

> **PARA LOS MANITAS:** No obstante, como todos los conceptos potentes, mal empleado puede ser desastroso: si se emplea la herencia para realizar la extensión de una clase sin existir relación es-un da lugar a un código incoherente, ilegible, difícil de mantener y modificar pero, lo peor, con una semántica confusa.

CAPÍTULO [5] Extensión de clases

Para extender una clase, la sintaxis proporcionada por el lenguaje Java es:

```
class ClaseDerivada extends ClaseBase { ... }
```

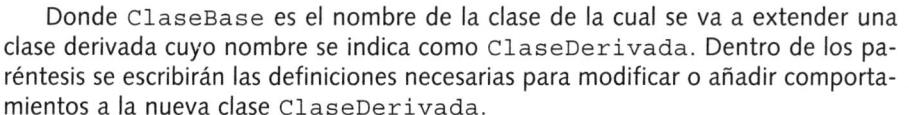

Donde `ClaseBase` es el nombre de la clase de la cual se va a extender una clase derivada cuyo nombre se indica como `ClaseDerivada`. Dentro de los paréntesis se escribirán las definiciones necesarias para modificar o añadir comportamientos a la nueva clase `ClaseDerivada`.

Ejemplos de declaración de extensiones de clase serían:

```
class Alumno extends Persona { ... }
class Empleado extends Persona { ... }
class Profesor extends Empleado { ... }
class Bedel extends Empleado { ... }
```

Con estas declaraciones, las clases `Alumno` y `Empleado` extienden a la clase `Persona`. Asimismo, las clases `Profesor` y `Bedel` extienden la clase `Empleado`. Gráficamente se representa la relación de herencia como se muestra en la Figura 5.1.

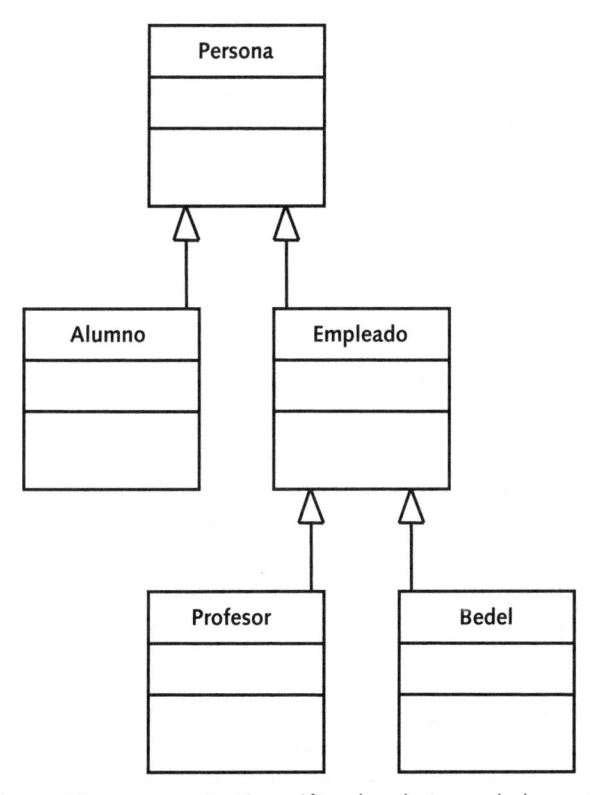

Figura 5.1. Representación gráfica de relaciones de herencia.

[117]

Se va a construir un ejemplo para ver la potencia que nos proporciona el mecanismo de la herencia en la programación orientada a objetos y cómo se puede utilizar.

Al construir la clase Persona, se pueden declarar atributos con las características de una persona, por ejemplo el nombre, los apellidos, y el año de nacimiento de la persona. Los nombres de estos atributos serán nombre, apellidos y añoDeNacimiento.

```java
class Persona {
    private String nombre;
    private String apellidos;
    private int    añoDeNacimiento;

    // Imprime por pantalla los datos personales
    // con el formato:
    //     Datos personales: nombre apellido (añoNaci.)
    void imprime() {
        System.out.print("Datos personales: " + nombre
                 + " " + apellidos
                 + " (" + añoDeNacimiento +")");
    }
}
```

Ejemplo 5.3. La clase base Persona.

La clase Alumno extiende a esta clase Persona, por lo que hereda sus atributos y métodos. Además, en la clase Alumno se introducen los elementos necesarios para particularizar una Persona como Alumno. Por ejemplo, se podrían añadir atributos para el grupo y el horario de un alumno, y un método para asignarlos. Estos atributos y métodos añaden estado y comportamiento a un Alumno, que se suman a todos lo que ya posee como Persona. Con todo ello, la clase Alumno quedaría:

```java
class Alumno extends Persona {
    protected String  grupo;
    protected Horario horario;

    public void ponGrupo(String grupo, Horario horario)
            throws Exception {

        if (grupo == null || grupo.length() == 0)
            throw new Exception("grupo no válido");

        this.grupo= grupo;
        this.horario= horario;
    }
}
```

Ejemplo 5.4. La clase Alumno como extensión de la clase Persona.

El uso de ambas clases sigue las normas usuales, pero hay que tener en cuenta que en la clase Alumno hay comportamiento que no está explícitamente escrito. Así, se puede crear un alumno e invocar el método imprime, contenido en la clase base.

[118]

CAPÍTULO [5] Extensión de clases

Un ejemplo que muestra este comportamiento es:

```
class Ejemplo {
    public static void main(String args[]) throws Exception {

        Persona vecina= new Persona();
        Alumno unAlumno= new Alumno();

        // la siguiente sentencia imprimirá por pantalla
        // los datos personales de vecina
        vecina.imprime();

        // la siguiente sentencia imprimirá por pantalla
        // los datos personales de unAlumno
        unAlumno.imprime();
    }
}
```

Ejemplo 5.5. Ejemplo de uso de las clases Alumno y Persona.

En el main() de la clase Ejemplo se crean dos objetos: un objeto vecina de la clase Persona y un objeto unAlumno de la clase Alumno. Para imprimir los datos tanto de vecina como de unAlumno invocamos el método imprime(). Pero cuando se utiliza el método imprime(), con el objeto vecina se está utilizando un método de la clase a la que pertenece el objeto, como es habitual. Sin embargo, el uso del método imprime() con el objeto unAlumno es posible porque la clase Alumno a la que pertenece el objeto ha heredado este comportamiento de la clase Persona.

Las conclusiones principales son que la extensión de clases provoca:

- Herencia de la interfaz: la interfaz o parte pública de la clase derivada contiene a la de la clase base. Es por ello que la clase Alumno contiene un método imprime(). Evidentemente, la inversa no es cierta, puesto que la clase Persona no contiene el método ponGrupo().
- Herencia de la implementación: la implementación de la clase derivada contiene la de la clase base, es decir, el código de la clase base aparece en la clase derivada. Por ello, al invocar al método imprime de un alumno se presentará en pantalla su nombre, apellidos y año de nacimiento.

IMPORTANTE: La extensión jamás provocará la modificación de la clase base.

COMPATIBILIDAD DE TIPOS

La herencia tiene la siguiente propiedad: ya se ha dicho es una relación "es-un", es decir, un Alumno "es-una" Persona. Los objetos de la clase Alumno también comparten esta relación, y pueden ser considerados como Persona. Esto quiere decir que una referencia de la clase Persona puede contener una instancia de la clase Persona o de cualquier clase derivada, puesto que siguen siendo Persona. En particular, una referencia de la clase Persona puede contener una instancia de la clase Alumno.

En definitiva, la clase base es compatible con el tipo derivado, pero no al revés. Un Alumno es una Persona, pero no cualquier Persona será un Alumno, puede ser un Empleado, un Profesor o un Bedel.

> **IMPORTANTE:** La extensión produce compatibilidad ascendente, esto es, una referencia de una clase base puede contener un objeto de una clase derivada.

Los objetos pueden ser asignados a referencias de diferentes clases, con la intención de tener distintas visiones del mismo. Se puede asignar a una referencia de su clase y el objeto se ve como de su clase o bien se puede asignar a una referencia a una clase ascendente. Esto se denomina conversión ascendente (upcasting) y siempre es posible.

También es posible asignar a una clase derivada, y el objeto se ve como si fuera de la clase derivada. Esto se denomina conversión descendente (downcasting). Esto no siempre es legal (la clase derivada podría no ser compatible con el objeto) en cuyo caso se lanzará la excepción `ClassCastException`. Por esta razón, la conversión descendente siempre debe hacerse explícita, anteponiendo a la referencia el nombre de la clase entre paréntesis:

```
refSubClase= (identificadorSubClase) refSuperClase;
```

En esta sentencia, a una referencia de una clase derivada `refSubClase` se le asigna un objeto contenido en una referencia a una clase base `refSuperClase`. Para ello se hace la conversión explícita a la clase `identificadorSubClase`.

El siguiente código resume las posibilidades de asignación, tanto de conversión ascendente como descendente, y contiene ejemplos de errores en la conversión descendente.

```java
class Ejemplo {

    public static void main(String []args) throws Exception {

        Persona p1;
        Alumno Alumno1= new Alumno("Juan", "García", 1990);

        p1= Alumno1;   // conversión ascendente

        Alumno Otro1;

        // conversión descendente, debe ser explícita
        // se antepone el nombre de la clase
        // entre paréntesis.
        Otro1= (Alumno) p1;   // p1 era instancia de Alumno

        Persona p2= new Alumno("Pepe", "Lopez", 1991);

        Persona p3= new Persona("Jose", "Pi", 1992);
        Alumno a3;

        // La siguiente línea de error de compilación
        a3= p3;

        // Se arregla con tipado descendente explícito,
        // pero lanzará la excepción ClassCastException
        a3= (Alumno)p3;   // lanza excepción

        Alumno p4= new Persona("Ana", "Hoz", 1989);   // lanza la excepción
    }
}
```

Ejemplo 5.6. Compatibilidad de clases.

En el método `main()` de la clase `Ejemplo`, se declara una referencia p1 de la clase `Persona`.

Después, se declara una referencia a la clase `Alumno` y se instancia. La siguiente sentencia asigna dicho objeto, que es de la clase `Alumno`, a la referencia p1. Esto es posible porque todos los alumnos, es decir, todas las instancias de la clase `Alumno`, también son personas, o sea, pueden ser manejados con referencias de la clase `Persona`.

El ejemplo sigue con la declaración de otro `Alumno`, `otro1`. La línea siguiente asigna el objeto contenido en p1 a `otro1`. Pero como p1 es una referencia de `Persona`, se hace la conversión explícita a `Alumno`. Esto es así porque p1 podría tener un objeto `Profesor`, `Bedel`, etc., que no podrían asignarse a la variable `otro1`, en cuyo caso se lanza una excepción.

El ejemplo continúa con la declaración de p3 como variable de la clase `Persona` y se instancia. Entonces se declara la referencia a3 a la clase `Alumno`. Al intentar asignar la referencia p3 a a3 en la línea siguiente, se produce un error de compilación. Se podría intentar forzar la conversión, como se muestra en la siguiente sentencia, pero esto no es suficiente, puesto que el objeto de p3 es instancia de `Persona`. Igualmente ocurre si se intenta una asignación directa como se muestra en la siguiente línea.

Estos errores hubieran ocurrido igualmente si en vez de asignar a p3 una instancia de `Persona`, se hubiera iniciado con instancias de las clases `Empleado`, `Profesor` o `Bedel`.

Cuando no se sabe con certeza si es seguro aplicar la conversión de tipos descendente, se puede usar el predicado `objeto instanceof Clase` que se evalúa a `true` si el objeto es instancia de la clase o `false` en caso contrario:

```
public void ejemplo(Persona p) {
    // Codificación incorrecta
    Alumno q= (Alumno) p;   // ¡p podría no ser un Alumno!

    // Codificación correcta
    if (p instanceof Alumno)
        q= (Alumno) p; // no lanzará la excepción
}
```

Hay que tener en cuenta que si una referencia contiene el valor `null`, el predicado `instanceof` se evaluará siempre a `false`.

En este caso, el método `ejemplo()` recibe un objeto que puede ser instancia de `Persona` o de cualquier clase derivada. Las siguientes invocaciones son legales:

```
ejemplo(new Persona());

Alumno unAlumno= new Alumno();
ejemplo(unAlumno);

Empleado trabajador= new Bedel();
ejemplo(trabajador);
```

La primera línea invoca al método `ejemplo()` con una instancia de `Persona`, lo que no provoca ninguna duda de su corrección.

En las dos siguientes líneas se declara unAlumno de la clase `Alumno` y lo instancia con un objeto de su clase. Al invocar al método `ejemplo()` se le pasa dicha referencia, lo que es válido porque unAlumno contiene una referencia a una clase derivada de Persona.

Las dos últimas líneas declaran un trabajador como referencia de la clase Empleado y se instancia con un objeto de una clase Bedel que es derivada de Empleado. Entonces se invoca a ejemplo(), lo que es válido porque la instancia de Bedel es derivada de la clase Persona.

De esta forma, el método ejemplo(), al recibir dichas instancias, sólo en el segundo caso su estructura if evaluará la condición a true y se ejecutará la asignación a una referencia de la clase Alumno.

> **PARA MANITAS:** Ahora bien, el uso (intensivo) del predicado `instanceof` denota un diseño incorrecto o cierta dejadez por parte del programador, y es totalmente desaconsejable.

JERARQUÍA DE HERENCIA

Cualquier clase en Java puede servir como clase base para ser extendida. La clase derivada que se obtiene puede, a su vez, ser extendida de nuevo. Ya se ha visto esta posibilidad en el ejemplo:

- Un Bedel es-un Empleado.
- Un Empleado es-una Persona.

> **IMPORTANTE:** La relación de herencia es transitiva y define una jerarquía (de herencia).

Por tanto, se puede hacer conversión ascendente a cualquier nivel de la jerarquía, es decir, una referencia de una clase puede referenciar una instancia de dicha clase o cualquier clase extendida a partir de ella.

En el ejemplo, una referencia a la clase Persona puede contener una instancia de Alumno, Empleado, Profesor o Bedel.

La conversión descendente es posible y una referencia se puede cargar con instancias de clases antecesoras, pero se lanzará la excepción si en realidad el objeto contenido en la clase superior no proviene de una clase en la misma línea de herencia, esto es, si no era una conversión ascendente segura. En otras palabras, sólo será posible si la instancia fue creada a partir de la clase heredada.

En la jerarquía de Persona, una referencia de la clase Persona puede asignarse a una clase derivada, por ejemplo Empleado, pero sólo será válida si dicha referencia tenía una instancia de Empleado o de sus derivadas, esto es, de Profesor o de Bedel.

En Java, todas las clases están relacionadas en una única jerarquía de herencia, puesto que toda clase o bien hereda explícitamente de otra o bien heredan implícitamente de la clase Object predefinida. Esta extensión implícita ocurre cuando en la declaración de la clase no se pone un extends.

> **IMPORTANTE:** Si una clase no extiende a otra, se considera que hereda de `Object`, como si se hubiera escrito `extends Object` en la declaración de la clase.

Por ejemplo, la clase `Persona` no extiende explícitamente ninguna otra clase. Entonces, es una extensión de la clase `Object`.

Por tanto, cualquier objeto puede verse como instancia de la clase `Object`. Hay que tener en cuenta que los tipos primitivos no son clases, pero existen "envoltorios" para simularlo. Por tanto, el siguiente código es legal para cualquier clase:

```
Object x= new CualquierClase (...);
```

Para cualquier referencia `x`, la condición `x instanceof Object` se evaluará a `true` excepto en el caso que `x` sea `null`, en cuyo caso se evaluará a `false`.

Como ejemplo, se presenta la jerarquía de las clases envoltorios, presentadas en el Capítulo 2, según el siguiente esquema:

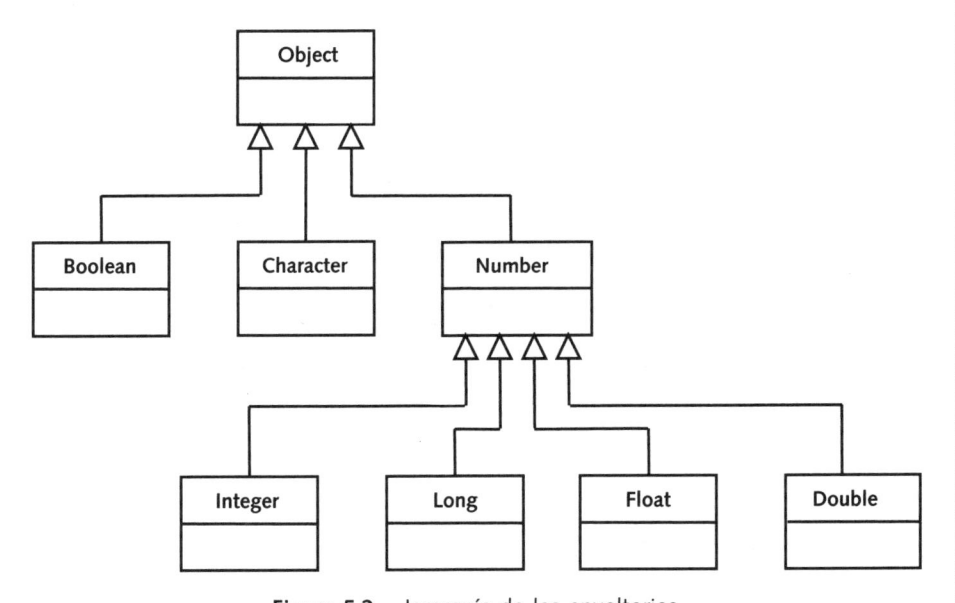

Figura 5.2. Jerarquía de los envoltorios.

Los envoltorios `Boolean` y `Character` derivan directamente de `Object`. Los números tienen un padre común, `Number`, que recoge la definición de métodos y constantes comunes. De `Number` derivan los envoltorios `Integer`, `Long`, `Float` y `Double`.

ÁMBITOS Y VISIBILIDAD

El ámbito de las clases derivadas es igual que las normales. La diferencia es que se hereda el ámbito de la clase base, por lo que se pueden usar los atributos y métodos que de ella provienen excepto los calificados como privados (`private`).

En el ejemplo, el ámbito de la clase `Persona` es:

```
String  nombre
String  apellidos
int     añoDeNacimiento
<void, imprime, void>
```

es decir, se pueden usar en la clase `Persona` los identificadores de atributo `nombre`, `apellidos` y `añoDeNacimiento` y el identificador de método `imprime()`.

El ámbito de la clase derivada `Alumno` hereda este ámbito y luego añade sus propias declaraciones, con lo que su ámbito es:

```
String  nombre
String  apellidos
int     añoDeNacimiento
<imprime, void>
String  grupo
Horario horario
<ponGrupo, (String, char)>
```

este ámbito tiene los identificadores de atributo `nombre`, `apellidos`, `añoDeNacimiento`, `grupo` y `horario`, con la particularidad de que `nombre`, `apellidos` y `añoDeNacimiento` son privados en la clase padre y no se pueden usar en la clase `Alumno`. Como identificadores de métodos tiene dos, `imprime()`, que viene heredado del ámbito de `Persona` y `ponGrupo()`, añadido en la clase `Alumno`.

El derecho de acceso protegido (`protected`) restringe la visibilidad de forma que sólo la propia clase que los define, sus derivadas y las clases del mismo paquete pueden usarlos. Por tanto, los miembros protegidos son públicos para las clases derivadas y las clases del mismo paquete y privados para el resto.

```java
class Empleado extends Persona {
    protected String categoria;
    protected String segSocial; // código de la Seg. Social
}

class Profesor extends Empleado {
    Profesor(String segSocial) {
        categoria= "docente";
        this.segSocial= segSocial;
    }
}

class Bedel extends Empleado {
    Bedel(String segSocial) {
        categoria= "auxiliar";
        this.segSocial= segSocial;
    }
}
```

Ejemplo 5.7. Las clases `Profesor` y `Bedel` como extensiones de `Empleado`.

En este Ejemplo 5.7, los atributos `categoria` y `segSocial` se añaden a la clase `Empleado` para almacenar la categoría laboral del empleado y su código de la Seguridad Social. Los atributos son protegidos, por lo que sólo las clases deriva-

CAPÍTULO [5]   Extensión de clases

das, las clases del mismo paquete y la propia clase que los define pueden usarlos. De esta forma, las clases derivadas tienen un acceso cómodo y eficiente a los elementos protegidos de la clase base, como se puede ver en los constructores de `Profesor` y `Bedel`, que usan `categoria` y `segSocial` sin restricciones.

REESCRITURA

En los ejemplos vistos hasta ahora en este capítulo, la herencia se ha usado para ampliar las clases base. También es posible modificar la parte que se hereda en la clase derivada, lo que se denomina reescritura de los elementos de la clase base.

> **IMPORTANTE:** La reescritura es la capacidad que tiene una clase derivada para redefinir un elemento (no estático) de la clase base.

Para ello, la clase derivada puede definir:

- Un atributo con el mismo nombre que uno de la clase base.
- Un método con la misma signatura que uno de la clase base.

Los elementos de clase (estáticos) no se pueden reescribir, puesto que no van a formar parte de las instancias de la clase, y quedarán inaccesibles a los objetos de las clases derivadas.

En la redefinición, se puede ampliar el nivel de acceso, haciéndolo más público, pero no más privado. Un miembro privado puede pasar a ser protegido, de paquete o público, pero un miembro protegido sólo puede hacerse público, nunca privado o de paquete. La siguiente tabla recoge todas las posibilidades:

Derecho en clase base	Puede ser en clase derivada a
privado	privado
	protegido
	de paquete
	público
de paquete	de paquete
	protegido
	público
protegido	protegido
	público
público	público

Por ejemplo, el método `imprime()` de la clase `Persona` no es suficiente para imprimir todos los datos de la clase `Alumno`. Por ello, se decide redefinir dicho método como se ve a continuación:

[125]

```
class Alumno {
    // sólo el método imprime por simplicidad

    void imprime() {
        System.out.print("Datos personales: " + nombre
                        + " " + apellidos
                        + " (" + añoDeNacimiento + ')'
                        + " grupo " + grupo + horario);
    }
}
```

En este ejemplo, al añadir el método `imprime()` en la clase `Alumno`, se reescribe el método `imprime()` de la clase `Persona`. Cuando se invoque el método `imprime()` de una instancia de la clase `Alumno`, se utilizará el declarado en dicha clase. Si se invoca el método `imprime()` de la clase `Persona` o del resto de sus derivadas que no hayan redefinido `imprime()`, se invocará el método de la clase `Persona`. El Ejemplo 5.8 muestra el uso de imprime según la clase del objeto.

```
class Ejemplo{
    public static void main(String []args) {
        Alumno unAlumno;
        Persona unaPersona;

        unAlumno= new Alumno();
        unAlumno.imprime();

        unaPersona= new Persona();
        unaPersona.imprime();

        unaPersona= unAlumno; // conversión ascendente
        unaPersona.imprime();
    }
}
```

Ejemplo 5.8. Conversión entre clases.

En el Ejemplo 5.8, se declaran dos referencias, `unAlumno` y `unaPersona` a las clases `Alumno` y `Persona` respectivamente. Entonces `unAlumno` se inicializa con una instancia de `Alumno` y se invoca el método `imprime()`. Se ejecutará el `imprime()` de la clase `Alumno`.

Luego se inicializa `unaPersona` con una instancia de la clase `Persona`. Se invoca el método `imprime()` y se ejecutará el de la clase `Persona`.

Entonces se asigna a `unaPersona` un objeto de la clase `Alumno`, que estaba en `unAlumno`. Al invocar el método `imprime()`, aunque la referencia es de la clase `Persona`, se ejecuta el `imprime()` de la clase `Alumno`, pues es la clase real del objeto referenciado ahora por `unaPersona`.

> **PARA LOS MANITAS:** Esto se denomina ligadura dinámica, porque el método a invocar se ha determinado no por la declaración de la referencia, sino por la clase real de la instancia contenida, lo que sólo puede determinarse dinámicamente en la ejecución del programa.

Es muy común que la realización de los métodos de la clase base sea necesario invocarlos en métodos reescritos. Por ello, se dispone de la referencia `super`, que permite acceder a los métodos y atributos de la clase base.

Dado que la impresión de la clase Persona imprime sus atributos, se reescribe dicho método para imprimir los datos en la clase Alumno, pero se puede acceder al método imprime de la clase Persona como sigue:

```java
class Alumno {
    // sólo el método imprime por simplicidad

    void imprime() {
        super.imprime(); // imprime de Persona
        System.out.print(" grupo " + grupo + horario);
    }
}
```

En este ejemplo, el código del método imprime() delega en la implementación de la clase padre la impresión de los atributos heredados, a través de la llamada super.imprime(). El resto del código se relaciona con la parte añadida en la clase Alumno.

> **PARA LOS MANITAS:** Aunque la herencia establece una jerarquía que puede ser de muchos niveles, una clase sólo dispone de sus elementos y de los elementos de la clase base. Pero no existe el concepto de "abuelo", esto es, una clase derivada no tiene acceso directo de los elementos de las clases base de su clase padre directa. Por ello, un intento de acceso super.super.elemento no es posible.

> **IMPORTANTE:** super funciona como una referencia, pero no es tal a otros efectos. Esto refuerza (en realidad, justifica) el hecho de que super.super.elemento sea un uso ilegal.

> **IMPORTANTE:** Debe restringirse el uso de super a elementos reescritos.

El uso de la reescritura es muy útil cuando la clase derivada amplía la funcionalidad de una clase base y necesita añadir código sobre la misma interfaz pública de la clase padre. También se utiliza para particularizar el código de la clase base o para proporcionar un código optimizado. No obstante, a veces es necesario impedir que una clase derivada modifique algún método o atributo. Por ejemplo, podría no ser deseable derivar de la clase Alumno y modificar el método asignaGrupo(). Por ello, se proporciona un mecanismo de cierre de reescritura, que consiste en anteponer la palabra final a un método o atributo. Con ello, los atributos se convierten en constantes (véase Capítulo 2) y los métodos no pueden ser sobrecargados. El calificador final puede ser aplicado en:

- Una variable: se impide que se cambie su contenido (constante).
- Un método: se impide que se sobrecargue.
- Un parámetro de un método: impide que el método cambie su valor.
- Una clase: impide que se herede de ella.

> **IMPORTANTE:** Los usos de `final` son seguridad y rendimiento. Por seguridad porque un elemento `final` no se puede modificar posteriormente; y por rendimiento porque el compilador puede optimizar el código de elementos `final`.

> **IMPORTANTE:** El `final` no impide que un método modifique el estado de un objeto.

> **PARA LOS MANITAS:** La signatura del método no incluye la declaración de lanzamiento de excepciones. Por ello, un método reescrito puede no lanzar excepciones o lanzar excepciones de una clase derivada de las que lanza el método de la clase base. Evidentemente, no puede lanzar excepciones que el método de la clase base no lance. Para saber más del tema, consulte un manual de referencia de Java.

CONSTRUCTORES

Crear objetos de una clase derivada puede tener cierta dificultad si no se conoce bien cuál es el proceso de construcción de instancias. En el Capítulo 2 se dio una explicación simplificada diciendo que Java reserva recursos para el objeto y luego, si el programador ha añadido un constructor explícito, se ejecuta su código. Como en Java todas las clases son derivadas, se necesita una explicación más detallada que se da a continuación.

Al crear un objeto de una clase derivada, primero se crea su parte base y después se construye la parte de la clase derivada. Si la clase base es, a su vez, derivada de otra, se aplica el mismo orden, hasta llegar al constructor de `Object`.

De esta forma, cuando se instancia la clase `Alumno`, primero se construye la parte base de la clase `Persona` y luego la parte correspondiente a `Alumno`. Similarmente, para construir la parte base de `Persona`, se construye primero su parte base. `Persona` deriva de `Object` por lo que se construye un `Object`. Por tanto, para el objeto de la clase `Alumno` primero se construye un `Object`, luego se añade la construcción de la parte de la clase `Persona` y, por último, la parte de la clase `Alumno`.

El proceso se complica un poco cuando se añaden constructores a las clases. Cuando una clase contiene un constructor, primero se construye la clase base, luego la clase derivada y entonces se ejecuta el código del constructor.

Ahora bien, una clase puede tener varios constructores, (véase Capítulo 2). Si uno de ellos usa `this()` para invocar a otro, entonces se pasa a construir el objeto con el segundo constructor. Cuando termina este segundo constructor, se pasa directamente a ejecutar el código del primero.

CAPÍTULO [5] Extensión de clases

También existe la posibilidad de que la clase base tenga uno o varios constructores definidos. Cuando se construye la clase base, se utiliza el constructor por defecto. Si se han añadido constructores, se intenta invocar un constructor sin parámetros. Si todos los constructores de la clase base tienen parámetros, la clase derivada tendrá que invocar explícitamente a uno de ellos. Esto obliga a añadir en la clase derivada un constructor en el que la primera sentencia se escribe `super(parámetros)`.

Como ejemplo, se añade un constructor a la clase Persona:

```
class Persona {
    private String nombre;
    private String apellidos;
    private int     añoDeNacimiento;

    Persona(String nombre,
            String apellidos,
            int añoDeNacimiento) {
        this.nombre= nombre;
        this.apellidos= apellidos;
        this.añoDeNacimiento= añoDeNacimiento;
    }
}

class Alumno extends Persona {
}
```

Ejemplo 5.9. Constructor en la clase base.

Este constructor toma como parámetros el nombre, los apellidos y el año de nacimiento de una persona. Sin embargo, Java detecta que la clase Alumno deriva de Persona, por lo que cuando se instancie un Alumno, se seguirá el proceso descrito más arriba. Pero la clase base no puede construirse, porque no existe constructor sin parámetros. Evidentemente, el constructor con parámetros de Persona no puede invocarse sin argumentos.

PARA MANITAS: Si no se añade un constructor en la clase Alumno, el mensaje de error del compilador será:

`No constructor matching Persona() found in class Persona.`

que quiere decir que no hay constructor sin parámetros en la clase Persona.

En este caso, es obligatorio añadir un constructor a la clase Alumno que invoque a super con el nombre, los apellidos y el año de nacimiento de la persona. A continuación se añade dicho constructor:

```
class Alumno extends Persona {
    private String  grupo;
    private Horario horario;

    Alumno(String nombre,
           String apellidos,
           int añoDeNacimiento) {
        super(nombre, apellidos, añoDeNacimiento);
    }
}
```

Ejemplo 5.10. Uso del constructor de la clase base mediante super.

De esta forma, al crear un objeto de la clase Alumno hay que proporcionarle los datos que permiten construir la clase base Persona. Si hubiera dos constructores en la clase Persona, se podría invocar a cualquiera de ellos con super(), pero sólo a uno.

Por último, se presenta un ejemplo en el que la clase Alumno añade dos constructores, uno que invoca a super() y otro que invoca a this():

```java
class Alumno extends Persona {
    private String grupo;
    private Horario horario;

    Alumno(String nombre,
           String apellidos,
           int añoDeNacimiento) {
        super(nombre, apellidos, añoDeNacimiento);
    }

    Alumno(String nombre,
           String apellidos,
           int añoDeNacimiento,
           String grupo,
           Horario horario) {
        this(nombre, apellidos, añoDeNacimiento);

        this.grupo= grupo;
        this.horario= horario;
    }
}
```

Ejemplo 5.11. Ejemplo de uso de super y this en los constructores de Alumno.

El primer constructor de Alumno, tiene como parámetros nombre, apellidos y añoDeNacimiento. En la primera sentencia de su cuerpo, se invoca al constructor explícito de la clase base Persona. Cuando se termine de construir la clase base, se ejecuta el resto del cuerpo del constructor, en este caso, nada más.

El segundo constructor de Alumno, tiene como primera sentencia una llamada al constructor this(), por lo que se ejecuta el primer constructor de Alumno. Después se ejecuta el resto del cuerpo.

PARA LOS MANITAS: Un constructor puede invocar, en la primera sentencia de su cuerpo, a this() o a super(), pero sólo a uno de ellos.

A continuación se resumen las fases de construcción de un objeto:

1. Se asigna el valor por defecto a los atributos (0, 0.0, false, \u0000, null).
2. Se invoca constructor de la clase base:
   - Explícitamente invocando como primera sentencia super(parámetros).
   - O no se pone nada, con lo que se invoca al constructor sin parámetros de la clase base (super()).

[130]

- Excepto que se llame a this().
- La cadena de constructores sigue hasta la clase Object.
3. Se asignan los valores iniciales según sentencias de inicialización.
4. Se ejecuta el cuerpo del constructor.

> **PARA MANITAS:** Nótese que en el punto 2 se dice que se invoca a super() sin parámetros. Si en la clase base hay constructores explícitos, el compilador dará un error si no hay constructor sin parámetros. Se recuerda que el constructor por defecto desaparece al haber uno o varios explícitos. En definitiva, al añadir un constructor en una clase, desaparecen su constructor por defecto y los constructores por defecto de las clases derivadas.

POLIMORFISMO

Se ha explicado que en una jerarquía de herencia existe compatibilidad ascendente. Por ello, a una referencia se le puede asignar un objeto de la clase declarada o de cualquier clase derivada de ella.

Por ejemplo, suponiendo que no se añaden constructores a ninguna de las clases en el ejemplo conductor para simplificar, es posible escribir:

```
Persona p= new Alumno();
Empleado e= new Bedel();
```

También se ha dicho que es posible invocar un método del objeto y que se ejecutará el método correspondiente a la clase a la que pertenece el objeto. Así, suponiendo que existe el método imprime() en la clase Persona y que se ha reescrito en la clase Alumno, se puede escribir:

```
Persona p= new Alumno();
Alumno a= new Alumno();

p.imprime();
a.imprime();
```

ambas invocaciones del método imprime() ejecutarán el código de la clase Alumno, pues las referencias p y a contienen instancias de la clase Alumno, aunque p esté declarada como Persona. Ahora bien, el compilador comprueba que el método imprime() está disponible en la clase de la que se declara la referencia. Así, el siguiente código dará un error de compilación:

```
Object obj= new Alumno();

obj.imprime();
```

La referencia obj, declarada como de la clase Object, puede contener un Alumno, pues es una clase derivada de Object. Sin embargo, el compilador no permite invocar imprime() con la referencia obj, puesto que en la declaración de Object no existe tal método. Hay que tener en cuenta que en este caso se ve claramente que la referencia Object tiene una instancia de Alumno, pero no siempre se puede determinar, como muestra el siguiente ejemplo:

```
void error(Object obj) {
    obj.imprime();
}
```

En el método `error()`, se acepta un objeto de la clase `Object`, es decir, cualquier objeto puede pasársele como parámetro. Si se le pasa una instancia de `Alumno`, habrá un `imprime()` disponible. Si se le pasa, por ejemplo, un `String`, no existirá `imprime()`. Por ello, el compilador genera un error.

La conclusión es que los métodos disponibles en tiempo de compilación vienen determinados por las declaraciones del programa. Los métodos a invocar en tiempo de ejecución vienen determinados por la clase real a la que pertenece el objeto.

En esto consiste el polimorfismo: un objeto puede ser asignado a una referencia declarada de la misma clase o de cualquiera de las clases base, es decir, puede ser visto de muchas formas distintas. Pero su comportamiento viene determinado por la clase que se instancia (la generada por la sentencia `new`), que es independiente de la referencia usada.

HERENCIA FORZADA

La herencia puede forzarse a través de las clases abstractas. Una clase abstracta tiene el calificativo `abstract` antes de la definición de la clase:

```
abstract class NombreDeClase { ... }
```

Una clase abstracta no se puede instanciar, aunque pueden existir referencias con objetos de clases derivadas por compatibilidad ascendente. Las clases abstractas tiene su campo de aplicación en el diseño de jerarquías de herencia en los que se desea impedir la existencia de objetos parciales.

Por ejemplo, se puede hacer una jerarquía de `Mamífero` con clases derivadas `Perro`, `Gato`, etc. Sin embargo, puede no tener sentido que existan objetos `Mamífero` si se desea que existan perros y gatos concretos.

En la aplicación conductora de ejemplo, es deseable que no existan instancias de la clase `Persona`, puesto que la aplicación matriculará alumnos, contratará profesores y bedeles, etc. Para ello, modificamos la clase `Persona`, forzando la herencia:

```
abstract class Persona { // resto de la clase igual }
```

No obstante, sigue siendo posible tener la visión de instancias de clases derivadas como referencias a `Persona`, como se muestra en el Ejemplo 5.12:

```
class ejemplo {
    public static void main(String []args) {
        Persona respetable;

        respetable= new Profesor("Jesús", "Moreno", 1966);

        // La siguiente línea dará error de compilación
        respetable= new Persona("Jesús", "Moreno", 1966);
    }
}
```

Ejemplo 5.12. Uso de clase abstracta.

CAPÍTULO [5] Extensión de clases

En este ejemplo, se declara una referencia llamada respetable de la clase `Persona`. Se le puede asignar una instancia de la clase `Profesor`, pero el compilador dará error si se intenta instanciar la propia clase `Persona` por ser abstracta.

En definitiva, se ha conseguido que todas las personas que se manejen en el ejemplo sean de clases específicas derivadas de `Persona` con semántica relacionada con una aplicación Universitaria.

Implementaciones parciales

En una clase abstracta, y sólo en ellas, pueden aparecer métodos sin cuerpo, denominados también abstractos. Estos métodos deben llevar el calificativo `abstract` delante de la cabecera. Con ello se consigue tener realizaciones parciales de objetos cuya codificación no existe. Lo que se está obligando es que todas las clases derivadas ofrezcan una parte común en su interfaz.

Por ejemplo, es deseable que todas las instancias de objetos derivados de la clase `Persona` dispongan de un método que informe de si una persona pertenece al cuerpo docente o no. Ahora bien, al cuerpo docente pertenecen los alumnos y los profesores, pero no es posible codificarlo en la clase `Persona`. Por ello, se incluye la cabecera del método en de clase Persona, pero se deja abstracto, por lo que serán las clases derivadas las que proporcionen dicho código. En el ejemplo, se presenta sólo dicho método por claridad:

```
abstract class Persona {
    //no se puede poner código
    //pues no se sabe que clases derivaran
    abstract public boolean esDocente();
}
```

Esto obliga a redefinir el método `esDocente()` en las clases derivadas; en caso contrario, el compilador lanzará un mensaje de error. Sin embargo, no es necesario redefinirlo en la clase `Empleado`, sólo en las últimas clases derivadas.

IMPORTANTE: Si una clase derivada no redefine todos los métodos abstractos, se considera abstracta y debe declararse como tal; en caso contrario, el compilador lanzará un error.

En el siguiente código, se omiten todos los atributos, constructores y otros métodos aparte del `esDocente()` por claridad:

```
abstract class Persona {

    abstract public boolean esDocente();

}
class Alumno extends Persona {

    public boolean esDocente() { return true; }

}
// Empleado se declara abstract porque
// no sobrecarga el método "esDocente()"
```

```java
abstract class Empleado extends Persona {
}
class Profesor extends Empleado {
    public boolean esDocente() { return true; }
}
class Bedel extends Empleado {
    public boolean esDocente() { return false; }
}
```

Ejemplo 5.13. Ejemplo de polimorfismo en el método `esDocente()`.

En el Ejemplo 5.13, el método `esDocente()` se declara abstracto en la clase `Persona`. Así, a cualquier instancia de una clase derivada de `Persona` se le puede invocar dicho método. Ahora bien, como en la clase `Empleado` no se define el cuerpo del método, pues no es posible determinar qué empleados son docentes o no, el método se deja abstracto.

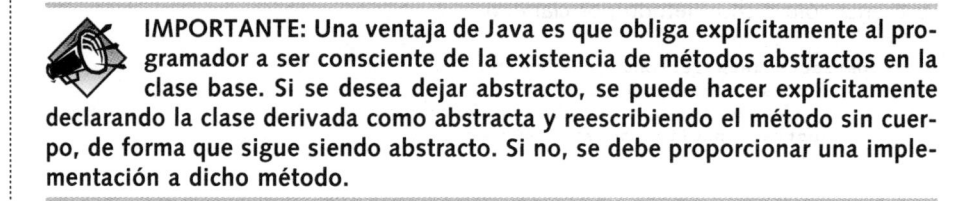

> **IMPORTANTE:** Una ventaja de Java es que obliga explícitamente al programador a ser consciente de la existencia de métodos abstractos en la clase base. Si se desea dejar abstracto, se puede hacer explícitamente declarando la clase derivada como abstracta y reescribiendo el método sin cuerpo, de forma que sigue siendo abstracto. Si no, se debe proporcionar una implementación a dicho método.

Las clases `Alumno`, `Profesor` y `Bedel` definen el cuerpo de `esDocente()` de forma trivial: en las clases `Alumno` y `Profesor` simplemente devuelve `true` y en la clase `Bedel` devuelve `false`.

CRITERIOS DE DISEÑO

Los criterios de diseño en relación con la composición y extensión de clases es un tema que ocupa libros enteros y genera mucha controversia entre los expertos relacionados con la programación. En esta sección se pretende dar unas pocas ideas, casi telegráficas, orientadas a programadores noveles o con poca experiencia.

En cuanto a los derechos de acceso, hay que tener en cuenta que una clase tiene tres interfaces:

- Interfaz para la herencia: se deben calificar los atributos y métodos como protegidos.
- Interfaz de paquete: se califican los atributos y métodos como de paquete.
- Interfaz externo o público: se califican los atributos y métodos públicos.

Ante la duda, se recomienda calificar a los atributos como **private**. Más raro es encontrar métodos privados. Pero téngase en cuenta que si realmente no se está seguro del derecho de acceso a conferir, es posible que el diseño de la clase esté incompleto.

Más delicada es la decisión entre usar composición o extensión. Si sólo se requiere reutilizar código, es preferible usar composición con delegación en los objetos componentes. Si no hay relación "es-un", se debe usar siempre composición, puesto que la herencia dará lugar a diseños confusos, poco legibles, difícilmente mantenibles y complicados de codificar. La composición es la forma natural de agrupar elementos. En definitiva, a pesar de todo el tiempo que se dedica a la extensión y a la cantidad de libros sobre el tema, las extensiones se usan poco. Son mucho más fáciles de entender las clases compuestas que las derivadas.

Como conclusión, sólo se debe usar la herencia si hay relación "es-un". Se puede tener en cuenta el principio de sustitución de Liskov: un objeto de la clase derivada debe poderse usar en cualquier sitio donde se use uno de la clase base. En el ejemplo conductor, una instancia de `Alumno` puede ser usada siempre en cualquier sitio donde se requiera una instancia de `Persona`, por lo que se cumple el principio de sustitución y la herencia ha sido correctamente utilizada. En cualquier caso, se debe tender a pocos niveles en la jerarquía de herencia. La herencia, aunque es muy elegante, se debe aplicar sólo si aporta algo.

Por último, respecto del polimorfismo, es útil cuando se prevé que haya extensiones futuras o se manejan objetos de clases diferentes. Incluso en este último caso, Java proporciona un mecanismo muy potente, las interfaces, que se verán en el Capítulo 8. El polimorfismo permite aplazar los detalles hasta tiempo de ejecución y es una buena razón para usar herencia.

CAPÍTULO

[6]

Estructuras de almacenamiento

[Notas]

[Estructuras de almacenamiento]

En los programas vistos en los capítulos anteriores, se han utilizado unas pocas variables para ir mostrando cómo se crean, se les asigna valor y cómo se llama a los métodos que las manejan para conseguir que el programa haga algo interesante.

Pero los programas, normalmente necesitan manejar grandes cantidades de datos guardados en muchas variables. De hecho, por ejemplo, un programa de matriculación de una universidad tendrá que poder guardar todos los datos de todos los alumnos que se matriculen, no sólo los datos de tres o cuatro alumnos. En este capítulo se van a tratar las estructuras que van a permitir a un programa mantener la información de tantos datos como desee, y cómo se manejan estas estructuras de datos.

Asimismo, los datos se necesitan guardar, no sólo en el programa sino de forma permanente, típicamente en un disco. Es otra de las estructuras de almacenamiento importantes. Pero esta forma permanente de guardar los datos se tratará en el tema de archivos en el Capítulo 7.

ARRAYS

En muchos programas existe la necesidad básica de disponer de muchas variables u objetos del mismo tipo o de la misma clase. En este caso, es necesario poder llamar a todo el grupo de variables o de objetos con un único nombre para todos ellos. Además, debe ser posible manejar cada uno de ellos de forma individual como se ha descrito en capítulos anteriores.

La estructura de almacenamiento que proporciona Java, y que existe en prácticamente todos los lenguajes de programación es el array. En Java un array se declara de las siguientes formas:

```
int[] nombreArray1;
int nombreArray2[];
```

Ambas declaraciones son equivalentes. La primera línea declara un array de enteros de nombre `nombreArray1`. Es decir, `nombreArray1` es una referencia a una estructura que puede guardar muchos valores del tipo int. La segunda línea declara que cada elemento de la forma `nombreArray2[]` es del tipo int. Es decir, que cada uno de los elementos de la estructura `nombreArray2` es un entero. Se denomina tipo base del array al tipo de los elementos del mismo. No existe ninguna restricción al tipo base de un array.

IMPORTANTE: El tipo base de un array declara el tipo de los elementos que se pueden guardar en cada una de las posiciones del array.

En este momento se ha declarado que tanto `nombreArray1` como `nombreArray2` son arrays de enteros, pero no se ha indicado nada de cuántos enteros se pueden guardar. Como cualquier otro objeto su valor inicial por defecto es `null`. En Java los arrays son objetos, por lo que para poder utilizarlos se necesita en primer lugar crear el objeto. Es en el momento de crear el objeto cuando se indica el tamaño del array y, por tanto, el número de enteros que se podrán guardar en cada uno de los arrays. La creación de los arrays se hace de la siguiente forma:

```
nombreArray1 = new int[20];
nombreArray2 = new int[100];
```

De esta forma se indica que el array `nombreArray1` puede contener 20 números enteros y el array `nombreArray2` puede contener 100 números enteros. Al crear el array, cada uno de los elementos del array se inicializa al valor por defecto, es decir, 0 para los números, `false` para los boolean, `\u0000` para los caracteres y `null` para las referencias a objetos.

Al igual que con la declaración de otros tipos de variables y objetos, los arrays se pueden crear cuando se declaran.

```
int[] nombreArray1   = new int[20];
int   nombreArray2[] = new int[100];
```

De hecho, es posible inicializar los elementos del array a la vez que se crean de la siguiente forma:

```
int[] arrayEnteros  = {1, 2, 3, 4, 5, 6, 7, 8, 9, 10};
String[] díasSemana = {"Lunes", "Martes",
                       "Miércoles", "Jueves",
                       "Viernes", "Sábado", "Domingo"};
```

En el primer caso, `arrayEnteros` se ha declarado como un array de 10 números enteros, con valor inicial del 1 al 10. En el segundo caso, el array `díasSemana` se ha creado con siete objetos de la clase `String`, cuyo valor inicial son los nombres de los días de la semana.

CAPÍTULO [6] Estructuras de almacenamiento

Para referirse a cada una de las variables u objetos de un array ya creado, hay que indicar cuál de ellos es al que se desea hacer referencia. Se utiliza un número, denominado índice, que indica la posición del elemento que se quiere. El índice de un array siempre empieza en 0. Es decir, el objeto "Lunes" se encuentra en la posición 0 del array díasSemana, el objeto "Martes" se encuentra en la posición 1 del array díasSemana, etc.

Por tanto, cuando se hace referencia a los elementos de un array de tamaño N, el primer elemento se encuentra en la posición 0 y el último se encuentra en la posición N – 1. Cualquier intento de hacer referencia a un elemento que no esté entre 0 y N – 1 genera la excepción ArrayIndexOutOfBoundsEx_ception.

IMPORTANTE: Un array tiene los elementos desde el 0 hasta el tamaño del array menos 1. En Java todos los arrays empiezan en 0.

Para escribir por pantalla el quinto día de la semana, es decir, el Viernes se debe escribir en Java:

```
System.out.println("El quinto día de la semana es: " + díasSemana[4]);
```

Fíjese que se desea imprimir el quinto día de la semana y se ha indizado el elemento número cuatro (4) del array.

Se puede dar valor a los elementos de un array indicando la variable que se desea utilizar del array como cualquier otra variable. En Java se puede escribir, siguiendo con las declaraciones anteriores:

```
arrayEnteros[0] = 6;
System.out.println("el primer elemento vale"
                   + arrayEnteros[0]);
array[1] = 7;
arrayEnteros[2] = arrayEnteros[1] + 1;
arrayEnteros[3] = arrayEnteros[1] * arrayEnteros[2];
arrayEnteros[0]++;
```

Donde se indica que se guarda en el elemento 0, la primera variable de arrayEnteros, el valor 6, en el elemento número 1, el valor 7; en el elemento número 2 lo que vale el elemento número 1 más 1, es decir, 8; en el elemento número 3 lo que vale el elemento número 1 más 1 lo que vale el elemento número 2. Por último, se incrementa en uno el valor del elemento 0.

En el Ejemplo 6.1 puede ver un programa que declara un array de enteros, asigna los números naturales del uno en adelante a los elementos del array, suma todos los elementos del array y, por último, imprime por pantalla la suma total.

```
public class Recorrido {
    public static void main(String arg[]) {
        int[] array = new int[50];
        int suma;

        for (int i = 0; i < array.length; i++) {
            array[i] = i + 1;
        }
```

```
            suma = 0;
            for (int v : array) {
                suma += v;
            }
            System.out.println("La suma es: " + suma);
        }
    }
```

Ejemplo 6.1. Uso y recorrido de un array.

Un elemento nuevo que se ha introducido en el Ejemplo 6.1 es el uso del atributo `length` de un array. El atributo `length` guarda el tamaño del array.

> **PRECAUCIÓN:** El atributo `length` de un array se puede utilizar para consultar su valor pero no se puede modificar.

De hecho, es muy recomendable utilizar el atributo `length` de un array siempre que se haga referencia a su tamaño, pues de esta forma si se modifica el tamaño del array posteriormente, el programa seguirá funcionando pues tiene en cuenta el nuevo tamaño. Si, por ejemplo, se quisiera sumar los 100 primeros números en lugar de los 50 primeros bastaría con cambiar el tamaño con el que se crea el programa. El resto quedaría igual.

Fíjese en cómo se ha escrito el primer bucle `for`. Se ha creado una variable entera de nombre `i`, que se denomina variable índice, que se va a utilizar para indicar a qué elemento del array se hace referencia en cada momento. A esta variable se le da el valor inicial 0, pues es el valor del primer índice de cualquier array. La condición para continuar repitiendo el bucle será, por tanto, que `i < array.length`, es decir, mientras `i` sea menor que el tamaño del array, repitiendo el bucle por última vez cuando `i` vale tamaño del array menos 1.

> **PRECAUCIÓN:** Gran parte de los errores con arrays están relacionados con sus límites. La primera posición del array es 0 y la última es `length` menos 1, siendo `length` un atributo del array que guarda su tamaño.

En el Ejemplo 6.2 se pueden ver algunos usos habituales con arrays. En este ejemplo se utiliza un array para calcular el mayor de sus valores, el menor de sus valores, el valor medio, el número de valores del array y la suma total. Todos los cálculos se hacen dentro de un mismo bucle que se utiliza para recorrer el array desde el primer elemento hasta el último.

```
public class Cálculos {
    public static void main(String arg[]) {
        int[] array = {34,  1,  433, 23, 434, -12,
                       -6,  4, -232,  3,   0,  -2};
        int mayor, menor, suma;

        mayor = array[0];
        menor = array[0];
        suma = 0;

        for (int v : array) {
```

CAPÍTULO [6] Estructuras de almacenamiento

```
            if (v > mayor) {
                mayor = v;
            }
            if (v < menor) {
                menor = v;
            }
            suma += v;
        }

        System.out.println("El mayor valor es:" + mayor);
        System.out.println("El menor valor es:" + menor);
        System.out.println("La suma es: " + suma);
        System.out.println("La media de los valores es:" + suma/array.length);
    }
}
```

Ejemplo 6.2. Ejemplo de cálculos con arrays.

En el Ejemplo 6.2, para calcular el mayor de todos los valores lo que se hace es tomar uno cualquiera como si fuese el mayor de todos. En el bucle se va comprobando este valor con cada uno de los que contiene el array. Si el elemento que se vaya comprobando tiene un valor mayor que el de la variable mayor, es porque el elegido no era el correcto. Por eso se copia en la variable mayor el valor encontrado. Al final del bucle la variable mayor contendrá el mayor de todos los valores del array.

La misma estrategia se sigue para localizar el menor de los valores, empezando con el valor del primer elemento del array y si se encuentra uno menor se sustituye. El cálculo de la suma es igual que en el Ejemplo 6.1. Hay que tener cuidado con el calculo del valor medio. Como se ha expresado, con la expresión `suma/array.length` el valor obtenido es un número entero pues se usa la división entre enteros. Si se quisiera obtener el resultado con decimales se debería de haber escrito, por ejemplo: `(double) suma/array.length`.

ARRAYS MULTIDIMENSIONALES

Uno de los usos de los arrays, como se ha visto anteriormente, es disponer de muchos objetos del mismo tipo u objetos de la misma clase con un único nombre de variable. Cuando se quiere hacer referencia a una sola de las variables basta con elegir el índice de la misma en el array.

Este mismo concepto se puede extender para disponer de arrays de más de una dimensión. Un array declarado de la siguiente forma sería una tabla de dos dimensiones:

```
int[][] tabla;
```

Con lo que se indica que para elegir uno de los números enteros de la variable tabla hay que usar dos índices. Hay que elegir el elemento por su fila y por su columna.

Para crear un array de dos dimensiones hay que crear el objeto array de forma similar a como se indicaba en la sección anterior, sólo que en este caso hay que indicar los tamaños de las dos dimensiones. Por ejemplo, para declarar una tabla de 4 por 7 elementos se utilizaría la sentencia de Java:

```
int[][] tabla = new int[4][7];
```

Si se desean manejar los elementos de la tabla de forma independiente, en realidad en la tabla declarada existen 4×7, 28 variables enteras distintas, en el programa se refiere a cada variable por la posición en que se encuentra. Si se supone que el primer índice indica la fila de la tabla y el segundo índice indica la columna para guardar el número 55 en la fila 2 y columna 4 se escribiría:

```
tabla[1][3] = 55
```

En el Ejemplo 6.3 se puede ver un programa que declara una tabla de enteros de 4 por 7 elementos. Después, rellena la tabla de forma que en cada posición guarda en número suma del número de fila y número de columna. Por último, imprime por pantalla el contenido de la tabla.

```java
public class Tabla {
    public static void main(String arg[]) {
        int[][] tabla = new int[4][7];

        for (int i = 0; i < tabla.length; i++) {
            for (int j = 0; j < tabla[i].length; j++) {
                tabla[i][j] = i + j;
            }
        }

        for (int[] fila : tabla) {
            for (int v : fila) {
                System.out.print(" " + v);
            }
            System.out.println();
        }
    }
}
```

Ejemplo 6.3. Rellenar e imprimir una tabla.

En este ejemplo se utiliza el atributo length de un array. En el primer for de los bucles anidados se recorre cada una de las filas de la tabla. Para interpretarlo apropiadamente debe tener en cuenta que una tabla se puede ver como un array donde cada elemento del array es un array del mismo tipo. Esto está representado en la Figura 6.2. Por ello, al declarar el for se hace para cada uno de los arrays del primer array.

En el bucle for interior se hace un recorrido sobre todos los elementos de la fila que toque de la tabla. Por tanto, el bucle interior se recorrerá tantas veces como elementos tenga cada una de las filas.

De hecho, no es necesario que todas las filas de una tabla tengan el mismo tamaño. En el Ejemplo 6.4 se crea una tabla donde las filas tienen tamaño creciente. Igual que antes se rellena la tabla y se imprime por pantalla.

```java
public class Tabla2 {
    public static void main(String arg[]) {
        int[][] tabla = new int[4][];

        for (int i = 0; i < tabla.length; i++) {
            tabla[i] = new int[i+2];
        }
```

CAPÍTULO **[6]** **E**structuras de almacenamiento

```
            for (int i = 0; i < tabla.length; i++) {
                for (int j = 0; j < tabla[i].length; j++) {
                    tabla[i][j] = i + j;
                }
            }
            for (int[] fila : tabla) {
                for (int v : fila) {
                    System.out.print(" " + v);
                }
                System.out.println();
            }
        }
    }
```

Ejemplo 6.4. Tablas con filas de distinto tamaño.

Para ello, al crear el primer array, en el new se indica sólo el tamaño en número de filas que se crean dejando el número de columnas pendiente. En el primer bucle for, para cada elemento del array tabla (cada fila) se crea un array de enteros de la dimensión indicada, que en cada fila es distinta. De hecho, el array de dos dimensiones que se crea tiene dos columnas en la primera fila, tres en la segunda fila, y así sucesivamente. El resultado de ejecutar el programa anterior es:

```
0 1
1 2 3
2 3 4 5
3 4 5 6 7
```

USO DE LOS ARRAYS

En esta sección se va a crear una clase que se llamará Almacén y va a permitir guardar números enteros. Esta clase Almacén tendrá un constructor para crear un almacén de enteros de un tamaño dado. Si el tamaño es 0 o negativo debe generar una excepción. Además, dispondrá de los siguientes métodos:

- estáVacio() que devuelve true si el almacén está vacío y false en caso contrario.
- estáLleno() que devuelve true si el almacén está lleno y false en caso contrario.
- añadir() que dado un entero lo añade al almacén.
- eliminar() que dado un entero lo elimina del almacén si está y devuelve si se pudo eliminar o no.
- buscar(), que dado un entero devuelve la posición del array donde se encuentra o –1 si no está.

Esta clase se presenta en el Ejemplo 6.5.

```
public class Almacén {
    private int[] datos;
    private int numDatos;
```

```java
        public Almacén(int tamaño) throws Exception {
            if (tamaño < 1)
                throw new Exception("Tamaño insuficiente");
            datos = new int[tamaño];
            numDatos = 0;
        }


        public boolean estáVacío() {
            return numDatos == 0;
        }

        public boolean estáLleno() {
            return numDatos == datos.length;
        }

        public void añadir(int valor) throws Exception {
            if (estáLleno())
                throw new Exception("Almacén lleno. Imposible añadir.");
            datos[numDatos] = valor;
            numDatos++;
        }

        public boolean eliminar(int valor) {
            int pos = buscar(valor);
            if (pos < 0)
                return false;

            for (int i = pos; i < numDatos-1; i++) {
                datos[i] = datos[i + 1];
            }
            numDatos--;
            return true;
        }

        public int buscar(int valor) {
            for (int i = 0; i < numDatos; i++) {
                if (datos[i] == valor)
                    return i;
            }
            return -1;
        }
}
```

Ejemplo 6.5. La clase Almacén.

En el constructor se crea el array del tamaño indicado o se lanza una excepción si el tamaño no tiene sentido (si es menor que 1 elemento).

Para añadir un elemento, primero se comprueba si hay sitio. Si el array está lleno, se genera una excepción indicando la causa. Si hay sitio, el número se pone a continuación del último que había y se incrementa en 1 el número de datos que existen en el array.

Para buscar un elemento se realiza lo que se denomina una búsqueda lineal. Para ello se va comparando cada uno de los elementos del array datos con el valor que se desea buscar. Cuando se encuentra un elemento con el mismo valor se devuelve la posición en la que se encontró. Si no se encuentra se devuelve el valor –1, que indica que no se ha encontrado.

Para eliminar un elemento primero se busca con el método buscar(). Si se encuentra en el array, buscar() devuelve su posición. Se copian todos los elementos que van detrás una posición hacia delante para tapar el hueco que deja el elemento eliminado. Cuando se ha acabado se decrementa en uno el número de datos del array.

CAPÍTULO [6] Estructuras de almacenamiento

Esta misma estrategia se podría utilizar para crear una clase Grupo que permita guardar los datos de los alumnos que pertenecen a un determinado grupo en la Universidad. Se va a utilizar la misma forma de crear la clase para guardar los alumnos que para la clase Almacén anterior. La diferencia está en que un grupo se va a identificar por un nombre y tendrá un número de alumnos. Esta clase la puede ver en el Ejemplo 6.6.

```java
import java.io.*;

public class Grupo {
    private String nombre;
    private Alumno[] alumnos;
    private int numAlumnos;

    public Grupo(String nombre, int tamaño) throws Exception {
        if (tamaño < 1)
            throw new Exception("Tamaño insuficiente");
        this.nombre = nombre;
        alumnos = new Alumno[tamaño];   // Se crea el grupo.
        numAlumnos = 0;   // Inicialmente hay cero alumnos.
    }

    public boolean estáVacío() {
        return numAlumnos == 0;
    }

    public boolean estáLleno() {
        return numAlumnos == alumnos.length;
    }

    public void añadir(Alumno alumno) throws Exception {
        if (estáLleno())
            throw new Exception("Grupo lleno. Imposible añadir.");
        alumnos[numAlumnos] = alumno;
        numAlumnos++;
    }

    public boolean eliminar(Alumno alumno) {
        int pos = buscar(alumno);
        if (pos < 0)
            return false;

        for (int i = pos; i < numAlumnos-1; i++) {
            alumnos[i] = alumnos[i + 1];
        }
        numAlumnos--;
        return true;
    }

    public int buscar(Alumno alumno) {
        for (int i = 0; i < numAlumnos; i++) {
            if (alumnos[i].equals(alumno))
                return i;
        }
        return -1;
    }
}
```

Ejemplo 6.6. Un grupo de alumnos.

En la clase Grupo se ha decidido disponer de un atributo nombre que permita identificar el grupo. En el constructor único que se ha codificado para crear grupos se necesita un nombre para el grupo y el tamaño del mismo, es decir, el número de alumnos que se pueden asignar a dicho grupo.

[147]

El resto de los métodos son prácticamente idénticos a los de la clase Almacén. Las diferencias que se pueden encontrar en este ejemplo respecto al del Almacén provienen de que el Almacén tenía un array de tipos primitivos y este ejemplo tiene un array de referencias a objetos.

Por ejemplo, en el método `buscar()` la comparación entre el alumno que se desea buscar y el alumno que ya está en aula debe utilizar alguno de los elementos del alumno para su comparación, o ir comparando en el método los atributos del alumno que se desee. En este caso se ha utilizado para comparar dos alumnos el método `equals()` que existe en todos los objetos en Java.

Si se desea que la comparación entre dos alumnos tenga en cuenta algún elemento especial de los alumnos basta con reescribir dicho método dentro de la clase alumno. Si por ejemplo, se considera que dos objetos alumno se refieren al mismo alumno real cuando su NP es el mismo, se debería escribir el siguiente método `equals()` en la clase Alumno:

```java
public class Alumno {
    ...

    public boolean equals(Alumno al) {
        return NP == al.NP;
    }
    ...
}
```

BÚSQUEDA Y ORDENACIÓN EN ARRAYS

Uno de los usos muy extendidos de los arrays es la ordenación de datos. Es decir, que una vez que se disponen de muchos datos del mismo tipo, por ejemplo alumnos, se necesita presentarlos ordenados, por ejemplo por apellidos. En esta sección se van a tratar varias técnicas de ordenación de datos en arrays y cómo se aplican a la ordenación de datos en general.

La primera forma de conseguir que los elementos estén ordenados es que al añadir un nuevo elemento en el Grupo de alumnos, se añada en su sitio para que quede ordenado con los que ya existan. De esta forma, como todos se añaden al grupo para que queden ordenados, estarán siempre ordenados. El método para añadir un elemento de forma ordenada se debería de cambiar de la forma que se presenta en el Ejemplo 6.7 (se supone que sólo se ordena por los apellidos).

```java
public class Grupo {
    ...

    public void añadir(Alumno alumno) throws Exception {
        if (está lleno())
            throw new Exception("Aula llena. Imposible añadir.");
        // se busca la posición donde debe de ir.
        int i = 0;
        while ((i < numAlumnos) &&
                (alumno.apellidos.compareTo(alumnos[i].apellidos) < 0)) {
            i++;   // se comprueba el siguiente.
        }
        // Debería de ir en la posición i. Se hace hueco
        for (int j = numAlumnos-1; j > i; j--) {
            alumnos[j+1] = alumnos[j];
        }
```

```
        alumnos[i] = alumno;
        numAlumnos++;
    }
    ...
}
```

Ejemplo 6.7. Inserción de un alumno de forma ordenada.

Para poder añadir un alumno de forma ordenada por apellidos, primero hay que buscar la posición en que debería de estar dicho alumno. Una vez localizada la posición donde debe ir, lo que se hace es trasladar todos los alumnos que hay desde esa posición hacia delante en el array. Para ello, se empieza desde atrás copiando cada uno de los alumnos a la posición siguiente. Una vez que se ha hecho el hueco se añade en esa posición el nuevo alumno.

Búsqueda en arrays ordenados

Para buscar la posición del alumno se ha utilizado en el Ejemplo 6.5 la técnica de búsqueda lineal donde se recorre el array desde el principio hasta encontrar el elemento deseado. Si el array está ordenado se puede utilizar una técnica de búsqueda mucho más inteligente. Para buscar el elemento se puede empezar por el elemento que está en la mitad. Si este elemento es mayor que el que se busca ya se sabe que está entre el primero y la mitad. El resto de los elementos se puede descartar, pues todos ellos son posteriores que el que se busca. A continuación, se puede volver a repetir la operación, sólo que comparando con el elemento que está en la mitad de los elementos que quedan.

Esta estrategia se aplica sucesivamente hasta que se encuentra el elemento o se comprueba que no estaba. En cada paso se compara con el elemento que está en el medio del trozo que falta por mirar. Si el del medio es mayor se elige la mitad de la izquierda, si es menor se elige la de la derecha y si no es ni mayor ni menor es que ya lo he encontrado. Esta técnica de búsqueda se denomina búsqueda binaria o búsqueda dicotómica. El método que permite este tipo de búsqueda lo puede encontrar en el Ejemplo 6.8.

```
public int busquedaBinaria(Alumno alumno) {
    int inicio = 0, fin = numAlumnos - 1, medio;
    int comp;

    while (inicio <= fin) {
        medio = (inicio + fin) / 2;
        comp = alumnos[medio].apellidos.compareTo(alumno.apellidos);
        if (comp < 0)
            inicio = medio + 1;
        else if (comp > 0)
            fin = medio - 1;
        else
            return medio;
    }
    return -1;
}
```

Ejemplo 6.8. Búsqueda binaria en un array ordenado.

Métodos de ordenación y búsqueda en la API del lenguaje

Normalmente, para poder ordenar y buscar datos en estructuras de almacenamiento los lenguajes ofrecen métodos para ello. En Java existe una clase, de nombre Arrays, que permite realizar operaciones de ordenación de datos y búsqueda en arrays.

Los métodos básicos que permiten trabajar de forma cómoda con arrays son (suponiendo, por ejemplo, una declaración como `int[] miArray` para un array de números enteros):

- `Arrays.sort(miArray)`, ordena el array en orden ascendente. Se puede utilizar con todos los tipos primitivos, `String` y cualquier array de objetos que implementen la interfaz Comparable. Existe otro método que tiene dos argumentos adicionales indicando la posición inicial y final de la parte de array que se desea ordenar, `Array.sort(miArray, 2, 20)`, sólo ordena el array entre las posiciones 2 y 20.
- `Arrays.binarySearch(miArray, 13456)`, busca la clave indicada en el array de enteros. Se puede utilizar con todos los tipos primitivos, `String` y cualquier array de objetos que implementen la interfaz Comparable.
- `Arrays.fill(miArray, 33)`, rellena el array con el valor indicado, en este caso 33. Se puede utilizar con todos los tipos primitivos, String y cualquier otro tipo de objetos. Existe otro método que tiene dos argumentos adicionales indicando la posición inicial y final de la parte de array que se desea rellenar, `Array.fill(miArray, 2, 20, 33)`, sólo rellena el array entre las posiciones 2 y 20 con el valor 33.

En el Ejemplo 6.9 se presenta un método de la clase Alumno que sirve para imprimir por pantalla la lista de alumnos de un grupo ordenados por NP de forma descendente, de mayor a menor. Para ello se ordena el array de alumnos utilizando un comparador para los NP de forma ascendente y se imprimen desde el último que existe hasta el primero del array.

```
public class Grupo{
    ...
    public void imprimePorNP(){
        Alumno[] copia = alumnos.clone();

        // ordena desde el 0 hasta el numAlumnos-1 datos
        Arrays.sort(copia, 0, numAlumnos);

        for(int i = numAlumnos-1; i >=0; i--){
            System.out.println(copia[i]);
        }
    }
    ...
}
```

Ejemplo 6.9. Uso de la ordenación de datos predefinida.

Como se puede observar, en primer lugar se ha realizado una copia del array de alumnos (no se copian los objetos) para preservar el array original sin modificación.

Para que funcione apropiadamente hay que añadir en la clase Alumno que implemente la interfaz Comparable y un método que permita comparar los alumnos por NP, tal como se puede ver en el Ejemplo 6.10.

CAPÍTULO [6]   Estructuras de almacenamiento

```
public class Alumno implements Comparable<Alumno>{
    ...

    public int compareTo(Alumno al) {
        if (NP < al.NP)
            return -1;
        else if (NP > al.NP)
            return 1;
        else
            return 0;
    }
    ...
}
```

Ejemplo 6.10.   Métodos que permiten comparar dos alumnos por NP, utilizando el método `compareTo()`.

En una clase que implementa la interfaz `Comparable` si también se sobrescribe `equals()` debería implementarse de forma que cuando el método `equals()` devuelva `true`, el método `compareTo()` devuelve 0, indicando también que son iguales. Esta forma de implementarlos genera un *orden total* en la clase.

La clase Comparable se ha indicado que se realiza sobre la clase Alumno. Se trata de instanciación de genéricos que se tratarán con detalle en el Capítulo 9.

COLECCIONES

En un programa que no sea trivial siempre es necesario guardar cierta cantidad de datos. Como ya se ha visto en secciones anteriores se puede hacer utilizando arrays, ya sean de una dimensión o de varias dimensiones. Sin embargo, en muchas ocasiones son necesarias otras estructuras de datos. En este libro no se va a tratar sobre el tema de las distintas estructuras de datos que se pueden utilizar pero sí se van a comentar en esta sección un conjunto de estructuras predefinidas y la filosofía que hay tras ellas.

PRECAUCIÓN: Para entender cómo funcionan las colecciones debería haber estudiado primero el Capítulo 8 sobre interfaces y tener cierto manejo sobre la extensión de clases.

La estructura de las colecciones puede verla resumida en la Figura 6.1. En ella se ven las principales interfaces y las clases más útiles que heredan de ellas. En particular, resulta interesante destacar las propiedades de la interfaz `Collection`, ya que la mayoría de las implementaciones más utilizadas derivan de ella. En la Tabla 6.1 puede examinar los principales métodos que puede utilizar.

Las implementaciones que se utilizan en los programas que derivan de Collection a través de las distintas interfaces que extienden Collection se resumen en la Figura 6.2.

Para poder realizar recorridos sobre todos los elementos de una clase se utiliza la interfaz `Iterator`. Como ya ha podido ver en la Tabla 6.1, se puede obtener un objeto `Iterator` de cualquier colección lo que permite, por ejemplo, imprimir los elementos de una colección de la siguiente forma:

```java
public void imprimir(){
    Iterator iterador = coleccion.iterator();
    while (iterador.hasNext())
        System.out.println(iterador.next());
}
```

De todas formas para esta tarea resulta muy sencillo también utilizar directamente un bucle `for` que vaya tomando los valores de los elementos de la colección de la siguiente forma:

```java
public void imprimir(){
    for(Object elem : coleccion){
        System.out.println((Elemento)elem);
    }
}
```

Tabla 6.1. Métodos de uso frecuente de la interfaz `Collection`

Métodos	Funcionalidad
`int size()`	Devuelve el número de objetos en la colección.
`bolean add(E elemento)`	Añade el elemento de la clase E a la colección. Devuelve true si la colección ha cambiado tras la operación.
`boolean remove (Object elemento)`	Elimina el elemento dado que case con uno de la colección. Devuelve true si la colección ha cambiado tras la operación.
`Iterator<E> iterato()`	Devuelve un iterados para los elementos de esta colección.
`void clear()`	Elimina todos los elementos de la colección.
`boolean contains (Object elemento)`	Devuelve true si la colección contiene un elemento que case con el dado.
`Object[] toArray()`	Devuelve un array con todos los elementos de la colección.

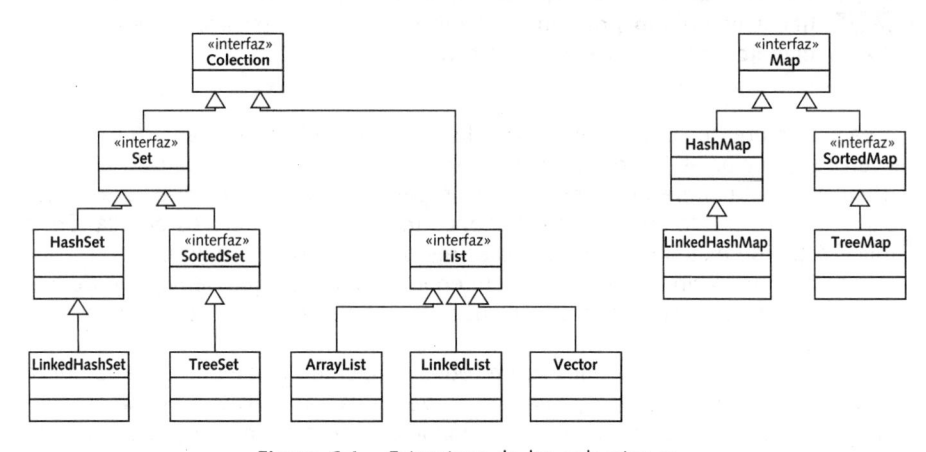

Figura 6.1. Estructura de las colecciones.

[152]

CAPÍTULO [6] Estructuras de almacenamiento

Como ejemplo de uso de las colecciones vamos a implementar la clase Grupo vista en la sección anterior utilizando la clase ArrayList en lugar de utilizar un array para guardar los Alumnos del grupo. Esta clase reescrita se puede ver en el Ejemplo 6.11.

```java
import java.util.*;

public class Grupo {
    private String nombre;
    private ArrayList<Alumno> alumnos;

    public Grupo(String nombre, int tamaño) throws Exception {
        if (tamaño < 1)
            throw new Exception("Tamaño insuficiente");
        this.nombre = nombre;
        alumnos = new ArrayList<Alumno> (20);   // Se crea el grupo con una cierta capacidad
    }

    public boolean estáVacío() {
        return alumnos.isEmpty();
    }

    public boolean estáLleno() {
        return false;
    }

    public void añadir(Alumno alumno) throws Exception {
        alumnos.add(alumno);
    }

    public boolean eliminar(Alumno alumno) {
        return alumnos.remove(alumno);
    }

    public int buscar(Alumno alumno) {
        return alumnos.indexOf(alumno);
    }

    public void imprimePorNP(){
        ArrayList copia = (ArrayList)alumnos.clone();
        Collections.sort(copia);
        Iterator iterador = copia.iterator();
        while (iterador.hasNext())
            System.out.println(iterador.next());

        for(Object alumno : copia){
            System.out.println((Alumno)alumno);
        }
    }
}
```

Ejemplo 6.11. La clase Grupo utilizando un `ArrayList`.

Fíjese que al declarar los atributos de la clase se ha utilizado la notación ArrayList<Alumno>, indicando que se van a guardar Alumnos. De esta forma se puede adaptar el ArrayList a lo que va a guardar. El tema de los genéricos se tratará en el Capítulo 9.

		Implementaciones				
		Tabla Hash	Array redimensionable	Árbol balanceado	Listas enlazadas	Tabla Hash + Listas enlazadas
Interfaces	Set	HashSet		TreeSet		LinkedHashSet
	List		ArrayList		LinkedList	
	Map	HashMap		TreeMap		LinkedHashMap

Figura 6.2. Cuadro de las clases que implementan la interfaz Collection o sus derivadas.

CAPÍTULO

[7]

Entrada y salida

[Notas]

Entrada y salida

Todos los programas suelen obtener datos del exterior que utilizan en algún punto de su proceso y, posteriormente, generan un resultado que presentan de alguna forma: en pantalla, guardándolo en un archivo, enviándolo por la red, etc. Algunas veces se pueden encontrar programas sencillos que no requieran la primera parte, pero resulta casi imposible imaginar un programa que haga algo y no genere nada que se pueda ver. En realidad daría igual lo que hicieses.

La información que necesita un programa para su función se obtiene mediante una *entrada* de datos de una fuente que puede ser de tipos muy variados: desde el teclado, desde un archivo, desde una comunicación en red, desde un objeto en Internet, etc. Asimismo, el tipo de datos que se lee puede ser de muy diversas características: texto, imágenes, sonidos, etc.

Cuando el programa genera los resultados como *salida* de la ejecución puede hacerlo de muy diversas maneras: en un archivo, en la pantalla, en una impresora, etcétera, y la forma como genera este resultado también puede ser de muy diferente tipo: texto, binario, imágenes, etc.

En Java la entrada de los datos se realiza mediante un flujo de entrada. Para realizar la entrada de datos se abre un flujo de entrada y se va leyendo sucesivamente información del mismo hasta que se lee todo el contenido o todo lo que se desea.

La salida de datos se realiza mediante un flujo de salida. Para realizar la salida de datos se abre un flujo de salida y se va escribiendo en él toda la información que se desee generar de manera sucesiva.

Este modo general de pensar en la información que entra o sale del programa permite utilizar la entrada y salida de información independientemente de la fuente o destino de los datos. El modelo de funcionamiento sigue siendo el mismo, independientemente de donde se recojan los datos o a donde se envíen.

CONCEPTO DE FLUJO EN JAVA

Un flujo en Java representa un objeto que se puede utilizar para realizar una entrada o una salida de datos. Un flujo representa un canal de información de donde se puede leer información o donde se puede escribir información.

Existen dos tipos de flujos definidos en Java: unos que trabajan con bytes y otros que trabajan con caracteres.

> **IMPORTANTE:** Recuerde que un byte en Java son 8 bits y que un carácter en Java es un carácter Unicode de 16 bits.

En la Figura 7.1 puede ver una representación de un flujo de entrada y un flujo de salida de un programa. El programa (representado por la caja de un ordenador) irá leyendo del flujo, según vayan llegando los bytes, o caracteres, en el orden en que están dispuestos, uno detrás de otro, de forma secuencial. Cuando se escriben, se escriben los bytes, o caracteres, de forma secuencial de uno en uno hacia el otro extremo. En el ejemplo de la figura los bytes se recogen del teclado y se envían hacia una pantalla.

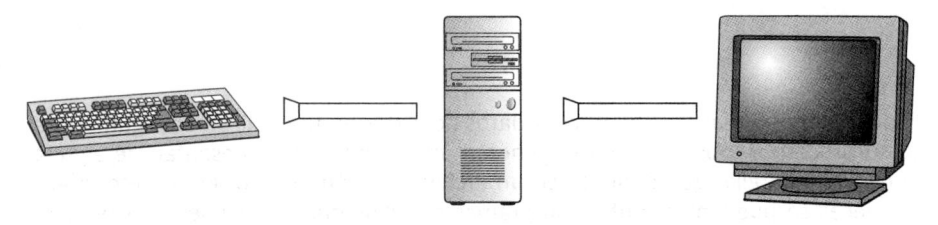

Figura 7.1. Entrada y salida de datos mediante flujos.

Se puede pensar en los flujos como en una tubería en la que sólo cabe un byte, o un carácter cada vez, de manera que se reciben o se envían de uno en uno. Posteriormente, habrá métodos que los recojan y los agrupen para devolver cosas más interesantes que un único byte, o un único carácter.

TIPOS DE FLUJOS

Como ya se ha indicado, existen dos tipos básicos de flujos: los que trabajan con bytes y los que trabajan con caracteres. Existen prácticamente las mismas clases en ambos tipos de flujos. Además, existen flujos que nos permiten convertir un flujo de bytes en uno de caracteres.

Otra forma de ver los flujos, además de con qué tipo de datos trabajan, es la función que realizan, que puede ser más útil para decidir qué flujo utilizar en cada caso. En este sentido, se pueden dividir los flujos en dos tipos: los que acceden a los datos de una determinada fuente, ya sean bytes o caracteres, y los que transforman un flujo en datos de una manera organizada, procesando la información que reciben de un flujo para devolverla como un flujo con mayor interés.

Los flujos definidos en Java 2, se presentan en la Tabla 7.1.

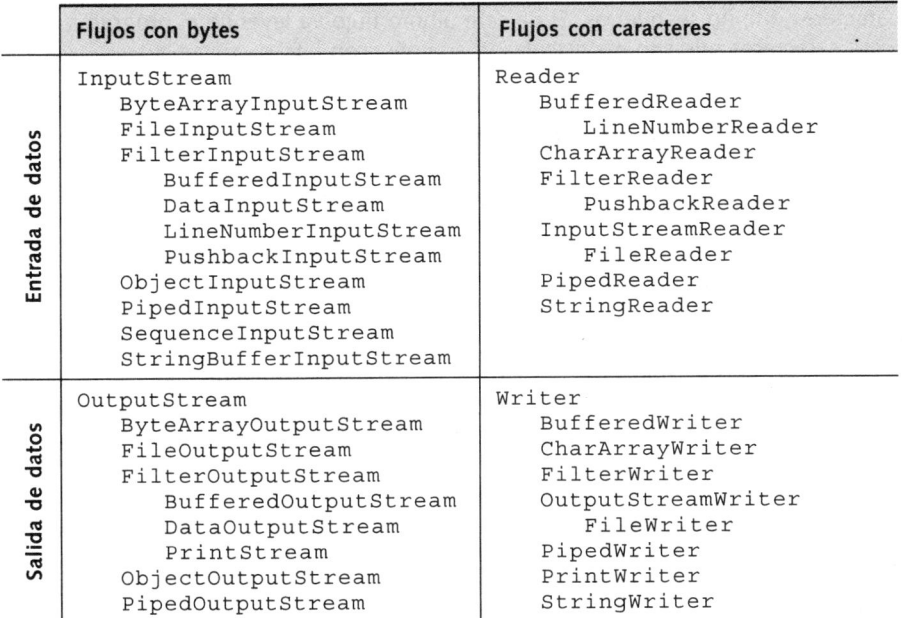

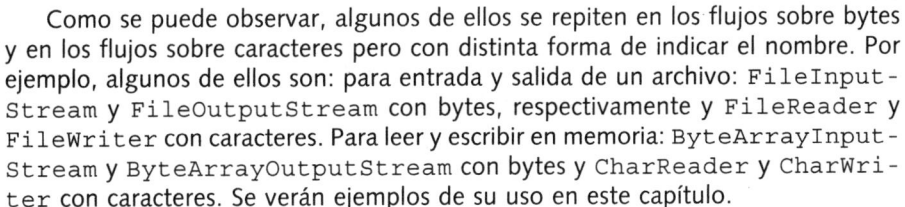

Tabla 7.1. Flujos definidos en Java

	Flujos con bytes	Flujos con caracteres

Entrada de datos	InputStream
	   ByteArrayInputStream
	   FileInputStream
	   FilterInputStream
	      BufferedInputStream
	      DataInputStream
	      LineNumberInputStream
	      PushbackInputStream
	   ObjectInputStream
	   PipedInputStream
	   SequenceInputStream
	   StringBufferInputStream
		Reader
		   BufferedReader
		      LineNumberReader
		   CharArrayReader
		   FilterReader
		      PushbackReader
		   InputStreamReader
		      FileReader
		   PipedReader
		   StringReader

Salida de datos	OutputStream
	   ByteArrayOutputStream
	   FileOutputStream
	   FilterOutputStream
	      BufferedOutputStream
	      DataOutputStream
	      PrintStream
	   ObjectOutputStream
	   PipedOutputStream
		Writer
		   BufferedWriter
		   CharArrayWriter
		   FilterWriter
		   OutputStreamWriter
		      FileWriter
		   PipedWriter
		   PrintWriter
		   StringWriter

Como se puede observar, algunos de ellos se repiten en los flujos sobre bytes y en los flujos sobre caracteres pero con distinta forma de indicar el nombre. Por ejemplo, algunos de ellos son: para entrada y salida de un archivo: FileInputStream y FileOutputStream con bytes, respectivamente y FileReader y FileWriter con caracteres. Para leer y escribir en memoria: ByteArrayInputStream y ByteArrayOutputStream con bytes y CharReader y CharWriter con caracteres. Se verán ejemplos de su uso en este capítulo.

Además de las clases anteriores, utilizadas para la entrada y salida de datos existen clases adicionales específicas en el paquete java.io que hay que reseñar:

- File: representa un archivo y las operaciones que se pueden hacer con él. No incluye las operaciones de lectura y escritura en archivo que están en flujos indicados anteriormente.
- RamdomAccessFile: clase para el acceso aleatorio a archivos. Permite utilizar los archivos en modo lectura y escritura simultáneamente o acceder a ellos de forma aleatoria indicando la posición en la que se quiere operar.
- StreamTokenizer: para leer de un flujo en trozos seleccionados por marcas.
- Excepciones: clases de las excepciones que lanzan otras clases del paquete java.io.

En este sentido, ya queda indicado que los flujos, vistos como tuberías, se pueden utilizar acoplando unos flujos a otros para formar tuberías mayores, que, según vayan pasando los datos, los van transformado de alguna forma. Por ejemplo, se puede pensar en varias tuberías de flujos acopladas donde un flujo inicial lea caracteres de un archivo, pase por una tubería donde se conviertan a mayúsculas todos los caracteres y, a continuación, pase por una tubería donde elimine los caracteres que no sean letras. Si de este último flujo va leyendo el programa, sólo leerá caracteres que son mayúsculas y, además, son letras.

LEER Y ESCRIBIR EN UN ARCHIVO

Un archivo es una parte de un disco, ya sea un disco duro, un disquete o un CD-ROM que contiene datos. Un archivo se utiliza para leer datos que utiliza un programa para procesarlos posteriormente o para guardar datos generados como resultado de la ejecución del programa, de forma permanente.

Una de las fuentes que utilizará para la entrada y la salida de datos son los archivos. Desde el punto de vista del programador resulta conveniente pensar en un archivo como en una serie de bytes o de caracteres, dependiendo de con qué se vaya a trabajar. Si es con una serie de bytes se puede pensar en numerar los bytes desde el byte número 0 hasta el ultimo byte del archivo que estará en la posición el tamaño del archivo menos uno.

Antes de empezar a hacer algo con el archivo se está en la posición 0. Si se lee un byte, se pasa automáticamente a la posición 1. Si, a continuación, se lee un int, que ocupa 4 bytes, automáticamente se pasa a la posición 5. La posición en la que se va a realizar la operación a continuación viene marcada por lo que se suele conocer como cursor del archivo. El cursor del archivo se actualiza automáticamente cada vez que se realiza una operación de lectura o escritura en el archivo. Un cursor sólo se puede modificar por programa cuando se utiliza la clase `Rando-mAccessFile` que se tratará más adelante en este capítulo.

En la Figura 7.2 se puede observar una representación de un archivo. En esta figura se puede ver cómo se numeran las casillas del archivo y un cursor que apunta al lugar de la siguiente operación. En este ejemplo se ha supuesto que es un archivo que guarda caracteres ASCII. ya que cada uno se puede guardar en un byte.

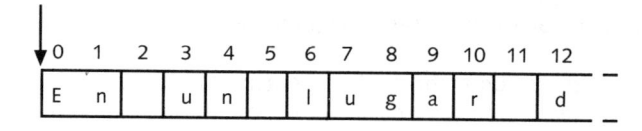

0	1	2	3	4	5	6	7	8	9	10	11	12
E	n		u	n		l	u	g	a	r		d

Figura 7.2. Representación de un archivo.

La forma básica de utilizar un archivo para entrada y para salida de datos, para leer del archivo y para escribir, respectivamente se resume en la Tabla 7.2.

Esta estructura tan sencilla es la que se utiliza siempre con archivos que se leen o escriben de forma secuencial, es decir, cuando se lee se empieza a leer desde el principio y se va leyendo todo el archivo hasta que se llega al final; y cuando se escribe se empieza a escribir desde el principio y se escribe todo hasta que se acaba de escribir todo lo que debe contener el archivo.

CAPÍTULO [7] Entrada y salida

Tabla 7.2. Lectura y escritura de archivos.

Lectura de un archivo	Escritura en un archivo
Abrir el flujo del archivo Mientras queden datos 　leer el siguiente dato Cerrar el flujo del archivo	Abrir el flujo del archivo Mientras haya datos por escribir 　escribir en el archivo Cerrar el flujo del archivo

El Ejemplo 7.1 presenta un programa que abre un archivo llamado "prueba.txt" (puede utilizar cualquier nombre de archivo), escribe en el archivo una serie de caracteres desde el carácter 'a' hasta el carácter 'z', carácter a carácter, y lo cierra. Después, para comprobar si se ha escrito bien, abre el archivo para leer, lee todo lo que contiene y escribe por pantalla los datos. Para terminar cierra el archivo.

```java
import java.io.*;

public class PruebaArchivos {
    public static void main(String arg[]) {
        String nombreArchivo="prueba.txt";
        FileWriter escribir;
        try {
            escribir = new FileWriter(nombreArchivo);
            for (char c='a'; c<='z'; c++) {
                escribir.write(c);
            }
            escribir.close();
        } catch (IOException e) {
            System.out.println("Imposible abrir el archivo para escribir");
        }

        FileReader leer;
        int c;
        try {
            leer = new FileReader(nombreArchivo);
            c=leer.read();
            while (c != -1) {
                System.out.print((char)c);
                c = leer.read();
            }
            leer.close();
        } catch (IOException e) {
            System.out.println("Imposible abrir el archivo para leer.");
        }
    }
}
```

Ejemplo 7.1. Escribir y leer de un archivo.

Para escribir en el archivo, se abre el flujo del archivo con la sentencia:

```java
FileWriter archivo = new FileWriter("prueba.txt");
```

Este flujo abre el archivo para escribir. Si el archivo no existe lo crea. Si el archivo ya existe elimina su contenido y empezará a escribir como si estuviese vacío. Si no puede abrir el archivo para escribir genera una excepción. Por ello, en la parte finally del try-catch-finally se ha puesto la sentencia para cerrar el archivo. Para que se cierre siempre el flujo se haya abierto bien o no.

Para leer del archivo se abre utilizando la sentencia:

```
FileReader archivo = new FileReader("prueba.txt");
```

Esta sentencia intenta abrir el archivo especificado. Si existe y se puede abrir para lectura lo abre. Si existe y no lo puede abrir para lectura o si no existe, genera una excepción. En cualquier caso una vez se ha terminado con el archivo en la parte finally del bloque try-catch-finally que controla los problemas de lectura se cierra el flujo abierto.

Quizá se haya dado cuenta de una curiosidad sobre la forma en que se hace la lectura de los caracteres. Cuando se van leyendo caracteres del flujo FileReader se utiliza el método read() del flujo. Pero este método devuelve un valor del tipo int, no un valor del tipo char.

La justificación de este hecho es la siguiente: si devolviese un valor del tipo char siempre devolvería un char, incluso aunque ya se hubiesen acabado los caracteres que tuviese que devolver, pues se indica que el valor devuelto siempre es un char válido. Al devolver un int se indica que devuelve un valor de carácter (entre 0 y 65535, ya que los char se codifican con 16 bits) que se puede utilizar para conseguir el carácter correspondiente, o bien devuelve un valor sin sentido para los caracteres, en este caso el valor –1, para indicar que ya no hay más caracteres. Este valor especial es el que se utiliza en el bucle para saber que ya se ha acabado de leer.

Antes de escribir el carácter en pantalla se hace una conversión explícita de tipo para que se escriba el carácter leído como char no como número. Si no se hiciese la conversión de tipo aparecería por pantalla los números correspondientes al lugar que ocupa cada carácter leído en la tabla Unicode.

LEER Y ESCRIBIR EN MEMORIA

Como ha podido apreciar entre las clases que se definen para entrada y salida de datos, algunas de éstas permiten trabajar en memoria como origen y destino de datos: la clase StringReader permite utilizar un String como origen de lectura de datos, mientras que la clase StringWriter permite utilizar un String como destino de escritura.

Esto significa que uno puede utilizar un objeto de la clase StringReader, creada a partir de un String, para leer del mismo como si se tratase de un archivo, de una conexión de red o de cualquier otro flujo de los que se puede disponer en Java. Y todo ello con unos datos que se encuentran en memoria. De la misma forma se puede utilizar la clase CharArrayReader para leer datos de memoria que se encuentren en un array de char.

Para escribir, se pueden utilizar las facilidades del manejo de flujos para generar datos en memoria. Para ello, se dispone de la clase StringWriter que permite escribir en el flujo y los datos se guardan de forma que se puede obtener un String con todos los caracteres escritos. De esta misma forma se puede utilizar la clase CharArrayWriter que permite escribir datos en el flujo y se guardan en un array de caracteres.

CAPÍTULO [7] Entrada y salida

Lo mismo que se ha contado para los flujos que escriben en memoria caracteres mediante un flujo se puede decir para los flujos que escriben en memoria pero que utilizan los flujos con bytes para escribir en memoria o leer de memoria utilizando bytes. En este caso, las clases que se pueden utilizar son `ByteArrayInputStream` y `ByteArrayOutputStream` para leer y escribir, respectivamente en un array de bytes. De esta forma se pueden tener cualquier tipo de datos binarios, no sólo de caracteres.

En el Ejemplo 7.2 se puede ver cómo manejar este tipo de flujos. En el ejemplo se puede observar como se utiliza un flujo de la clase `StringWriter` para escribir mediante los métodos del flujo en un `String` en memoria que al finalizar obtenemos. De la misma forma en la segunda parte del programa se crea un flujo a partir de un `String` y se lee de él utilizándolo como un flujo.

```java
import java.io.*;

public class PruebaFlujoString {

    public static void main(String arg[]) {
        String texto="En un lugar de la mancha de cuyo nombre...";
        StringWriter    escribir;
        try  {
            escribir = new StringWriter();
            for (char c='a'; c<='z'; c++) {
                escribir.write(c);
            }
            escribir.close();
            System.out.println(escribir.toString());
        } catch (IOException e) {
            System.out.println("Problemas   al   escribir");
        }

        StringReader    leer;
        int    c;
        try  {
            leer = new StringReader(texto);
            c=leer.read();
            while (c != -1) {
                System.out.print((char)c);
                c = leer.read();
            }
            leer.close();
        } catch (IOException e) {
            System.out.println("Problemas   en   la   lectura");
        }
    }
}
```

Ejemplo 7.2. Escribir y leer de memoria con flujos.

Debe darse cuenta de la similitud que existe entre este ejemplo, donde se está leyendo de memoria, y el Ejemplo 7.1 que se escribía y leía de un archivo guardado en un disco. En este caso para abrir el flujo para escribir se utiliza la sentencia:

```java
StringWriter escribir = new StringWriter();
```

que crea un flujo donde escribir sin necesidad de especificar nada más. Resulta parecido a abrir un archivo para escribir, salvo que en este caso no existe el nombre del fichero.

[163]

Después se va escribiendo carácter a carácter en el flujo, al igual que se hacía al escribir en el flujo del archivo. Esta parte no cambia. Y, por último, cuando se acaba se cierra el flujo. La única línea que cambia entre ambos programas es que en este caso como se está escribiendo en memoria antes de cerrar el flujo se obtiene el `String` donde se estaba escribiendo y que proporciona el flujo con su método `toString()`.

Asimismo, la parte de leer de un flujo a partir de un `String` resulta similar a leer de un archivo. Se crea el flujo con la sentencia:

```
StringReader lector = new StringReader(texto);
```

La diferencia con la sentencia para leer de un archivo es que en este caso se indica que el origen de los datos es un `String` dado, mientras que en el caso del archivo se daba el nombre del archivo del que se deseaba leer.

En este ejemplo ocurre lo mismo que se indicaba para la clase `FileReader`. Se utiliza un entero donde leer los caracteres. Es así para saber cuando se ha acabado de leer pues en este caso devuelve –1, condición que se utiliza para terminar de leer del flujo. Consulte la consideración final del apartado de lectura y escritura en archivos para una descripción más detallada.

FILTROS

Además de las clases vistas hasta el momento, donde lo que se hacía era establecer el origen de los datos para crear el flujo y, a partir del mismo, leer o escribir los datos utilizando el flujo, existe otra serie de flujos que no establecen explícitamente el origen de los datos. Estos flujos se conectan a otros flujos que ya existen para, leyendo a través de los mismos, transformar los datos proporcionando métodos de lectura o escritura más apropiados para un programador.

Esta estructura queda más clara en la Figura 7.3, donde se puede observar una estructura de flujos en la que se va a leer del archivo "prueba.txt". Para leer de este archivo, como ya se ha hecho anteriormente, se utiliza un flujo de la clase `FileReader`. Pero en este caso, además de utilizar el flujo `FileReader` se le añade a continuación un flujo de la clase `BufferedReader` que dispone de un método para leer una línea completa de una sola vez. Este método se llama `readLine()`.

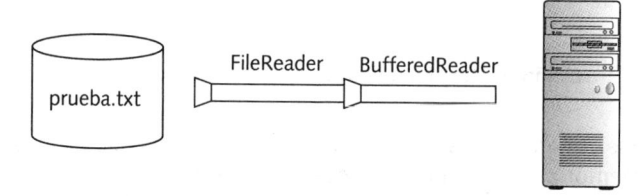

Figura 7.3. Uso de filtros.

De esta forma, cada vez que se llama al método `readLine()` de la clase `BufferedReader` este método, por la forma en que están enlazados, lo que hace es llamar las veces que precise al método `read()` de la clase `FileReader` hasta conseguir una línea completa. Cuando la tiene devuelve la línea completa al programa que llamó a `readLine()`.

A estos flujos que se añaden a flujos que ya existen donde se define el origen de los datos, se les denomina filtros, pues su función es organizar los datos de forma apropiada para el programador a partir de las funciones de otros filtros.

```java
import java.io.*;

public class LeerArchivo {

    public static void main(String arg[]) {
        String    nombreArchivo="LeerArchivo.java";

        FileReader    archivo;
        BufferedReader    filtro;
        String    linea;
        try    {
            archivo = new FileReader(nombreArchivo);
            filtro = new BufferedReader(archivo);
            linea=filtro.readLine();
            while (linea != null) {
                System.out.println(linea);
                linea=filtro.readLine();
            }
            filtro.close();
        } catch (IOException e) {
            System.out.println("Imposible abrir el archivo para leer");
        }
    }
}
```

Ejemplo 7.3. Uso de filtros para leer línea a línea.

En el Ejemplo 7.3 se puede ver cómo se establece esta conexión de flujos. Primero se ve cómo se crea el flujo de la clase `FileReader` de la misma forma que se hizo en el Ejemplo 7.1. Una vez que se dispone de este flujo se crea el flujo de la clase `BufferedReader` donde para establecer la conexión, lo que se le indica al flujo `BufferedReader` es que debe utilizar como flujo de donde leer el `FileReader` creado anteriormente. De esta forma la creación del flujo y conexión del filtro se haría con las dos líneas siguientes:

```java
FileReader    archivo = new FileReader("prueba.txt");
BufferedReader    filtro = new BufferedReader(archivo);
```

En este ejemplo también puede observar cómo se ha modificado la forma de terminar la lectura del archivo. Para ello, el método `readLine()` siempre devuelve una línea de texto, cada vez que se llama devuelve la siguiente línea de texto de las que exista en el archivo. Cuando ya no hay más no puede crear un objeto `String`, ya que no existen datos. En este caso devuelve un objeto nulo (`null`), indicando que el flujo de donde estaba leyendo se ha terminado. Como en este caso se estaba leyendo de un archivo, al recibir el valor `null` ya se detecta que el archivo se ha terminado.

Otra diferencia que se puede observar es que no se cierra el archivo, sino que se cierra el filtro `BufferedReader`. Al estar conectados, cuando se cierra el filtro, éste se encarga a su vez de cerrar el flujo al que esté conectado. En este caso al cerrar el filtro se cierra también el archivo de donde se leía.

Esto mismo que se hace con clases que trabajan con caracteres se puede hacer con clases que trabajan con bytes. De hecho, otra forma de obtener el mismo programa podría haber sido utilizar un `FileInputStream` para abrir el archivo como bytes, conectarle un filtro `InputStreamReader` para convertir un flujo de bytes en un flujo de caracteres y, después, conectarle un filtro `BufferedReader` para leer línea a línea. Es el ejemplo 7.4.

```java
import java.io.*;

public class LeerArchivoBytes {

    public static void main(String arg[]) {
        String    nombreArchivo="LeerArchivoBytes.java";

        FileInputStream   archivo;
        InputStreamReader   conversor;
        BufferedReader    filtro;
        String   linea;
        try {
            archivo = new FileInputStream(nombreArchivo);
            conversor = new InputStreamReader(archivo);
            filtro = new BufferedReader(conversor);
            linea=filtro.readLine();
            while (linea != null) {
                System.out.println(linea);
                linea=filtro.readLine();
            }
            filtro.close();
        } catch (IOException e) {
            System.out.println("Imposible abrir el archivo para leer");
        }
    }
}
```

Ejemplo 7.4. Lectura de un archivo a partir de un flujo de bytes.

La clase `Alumno`

Siguiendo con el ejemplo de los alumnos, se utilizará un archivo para guardar la información de todos los alumnos. Este archivo con la información de los alumnos guarda la información como una serie de bytes. Un archivo, por sí mismo, no sabe nada acerca de su contenido. Es el programador quien debe decidir cómo se escriben los datos en el archivo y, ya que sabe como se han escrito, puede volver a leerlos.

Para guardar la información sobre los alumnos utilizamos la siguiente estrategia: se escribe el nombre del alumno, se escribe un salto de línea, para poder diferenciarlo después de lo que serán sus apellidos, se escriben sus apellidos, un salto de línea para diferenciarlo del grupo, se escribe el grupo y un salto de línea para diferenciarlo del año, se escribe el año de nacimiento, después el número personal y, por último, el horario. Si en algún momento se produce un error al escribir cualquier dato el tratamiento de la excepción que se genere se delega en el método que llamó a guardar.

La forma que se decida para escribir los datos va a determinar la forma en que después se vayan a leer. Pronto entenderá porqué se ha elegido esta forma para guardar los datos en el archivo. Como puede suponer se ha hecho de forma que después se puedan leer de forma sencilla.

Para escribir los datos de un alumno, al ser valores de distintos tipos se va a utilizar la siguiente estrategia que después va a permitir recuperarlos de forma apropiada: se escribirán todos los datos como textos, incluidos los valores numéricos, y, cuando se vayan a leer, se leerán dichos textos y se hará la conversión correspondiente.

Cuando se recuperan los datos se va a hacer en el mismo orden. Para leer los datos se leerá una línea para el nombre. Por eso, después de escribir el nombre se escribe un salto de línea. Así, al leerlo podemos obtener una línea completa. La única limitación es que en el texto que se escribe no esté el carácter de salto de línea.

A continuación, se lee una línea para los apellidos. Después, se lee un entero para el año de nacimiento. Después, un entero para el número personal. Por último, se lee el texto del horario y se convierte a un valor del enumerado de la clase Horario. Si en algún momento se produce un error en la lectura de datos el tratamiento del error se delega en el método que llamó a recuperar.

Los métodos que se añaden en la clase Alumno para guardar y recuperar los datos de un alumno a partir de los archivos correspondientes son los siguientes:

```java
public class Alumno implements Comparable<Alumno>{

// Todo el resto de la clase igual que estaba

public void guardar(PrintWriter salida)
       throws IOException {

    salida.println(nombre);
    salida.println(apellidos);
    salida.println(añoDeNacimiento);
    salida.println(NP);
    salida.println(horario);
}
public void recuperar(Scanner entrada)
       throws Exception {

    nombre = entrada.nextLine();
    apellidos = entrada.nextLine();
    añoDeNacimiento = entrada.nextInt();
    entrada.nextLine();
    NP = entrada.nextInt();
    entrada.nextLine();
    horario = Horario.valueOf(entrada.nextLine());
    }
}
```

En el método `recuperar()` se está utilizando el método `nextLine()` de la clase `Scanner` para leer una línea. Fíjese que después de leer un entero hay que hacer llamar de nuevo a `nextLine()` para que lea el cambio de línea.

ENTRADA DESDE TECLADO

Para la lectura de datos del teclado, en Java se dispone de la clase Scanner que ya se ha comentado en el Capítulo 1. De todas formas la potencia del uso de los flujos permite al programador utilizarlos de la forma que considere oportuno.

Java proporciona un flujo para la entrada predeterminada llamado `System.in` que el sistema abre al empezar la ejecución del programa. Este flujo lee, por defecto, del teclado. Asimismo, se dispone del flujo `System.out` para la salida predeterminada. Este flujo escribe, por defecto, en la pantalla, en la consola de Java. Ambos flujos predeterminados son flujos de bytes.

> **PARA LOS MANITAS:** También existe un flujo para salida de mensajes de error que se llama `System.err` que, por defecto muestra los resultados en pantalla.

Una buena estrategia para leer datos del teclado es leer líneas completas que introduzca el usuario y, posteriormente, interpretarlas. En el siguiente ejemplo, se solicita al usuario distintos datos y se va imprimiendo el resultado obtenido de la lectura de los mismos para comprobar que se leen de forma correcta. En la parte final del programa se pone un código que permite solicitar al usuario un número hasta que introduzca un valor correcto para el tipo de número que se está solicitando.

```java
import java.io.*;

public class LeerTeclado {

    public static void main(String arg[]) throws IOException{
        InputStreamReader   conversor;
        BufferedReader   teclado;
        String   linea;

        conversor = new InputStreamReader(System.in);
        teclado = new BufferedReader(conversor);

        System.out.print("Introduzca un byte: ");
        linea = teclado.readLine();
        byte b = Byte.parseByte(linea);
        System.out.println("El valor leído fue: " + b);

        System.out.print("Introduzca un int: ");
        linea = teclado.readLine();
        int i = Integer.parseInt(linea);
        System.out.println("El valor leído fue: " + i);

        System.out.print("Introduzca un double: ");
        linea = teclado.readLine();
        double d = Double.parseDouble(linea);
        System.out.println("El valor leido fue: " + d);

        boolean   leido;
        do {
            try {
                System.out.print("Introduzca un int: ");
                linea = teclado.readLine();
                i = Integer.parseInt(linea);
                leido = true;
            } catch (NumberFormatException e) {
                System.out.println("Número no válido. Vuelva a intentarlo.");
                leido = false;
            }
        } while (!leido);
        System.out.println("El valor leído fue: " + i);
    }
}
```

Ejemplo 7.5. Lectura de datos desde el teclado utilizando un flujo BufferedReader.

La clase `File`

La clase `File` permite al programador manejar el concepto de archivo como un objeto perteneciente a un sistema de archivos. En este sentido una vez creado un objeto `File` que hace referencia a un archivo, o directorio, de un disco se puede, entre otras operaciones:

- Obtener el tamaño del archivo.
- Su nombre completo, incluida la ruta.
- Cambiar su nombre.
- Eliminarlo.
- Saber si es un directorio o un archivo.
- Si es un directorio, obtener todos los archivos y directorios que contiene.
- Crear un directorio.

En el Ejemplo 7.6 se puede ver un programa que muestra el contenido de un directorio. Si no se indica nada en la línea de comandos muestra el contenido del directorio actual. Si se indica, un directorio que muestra el contenido del directorio indicado. Si se encuentra un nombre de directorio, sólo se indica el nombre. Si se encuentra el nombre de un archivo, se muestra su tamaño y fecha.

```java
import java.io.*;
import java.util.*;

public class ListarDirectorio {

    public static void main (String arg[]) {
        String  directorio;
        if (arg.length > 0) {
            directorio = arg[0];
        } else {
            directorio = ".";
        }

        File actual = new File(directorio);
        System.out.print("El directorio es: ");
        try  {
            System.out.println(actual.getCanonicalPath());
        } catch (IOException e) {
        }
        System.out.println("Su contenido es:");

        File[] archivos = actual.listFiles();
        for(File archivo : archivos){
            System.out.printf("%-15s",archivo.getName());
            if(archivo.isFile()){
                System.out.printf("%6d   ",archivo.length());
                System.out.printf("%1$tD    %1$tT",
                new    Date(archivo.lastModified()));
            }
            System.out.println();
        }
    }
}
```

Ejemplo 7.6. Listado del contenido de un directorio.

Como se puede observar se crea un objeto de la clase File con el directorio indicado en la línea de comando o con el directorio actual ".". A partir del objeto de la clase File creado se imprime su nombre completo y se obtiene la lista completa de los objetos File que contiene en el sistema de archivos. Con un bucle for se recorre el array obtenido y en el caso de que el objeto que se está recorriendo sea un archivo se imprime su tamaño y su fecha, que como se obtiene como un número long hay que convertir a un formato de fecha legible.

MANEJO DE ARCHIVOS DE ACCESO ALEATORIO

Además de los archivos vistos hasta esta sección, todos ellos tratados de forma secuencial, en Java se pueden manejar archivos de forma aleatoria mediante la clase RandomAccessFile que proporciona la API del lenguaje.

Esta clase tiene un constructor que permite indicar si se abre el archivo para lectura o para lectura y escritura. Si se utiliza para lectura del archivo (modo "r"), dispone de métodos para leer elementos de cualquier tipo primitivo: readInt(), readLong(), readDouble(), readLine(), etc. Asimismo, cuando se utiliza en el modo de lectura y escritura (modo "rw") se pueden utilizar los métodos de escritura para escribir los tipos de datos de forma similar a como se pueden leer con los métodos: writeInt(), writeLong(), writeDouble(), writeBytes(), etc.

Los métodos que resultan de interés para el acceso aleatorio son los que permiten acceder a un lugar concreto dentro del archivo y conocer el punto del mismo en el que se va a realizar la operación de lectura o escritura:

- getFilePosition(): Devuelve la posición actual donde se va a realizar la operación de lectura o escritura. Devuelve la posición, contando en byte donde se encuentra actualmente el cursor del archivo.
- seek(): Sitúa la posición de la próxima operación de lectura o escritura en el byte especificado.
- length(): Devuelve el tamaño actual del archivo.

En el Ejemplo 7.7 se puede ver un programa que se utiliza para ir leyendo carácter a carácter un archivo. Lo que hace es convertir a mayúsculas todas los caracteres b que encuentre. Cuando encuentra una b minúscula vuelve una posición atrás de donde la había leído y escribe el mismo carácter convertido a mayúsculas. El resultado es que el archivo de texto aparece con todas las letras b en mayúsculas.

```java
import java.io.*;

public class ArchivoAleatorio {

    public static void main(String arg[]) {
        char c;
        boolean finFichero = false;

        RandomAccessFile archivo=null;
```

```
        try {
            archivo = new RandomAccessFile("prueba.txt", "rw");
            System.out.println("El tamaño es: " + archivo.length());
            do {
                try {
                    c = (char)archivo.readByte();
                    if (c == 'b'){
                        archivo.seek(archivo.getFilePointer()-1);
                        archivo.writeByte(Character.toUpperCase(c));
                    }
                } catch (EOFException e) {
                    finFichero = true;
                    archivo.close();
                    System.out.println("Convertidas las b a mayúsculas.");
                }
            } while (!finFichero);
        } catch (FileNotFoundException e) {
            System.out.println("No se encontró el archivo.");
        } catch (IOException e) {
            System.out.println("Problemas con el archivo.");
        }
    }
}
```

Ejemplo 7.7. Convertir un archivo de texto a mayúsculas usando acceso aleatorio.

Fíjese en la forma de detectar que se ha llegado al final del archivo. Los métodos de la clase `RandomAccessFile` generan una excepción, `EOFException`, para indicar que se ha intentado leer fuera del archivo. Por eso, para detectar que se ha terminado de leer se utiliza una variable `finFichero` que vale `false` mientras se siga leyendo del fichero. Cuando se genere la excepción `FileNotFoundException`, se captura, se cierra el fichero y se pone el valor `true` en la variable `finFichero`. Al cambiar este valor termina el bucle de lectura.

PARA LOS MANITAS: Los archivos de acceso aleatorio son muy interesantes cuando se guarda mucha información del mismo tipo y se sabe que siempre ocupa lo mismo. Por ejemplo, si se sabe que los datos de cada alumno siempre ocupan 214 bytes, se puede acceder directamente al alumno número 1356 poniendo el cursor del archivo en la posición 214*1356, es decir en la posición 290.184.

LECTURA Y ESCRITURA DE OBJETOS

Se puede utilizar la capacidad de Java para dar soporte a la serialización de objetos para poder leer y escribir objetos como un todo sin preocuparse de cómo están hechos por dentro.

PARA LOS MANITAS: Aunque Java proporciona una serialización por defecto si a un programador le interesa que la serialización de sus objetos se haga de una determinada forma puede escribir él mismo como desea que se escriban sus objetos sobrecargando los métodos `writeObject()` y `readObject()`.

Para que una clase sea serializable debe de implementar la interfaz `Serializable`. Todas las clases de la API estándar de Java son serializables.

Para escribir objetos de una clase, que implementa la interfaz `Serializable`, se utiliza el flujo `ObjectOutputStream`. En la serialización de un objeto se escriben en el flujo todos los atributos que no sean ni `static` ni `transient`. Si al escribir los atributos de un objeto alguno de ellos es un objeto, se serializa, a su vez dicho objeto serializando todos sus atributos. De esta forma, cuando se lee el objeto se podrá reconstruir tal y como estaba en la parte que no es `static` ni `transient`. Para escribir un objeto se utiliza el método `writeObject()`.

Para leer un objeto escrito anteriormente con `writeObject()` se utiliza el flujo `ObjectInputStream`. Una vez obtenido un objeto de este flujo se puede llamar al método `readObjetct()` para leer un objeto del flujo. Este método devuelve un `Object` por lo que habrá que realizar una conversión de clase a la clase apropiada que se leyó.

El uso de la serialización de objetos se puede ver en el programa del Ejemplo 7.8.

```java
import java.util.*;
import java.io.*;

public class Serial {
   public static void main(String arg[]) {
      try {
         FileOutputStream archivo = new FileOutputStream("prueba.dat");
         ObjectOutputStream salida = new ObjectOutputStream(archivo);
         salida.writeObject("Hoy es: ");
         salida.writeObject(new Date());
         salida.close();
      } catch (IOException e) {
         System.out.println("Problemas con el archivo.");
      }

      try {
         FileInputStream archivo2 = new FileInputStream("prueba.dat");
         ObjectInputStream entrada = new ObjectInputStream(archivo2);
         String hoy = (String)entrada.readObject();
         Date fecha = (Date)entrada.readObject();
         entrada.close();

         System.out.println(hoy + fecha);
      } catch (FileNotFoundException e) {
         System.out.println("No se pudo abrir el archivo.");
      } catch (IOException e) {
         System.out.println("Problemas con el archivo.");
      } catch (Exception e) {
         System.out.println("Error al leer un objeto.");
      }
   }
}
```

Ejemplo 7.8. Serialización de objetos.

PARA LOS MANITAS: Aunque la serialización de objetos puede facilitar guardar el estado de un objeto de forma sencilla en un archivo, puede resultar muy costosa la implementación por defecto que viene en el sistema. Un buen programador debería ser capaz de escribirse su propia forma de serializar y decidir cuándo hacerlo.

Como ejemplo de uso de la serialización de objetos puede ver cómo se haría con la clase `Grupo` para guardar los datos de todos los alumnos de un grupo en un archivo. Para ello es necesario que tanto la clase `Grupo` como la clase `Alumno` implementen la interfaz `Serializable` de la siguiente forma:

```java
import java.io.*;

public class Grupo implements Serializable{
    // La clase Grupo como estaba.
    // No hay que añadir nada más.
}
```

De la misma forma la clase `Alumno` debe indicar que implementa la interfaz `Serializable`:

```java
import java.io.*;

public class Alumno implements Comparable<Alumno>, Serializable{
    // La clase Alumno como estaba.
    // No hay que añadir nada más.
}
```

Cuando se quiera guardar en el disco la información del grupo se escribirá un trozo de código parecido al siguiente:

```java
try{
    FileOutputStream archivo = new FileOutputStream(nombreArchivo);
    ObjectOutputStream salida = new ObjectOutputStream(archivo);
    salida.writeObject(grupo);
    salida.close();
}catch(FileNotFoundException e){
    System.out.println("No se pudo crear el archivo.");
}catch(IOException e){
    System.out.println("Problemas al escribir el archivo.");
}
```

y cuando se quiera recuperar del archivo la información del grupo se escribirá un trozo de código parecido al siguiente:

```java
try{
    FileInputStream archivo = new FileInputStream(nombreArchivo);
    ObjectInputStream entrada = new ObjectInputStream(archivo);
    grupo = (Grupo)entrada.readObject();
    entrada.close();
}catch(FileNotFoundException e){
    System.out.println("No se pudo abrir el archivo.");
}catch(IOException e){
    System.out.println("Problemas al leer del archivo.");
    return false;
}catch(ClassNotFoundException e){
    System.out.println("El contenido de archivo no es correcto.");
}
```

CAPÍTULO

[8]

Interfaces

[Notas]

Interfaces

El polimorfismo permite manejar ejemplares de distintas clases de forma homogénea. Para ello, estos objetos deben ser ejemplares de clases que tengan la misma interfaz. Esto se consigue si todos los objetos están relacionados mediante herencia, es decir, tienen una clase base común.

Sin embargo, es muy común que surja la necesidad, incluso en proyectos pequeños, de tener objetos que comparten una interfaz pública pero que no pertenecen a la misma jerarquía de herencia. En definitiva, no existe relación "es-un" entre tales objetos.

En este capítulo se describen las interfaces y su uso. Se describe cómo una clase puede implementar uno o varias interfaces y cómo se pueden construir jerarquías de interfaces. Las clases que implementan interfaces siguen teniendo la capacidad de extender una clase base.

Como ejemplo de interfaz, se describe el `Iterator`, utilizado para recorrer los elementos de las clases contenedoras de colecciones de objetos. Se describe cómo usarlo y cómo implementarlo.

DEFINICIÓN DE INTERFACES

Una interfaz es una declaración de métodos no estáticos y campos estáticos finales cuyo objetivo es que sean implementados por varias clases de forma que sus instancias sean polimórficas y presenten la misma interfaz pública.

> Los elementos de una interfaz son públicos por definición: no es necesario poner la palabra `public`, ni se pueden cambiar sus derechos de acceso.

> **IMPORTANTE:** las interfaces son un mecanismo de Java para obtener el polimorfismo entre clases no pertenecientes a la misma jerarquía de herencia.

En la declaración de los métodos se admite calificarlos como públicos, aunque es redundante. La declaración del método puede incluir el lanzamiento de excepciones.

Una vez que se ha definido una interfaz, cualquier clase puede presentar dicha interfaz mediante un mecanismo denominado implementación de interfaces. Para ello se escribe:

> **PARA LOS MANITAS:** Los métodos de una interfaz no pueden ser estáticos, porque los elementos estáticos son de clase y una interfaz no es una clase. Muchos textos presentan las interfaces como caso particular de clases abstractas, pero semánticamente son diferentes.

```
class nombreClase implements nombreInterfaz {...}
```

Cuando una clase implemente una interfaz, tendrá que sobrecargar sus métodos con acceso público. Con otro tipo de acceso, el compilador lanzará un error.

Los atributos son finales, sin necesidad del calificativo `final`, y deben cargarse con un valor inicial.

En el ejemplo de la aplicación universitaria, ya se introdujo el concepto de "cuerpo docente" al que pertenecerían los alumnos y los profesores, pero no los bedeles (ni otros empleados). Para ello, se añadió un método `esDocente()` que devolvía `true` en las implementaciones de las clases `Alumno` y `Profesor` y `false` en la implementación de la clase `Bedel`. Si se sigue desarrollando el concepto de cuerpo docente, se podría pensar en un método para asignar el grupo en el que imparte clase por un profesor y el grupo al que asiste un alumno (ya desarrollado en ejemplos anteriores del libro). Sin embargo, no sería razonable añadir un método abstracto `ponGrupo()` a la clase persona, puesto que no tiene sentido para el caso de la clase `Bedel` u otras clases derivadas de `Empleado`. Esto sería un caso claro en el que la jerarquía de herencia obligaría a implementar un método sin sentido (`ponGrupo()`) en la clase `Bedel`.

La solución natural es proporcionar una interfaz común a las clases `Alumno` y `Profesor` sin perturbar la jerarquía de herencia derivada de `Persona`. El diseño se presenta en el siguiente código:

```
interface Docente {
    void     ponGrupo(String grupo, Horario horario);
    String   dameGrupo();
    Horario  dameHorario();
}

class Alumno extends Persona implements Docente {
    private String   grupo;
    private Horario  horario;
```

```java
        public void ponGrupo(String grupo, Horario horario) {
            this.grupo=   grupo;
            this.horario=   horario;
        }

        public String dameGrupo() {
            return   grupo;
        }

        public Horario dameHorario() {
            return   horario;
        }
}

abstract class Empleado extends Persona { ... }

// Sólo como ejemplo, se implementa de forma diferente
// el horario, a través de un atributo boolean.
// Es mejor codificación mantenerlo como Horario,
// pero se trata de ver que las interfaces no
// obligan a las implementaciones.
class Profesor extends Empleado implements Docente {
    String  grupo;
    boolean   esMatutino;

    public void ponGrupo(String grupo, Horario horario) {
        this.grupo=   grupo;
        esMatutino=  (horario ==  MAÑANA);
    }

    public String dameGrupo() {
        return   grupo;
    }

    public Horario dameHorario() {
        if   (esMatutino)
            return    MAÑANA;
        else
            return    TARDE;
    }
}

// Bedel no implementa Docente
class Bedel extends Empleado { ... }
```

Ejemplo 8.1. Uso de interfaces.

USO DE INTERFACES

Una clase puede implementar varias interfaces, con la siguiente sintaxis:

```java
class ClaseA implements InterfaceB, InterfaceC { ... }
```

La línea anterior declara una clase `ClaseA` que implementa las interfaces `InterfaceB` y `InterfaceC`.

Si alguno de los métodos queda sin implementar, la clase es abstracta. En ese caso, es necesario definirlo de forma explícita, añadiendo el calificativo `abstract` a la clase y añadiendo la cabecera del método que se deja sin implementar anteponiendo a su vez el calificativo `abstract`. De esta forma queda patente que se está definiendo una implementación parcial, con la intención de que al programador no se le pasen cosas desapercibidas.

Evidentemente, es posible que una clase proporcione cuerpo a todos los métodos de las interfaces que implementa y aún sea abstracta añadiendo otros métodos abstractos.

Se pueden declarar referencias a interfaces, que se pueden instanciar con objetos de clases que implementen dicho interfaz, como se muestra en el Ejemplo 8.2, en el que se crean dos instancias de Profesor y Alumno vistos como docentes, pero posteriormente se reinterpretan.

```
class Ejemplo {
    public static void main(String []args) {
        Docente  alumno, profesor;

        profesor= new Profesor("Jesús", "Moreno", 1966, "SS3344");
        alumno= new Alumno("Juan", "García", 1980);

        Alumno  unalumno=  (Alumno)alumno;
        Empleado  empleado=  (Empleado)profesor;
    }
}
```

Ejemplo 8.2. Referencias a interfaces.

JERARQUÍA DE INTERFACES

Se pueden construir nuevas interfaces como extensiones de otras interfaces ya existentes, obteniéndose una jerarquía de interfaces. La extensión puede ser de una o de varias interfaces, lo que se conoce como herencia múltiple. Se puede dar el caso de que varios ancestros tengan a su vez un ancestro común, representado por un diagrama de diamante como se muestra en la siguiente figura:

```
interface A {...}
interface M extends A {...}
interface N extends A {...}
interface X extends M, N {...}
```

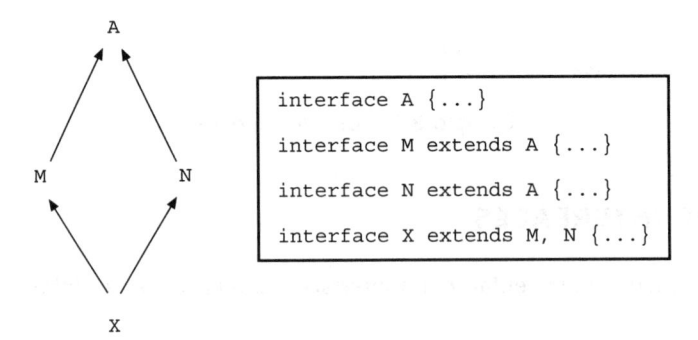

Figura 8.1. Diagrama de diamante.

IMPORTANTE: A diferencia de la jerarquía de clases, que es única en Java (todas las clases derivan de Object), las interfaces no tienen una interfaz común predefinida.

Criterios de diseño

Las interfaces se deben usar cuando objetos que no pertenecen a la misma jerarquía deben presentar la misma interfaz. Es absolutamente desaconsejable forzar una extensión de clases cuando no existe una clara relación de la forma "es-un".

Es muy fácil confundir implementaciones parciales con interfaces, pues en realidad se pueden forzar las clases abstractas a comportarse como interfaces. Pero semánticamente son conceptos distintos y el programador debe hacer un esfuerzo en familiarizarse con ellos y manejarlos correctamente.

La interfaz `Iterator`

La interfaz `Iterator` se usa como mecanismo para recorrer los elementos de las clases contenedoras de colecciones de objetos, como `Vector`, `HashTable`, etc. En esta sección se presenta como ejemplo de interfaz, presentando primero un ejemplo de uso y después un ejemplo de cómo codificar una clase que implemente `Iterator`.

Para ello, se va a utilizar la clase `Grupo` definida en el Capítulo 6, en sus diferentes formas.

El interfaz `Iterator` define los métodos:

- `public boolean hasNext()`: devuelve `true` si quedan elementos por recorrer.
- `public Object next()`: este método es el que recorre efectivamente la colección de objetos. Para ello, devuelve el elemento en curso y avanza hasta el siguiente. Lanza la excepción `NoSuchElementException` si no existen más elementos.
- `public void remove()`: este método elimina de la colección el último elemento devuelto por el método `next()`. Lanza las excepciones `UnsupportedOperationException` si no se soporta la operación y `IllegalStateException` si aún no se ha llamado a `next()`.

El esquema básico de funcionamiento es tener en la clase contenedora un método que devuelve una instancia de una clase que implemente la interfaz `Iterator`. En la construcción de la instancia se pone como elemento en curso el primero de la colección. Entonces, sucesivas llamadas a `next()` van devolviendo los elementos de la colección. Para determinar cuándo se acaba la colección y, por tanto, parar de invocar a `next()`, se utiliza `hasNext()`. El siguiente código muestra de forma esquemática el uso de una interfaz `Iterator`:

```
Iterator iterador= colección.elementos();
while (iterador.hasNext()) {
    hacerAlgoCon(iterador.next())
}
```

En este código, se supone que el objeto colección posee un método `elementos()` que devuelve una instancia de una clase que implementa la interfaz `Iterator`. Se asigna dicha instancia a la variable local `iterador`. Habitualmente se crea al invocar al método `elementos()`. Después, un bucle `while` comprueba si existen más elementos que recorrer con el método `hasNext()`. En el cuerpo del bucle, se ejecuta el código deseado con cada objeto de la colección obtenido mediante el método `next()`.

> **IMPORTANTE:** el método `next()` de la clase `Iterator` devuelve una referencia a `Object`. Por tanto, suele ser necesario hacer una conversión descendente a la clase real de los objetos contenidos en la colección.

Uso de `Iterator`

Como ejemplo de uso, se van a listar los alumnos de un grupo. Se utiliza la clase `GrupoV` del Capítulo 6, que implementa un grupo de alumnos y utiliza como contenedor de la colección un `Vector`. La clase `Vector` dispone de un método `iterator()` que devuelve una referencia a `Iterator`. Por tanto, es suficiente que la clase `GrupoV` disponga de un método que delegue en el `iterator()` de `Vector`. Esto se muestra en el Ejemplo 8.3.

```java
import java.util.*;

public class GrupoV {
    private String nombre;
    private Vector<Alumno> alumnos;

    public GrupoV(String nombre, int numAlumnos) {
        this.nombre = nombre;
        alumnos = new Vector<Alumno>(numAlumnos);
    }

    public Iterator alumnos() {
        return alumnos.iterator();
    }

    public boolean estáVacío() {
        return alumnos.size() == 0;
    }

    public boolean estáLleno() {
        return false;   // un vector nunca se llena
    }

    public void añadir(Alumno alumno) {
        alumnos.add(alumno);
    }

    public boolean eliminar(Alumno alumno) {
        int pos = buscar(alumno);
        if (pos < 0)
            return    false;

        alumnos.removeElementAt(pos);
        return      true;
    }

    public int buscar(Alumno alumno) {
        Alumno   al;
        for (int i = 0; i < alumnos.size(); i++) {
            al  =  (Alumno)alumnos.elementAt(i);
            if   (al.equals(alumno))
                return     i;
        }
        return    -1;
    }
}
```

Ejemplo 8.3. La clase `GrupoV` con un método que devuelve un `Iterator`.

CAPÍTULO [8] Interfaces

En la clase `GrupoV` se ha añadido el método `alumnos()` que devuelve una referencia a un `Iterator`. Su codificación es sencilla, porque delega en el método `elements()` de la clase `Vector`. El resto de la clase `GrupoV` no se ha modificado.

```
import java.util.*;

class ListadoAlumnos {
    public static void main(String []args) {
        // Creamos el grupo "33" con 50 alumnos
        GrupoV grupo33= new GrupoV("33", 50);

        // matriculamos unos pocos alumnos
        grupo33.añadir(new Alumno("Fernando", "López", 1997));
        grupo33.añadir(new Alumno("Blanca", "López", 1998));
        grupo33.añadir(new Alumno("Alicia", "López", 2000));
        grupo33.añadir(new Alumno("Carmen", "López", 2000));
        grupo33.añadir(new Alumno("Raquel", "López", 2003));

        // Listamos los alumnos del grupo
        Iterator iterador= grupo33.alumnos();
        while (iterador.hasNext()) {
            Alumno a= (Alumno)iterador.next();
            System.out.println("Alumno: " + a);
        }
    }
}
```

Ejemplo 8.4. Programa de prueba del iterador sobre un grupo de alumnos.

En el Ejemplo 8.4 se presenta un ejemplo del uso del `Iterator` definido en el Ejemplo 8.3. En el `main()` de la clase `ListadoAlumnos` se crea un grupo denominado `grupo33` y se insertan 5 alumnos. Entonces se recorren los alumnos con la variable local `iterador`. Primero, se asigna el `Iterator` de la clase `GrupoV`. Al crearse esta instancia, el elemento en curso es el primero que haya en el vector `alumnos`. Mientras hay más elementos, determinado por `hasNext()` se obtiene en orden un elemento y se imprime por pantalla. Como `next()` devuelve una referencia a `Object`, es necesario una conversión descendente a la clase `Alumno`. Esta conversión es segura, pues en la clase `GrupoV` sólo se permiten añadir instancias de `Alumno`, como se puede ver en la cabecera del método `añadir()`.

Implementación de `Iterator`

A continuación, se va a mostrar un ejemplo de implementación de un `Iterator`. Para ello, se utiliza la clase `Grupo` del Capítulo 6, en la que los alumnos se almacenan en un `array`.

La clase `EnumeraAlumnos` implementa la interfaz `Iterator`. Se ha elegido declararla interna a la clase `GrupoV`, pues sus instancias deben crearse sólo cuando se invoque al método `alumnos()`. Dicha clase contiene un atributo `alumnos` como referencia a los alumnos del grupo, un atributo `numAlumnos` que contiene el número de alumnos efectivos en el `array` y un atributo `iter` que será la posición del elemento en curso. El constructor de `EnumeraAlumnos` tiene como parámetros el `array` a recorrer y el número de alumnos que contiene. Inicialmente se asigna a `iter` la posición 0.

El método `hasNext()` se implementa como la condición de que `iter` sea menor que el número de alumnos en el array. El método `next()` primero chequea que no se ha terminado de recorrer el array. Si éste es el caso, el elemento en curso se pasa a una variable local denominada `actual` declarada como referencia a `Object`. Se incrementa el valor de `iter` y se devuelve el elemento `actual`. Si no había elementos por recorrer, se lanza la excepción `NoSuchElementException`. El método `remove()` simplemente lanza la excepción `UnsupportedOperationException` indicando que este método no se ha implementado.

```java
import java.util.*;

class Grupo {
    private String nombre;
    private Alumno[] alumnos;
    private int numAlumnos;

    class EnumeraAlumnos implements Iterator {
        private int iter;
        private int numAlumnos;
        private Alumno []alumnos;

        EnumeraAlumnos(Alumno []alumnos, int numAlumnos) {
            this.alumnos=   alumnos;
            this.numAlumnos=    numAlumnos;
            this.iter=   0;
        }

        public boolean hasNext() {
            return iter < numAlumnos;
        }

        public Object next() throws NoSuchElementException {
            if (iter < numAlumnos) {
                Object actual= alumnos[iter];
                iter++;
                return    actual;
            } else {
                throw   new   NoSuchElementException
                ("No  hay  más  alumnos");
            }
        }

        // método remove() se deja sin implementar
        public void remove() throws UnsupportedOperationException{
            throw   new   UnsupportedOperationException();
        }
    }

    // enumera alumnos
    public Grupo(String nombre, int tamaño) throws Exception {
        if (tamaño < 1)
            throw   new   Exception("Tamaño  insuficiente");

        this.nombre = nombre;
        alumnos = new Alumno[tamaño];    // Se crea el grupo.
        numAlumnos = 0;    // Inicialmente hay cero alumnos.
    }

    public boolean estáVacío() {
        return numAlumnos == 0;
    }
```

CAPÍTULO [8] Interfaces

```java
    public boolean estáLleno() {
        return numAlumnos == alumnos.length;
    }
    public void añadir(Alumno alumno) throws Exception {
        if  (estáLleno())
            throw new Exception("Grupo lleno. Imposible añadir.");
        alumnos[numAlumnos] = alumno;
        numAlumnos++;
    }
    public boolean eliminar(Alumno alumno) {
        int pos = buscar(alumno);
        if (pos < 0)
            return   false;

        for (int i = pos; i < numAlumnos-1; i++) {
            alumnos[i] = alumnos[i + 1];
        }
        numAlumnos—;
        return   true;
    }
    public int buscar(Alumno alumno) {
        for (int i = 0; i < numAlumnos; i++) {
            if   (alumnos[i].equals(alumno))
                return   i;
        }
        return   -1;
    }
    Iterator alumnos() {
        return new EnumeraAlumnos(alumnos, numAlumnos);
    }
}
```

Ejemplo 8.5. Clase Grupo de Alumnos con un `array` que implementa un iterador como una clase interna.

```java
import java.util.*;

class ListadoAlumnos {
    public static void main(String [] args) {
        // la implementación de grupo con array
        // lanza excepciones, por lo que se usa try-catch
        try   {
            Grupo grupo33= new Grupo("33", 10);

            grupo33.añadir(new Alumno("Fernando", "López", 1997));
            grupo33.añadir(new Alumno("Blanca", "López", 1998));
            grupo33.añadir(new Alumno("Alicia", "López", 2000));
            grupo33.añadir(new. Alumno("Carmen", "López", 2000));
            grupo33.añadir(new Alumno("Raquel", "López", 2003));

            Iterator e= grupo33.alumnos();
            while  (e.hasNext()) {
                Alumno  a=  (Alumno)e.next();
                System.out.println("Alumno: " + a);
            }
        } catch (Exception e) {
            System.out.println("Excepción: " + e);
        }
    }
}
```

Ejemplo 8.6. Programa de uso de la clase Grupo.

En este caso, la clase `ListadoAlumnos` no necesita cambiar nada.

> **PARA LOS MANITAS:** se recomienda que el método `next()` lance la excepción `NoSuchElementException` cuando se ha terminado de recorrer los elementos almacenados. No sería correcto devolver `null`, puesto que no sería posible distinguir entre la finalización del recorrido y el valor `null` como elemento en la colección.

No obstante, hay que tener en cuenta que mientras se recorre una clase contenedora, no se debe modificar la colección de objetos. En efecto, si un alumno es eliminado del `array` mientras se está listando el grupo, `next()` no detectaría que el recorrido ha terminado. Esto podría dar lugar a un error de programa. Más complicado es detectar que se han añadido nuevos elementos en la colección.

Es responsabilidad de la clase que implementa `Iterator` garantizar que el recorrido es seguro. A continuación, se presenta otra implementación de `Iterator` que toma una "foto" del estado de la colección en el momento de crearse la instancia. Con ello se asegura que el recorrido es seguro. Si se añaden o eliminan alumnos mientras se está listando el grupo, los cambios no se reflejarán en el listado pero, al menos, el recorrido no producirá errores.

> **PARA LOS MANITAS:** dado que sólo cambia la implementación de `Iterator`, el resto del código no sufre ninguna modificación.

La codificación de `EnumeraAlumnos` queda como sigue:

```java
class EnumeraAlumnos implements Iterator {
    private Alumno[] alumnos;
    private int iter=0;

    EnumeraAlumnos(Alumno []alumnos, int numAlumnos) {
        this.alumnos= new Alumno[numAlumnos];

        for (int i= 0; i < this.alumnos.length; i++) {
            this.alumnos[i]=   alumnos[i];
        }
    }
    public boolean hasMore() {
        return iter < alumnos.length;
    }
    public Object next() {
        if (iter < alumnos.length) {
            Object actual= alumnos[iter];
            iter++;
            return   actual;
        } else {
            throw new NoSuchElementException("No hay más alumnos");
        }
    }
    public void remove() throws UnsupportedOperationException {
        throw new UnsupportedOperationException();
    }
}
```

Ejemplo 8.7. Iterador sobre una copia del estado de `Grupo`.

En esta versión de `EnumeraAlumnos`, en el constructor se copia el `array` de los alumnos, de forma que si se añaden o eliminan alumnos del grupo, la copia no se ve modificada. Esto permite una pequeña mejora, puesto que el `array` copiado es del tamaño justo para los alumnos existentes en ese momento, ya no se necesita guardar el número de alumnos en un atributo auxiliar. Al igual que antes, el método `remove()` simplemente lanza la excepción `UnsupportedOperationException` indicando que este método no se ha implementado.

CAPÍTULO

[9]

Genéricos

[Notas]

Genéricos

En este capítulo se introduce un mecanismo bastante avanzado para definir clases e interfaces en las que se permite parametrizar su definición según un tipo *genérico*. Este tipo genérico será proporcionado más adelante, en el uso de la clase o interfaz genérica, es decir, en la declaración de referencias. Por tanto, los genéricos son una abstracción en la definición de clases e interfaces.

El ejemplo por antonomasia es la interfaz Collection y sus derivadas. Esta interfaz permite especificar una colección de objetos de un cierto tipo, pero sin especificarlo en la definición, sino en el uso. En efecto, si se imagina una colección de String y otra de Alumno, es fácil imaginar que el código es igual, pero haciendo referencia a String y a Alumno según el caso. El siguiente es un ejemplo de uso de la clase ArrayList en la que se especifica su uso como array de alumnos:

```
ArrayList<Alumno> miGrupo= new ArrayList<Alumno>(50);

miGrupo.add(new Alumno("Juan", "García", 1980));
miGrupo.add(new Alumno("Maria", "López", 1981));
miGrupo.add(new Alumno("José", "Pérez", 1980));

Iterator<Alumno> a= miGrupo.iterator();
while (a.hasNext()) {
    Alumno alum= a.next();
    alum.ponGrupo("33", Horario.TARDE);
}
```

Ejemplo 9.1. Uso de los genéricos ArrayList<E> e Iterator<E>.

JAVA 2

El Ejemplo 9.1 declara primero miGrupo como un ArrayList parametrizado con la clase Alumno. Además, lo inicializa con una capacidad inicial de 50 alumnos. Nótese la sintaxis usada para instanciar la clase genérica:

```
claseGenerica<TipoBase>
```

Se pone el nombre de la clase genérica y entre ángulos el nombre de la clase con que se parametriza. El resultado es que no tenemos un array cualquiera, sino un array de alumnos, que se escribe como ArrayList<Alumno>. Por ello se dice que ArrayList es una clase genérica que toma como parámetro un tipo, en el ejemplo, Alumno.

En las dos líneas siguientes, se añaden dos alumnos. Pero lo más interesante viene a continuación: se recorre miGrupo con un iterador especial sobre la clase Alumno: Iterator es, a su vez, una interfaz genérica. La parte más adecuada es el uso de a.next(): este método devuelve una referencia de la clase Alumno, sin necesidad de conversión descendente.

Ésta es la mayor ventaja que proporcionan los genéricos, pues el compilador puede chequear la corrección del programa. De hecho, el bucle while se podría haber escrito como sigue:

```
Iterator<Alumno> a= miGrupo.iterator();
while (a.hasNext()) {
    a.next().ponGrupo("33", Horario.TARDE);
}
```

IMPORTANTE: El uso de genéricos mejora la legibilidad y robustez de los programas. La legibilidad porque son innecesarios conversiones descendentes y declaraciones intermedias. La robustez porque el compilador chequea la corrección en el uso de la clase que parametriza los genéricos.

DEFINICIÓN DE GENÉRICOS

Para ver la definición de genéricos, se presenta a continuación la definición que se hace del interfaz Iterador del paquete java.util:

```
public interface Iterator<E> {
    boolean hasNext();

    E next();

    void remove();
}
```

Ejemplo 9.2. Definición de java.util.Iterator.

La definición es muy similar a la de cualquier interfaz, excepto <E>, que quiere decir que este interfaz toma como parámetro un tipo que denominaremos E. Este tipo es el denominado tipo formal parámetro del genérico. Se puede usar como cualquier tipo normal, con alguna excepción.

El primer método `hasNext()` devuelve `true` si el recorrido dispone de más elementos. El segundo método, `next()`, devuelve el siguiente elemento en el recorrido. La ventaja es que, en este caso, devuelve una referencia del tipo que parametriza al genérico. En el Ejemplo 9.1, el método `next()` devuelve una referencia a `Alumno`. El tercer método elimina el último elemento de la colección obtenido del iterador. Este método es opcional: si no se desea permitir la eliminación, debe lanzar la excepción `UnsupportedOperationException`. Lo más importante es que el compilador puede comprobar que el objeto devuelto es del tipo declarado. Además, el código es más legible.

> **PARA LOS MANITAS:** Las definiciones genéricas son compartidas por todas las instancias que se hagan del genérico. Por tanto, las variables y métodos de clase (`static`) se comparten entre todas las instancias de los genéricos. Por ello, el tipo parametrizado `<E>` no puede aparecer en la declaración ni inicialización de un elemento de clase.

HERENCIA DE GENÉRICOS Y CONVERSIÓN DE TIPOS

Los genéricos pueden extenderse, como cualquier otra clase o interfaz. Las reglas de extensión son las mismas que aplican en la herencia como se explicó en los Capítulos 5 y 8. No obstante, las reglas de compatibilidad de tipos requieren una explicación detallada. En el siguiente código, se asignan referencias de genéricos:

```
List<Alumno> ls= new Vector<Alumno>();
List<Persona> lp= ls;
```

La primera línea asigna a una lista de alumnos una instancia de vectores de alumnos. Efectivamente, `Vector<E>` extiende `List<E>`, siendo tipos compatibles. El problema aparece en la siguiente línea: el tipo `List<Persona>` no es un tipo compatible con `List<Alumno>`. Para entenderlo, baste pensar que en el objeto `lp`, de tipo `List<Persona>`, se pueden insertar objetos de la clase `Persona`, que no son compatibles con los objetos de `ls`, que al ser `List<Alumno>`, sólo admite insertar objetos de la clase `Alumno`.

COMODINES

El ejemplo de la sección anterior muestra una necesidad en el uso de genéricos. Dado que las instanciaciones de genéricos sólo son compatibles si el tipo parametrizado es el mismo, no habría forma de escribir código que sea válido para un tipo genérico si no se sabe cómo se instanciará. El siguiente es un ejemplo que intenta imprimir los datos de las personas de una lista:

```
void imprime(List<Persona> c) {
    for (Persona p: c) {
        System.out.println(p);
    }
}
```

Ejemplo 9.3. Método para imprimir una lista de personas.

Sin embargo, el método anterior no es muy útil pues no se puede utilizar para imprimir una lista de alumnos, de profesores, de bedeles, dado que List<Persona> no es una clase compatible con List<Alumno>, List<Profesor>, etc. No obstante, se incluye un mecanismo denominado de "comodines" que permite generalizar el uso de genéricos. El siguiente código imprime los objetos de una lista:

```java
void imprimeTodo(List<?> c) {
    for (Object p; c) {
        System.out.println(p);
    }
}
```

Ejemplo 9.4. Método para imprimir los datos de cualquier lista genérica.

El comodín se representa con el carácter de interrogación `?`. De esta forma, List<?> representa una lista instanciada por cualquier tipo. Sin embargo, si se observa el bucle for, los objetos de la lista sólo se pueden usar como referencias a Object.

Los comodines pueden ser *ligados*, especificando que los tipos sean de una clase (o interfaz) o cualquiera de las clases derivadas. Esto se escribe como:

```java
List<? extends nombreClase>
List<? extends nombreInterfaz>
```

En el siguiente ejemplo, se presenta un método que imprime los apellidos y año de nacimiento de una lista de personas.

```java
void imprimePersonas(List<? extends Persona> c) {
    for (Persona p; c) {
        System.out.println(p.dameApellidos()
            + " " + p.dameAñoNacimiento());
    }
}
```

Ejemplo 9.5. Método para imprimir los apellidos y año de nacimiento de cualquier lista de personas o sus derivadas.

El método del Ejemplo 9.5 puede llamarse con una referencia a List<Persona>, pero también cualquier lista de clases que extiendan a Persona, por ejemplo, List<Alumno>. El siguiente código es un ejemplo de uso del método imprimePersonas.

```java
public static void main (String args[]) {
    List<Alumno> la= new Vector<Alumno>();

    la.add(new Alumno("Juan", "García", 1980, "33", Horario.MAÑANA));
    la.add(new Alumno("Ana",  "López",  1981, "32", Horario.MAÑANA));
    la.add(new Alumno("José", "Pérez",  1982, "31", Horario.TARDE));

    System.out.println("imprimeTodo");
    imprimeTodo(la);

    System.out.println("imprimePersonas");
    imprimePersonas(la);
}
```

CAPÍTULO [9] Genéricos

El código anterior crea una lista de alumnos en la que se incluyen tres objetos de la clase `Alumno`. Después, se imprimen todos los datos con `imprimeTodo` y luego sólo los apellidos y año de nacimiento con `imprimePersonas`.

No obstante, los comodines ligados tienes sus limitaciones. Por ejemplo, el siguiente código no es legal:

```
void inserta(List<? extends Persona> lp) {
    // error de compilación!
    lp.add(new Alumno("José", "Pérez", 1982, "31", Horario.TARDE));
}
```

Ejemplo 9.6. Limitación de los comodines ligados.

Para entender porqué este código no es legal, es necesario mirar la definición del método `add`:

```
boolean add (E o);
```

Por tanto, en el método `inserta`, `add` queda parametrizado con `? extends Persona`, es decir, con un subtipo de `Persona`. Al no saber exactamente qué tipo es, no se puede establecer que es un supertipo de `Alumno`, por lo que no es seguro usar `Alumno` y el compilador rechaza el código.

MÉTODOS GENÉRICOS

El ejemplo anterior deja abierta la cuestión de cómo escribir código para tipos genéricos, aparte de la definición de la clase o el interfaz genérico. Esto es posible especificando que un método va a usar un tipo genérico, como presenta el siguiente ejemplo:

```
public static <T> void inserta(List<T> lp, T o) {
    lp.add(o);
}

public static void main (String args[]) {
    List<Alumno> la= new Vector<Alumno>();
    inserta(la, new Alumno("Pepe", "Pino", 1981, "31", Horario.TARDE));
}
```

Ejemplo 9.7. Definición de un método genérico y su uso. Se parametriza el método con uno o más tipos.

En el Ejemplo 9.7, se define un método genérico, `inserta`. Se indica que es genérico añadiendo la especificación de parámetros de tipo (uno o más) antes del valor de retorno del método, en este caso, `<T>`. El método acepta una lista genérica, `List<T>` y un objeto de tipo `T`. Es en ejecución (cuerpo del `main`) donde se determina que `T` es un `Alumno` y la lista, por tanto, de alumnos `List<Alumno>`.

[195]

De hecho, se puede usar el tipo T en el cuerpo del método, como muestra el siguiente ejemplo que inserta un array de alumnos en una lista:

```
public static <T> void inserta(List<T> lp, T[] a) {
    for (T o : a) // recorre el array "a"
        lp.add(o);
}
```

Ejemplo 9.8. Uso del tipo parámetro en un método genérico.

Se ha visto que la notación ? **extends** T es un límite superior en la jerarquía de tipos aceptada por un método genérico o en una declaración de clase o interfaz genérico. Ahora bien, en algunas ocasiones también es necesario poder poner un límite inferior en los tipos aceptados. Para ello, se analiza a continuación la clase java.util.TreeSet<E>, que representa un árbol ordenado de elementos de tipo E. Uno de los constructores de TreeSet acepta precisamente un objeto Comparator que es se utiliza para ordenar los elementos en el TreeSet. El interfaz Comparator se define como:

```
public interface Comparator<T> {
    int compare (T o1, T o2);
    boolean equals (Object obj);
}
```

El primer método compara dos objetos y determina su orden, devolviendo un número negativo si o1 es menor que o2, 0 si son iguales y un número positivo sin o1 es mayor que o2. El segundo método indica si obj es igual a su comparador.

PARA LOS MANITAS: No se requiere que el interfaz Comparator **sea consistente en el uso de** compare **y** equals**. Aunque lo normal es que** compare(o1, o2) **devuelva** 0 **cuando** o1.equals(o2) **devuelva** true. **Se recomienda que los comparadores que no sean consistentes en la ordenación y en la comparación incluyan el siguiente comentario: "Note: this comparator imposes orderings that are inconsistent with equals."**

Supongamos que se desea construir un árbol ordenado de alumnos, declarado como TreeSet<Alumno> y se proporciona un comparador adecuado. Quizá la clase Persona implementa el interfaz Comparator y es suficiente para comparar alumnos. De hecho, el comparador de personas lo hereda la clase Alumno. Si en Alumno no sobrecargamos dichos métodos es porque los métodos compare y equals de la clase Persona se consideran adecuados. En definitiva, disponemos de la definición de un Comparator<Persona>, pero no de un Comparator<Alumno>. El comodín ligado a un límite inferior resulta adecuado para especificar la llamada a TreeSet:

```
TreeSet(Comparator<? super E> c);
```

Ejemplo 9.9. Declaración de TreeSet con comodín ligado a límite inferior de tipos.

CAPÍTULO [9] Genéricos

El Ejemplo 9.9 muestra la declaración del constructor de TreeSet, en la que se acepta que la clase para la ordenación de los elementos sea un comparador del tipo E o de cualquiera de sus ancestros. El siguiente código muestra la implementación del interfaz Comparator<E> para comparar objetos de la clase Persona y su uso para ordenar alumnos en TreeSet.

```java
import java.util.Comparator;
import java.util.TreeSet;

class comparaPersonas implements Comparator<Persona> {

    public int compare(Persona o1, Persona o2) {
        if ((o1 == null) && (o2 == null))
            return   0;
        if (o1 == null)
            return  -1;
        if (o2 == null)
            return   1;

        // ninguno de los dos son null
        String n1= o1.dameApellidos() + " " + o1.dameNombre();
        String n2= o2.dameApellidos() + " " + o2.dameNombre();

        return  n1.compareTo(n2);
    }
}

class Persona {

    private String nombre;
    private String apellidos;
    private int    añoNacimiento;

    Persona(String nombre, String apellidos, int nacimiento) {
        this.nombre=   nombre;
        this.apellidos=  apellidos;
        this.añoNacimiento=  nacimiento;
    }

    public String dameNombre() {
        return  nombre;
    }

    public String dameApellidos() {
        return  apellidos;
    }

    public String toString() {
        return nombre + " " + apellidos + " [" + añoNacimiento + "]";
    }
}

class usoDeTreeSet {

    public static void main(String args[]) {
        Alumno alum1= new Alumno("Juan", "García", 1980, "33",
Horario.MAÑANA);
        Alumno alum2= new Alumno("Ana", "López", 1981, "32",
Horario.MAÑANA);
        Alumno alum3= new Alumno("José", "Pérez", 1982, "31",
Horario.TARDE);
        Alumno alum4= new Alumno("Pepe", "Pino", 1981, "31",
Horario.TARDE);
```

[197]

```
        TreeSet<Alumno> arbol= new TreeSet<Alumno>(new comparaPersonas());
        arbol.add(alum1);
        arbol.add(alum2);
        arbol.add(alum3);
        arbol.add(alum4);

        System.out.println("imprime   Alumnos");
        for (Alumno a : arbol)
            System.out.println(a);
    }
}
```

Ejemplo 9.10. Uso del interfaz `Comparator` e instanciación de `TreeSet` con alumnos.

El método `main` del Ejemplo 9.10 primero crea cuatro alumnos para rellenar el `TreeSet`. Entonces, declara un árbol que contendrá alumnos, `TreeSet<Alumno>` y lo inicializa, pero el comparador que se le pasa es el de personas, `comparaPersonas`. Este comparador implementa `Comparator<Persona>`, donde `Persona` es un ancestro de `Alumno`. Es legal porque `Alumno` hereda de `Persona` su interfaz, que podrá usar `comparaPersonas`.

Para el comparador, se ha dotado a la clase `Persona` de dos métodos que acceden al nombre y los apellidos, de forma que se concatenan ambos, primero el apellido y luego el nombre, separados por un carácter en blanco. Luego se delega en el `compareTo` de la clase `String`.

Por último, el bucle `for` recorre el árbol imprimiendo los alumnos en orden alfabético por apellidos, cuya salida se muestra a continuación:

```
imprime TreeSet
Ana López [1981]  32MAÑANA
José Pérez [1982]  31TARDE
Juan García [1980]  33MAÑANA
Pepe Pino [1981]  31TARDE
```

Por último, decir que es posible mezclar el uso de métodos genéricos y comodines ligados. La clase `Collections` muestra un buen ejemplo de ello, como el método `copy`:

```
public static <T> void copy(List<? super T> dest,
    List<? extends T> src)
```

Este método acepta dos listas de elementos y copia todos los elementos de la lista `src` en `dest`. Para ello, el método se declara genérico, parametrizado por el tipo `T`. La lista origen se restringe a `T` y sus derivados. La lista destino puede ser `T` o cualquiera de sus ancestros. De esta forma, se obtiene toda la flexibilidad en la conversión ascendente de tipos.

CAPÍTULO

[10]

Interfaces gráficas de usuario con Swing

[Notas]

Interfaces gráficas de usuario con Swing

El objetivo de este capítulo es introducir los aspectos básicos del diseño y construcción de una interfaz gráfica de usuario (GUI - *Graphical User Interface*) y presentar cómo se proporciona el funcionamiento a dicha interfaz. Con este propósito se presenta el modelo de objetos de los componentes gráficos y la programación basada o dirigida por eventos.

Hasta este momento las aplicaciones creadas sólo han presentado y leído información textual para realizar la interacción con el usuario (denominadas aplicaciones de consola o en modo texto). El lenguaje de programación Java proporciona distintos paquetes con bibliotecas de clases que implementan los elementos gráficos y posibilitan la creación de interfaces gráficas de una forma sencilla. Como Java es un lenguaje joven ha ido experimentando una serie de transformaciones: en la versión 1.0 se introdujo el conjunto de herramientas de ventanas abstractas AWT (*Abstract Windowing Toolkit*), en la versión 1.1 se modificó el método de gestión de la interacción con el usuario (modelo de delegación de eventos), en la versión 1.2 se añadió un nuevo conjunto de elementos gráficos denominado Swing (en Java 1.1 ya aparecía pero como un paquete adicional), y en la versiones 1.4 y 1.5 se han introducido nuevas características para simplificar la creación de las GUI y su adaptación a distintos idiomas y culturas.

En este capítulo se utilizan los componentes de Swing, con las nuevas características que tiene la versión 1.5, y el modelo de delegación de eventos (el modelo de tratamiento de eventos de Java 1.0 no es válido con Swing). No obstante, AWT y Swing no son independientes, de hecho forman parte de un conjunto más amplio de clases denominadas clases fundamentales de Java JFC (*Java Foundation Classes*), que surgen del esfuerzo conjunto de Sun y otras empresas (por ejemplo,

NetScape e IBM) y cuyo propósito es permitir a los programadores crear aplicaciones con gran funcionalidad de forma sencilla.

Una vez estudiado este capítulo el lector entenderá cómo proporcionar el comportamiento a las interfaces gráficas de usuario creadas utilizando Swing (Swing se presenta en el siguiente capítulo). En esta interfaz se utilizan ventanas en las que se incluyen diversos elementos gráficos (por ejemplo, etiquetas, botones) y en las que en la interacción, además de mediante el teclado, se realiza de forma directa con dispositivos apuntadores (por ejemplo, ratón).

CREACIÓN DE UNA INTERFAZ GRÁFICA

Los pasos básicos para la creación de una interfaz gráfica de usuario son:

1. El diseño y composición de la apariencia de la interfaz gráfica de la aplicación. Normalmente, esto implica la elección de una ventana principal (contenedor) en la que se van a incluir el resto de los elementos gráficos de interacción (componentes). El diseño se completa con la elección del resto de los componentes gráficos (por ejemplo, botones, etiquetas, menús,...) que se añaden a esa ventana principal, su disposición y la forma en que van a actuar.
2. Escribir el código que crea los componentes y a la apariencia de la interfaz.
3. Escribir el código que proporciona el comportamiento de dicha interfaz como respuesta a las interacciones de los usuarios. Cada una de las acciones del usuario sobre la interfaz, por ejemplo, cuando el usuario hace clic con el ratón sobre un botón, se traduce en la creación de un *evento* en Java. Por tanto, hay que proporcionar los gestores o manejadores de eventos para responder a las interacciones de los usuarios.
4. La visualización de la interfaz gráfica. Una vez visualizada la interfaz, la aplicación queda a la espera de las interacciones del usuario que provocarán la ejecución de los gestores correspondientes.

En la Figura 10.1 se presenta un ejemplo de interfaz gráfica de usuario formada por dos ventanas una principal y otra secundaria de petición de datos.

LOS ELEMENTOS DE UNA INTERFAZ GRÁFICA COMO OBJETOS

Como se ha visto en los capítulos anteriores, en Java prácticamente todos los elementos son objetos. Esta circunstancia sigue siendo válida en la creación de interfaces gráficas. Las ventanas son objetos, todos los componentes gráficos de interacción contenidos en una ventana son objetos y como resultado de las acciones del usuario se generan eventos que también son objetos. En Java una interfaz gráfica se construye componiendo distintos objetos que implementan elementos gráficos de interacción (por ejemplo, botones, campos de texto...).

> **IMPORTANTE:** En Java una interfaz gráfica se construye componiendo distintos objetos que implementan elementos gráficos de interacción (por ejemplo, botones, campos de texto...).

CAPÍTULO [10] Interfaces gráficas de usuario con Swing

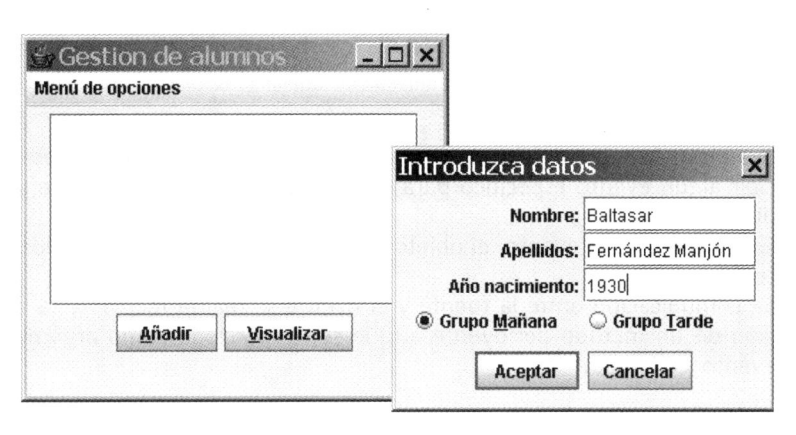

Figura 10.1. Ejemplo de una interfaz gráfica de usuario.

La creación de un componente gráfico (por ejemplo, una ventana) supone la instanciación o una especialización de una de las clases estándar proporcionadas por el sistema. Por defecto, los objetos de estas clases tienen la particularidad de que "saben" cómo mostrarse a sí mismos en la pantalla. Además, los componentes gráficos como cualquier otro objeto, tienen unas características y un comportamiento que vienen dados por sus atributos y métodos. Por ejemplo, una ventana incorpora métodos para cambiar su título o determinar su tamaño. Como son objetos, un componente gráfico puede ejecutar o invocar métodos de otros objetos en respuesta a las acciones del usuario (eventos).

Para la creación de interfaces gráficas es necesario familiarizarse con: *a*) la jerarquía de clases que implementan los componentes gráficos disponibles, y *b*) con la jerarquía de clases de eventos que representan las interacciones de los usuarios. Como las aplicaciones con interfaz gráfica se manejan en función de eventos, es decir, quedan a la espera de algún tipo de interacción por parte del usuario, lo primero es conocer cómo se realiza dicho procesamiento de eventos.

TRATAMIENTO DE EVENTOS: EL MODELO DE DELEGACIÓN

El usuario se comunica con una aplicación con interfaz gráfica mediante la interacción con la interfaz (por ejemplo, cuando se pulsa el ratón o se escribe texto). Como resultado de estas acciones se generan *eventos*. El tratamiento o gestión de estos eventos, mediante la ejecución de un método o métodos en el que se responde a la acción del usuario, es la forma de obtener la interactividad de la aplicación. Este modo de programar se denomina **programación basada en eventos** o **programación dirigida por eventos**.

Desde Java 1.1 el tratamiento de eventos se realiza mediante el **modelo de delegación de eventos** (*event model delegation*). La idea básica del modelo es que el tratamiento de un evento que ocurre en un objeto (*objeto fuente*) no se realiza en ese mismo objeto, sino que se delega en otro objeto diferente (*objeto oyente*). Este modelo se basa en la posibilidad de propagación o envío de eventos desde el objeto fuente donde se producen a los objetos oyentes que los gestionan. La forma de hacerlo es la siguiente:

- El objeto fuente registra qué objetos oyentes están interesados en recibir algún evento específico para comunicárselo una vez que éste se produzca.
- Cuando ocurre el evento, el objeto fuente se lo comunica a todos los oyentes registrados.
- La comunicación entre la fuente y el oyente se realiza mediante la invocación de un método del oyente al que se proporciona como argumento el evento generado.

En Java un evento es un objeto en el que se encapsula toda la información sobre la interacción del usuario con la interfaz gráfica (por ejemplo, el objeto fuente que ha generado el evento). Por tanto, cuando un oyente recibe un evento dispone de toda la información asociada a dicha interacción. Existe una jerarquía de clases de eventos en las que cada tipo de evento se representa mediante una clase diferente.

La separación entre fuente y oyente facilita la creación de código robusto para la gestión de eventos. Además, esto permite una separación clara entre el código propio de la aplicación y el código que gestiona la interfaz.

IMPORTANTE: Este modelo de tratamiento de eventos es simple pero muy versátil y fácil de ampliar. Un objeto fuente puede tener registrados varios oyentes y un mismo oyente puede estar registrado en varios objetos fuente.

Eventos, objetos fuente y objetos oyente

En función de la interacción concreta que realice el usuario y dependiendo de qué tipo de componente gráfico esté implicado se producirán uno o varios eventos. Dicho componente es el objeto fuente en el que se crea un evento (de la clase Java correspondiente), que se transmite al oyente u oyentes que lo gestionan.

Los eventos están representados en una jerarquía de clases cuya raíz, tanto para eventos AWT como para eventos Swing, es la clase `java.util.EventObject`. Esta clase tiene como único atributo el objeto en el que se ha generado el evento y proporciona el método `Object getSource()` para acceder a él. El resto de las clases que la especializan representan tipos de eventos concretos y encapsulan toda la información necesaria para dar respuesta a ese tipo de interacción (por ejemplo, qué botón del ratón se ha presionado, el instante y la posición donde se ha producido, si se tenía pulsada alguna tecla modificadora tal como control o AltGr, etc.). Esta información encapsulada en el evento se puede obtener mediante los métodos de acceso correspondientes `get<AtributoEvento>()` que proporciona cada clase de eventos.

CAPÍTULO [10] Interfaces gráficas de usuario con Swing

Un objeto fuente es aquel componente en el que se genera un evento. Para poder gestionar el registro y eliminación de los objetos oyentes de cada evento concreto se proporcionan los métodos:

- `set<TipoEvento>Listener()`: establece un único objeto oyente para ese tipo de evento.
- `add<TipoEvento>Listener()`: añade el objeto a la lista de oyentes.
- `remove<TipoEvento>Listener()`: elimina el objeto oyente correspondiente.

Un objeto oyente es aquél que gestiona, maneja o responde a un evento. Con este propósito define uno o varios métodos que son ejecutados automáticamente por la fuente de eventos en respuesta a cada tipo de evento específico. En esta llamada automática al método correspondiente del oyente se pasa como argumento un objeto de la clase de evento generada (una subclase de `EventObject`). Para que no se produzca un error el oyente debe proporcionar el método correspondiente. Esto se garantiza obligando a que cada oyente implemente una interfaz Java adecuada al tipo o tipos de eventos que desea manejar. Estas interfaces son especializaciones de `java.util.EventListener` y habitualmente tienen la forma `<TipoEvento>Listener` (por ejemplo, ActionListener).

En el tratamiento o gestión de eventos hay que seguir tres pasos:

1. Crear una clase oyente del tipo de eventos que implemente la interfaz Java correspondiente. Por ejemplo, cuando se pulsa con el ratón sobre un botón se genera un evento de acción `ActionEvent` y, por tanto, la clase oyente tiene que implementar la interfaz Java `ActionListener`.
2. Implementar en la clase oyente el método o métodos de la interfaz Java correspondiente. En el caso de `ActionListener` sólo hay que implementar el método `void ActionPerformed(ActionEvent)`.
3. Crear un objeto de la clase oyente y registrarlo como oyente de uno o más componentes gráficos en los que se desea proporcionar interacción con el usuario. Por ejemplo, registrar el oyente de acciones en un botón para detectar cuando se pulsa.

A continuación, se presenta un ejemplo sencillo en el que se crea una aplicación con una interfaz gráfica para ilustrar la gestión de eventos.

> **AHORRE TIEMPO:** En la API se puede encontrar todos los datos sobre la información encapsulada en cada tipo de evento, los métodos de cada uno de las interfaces Java de los oyentes y qué eventos pueden generar cada uno de los componentes gráficos.

Ejemplo sencillo

La interfaz gráfica de la aplicación consta de una ventana principal (de la clase `JFrame`) en la que se presenta una etiqueta (`JLabel`) y dos botones (`JButton`). La etiqueta y los botones se agrupan añadiéndolos a un panel contenedor (`JPanel`) que después se añade al panel de contenido de la ventana principal.

En la aplicación se incluye una clase interna que actúa como oyente de eventos de tipo acción para gestionar las interacciones con los botones. Una clase interna es muy adecuada ya que tenemos acceso a todos los elementos de la clase en la que está definida (en este caso se accede a la etiqueta). En esta clase, como respuesta a la pulsación por parte del usuario, el programa modifica el texto de la etiqueta indicando el botón que se ha pulsado (Figura 10.2). Nótese que se registra el mismo objeto oyente en dos objetos fuente diferentes (los dos botones).

```java
// importación de los componentes gráficos
import javax.swing.*;
// importación de las clases e interfaces para la gestión de eventos
import java.awt.event.*;

/* clase que implementa una ventana principal sencilla que contiene una
etiqueta y dos botones */
public class VentanaSimple extends JFrame {
    JLabel etiqueta; // etiqueta
    JButton botonHola; // botón de interacción
    JButton botonAdios; // botón de interacción
    // panel contenedor que agrupa a los otros componentes
    // no crea una ventana independiente
    JPanel panel;

    // constructor
    public VentanaSimple (){
        // se crean los componentes de la ventana
        etiqueta = new JLabel("Etiqueta inicial");
        botonHola = new JButton("Hola");
        botonAdios = new JButton("Adios");
        panel = new JPanel();
        // se añaden los componentes al panel
        panel.add(etiqueta);
        panel.add(botonHola);
        panel.add(botonAdios);
        // añade el panel a la ventana principal de la aplicación
        // antes de java 1.4 se hacía getContentPane().add(panel);
        add(panel);
        //crea un objeto oyente y se registra en los dos botones
        OyenteAccion oyenteBoton = new OyenteAccion();
        botonHola.addActionListener(oyenteBoton);
        botonAdios.addActionListener(oyenteBoton);
    }

    // metodo principal de la clase ventana simple
    public static void main(String args[]) {
        // se crea un objeto de tipo ventana simple
        VentanaSimple ventana = new VentanaSimple();
        // se establecen distintas características de la ventana:
        // titulo, tamaño y que sea visible
        ventana.setTitle("ventana   Swing");
        ventana.setSize(300, 70);
        ventana.setVisible(true);
    }

    // oyente de eventos de acción
    class OyenteAccion implements ActionListener{
        public void actionPerformed (ActionEvent evento){
            // se obtiene el botón fuente del evento
            JButton boton = (JButton) evento.getSource();
            // se modifica la etiqueta con el nombre del botón pulsado
            etiqueta.setText("Boton pulsado: " + boton.getText());
        }
    }// OyenteAccion
} // VentanaSimple
```

Ejemplo 10.1. Ejemplo con una etiqueta y dos botones.

Figura 10.2. Captura de la pantalla de interacción inicial y después de haber pulsado el botón Adios.

La clase oyente de acción se podría haber implementado como una clase independiente (y no como clase interna). En ese caso, no tendríamos acceso directo a los elementos de la ventana (para modificar la etiqueta) pero se podrían registrar oyentes de esta clase en otras clases del programa.

Otra posibilidad es que la misma clase ventana simple sea oyente de los eventos de acción que genera y les dé respuesta. Para lograrlo, hay que declarar qué ventana simple implementa la interfaz Java `ActionListener` e implementar el método `ActionPerformed()`. Destacar que entonces hay que registrar la propia ventana simple (y no crear un objeto nuevo) como oyente de acciones en los botones. Esto se hace mediante la autoreferencia `this` (por ejemplo, `botonHola.addActionListener(this)`).El código quedaría de la siguiente forma (las partes omitidas no sufren variación):

```java
............
public class VentanaSimple2 extends JFrame implements ActionListener{
    ............
    public VentanaSimple2 (){
    ............
        // la propia ventana se registra como oyente de acciones
        botonHola.addActionListener(this);
        botonAdios.addActionListener(this);
        }// constructor
    ............
    public void actionPerformed (ActionEvent evento){
        // se obtiene el botón fuente del evento
        JButton boton = (JButton) evento.getSource();
        // se modifica la etiqueta según el botón pulsado
        etiqueta.setText("Boton pulsado: " + boton.getText());
    }
} // VentanaSimple2
```

Ejemplo 10.2. Ejemplo simple con Swing.

JERARQUÍA Y TIPOS DE EVENTOS

Como se ha mencionado previamente, los eventos se organizan en una jerarquía de clases, donde cada clase representa un tipo de evento o un grupo de eventos relacionados, cuya raíz es `java.util.EventObject`. Esta clase deriva de la clase `java.awt.AWTEvent` para tener en cuenta los eventos generados por los componentes gráficos.

En el paquete `java.awt.event` se encuentran agrupadas la mayoría de las definiciones de clases e interfaces necesarias para la gestión de eventos generados en una interfaz gráfica sencilla. Con la aparición de Swing este paquete se ha visto complementado por `javax.swing.event` donde se representan los eventos propios de las nuevas características introducidas en Swing.

Conceptualmente, los eventos generados en los componentes gráficos se pueden clasificar en: *eventos de bajo nivel* y *eventos semánticos* o de alto nivel. Los eventos de bajo nivel están relacionados con los aspectos físicos de la interacción con los elementos de la interfaz. Representan las modificaciones en el sistema de ventanas (por ejemplo, cambio de tamaño, cambio de posición, obtención o pérdida del foco de la interacción) o las entradas producidas por el usuario (con el teclado o el ratón). La pulsación de una tecla, por ejemplo, genera tres eventos: uno cuando se pulsa, otro cuando se suelta y uno de la propia escritura. El resto de los eventos son de alto nivel. En la Tabla 10.1 se presentan los eventos más utilizados en Swing.

Los eventos de alto nivel o semánticos representan la operación con un elemento de la interfaz. Se denominan semánticos porque tratan de capturar el significado de la interacción, por ejemplo, la realización de una acción. No están relacionados con una clase específica de componente, siendo aplicables a todos los componentes que implementen un modelo de operación similar. No obstante, estos componentes no tienen que generar dicho evento de la misma forma. Por ejemplo, el evento ActionEvent se genera cuando se hace clic sobre un botón o cuando se pulsa la tecla Intro en un campo de texto. Generalmente un evento semántico está relacionado con uno o varios eventos de bajo nivel, pero en Swing no se cumple siempre.

Tabla 10.1. Eventos más frecuentes en Swing y su significado

Eventos de bajo nivel	
Evento	Significado
ComponentEvent	Cambios en el tamaño, posición o visibilidad de un componente.
FocusEvent	Cambio de foco (capacidad de un componente para recibir entradas desde el teclado).
KeyEvent	Operación con el teclado.
MouseEvent	Operación con los botones del ratón o movimientos del ratón.
WindowEvent	Cambio de estado en una ventana.
AncestorEvent	Cambio en la composición, visibilidad o posición de un elemento superior (ancestro) de la jerarquía de composición.
Eventos de bajo nivel	
ActionEvent	Realización de la acción específica asociada al componente.
ChangeEvent	Cambio en el estado del componente.
ItemEvent	Elemento seleccionado o deseleccionado.
CaretEvent	Cambio en la posición del cursor de inserción en un componente que gestiona texto.
ListSelectionEvent	Cambio en la selección actual en una lista.

> **IMPORTANTE:** Como regla general, siempre que sea posible, hay que realizar el tratamiento de eventos semánticos. De este modo se logra un código más seguro que se puede ejecutar en distintas plataformas sin problemas.

CLASES ADAPTADORAS DE EVENTOS

La mayoría de las interfaces Java de los oyentes están diseñadas para responder a varios eventos diferentes de modo que incluyen más de un método. Por ejemplo, la interfaz de oyente de interacciones del ratón `MouseInputListener` contiene siete métodos, tres relacionados con la operación del botón: `mousePressed()`, `mouseReleased()`, y `mouseClicked()`, y cuatro relacionados con el movimiento: `mouseEntered()`, `mouseExited()`, `mouseMoved()`, y `MouseDragged()`. Esto provoca que la clase oyente deba implementarlos todos, aunque sólo le interese alguno de ellos (por ejemplo, `mouseClicked`), y deje vacíos los otros (si no la clase sería abstracta y no se podría instanciar).

Para simplificar la escritura de oyentes Java proporciona un conjunto de clases adaptadoras abstractas, que incluyen las definiciones vacías de los métodos correspondientes. Así, un oyente se puede crear especializando un adaptador e implementando sólo el método que interese. En Java se incluye una clase adaptadora por cada interfaz oyente que tiene más de un método. Estas clases se nombran de la forma `<TipoEvento>Adapter`.

> **IMPORTANTE:** La mayoría de los nuevos tipos de eventos incorporados por Swing no tienen clases adaptadoras asociadas de modo que hay que implementar todos los métodos que definen las interfaces de los oyentes.

Utilizando la clase adaptadora `MouseInputAdapter` la clase interna oyente de los botones del ejemplo anterior se podría haber sustituido por la siguiente:

```
// oyente de eventos de raton
class OyenteRaton extends javax.swing.event.MouseInputAdapter {
    public void mouseClicked (MouseEvent evento){
    // se obtiene el botón fuente del evento
    JButton boton = (JButton) evento.getSource();
    // se modifica la etiqueta con el nombre del botón pulsado
    etiqueta.setText("Botón pulsado: " + boton.getText());
    }
} // OyenteRaton
```

Esta clase adaptadora está declarada en el paquete `javax.swing.event`, de modo que hay que modificar la instrucción de importación o referirla incluyendo el nombre del paquete como se ha hecho en el ejemplo. Obsérvese que ahora se gestiona la misma operación del usuario sobre los botones (hacer clic sobre el botón) pero utilizando eventos de bajo nivel. Como sólo interesa responder a la acción de clic sobre un botón, sólo se codifica el método `mouseClicked()` (nótese también que ha cambiado el tipo de evento que recibe este método de `ActionEvent` a `MouseEvent`). En este caso como se ha cambiado el tipo de oyente también hay que modificar la creación y el registro de los oyentes en los botones correspondientes. Antes se habían registrado como oyentes de acciones (`ActionListener`) y ahora hay que registrarlos como oyentes de ratón (`MouseListener`). Nótese que se registran con `addMouseListener()` y no con `addMouseInputListener()`.

Estas clases adaptadoras simplifican el uso de clases internas anónimas para la gestión de eventos. En el ejemplo anterior, se puede hacer que la ventana detecte cuando pasa a estar desactivada, es decir, cuando deja de tener el foco de interacción porque el usuario esta trabajando con una ventana o aplicación diferente. Con este propósito se podría crear una clase oyente que implemente la interfaz Java `WindowListener` pero es más sencillo registrar en el constructor un oyente que use una clase anónima utilizando la clase adaptadora `WindowAdapter`:

```
addWindowListener( new WindowAdapter(){
    public void windowDeactivated(WindowEvent e) {
        etiqueta.setText("ventana  desactivada");
    }
});
```

Otra situación muy habitual es utilizar una clase anónima junto con una clase adaptadora para hacer que una aplicación termine cuando el usuario pulsa el botón de cierre del marco de la ventana principal. Normalmente, en Windows este botón tiene aspecto de aspa. En el siguiente código se le añade un oyente de acciones de ventana a la ventana principal de la aplicación en el que se codifica el método `windowClosing()`. Este fragmento se puede añadir al programa anterior en el método principal antes de poner el título de la ventana. Cuando el usuario pulsa el cuadro de cierre se ejecuta `System.exit(0)` y se sale completamente de la aplicación.

```
ventana.addWindowListener(
    new WindowAdapter() {
        public void windowClosing(WindowEvent e){
            System.exit(0); // salida de la aplicación
        }
});
```

En la Tabla 10.2 se presentan las interfaces oyentes, la clase adaptadora correspondiente (si existe) y los métodos correspondientes para los eventos más frecuentes.

Tabla 10.2. Interfaces oyentes, adaptadores y métodos de los eventos más frecuentes

Oyente	Adaptador	Métodos
ActionListener	No	actionPerformed(ActionEvent)
AncestorListener	No	ancestorAdded(AncestorEvent) ancestorMoved(AncestorEvent) ancestorRemoved(AncestorEvent)
CaretListener	No	caretUpdate(CaretEvent)
ChangeListener	No	stateChanged(ChangeEvent)

Tabla 10.2. (*Continuación*)

Oyente	Adaptador	Métodos
ComponentListener	ComponentAdapter	componentHidden(ComponentEvent) componentMoved(ComponentEvent) componentResized(ComponentEvent) componentShown(ComponentEvent)
DocumentListener	No	changedUpdate(DocumentEvent) insertUpdate(DocumentEvent) removeUpdate(DocumentEvent)
FocusListener	FocusAdapter	focusGained(FocusEvent) focusLost(FocusEvent)
ItemListener	No	itemStateChanged(ItemEvent)
KeyListener	KeyAdapter	keyPressed(KeyEvent) keyReleased(KeyEvent) keyTyped(KeyEvent)
ListSelectionListener	No	valueChanged(ListSelectionEvent)
MenuListener	No	menuCanceled(MenuEvent) menuDeselected(MenuEvent) menuSelected(MenuEvent)
MouseInputListener	MouseInputAdapter	mouseClicked(MouseEvent) mouseEntered(MouseEvent) mouseExited(MouseEvent) mousePressed(MouseEvent) mouseReleased(MouseEvent) mouseDragged(MouseEvent) mouseMoved(MouseEvent)
WindowListener	WindowAdapter	windowActivated(WindowEvent) windowClosed(WindowEvent) windowClosing(WindowEvent) windowDeactivated(WindowEvent) windowDeiconified(WindowEvent) windowIconified(WindowEvent) windowOpened(WindowEvent)

EVENTOS Y COMPONENTES GRÁFICOS

Los distintos componentes gráficos de una aplicación pueden generar o ser fuente de diferentes eventos y para cada uno de ellos se puede registrar el oyente correspondiente. Un evento que puede ser generado por una clase determinada también puede generarse en cualquiera de sus especializaciones o clases derivadas. Por ejemplo, todos los componentes son capaces de generar los eventos `ComponentEvent`, `FocusEvent`, `KeyEvent`, `MouseEvent` y `MouseMotionEvent` ya que son los eventos generados por la clase `Component` de la que son especializaciones el resto de los componentes gráficos.

La forma de saber qué eventos puede generar un componente gráfico es acudir a su API y comprobar los métodos de registro de oyentes que proporciona. Por ejemplo, la clase `java.awt.Window` sólo es capaz de generar eventos `Window-`

Event ya que únicamente proporciona el método `addWindowListener()`. Este evento también lo genera `JFrame` y `JDialog` ya que son especializaciones de `Window`.

Un componente en realidad sólo genera aquellos eventos para los cuales tiene registrado un oyente y no todos los que podría generar. El motivo es la mejora de eficiencia ya que hay dispositivos que están continuamente generando eventos, siendo el ratón el caso más habitual. En Swing existe un oyente `MouseInputListener` (y su clase adaptadora correspondiente) que trata todos los eventos del ratón.

> **AHORRE TIEMPO:** En la API se puede saber qué eventos genera cada uno de los componentes gráficos consultando los métodos que ofrecen para el registro de oyentes.

En la Tabla 10.3 se presentan los componentes de uso más frecuente junto con los eventos que pueden generar.

Tabla 10.3. Algunos componentes de uso frecuente de Swing y los eventos que generan

Componente Swing	Action	Item	Change	Caret	List Selection	Otros eventos
JButton	X	X	X			
JCheckBox	X	X	X			
JComboBox	X	X				PopupMenu
JEditorPane				X		Document UndoableEdit Hyperlink
JFileChooser	X					
JList					X	ListData
JMenu						Menu
JMenuItem	X		X			Document UndoableEdit MenuDragMouse
JPasswordField	X			X		Document UndoableEdit
JPopupMenu						PopupMenu
JRadioButton	X	X	X			
JTabbedPane			X			
JTextArea				X		Document UndoableEdit

[212]

Tabla 10.3. *(Continuación)*

Componente Swing	Eventos que puede generar					
	Action	Item	Change	Caret	List Selection	Otros eventos
JTextField	X			X		Document UndoableEdit
JTextPane						UndoableEdit Hyperlink
JToggleButton	X	X	X			

IMPORTANTE: Para evitar problemas en el tratamiento de eventos hay que realizar las siguientes comprobaciones: *a)* el oyente registrado es el más apropiado para el evento que se desea detectar; *b)* este oyente se ha registrado en el componente adecuado, y *c)* se ha implementado el método o métodos correspondientes en el oyente.

CAPÍTULO

[11]

Construcción de una interfaz gráfica en Swing

[Notas]

[Construcción de una interfaz gráfica en Swing]

Una vez que ya se conoce cómo proporcionar el comportamiento de la interfaz gráfica de usuario mediante la programación basada en eventos, en este capítulo se trata de forma más detallada cómo se construye la interfaz gráfica propiamente dicha.

En este tema se comienza presentando las ideas generales, los tipos de elementos, los pasos que hay que dar para construir la interfaz gráfica y una descripción general de Swing. Hay que destacar que la construcción de interfaces gráficas con Swing y AWT son temas muy extensos, de modo que no se puede realizar una presentación completa de todas sus clases y funcionalidades. Posteriormente, como núcleo principal del tema, se presentan los elementos gráficos fundamentales de Swing y sus métodos de utilidad más frecuentes. Además, se mencionan brevemente otros componentes de Swing. Finalmente, se utilizan distintos componentes en un ejemplo más amplio para proporcionar una interfaz gráfica de usuario a una aplicación de gestión de un grupo de alumnos.

Este capítulo tiene el doble objetivo de presentar los componentes gráficos más frecuentes, así como breves ejemplos de su uso, una vez que se puede emplear como una referencia inicial de programación de interfaces gráficos. No obstante, en un lenguaje que incorpora tantas clases y funcionalidades siempre es aconsejable consultar la documentación de la interfaz de programación de aplicaciones (API - *Application Programming Interface*). Por tanto, a lo largo del tema hay frecuentes referencias a la API dónde se puede obtener una descripción completa de todos los componentes.

Ventanas, contenedores y componentes gráficos en Java

Los componentes o elementos gráficos para crear interfaces gráficas están divididos en dos grandes grupos: los componentes y los contenedores.

Un componente, también denominado componente simple o atómico, es un objeto que tiene una representación gráfica que se puede mostrar en la pantalla y con la que puede interactuar el usuario. No están formados por otros componentes gráficos más simples. Los botones, campos de texto, etiquetas o casillas de verificación son ejemplos de componentes simples.

Un contenedor es un tipo especial de componente que está formado por uno o más componentes (o por otros contenedores). La particularidad principal que aportan es que todos los componentes agrupados dentro de un contenedor se pueden tratar como una única entidad. Existen dos tipos de contenedores: contenedores de alto nivel y contenedores intermedios.

Los contenedores de alto nivel proporcionan la estructura y funcionalidad básica de una ventana, así como el espacio para que se muestren el resto de los componentes que están contenidos dentro de ella y que conforman la interfaz de usuario. Los contenedores de alto nivel más utilizados de Swing son:

- La clase `JFrame` proporciona una ventana principal de aplicación con su funcionalidad normal (por ejemplo, borde, título, menús) y un panel de contenido.
- La clase `JApplet` implementa una ventana que aparece dentro de otra aplicación que normalmente es un navegador de Internet (las *applets* se tratan en el capítulo siguiente).

Los contenedores intermedios no generan una ventana independiente y su propósito es agrupar otros componentes para mejorar la gestión de la interfaz (por ejemplo, presentación o la gestión de eventos). Un ejemplo de contenedor intermedio es un panel (`JPanel`) en el cual se pueden agrupar otros elementos gráficos como etiquetas o botones.

En una ventana gráfica existe una *jerarquía de composición* formada por todos los componentes y contenedores que la forman. Esta jerarquía de composición determina, entre otras cosas, cómo y cuándo se dibujan en pantalla los elementos gráficos. La raíz de esta jerarquía es el contenedor de alto nivel que tiene un panel raíz (`JRootPane`) que a su vez contiene distintos paneles (por ejemplo, un panel de contenido en el que agrupan todos los componentes gráficos o una barra de menús). Los elementos superiores en la jerarquía de composición a un componente dado se denominan *ancestros*. Para incluir nuevos elementos en la interfaz se añaden a esta jerarquía de composición. En el ejemplo de interfaz gráfica presentada en el tema anterior, la raíz de esta jerarquía es `JFrame`, con su panel raíz en el que sólo existe un panel de contenido, al cual se añade un panel que contiene una etiqueta y dos botones (Figura 11.1). El panel de contenido es el ancestro del panel simple (`JPanel`), de la etiqueta y de los dos botones.

Existe otro tipo de objetos auxiliares que son los administradores de disposición o diseño (*layout managers*) e intervienen en la decisión sobre cuál es la apariencia final de los componentes en la pantalla. Por defecto, cada contenedor, tanto de alto nivel como intermedio, tiene asociado un administrador de disposición que determina el diseño y la presentación de los componentes del contenedor. Este administrador de disposición se ejecuta de forma automática cada vez

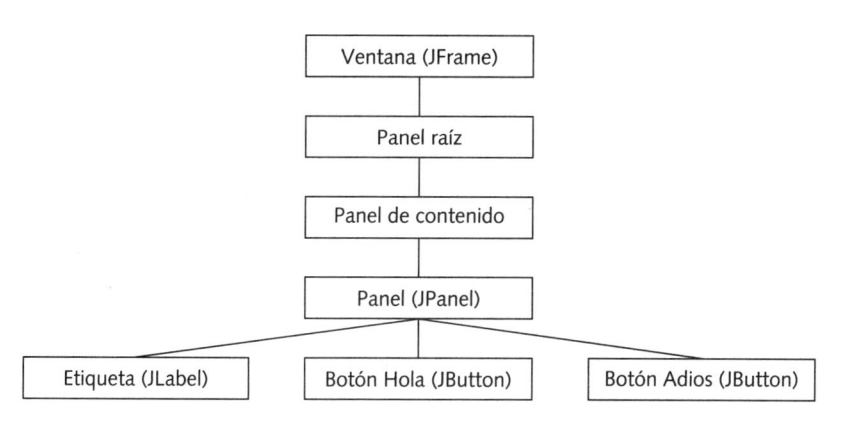

```
                    ┌─────────────────────┐
                    │  Ventana (JFrame)   │
                    └──────────┬──────────┘
                               │
                    ┌──────────┴──────────┐
                    │     Panel raíz      │
                    └──────────┬──────────┘
                               │
                    ┌──────────┴──────────┐
                    │ Panel de contenido  │
                    └──────────┬──────────┘
                               │
                    ┌──────────┴──────────┐
                    │   Panel (JPanel)    │
                    └──────────┬──────────┘
          ┌────────────────────┼────────────────────┐
┌─────────┴────────┐ ┌─────────┴──────────┐ ┌───────┴─────────────┐
│ Etiqueta (JLabel)│ │Botón Hola (JButton)│ │Botón Adios (JButton)│
└──────────────────┘ └────────────────────┘ └─────────────────────┘
```

Figura 11.1. Jerarquía de composición del ejemplo del tema anterior.

que se produce alguna modificación en la jerarquía de composición o en alguno de los componentes. Los administradores de disposición se tratan con detalle al final del tema.

Diseño y creación de la interfaz gráfica

Antes de empezar a programar se debe crear un diseño esquemático de la apariencia, contenido e interacción que queremos que tenga la interfaz gráfica. Por ejemplo, cuántas zonas diferentes se desea que existan en la ventana principal, qué operaciones estarán disponibles para el usuario, por ejemplo, como botones o como opciones de menú, qué información tiene que estar presente en pantalla y cómo se podrá interactuar con ella. Una vez que se dispone de este diseño inicial hay que realizar la correspondencia con las clases gráficas que proporciona Swing.

En una situación habitual de creación de una interfaz gráfica, el primer paso es crear una ventana gráfica, que actúe como ventana principal de la aplicación y agrupe al resto de los componentes gráficos de interacción. Esta ventana principal debe ser un contenedor de alto nivel y en las aplicaciones esta ventana es normalmente una instancia de JFrame. En el método principal de la aplicación se creará un objeto de este tipo de ventana gráfica y se mostrará en la pantalla con el tamaño y en la posición deseadas.

A continuación, se eligen el resto de los componentes gráficos, se crean las correspondientes instancias de las clases Swing que representan dichos objetos y se añaden a los correspondientes contenedores intermedios (si existen). Después, se añaden estos contenedores (o directamente los componentes) a la ventana. Si existen menús se realiza una operación similar añadiéndolos a la barra de menús de la ventana gráfica. Este proceso normalmente se hace en el constructor de la clase de la ventana gráfica correspondiente.

En la apariencia gráfica final hay que tener en cuenta a los administradores de disposición o diseño (se presentan de forma detallada al final de este tema). La responsabilidad de la apariencia final está compartida entre los propios componentes, que pueden establecer algunos atributos de presentación (por ejemplo, tamaño preferido) y los administradores de diseño. Como cada contenedor tiene por defecto asignado un administrador de diseño, si no se ajusta a nuestras necesidades habrá que cambiarlo por otro más adecuado.

Finalmente, se construyen las clases oyentes de eventos, con la correspondiente implementación de los métodos adecuados, para gestionar los eventos deseados. Se instancias los objetos correspondientes de estos oyentes y se asocian a los componentes de la interfaz gráfica para proporcionar así la interactividad a la aplicación. Como ya se ha tratado en el tema anterior es en los gestores de eventos donde se establece la relación entre la interfaz y el código de proceso de datos de la aplicación.

Presentación y descripción general de Swing

Swing es un conjunto de bibliotecas de clases que implementan los elementos o componentes gráficos para la creación de interfaces gráficas de usuario. Como se ha descrito en el capítulo anterior, Swing junto con AWT forma parte de un conjunto más amplio de clases denominadas clases fundamentales de Java (*JFC, Java Foundation Classes*) cuyo propósito es permitir a los programadores crear aplicaciones muy versátiles y funcionales de forma sencilla.

La principal novedad aportada por Swing es que casi todos sus componentes están codificados completamente en Java, de modo que su comportamiento es el mismo en todas las plataformas.

Swing presenta muchas ventajas y nuevas funcionalidades, entre las que cabe destacar las siguientes:

- *Aspecto y comportamiento configurable*. Las aplicaciones pueden tener el aspecto y comportamiento que el programador desee y no el que fija la plataforma en la que se ejecutan. Por ejemplo, en Windows además de crear botones con el mismo aspecto que las del sistema operativo se pueden crear botones con aspecto metálico o con aspecto Mac. Esto se denomina en inglés "pluggable Look and Feel". En la versión 1.5 se han añadido dos nuevos aspectos a los ya existentes.
- *Arquitectura modelo-vista-controlador (MVC)*. En MVC un elemento tiene tres partes: un modelo que gestiona los datos, una vista que gestiona cómo se muestran esos datos y controlador que determina qué modificaciones hay que hacer cuando se interacciona con el elemento. En Swing se utiliza una adaptación de esta arquitectura de modo que la vista y el controlador se agrupan en el componente pero el modelo se mantiene separado permitiendo comportamientos muy sofisticados. Por ejemplo, como los modelos gestionan y almacenan los datos existe la posibilidad de compartir un mismo modelo entre varios componentes. Cada uno de los componentes puede modificar el modelo y dicha modificación se reflejará de forma automática en el resto de los componentes que comparten dicho modelo. Estos modelos de datos son especialmente importantes, por ejemplo, en los componentes que trabajan con texto y en las listas.
- *Nuevos componentes y nuevas funcionalidades*. Swing incorpora nuevas clases para crear cuadros de diálogo estándar, añadir bordes sofisticados a los componentes, visualizar tablas y árboles, manipular texto con formato o crear escritorios virtuales. También permite prácticamente cualquier tipo de anidamiento o inclusión de un componente dentro de otro. Además simplifica la interacción de los usuarios por medio del teclado y proporciona soporte para las operaciones deshacer y rehacer (*"undo/redo"*).

- *Accesibilidad*. Todos los componentes Swing son compatibles con los dispositivos de ayuda para personas discapacitadas y permiten utilizar interfaces alternativas, tales como, braille o sintetizadores de voz.

En Java 2 versión 1.5, Swing está organizado en 17 paquetes que contienen cientos de clases e interfaces. Los más importantes para esta descripción son: `javax.swing` donde se incluyen las clases e interfaces correspondientes a los componentes, y `javax.swing.event` donde se definen los eventos, oyentes y adaptadores propios de los componentes Swing. Si se utilizan otras características avanzadas hay que incluir nuevos paquetes, como, por ejemplo, `javax.swing.border` para crear bordes sofisticados para los componentes. La descripción completa de todos los paquetes y de su contenido se puede encontrar en la API de Java.

COMPONENTES GRÁFICOS: JERARQUÍA Y TIPOS

Como Swing presenta una gran cantidad de clases gráficas no es posible ni presentarlas todas ni describirlas de forma completa. Se describen las clases más utilizadas, estructuradas por grupos, y sus métodos de utilidad más importantes.

Las clases gráficas se presentan estructuradas en los siguientes grandes grupos:

- Clases básicas.
- Contenedores de alto nivel.
- Contenedores intermedios.
- Componentes atómicos.

Clases básicas

Proporcionan el soporte y las funcionalidades básicas para el resto de componentes. La raíz de todos los elementos gráficos en Java es la clase abstracta `java.awt.Component` y su subclase abstracta `java.awt.Container`. La clase `javax.swing.JComponent`, que es una especialización de `java.awt.Container`, es la clase base para prácticamente todos los componentes Swing.

La clase java.awt.Component

Esta clase abstracta define la funcionalidad básica de todos los componentes gráficos en Java. Como la presentación gráfica es responsabilidad de cada uno de los componentes, en esta clase se definen distintos métodos relacionados con los efectos visuales (por ejemplo, tamaño, fuente) y con su respuesta a acciones.

Además de los métodos de registro y eliminación de oyentes que se han tratado en el tema de manejo de eventos (por ejemplo, `add<TipoEvento>Listener`, `remove<TipoEvento>Listener`), proporciona un gran número de métodos de utilidad de los cuales en la Tabla 11.1 se describen brevemente algunos de los más utilizados.

Tabla 11.1. Métodos de uso frecuente de la clase `Component`

Métodos	Funcionalidad
void paint(Graphics) void repaint() void update(Graphics)	Dibujo y actualización del componente en pantalla.
boolean isVisible() void setVisible(boolean)	Comprueba o establece si el componente es visible.
boolean isOpaque()	Determina si el componente es completamente opaco o no.
Point getLocation() Point getLocationOnScreen() void setLocation(Point) void setLocation(int, int)	Obtiene o establece la posición del componente respecto al componente padre o respecto a la pantalla.
Dimension getSize() void setSize(int, int) void setSize(Dimension) int getWidth() int getHeight()	Obtiene o establece el tamaño de un componente, en pixels o como un objeto Dimension.
boolean isEnabled() void setEnabled(boolean)	Permite saber si un componente está activado y activarlo o desactivarlo.
Rectangle getBounds() void setBounds(Rectangle) void setBounds(int, int, int, int)	Obtiene o establece el tamaño y posición de un componente en función del rectángulo que lo comprende.
float getAlignmentX() float getAlignmentY()	Obtiene la alineación del componente. Las constantes correspondientes son: CENTER_ALIGNMENT, LEFT_ALIGNMENT, RIGHT_ALIGNMENT, TOP_ALIGNMENT y BOTTOM_ALIGNMENT.
Color getForeground() Color getBackground() void setForeground(Color) void setBackground(Color)	Obtiene o establece el color de fondo o de primer plano del componente.
Font getFont() void setFont(Font)	Obtiene o establece la fuente para ese componente.
Container getParent()	Obtiene el padre del componente.
String getName() void setName(String)	Obtiene o establece el nombre del componente según la cadena proporcionada.
setLocale(Locale) Locale getLocale()	Obtiene o establece la localidad del componente. La localidad tiene en cuenta aspectos culturales regionales o políticos para adaptar el componente.
ComponentOrientation getComponentOrientation() void setComponentOrientation (ComponentOrientation)	Obtiene o establece la orientación en la que se ordenarán los elementos contenidos en función del idioma (o cultura). Por defecto es de izquierda a derecha. La orientación depende también de la localidad asignada al componente.

La clase java.awt.Container

Esta clase abstracta implementa un contenedor genérico y proporciona sus funcionalidades básicas. Un contenedor es un objeto que permite agrupar uno o varios componentes de forma que se puedan tratar como una unidad. Proporciona métodos para añadir y eliminar componentes o para definir el tipo de presentación que se realiza de los componentes en la pantalla. De esta presentación se ocupa un objeto asociado que es el administrador de disposición o diseño (*layout managers*) que determina la organización los objetos en la pantalla, es decir, cómo y dónde aparecen los componentes contenidos.

Los contenedores mantienen una lista de los objetos que contienen, y por defecto, los objetos aparecen en el orden en que se han añadido. Esta lista es utilizada por los administradores de disposición. En la Tabla 11.2 se presentan los métodos de utilidad más frecuentes de esta clase.

Tabla 11.2. Métodos de uso frecuente de la clase `Container`

Métodos	Funcionalidad
Component add(Component) Component add(Component, int)	Añade un componente en el contenedor, por defecto al final de la lista salvo que se indique un índice.
Component getComponentAt(int, int) Component getComponentAt(Point)	Obtiene el componente que contiene un determinado punto.
Component[] getComponents()	Obtiene todos los componentes del contenedor.
void remove(Component) void remove(int) void removeAll()	Elimina un componente, dado por su identificador o por su posición en la lista de componentes (0 para el primer componente), o todos los componentes del contenedor.
void setLayou(LayoutManager) LayoutManager getLayout()	Establece u obtiene el administrador de disposición o diseño que se utiliza en el contenedor.

> **IMPORTANTE:** Un mismo componente sólo puede estar asociado a un contenedor. Si posteriormente se añade a otro contenedor diferente se elimina del contenedor original.

La clase JComponent

Es la clase base de casi todos los componentes de interacción que incorpora Swing excepto los contenedores de alto nivel (por ejemplo, `JFrame`). Es una especialización de `Container`, que a su vez es una especialización de `Component`, de modo que prácticamente todos los componentes Swing se pueden anidar unos dentro de otros.

Proporciona muchas de las funcionalidades básicas de los contenedores intermedios y de los componentes simples de Swing, tales como, la gestión de bordes sofisticados, la inclusión de ayudas contextuales, soporte para la presentación en pantalla, o la mejora de la visualización gráfica (mediante búfer doble).

Una de las características de Swing es que prácticamente cualquier componente puede incluir una pequeña imagen gráfica o icono (implementado en la clase `javax.swing.ImageIcon`). También es muy sencillo crear ayudas contextuales. Una ayuda contextual es un texto que se asocia a un componente para mostrarse en una ventana emergente cuando el ratón se detiene sobre dicho componente (en ingles *Tooltip*).

Otra novedad muy importante para el aspecto de los componentes y de los contenedores es la posibilidad de asociarles un borde visible. Este borde puede tener distintos estilos (por ejemplo, sencillos, resaltados, con volumen) y, además, permite asignar otros atributos como un título o un espaciado alrededor del componente. Todas las clases relacionadas con los bordes se encuentran declaradas en el paquete `javax.swing.border`. En la Tabla 11.3 se presentan los métodos de uso más frecuente de la clase `JComponent`.

Tabla 11.3. Métodos de uso frecuente de la clase `JComponent`

Métodos	Funcionalidad
void setBorder(Border) Border getBorder()	Establece u obtiene el borde que muestra un componente alrededor de sus límites.
void setOpaque(boolean)	Establece si un componente es opaco o no.
void setToolTipText(String)	Establece el texto a mostrar como pista o ayuda contextual del componente que se muestra en una ventana emergente cuando el ratón se detiene sobre un objeto particular de la pantalla.
void paintComponent(Graphics)	Dibuja el componente. Es necesario rescribirlo para implementar un dibujo personalizado del componente.
void repaint(Rectangle)	Solicita que se redibuje un área específica del componente.
void setPreferredSize(Dimension), void setMaximumSize(Dimension), void setMinimumSize(Dimension)	Establece las recomendaciones de tamaño preferido, mínimo y máximo para un componente. Estos datos son sólo recomendaciones que pueden ser ignoradas por algunos administradores de disposición.
void setAlignmentX(float) void setAlignmentX(float)	Establece la alineación del componente.
void setDefaultLocale(Locale) Locale getDefaultLocale()	Establece u obtiene la característica de localidad del componente.

CONTENEDORES DE ALTO NIVEL

Los contenedores de alto nivel en Swing son especializaciones de `java.awt.Window` que a su vez es una especialización de `Container`. En la Figura 11.2 se presenta la jerarquía de clases de los contenedores de alto nivel.

La clase `Window` encapsula un objeto genérico de ventana, sin borde ni barra de menús, que proporciona las funcionalidades básicas a todas las ventanas. Son las especializaciones de esta clase las que permiten crear las ventanas principales de la aplicación y dan soporte a los cuadros de diálogo con el usuario. En la Tabla 11.4 se presentan los métodos de utilidad más frecuentes de esta clase.

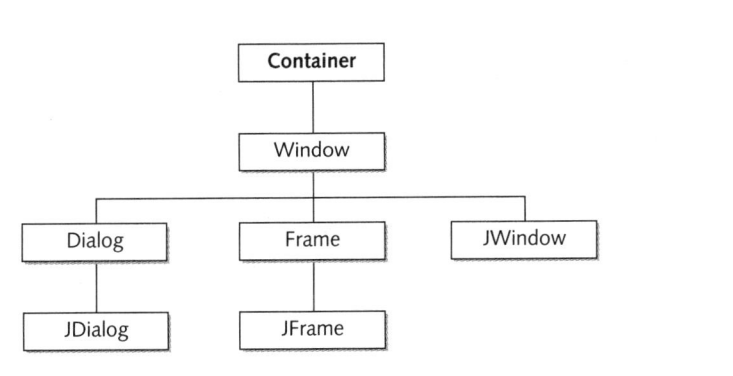

CAPÍTULO [11] Construcción de una interfaz gráfica en Swing

Figura 11.2. Jerarquía de clases de los contenedores de alto nivel.

Tabla 11.4. Métodos de uso frecuente de la clase Window

Métodos	Funcionalidad
void pack()	Ajusta el tamaño de la ventana según el tamaño preferido y disposición de sus componentes.
void toFront() void toBack()	Coloca la ventana delante o detrás de otras ventanas.
void dispose()	Destruye la ventana así como sus componentes y libera los recursos asignados a ella.
boolean isShowing() boolean isActive() boolean isFocused()	Obtienen si la ventana es visible, activa o tiene el foco, respectivamente.
void setLocationRelativeTo(Component)	Establece la posición de la ventana en relación al componente indicado.

La clase java.awt.Frame especializa a Window para obtener una ventana con marco, que tiene título, borde, menús y los controles habituales de cambio de tamaño y cierre (por ejemplo, cerrar, iconizar, maximizar). La clase Frame se utiliza en AWT para crear la ventana principal de las aplicaciones (en Swing para este propósito se utiliza su subclase JFrame). En la Tabla 11.5 se presentan los métodos de uso habitual que incorpora esta clase.

Tabla 11.5. Métodos de uso frecuente de la clase Frame

Métodos	Funcionalidad
String getTitle() void setTitle(String)	Obtiene o establece el título de la ventana.
void setResizable(boolean) boolean isResizable()	Establece o determina si la ventana puede cambiar de tamaño.
int getState() void setState(int)	Obtiene o establece el estado de la ventana. Este estado puede ser normal o iconificado (Frame.NORMAL o Frame.ICONIFIED).

[225]

La clase `java.awt.Dialog` especializa a `Window` y permite crear ventanas secundarias (dependientes de otra ventana con marco) que implementan cuadros de diálogo con el usuario. Estos cuadros de diálogo tienen como propósito interactuar con el usuario (por ejemplo, para proporcionarle información). En una ventana o cuadro de diálogo existen dos posibilidades, una es que se requiera atención inmediata y para ello se bloquee la interacción con otras ventanas hasta que se cierre dicho cuadro, en cuyo caso se dice que es modal. La otra posibilidad es que también se pueda acceder a otras ventanas de la aplicación sin cerrar el cuadro de diálogo, en ese caso se denomina no modal.

> **IMPORTANTE:** Las ventanas modales bloquean la interacción del usuario con otras ventanas. Se utilizan sólo cuando hay que garantizar que el usuario recibe un mensaje o proporciona una información que es necesaria.

Los métodos de utilidad más importantes que proporciona son: `boolean isModal()` y `setModal(boolean)` que permiten determinar o establecer si un cuadro de diálogo es modal o no. Por defecto los cuadros de diálogo son no modales.

La clase JFrame

Habitualmente la clase `JFrame` se emplea para crear la ventana principal de una aplicación. Es una subclase de `java.awt.Frame`, que a su vez es una especialización de `java.awt.Window`.

Es una ventana con marco que incluye los controles habituales de cambio de tamaño y cierre. (por ejemplo, cerrar, iconizar, maximizar). Tiene un panel raíz (de la clase `JRootPane`) que gestiona el interior de la ventana y es el elemento superior de la jerarquía de composición para todos sus componentes. En este panel raíz están incluidos, entre otros, el panel de contenido (que siempre está presente) y, si existe, la barra de menús (`JMenuBar`). Los componentes gráficos no se añaden directamente al `JFrame` sino a su panel de contenido. De la misma manera el gestor de disposición, que aplica el diseño de presentación de los componentes, se debe aplicar a este panel de contenido. En la Tabla 11.6 se presentan los métodos de utilidad más frecuentes de esta clase.

La forma estándar de proporcionar el comportamiento de la ventana es mediante su oyente de eventos correspondiente (`WindowListener`). Además, `JFrame` mediante `setDefaultCloseOperation(int)` permite definir el comportamiento de la ventana cuando el usuario trate de cerrarla utilizando el botón incluido en su marco. Los argumentos posibles y sus constantes asociadas son: *a)* que no haga nada (`DO_NOTHING_ON_CLOSE`); *b)* que se oculte (`HIDE_ON_CLOSE`) que es el comportamiento por defecto; *c)* que se destruya completamente liberando la memoria que ocupa (`DISPOSE_ON_CLOSE`), y *d)* que se salga completamente de la aplicación (`EXIT_ON_CLOSE`) —mediante la ejecución de System.exit(0).

A continuación, se incluye el código de creación de una ventana principal de una aplicación que contiene únicamente una etiqueta. Se establece que su comportamiento por defecto sea salir completamente de la aplicación cuando el usua-

CAPÍTULO [11] Construcción de una interfaz gráfica en Swing

Tabla 11.6. Métodos de uso frecuente de la clase JFrame

Métodos	Funcionalidad
JFrame() JFrame(String)	Constructores que crean una ventana, inicialmente oculta y a la que se le puede asignar un título.
JRootPane createRootPane() JRootPane getRootPane() void setRootPane(JRootPane)	Crea, obtiene o establece el panel raíz de la ventana. Este panel gestiona el panel de contenido y la barra de menús.
Container getContentPane() void setContentPane(Container)	Obtiene o establece el panel de contenido de la ventana. Contiene a todos los componentes gráficos de la ventana.
JMenuBar getMenuBar() void setJMenuBar(JMenuBar)	Obtiene o establece la barra de menús de la ventana.
int getDefaultCloseOperation() void setDefaultCloseOperation(int)	Obtiene o establece el comportamiento de la ventana cuando el usuario trata de cerrarla. Puede no hacer nada, sólo ocultarse o destruirse completamente.

rio pulse el botón de cierre de la ventana (el botón de aspa que se puede ver en la Figura 11.3).

```
import javax.swing.*;
public class PruebaGrafica extends JFrame {

    public PruebaGrafica(){
        // se crea una etiqueta
        JLabel etiqueta = new JLabel(" Ventana JFrame");
        // inclusion de componentes en el panel de contenido
        add(etiqueta);

        setDefaultCloseOperation(JFrame.EXIT_ON_CLOSE);
        setTitle("Prueba JFrame");
        setSize(300, 200);
        setVisible(true);
    }

    public static void main(String args[]) {
        PruebaGrafica ventana = new PruebaGrafica();
    }
} // PruebaGrafica
```

Ejemplo 11.1. Programa simple de creación de una ventana.

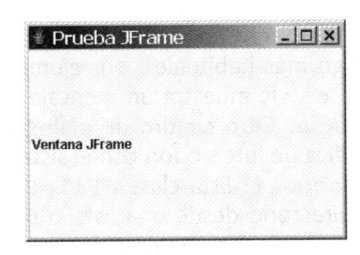

Figura 11.3. Ventana JFrame con una etiqueta como único contenido.

Tabla 11.7. Métodos de uso frecuente de la clase `JDialog`

Métodos	Funcionalidad
JDialog(Frame) JDialog(Frame, boolean) JDialog(Frame, String) JDialog(Frame, String, boolean)	Constructores en los que se indica la ventana principal, si es modal o no y el título. Existen los mismos constructores dependiendo de otra ventana JDialog.
JRootPane createRootPane() JRootPane getRootPane() void setRootPane(JRootPane)	Crea, obtiene o establece el panel raíz de la ventana. Este panel gestiona el panel de contenido y la barra de menús.
Container getContentPane() void setContentPane(Container)	Obtiene o establece el panel de contenido de la ventana. Contiene a todos los componentes gráficos de la ventana.
JMenuBar getMenuBar() void setJMenuBar(JMenuBar)	Obtiene o establece la barra de menús de la ventana.
int getDefaultCloseOperation() void setDefaultCloseOperation(int)	Obtiene o establece el comportamiento de la ventana cuando el usuario trata de cerrarla. Puede no hacer nada, sólo ocultarse o destruirse completamente.

Este ejemplo tiene el código completo que servirá como plantilla en la que incluir y probar gran parte de los fragmentos de programa utilizados en los ejemplos de este tema. La mayor parte de los componentes se incluyen dentro del panel de contenido de esta ventana principal.

La clase JDialog

La clase `JDialog` es la clase raíz de las ventanas secundarias que implementan cuadros de diálogo en Swing. Se denominan ventanas secundarias porque dependen de una ventana principal (o con marco, normalmente de clase `JFrame`) y si la ventana principal se cierra, se iconiza o se desiconiza, las ventanas secundarias realizan la misma operación de forma automática.

Es una especialización de `Dialog`, pero al igual que `JFrame` incorpora un panel raíz, con sus correspondientes paneles de contenido y menús, y también permite asociar un comportamiento por defecto cuando el usuario decide cerrar la ventana. Como se ha descrito en `Dialog` estas ventanas pueden ser modales o no modales. En la Tabla 11.7 se presentan los métodos de utilidad más frecuentes de `JDialog`.

CUADROS DE DIÁLOGO ESTÁNDAR

Swing incorpora distintos componentes que implementan diferentes tipos de cuadros de diálogo estándar, pero que no son especializaciones de `JDialog`. Para crear los cuadros de diálogo más habituales, por ejemplo, en los que se pide un valor al usuario o en los que se le muestra un mensaje de error o advertencia, se utiliza la clase `JOptionPane`. Otro cuadro de diálogo muy utilizado es el que suministra una interfaz gráfica de interacción con el sistema de ficheros implementado por la clase `JFileChooser`. Esta clase `JFileChooser` permite la selección de un archivo o un directorio desde una lista o bien introduciendo directamente su nombre (el programa debe implementar la operación correspondiente con dicho fichero o directorio, como, por ejemplo, guardarlo o abrirlo).

También se proporcionan otros cuadros de diálogo sofisticados que permiten mostrar la progresión temporal de una operación (ProgressMonitor y JProgress-Bar) o una elección de color a partir de una interfaz gráfica de una paleta de colores (JColorChooser).

La clase JOptionPane

Esta clase se utiliza para crear los tipos de cuadros de diálogo más habituales como, por ejemplo, en los que se pide un valor al usuario o en los que se le muestra un mensaje de error o advertencia. Todos los cuadros de diálogo que implementa JOptionPane son modales (es decir bloquean la interacción del usuario con otras ventanas).

JOptionPane proporciona muchos métodos para personalizar los cuadros de diálogo que permiten, entre otras cosas, especificar su título, el texto que se muestra, el icono que aparece y los botones de operación. También permite especificar cómo y dónde aparecen sus componentes así como la posición inicial del cuadro de diálogo en la pantalla. Su gran versatilidad hace que la clase sea compleja ya que incluye muchos métodos y constantes. En la Tabla 11.8 se incluyen los métodos de utilidad más frecuentes de esta clase.

Tabla 11.8. Métodos de uso frecuente de la clase JOptionPane.

Métodos	Funcionalidad
int showMessageDialog(Component, Object) int showMessageDialog(Component, Object, String, int) int showMessageDialog(Component, Object, String, int, Icon)	Muestra un cuadro de diálogo modal que presenta información al usuario y tiene un botón de aceptación. Los argumentos especifican el componente padre, el mensaje, el título, el tipo de mensaje y el icono del cuadro de diálogo.
int showConfirmDialog(Component, Object) int showConfirmDialog(Component, Object, String, int) int showConfirmDialog(Component, Object, String, int, int) int showConfirmDialog(Component, Object, String, int, int, Icon)	Muestra un cuadro de diálogo modal que realiza una pregunta al usuario. Los argumentos especifican el componente padre, el mensaje, el título, el tipo de opción, el tipo de mensaje y el icono del cuadro de diálogo.
String showInputDialog(Object) String showInputDialog(Component, Object) String showInputDialog(Object, Object) String showInputDialog(Component, Object , Object) String showInputDialog(Component, Object, String, int) Object showInputDialog(Component, Object, String, int, Icon, Object[], Object)	Muestra un cuadro en el que se solicita una entrada al usuario. Los argumentos especifican el componente padre, el mensaje, el título, el tipo de mensaje, el icono, las opciones y un valor por defecto para el cuadro de diálogo.
int showOptionDialog(Component, Object, String, int, int, Icon, Object[], Object)	Muestra un cuadro de diálogo personalizado. Los argumentos especifican el componente padre, el mensaje, el título, el tipo de mensaje, el icono, las opciones y un valor por defecto para el cuadro de diálogo.

La forma más sencilla de uso de la clase es mediante la invocación de alguno de sus métodos estáticos para crear cuadros de diálogo. Tienen el formato show<Tipocuadro>Dialog, donde el tipo de cuadro puede ser:

a) *Message* para informar al usuario sobre algún hecho relevante.
b) *Confirm* para realizar una pregunta al usuario con las posibilidades básicas de respuesta de sí, no o cancelar.
c) *Input* para solicitar una entrada del usuario.
d) *Option* permite crear una ventana personalizada de cualquiera de los tipos anteriores.

El mensaje normalmente es una cadena pero el parámetro admite cualquier tipo de objeto para mostrar cualquier tipo de elemento (incluso un componente gráfico).

El tipo de mensaje define el estilo con el que aparecerá y generalmente su icono por defecto. Los valores incorporados son: ERROR_MESSAGE, INFORMATION_MESSAGE, WARNING_MESSAGE, QUESTION_MESSAGE, PLAIN_MESSAGE.

Mediante el parámetro de opciones se pueden proporcionar los botones que se deben incluir. Las opciones predeterminadas son: DEFAULT_OPTION, YES_NO_OPTION, YES_NO_CANCEL_OPTION, OK_CANCEL_OPTION.

A continuación, se muestran dos ejemplos de creación de cuadros de diálogo, uno que muestra un mensaje y otro que solicita una confirmación.

```
// icono de error y boton OK por defecto
JOptionPane.showMessageDialog(ventana,
        "Debe introducir datos en todos los campos",  // mensaje
        "Error de entrada de datos",    //título
        JOptionPane.ERROR_MESSAGE);    //icono

// cuadro de opción personalizado
Object[] textoOpciones = {"Si adelante", "Ahora no", "No se que hacer"};
int n = JOptionPane.showOptionDialog(ventana,
    "¿ Desea realizar la operación ahora ?",
    "Mensaje de confirmación",
    JOptionPane.YES_NO_CANCEL_OPTION,
    JOptionPane.QUESTION_MESSAGE,
    null,       //utiliza el icono predeterminado
    textoOpciones,
    textoOpciones[0]);  //botón predeterminado
```

En estos ejemplos ventana es una ventana gráfica a partir de la cual se colocan los cuadros de diálogo (por ejemplo, JFrame). En opción se recoge cuál es el botón pulsado por el usuario: YES_OPTION, NO_OPTION, CANCEL_OPTION, OK_OPTION, y CLOSED_OPTION. El último valor corresponde a si el usuario cierra la ventana direc-

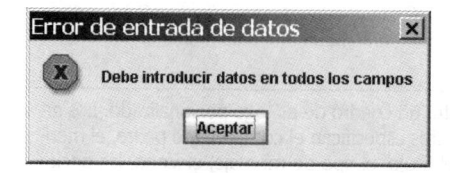

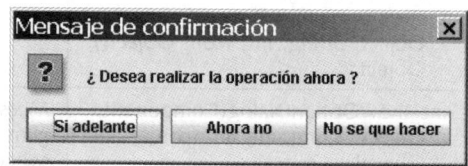

Figura 11.4. Cuadros de diálogo creados con JOptionPane.

tamente utilizando el botón del marco de la ventana. En la Figura 11.4 se muestran las capturas de los dos cuadros de diálogo creados.

La clase JFileChooser

Un selector de archivos permite la elección interactiva por parte del usuario de un archivo o un directorio, bien a partir de una lista que se le proporciona o bien introduciendo directamente su nombre.

Las formas básicas de uso es mediante el método `showOpenDialog()` que muestra un cuadro de diálogo para abrir un archivo/directorio y el método `showSaveDialog()` que muestra el correspondiente cuadro para guardar el archivo/directorio. Estos métodos sólo proporcionan la interfaz gráfica y si el usuario ha aceptado o no la operación. El programa debe obtener el elemento seleccionado (archivo o directorio) e implementar la operación correspondiente, como, por ejemplo, guardar o abrir el archivo seleccionado.

Un selector de archivos muestra todos los archivos y directorios no ocultos de una posición determinada del sistema de archivos (por defecto sólo se pueden seleccionar archivos). Si sólo se está interesado en algún tipo determinado de archivos se puede modificar esta presentación predeterminada aplicando filtros. En la Tabla 11.9 se presenta un resumen de los métodos de utilidad de esta clase.

Tabla 11.9. Métodos de uso frecuente de la clase `JFileChooser`

Métodos	Funcionalidad
JFileChooser() JFileChooser(File) JFileChooser(String)	Constructores. Mediante los argumentos se establece el directorio actual.
int showOpenDialog(Component) int showSaveDialog(Component) int showDialog(Component, String)	Muestra una ventana modal con el selector de archivos. Estos métodos devuelven como resultado si el usuario ha aceptado la operación (APPROVE_OPTION) o si el usuario la ha cancelado (CANCEL_OPTION).
void setSelectedFile(File) File getSelectedFile()	Establece u obtiene el archivo o directorio seleccionado.
void setFileSelectionMode(int) int getFileSelectionMode() boolean isDirectorySelectionEnabled() boolean isFileSelectionEnabled()	Establece u obtiene el modo de selección. Por defecto sólo se pueden seleccionar archivos (FILES_ONLY), pero se puede establecer que sean sólo directorios (DIRECTORIES_ONLY), o ambos (FILES_AND_DIRECTORIES).
void setCurrentDirectory(File) File getCurrentDirectory()	Establece u obtiene el directorio actual.
void rescanCurrentDirectory() void changeToParentDirectory()	Actualiza el contenido del directorio actual. Cambia al directorio padre del actual
boolean getControlButtonsAreShown() void setControlButtonsAreShown(boolean)	Obtiene o establece si se muestran o no los botones de control por defecto en el selector de archivos.

En el siguiente código se crea un selector de archivos y se muestra en la salida estándar el nombre del archivo seleccionado o si el usuario ha cancelado la operación. El resultado se presenta en la Figura 11.5.

```java
// se crea el selector de ficheros
JFileChooser selector = new JFileChooser();
// solo posibilidad de seleccionar directorios
selector.setFileSelectionMode(JFileChooser.DIRECTORIES_ONLY);
// se muestra; se comprueba si el usuario acepta o cancela
int opcion = selector.showOpenDialog(null);
if (opcion == JFileChooser.APPROVE_OPTION) {
    //obtenemos el fichero o directorio seleccionado
    File archivo = selector.getSelectedFile();
    System.out.println("archivo seleccionado: " + archivo);
}
else
    System.out.println("operacion cancelada por el usuario");
```

PARA LOS MANITAS Mediante setControlButtonsAreShown(false) se logra que un selector de archivos no muestre los botones de operación por defecto pudiendo ser incluido dentro de cualquier otro contenedor o ventana como un componente más.

Contenedores intermedios

Swing incorpora distintos contenedores intermedios que permiten agrupar a otros componentes que así se tratan como un único elemento y se mejora la gestión de la interfaz gráfica. Ofrecen diferentes funcionalidades, desde la simple agrupación de componentes como JPanel hasta la gestión de componentes en múltiples capas como JTabbedPane. En la Figura 11.6 se presentan algunos de los contenedores intermedios mas utilizados en Swing.

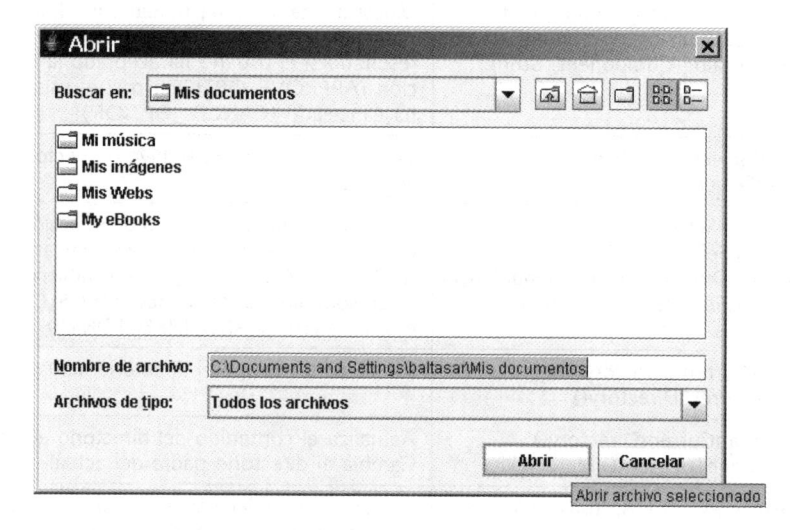

Figura 11.5. Captura del selector de archivos, donde también se muestra la ayuda contextual predeterminada del botón Open.

```
                        ┌─────────────┐
                        │ JComponent  │
                        └──────┬──────┘
        ┌────────┬─────────────┼─────────────┬────────┐
   ┌────┴───┐ ┌──┴──────┐ ┌────┴────┐ ┌──────┴───┐ ┌──┴──────┐
   │ JPanel │ │JScrollPane│ │JSplitPane│ │JTabbedPane│ │JBoxTool │
   └────────┘ └─────────┘ └─────────┘ └──────────┘ └─────────┘
```

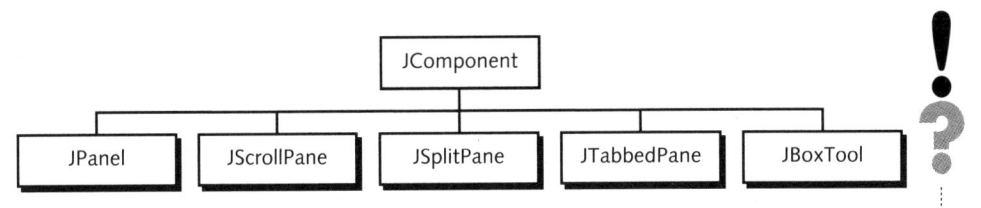

Figura 11.6. Contenedores intermedios de uso más frecuente en Swing.

La clase JPanel

`JPanel` es un contenedor simple de propósito general sin ninguna característica gráfica sofisticada que sirve para agrupar a otros componentes. Habitualmente se utiliza para dividir una zona de la pantalla en secciones, a cada una de las cuales se le puede aplicar un diseño diferente mediante el gestor de disposición adecuado. Inicialmente estos paneles no son visualizables, salvo por el color de su fondo, pero es sencillo añadirles bordes o personalizar su presentación gráfica.

Su interfaz de programación es muy básica y normalmente se utiliza el constructor `JPanel()`, que crea un panel simple, o `JPanel(LayoutManager)` en el que además se indica cuál es el gestor de disposición que se aplica. Por defecto, su gestor de disposición es `FlowLayout`.

El resto de los métodos habituales que se emplean con un panel, para añadir o eliminar componentes, para establecer el gestor de disposición, etc., son los heredados de sus superclases `JComponent`, `Container` y `Component`.

> **PARA LOS MANITAS** La interfaz de usuario también se puede crear añadiendo los elementos de interacción a una especialización de `JPanel` (que luego se añade a un `JFrame`). Esto posibilita su reutilización posterior como un elemento más de otra aplicación más grande (por ejemplo, como uno de los paneles de un contenedor con solapas).

La clase JScrollPane

La clase `JScrollPane` proporciona un panel con la capacidad de incluir barras de desplazamiento para mostrar su contenido. Por tanto, es muy adecuado para presentar una información que está contenida en otro componente y que no cabe completamente en la zona de visualización que tiene asignada en pantalla. El componente que proporciona el contenido se denomina cliente y la zona de presentación de información se denomina puerto de visualización.

Además del puerto de visualización y de las barras de desplazamiento `JScroll-Pane` tiene otras zonas que son una cabecera horizontal, otra vertical y las cuatro esquinas. Todos estos elementos son configurables. El componente o cliente que proporciona el contenido puede determinar parcialmente el comportamiento del panel con desplazamiento, por ejemplo, fijando qué parte del contenido se muestra inicialmente en el puerto de visualización. En el siguiente apartado se muestra un ejemplo de cómo crear paneles con barras de desplazamiento. En la Tabla 11.10 se presentan los métodos de uso más habitual de esta clase.

Tabla 11.10. Métodos de uso frecuente de la clase `JScrollPane`

Métodos	Funcionalidad
JScrollPane() JScrollPane(Component) JScrollPane(int, int) JScrollPane(Component, int, int)	Constructores del panel. Se puede indicar el componente que proporciona el contenido (cliente) y la política de presentación de las barras de desplazamiento.
void setViewportView(Component)	Establece el componente que proporciona el contenido (cliente).
void setVerticalScrollBarPolicy(int) int getVerticalScrollBarPolicy()	Establece u obtiene la política de presentación de la barra de desplazamiento vertical. Las posibilidades son que por defecto se muestren cuando sean necesarias (VERTICAL_SCROLLBAR_AS_NEEDED), que se muestren siempre (VERTICAL_SCROLLBAR_ALWAYS) o que no se muestren nunca (VERTICAL_SCROLLBAR_NEVER).
void setHorizontalScrollBarPolicy(int) int getHorizontalScrollBarPolicy()	Establece u obtiene la política de presentación de la barra de desplazamiento horizontal. Los valores son iguales que las de la barra vertical, cambiando VERTICAL por HORIZONTAL.

La clase JSplitPane

Es un contenedor que gestiona dos componentes (normalmente paneles) colocados vertical u horizontalmente y diferenciados por un separador que puede ser reposicionado por el usuario. El usuario puede decidir cuál es el tamaño asignado a cada uno de los componentes pulsando con el ratón sobre el separador y arrastrándolo.

La asignación inicial del espacio dedicado a cada parte se puede hacer de modo absoluto (por ejemplo en pixels) o de forma relativa (por ejemplo una parte ocupa el 25% del espacio total). En el comportamiento de este contenedor influyen los tamaños preferidos, máximos y mínimos de los componentes que contiene.

De modo predeterminado aparecen los dos componentes uno al lado del otro (HORIZONTAL_SPLIT) aunque en el constructor se puede hacer que aparezca uno encima del otro (VERTICAL_SPLIT). En los métodos de manejo, las posiciones izquierda y superior son equivalentes ("Left" y "Top"), al igual que derecha e inferior ("Right" y "Botton"). De modo que si se cambia la posición del separador el código sigue funcionando. Si se quiere dividir un determinado espacio entre más de dos componentes la solución es anidar objetos `JSplitPane` unos dentro de otros. En la Tabla 11.11 se presentan los métodos de uso frecuente de esta clase.

En el siguiente fragmento de código se muestra cómo crear un panel `JSplitPane` que contiene dos paneles con barras de desplazamiento (`JScrollPane`) situados uno al lado del otro. En el panel izquierdo se ha activado la barra de desplazamiento vertical mientras que en el panel derecho se ha activado la horizontal.

```
JSplitPane panelDividido;
JScrollPane panelIzquierdo= new JScrollPane();
    panelIzquierdo.setVerticalScrollBarPolicy(
JScrollPane.VERTICAL_SCROLLBAR_ALWAYS);
JScrollPane panelDerecho = new JScrollPane();
```

CAPÍTULO [11] Construcción de una interfaz gráfica en Swing

```
        panelDerecho.setHorizontalScrollBarPolicy(
   JScrollPane.HORIZONTAL_SCROLLBAR_ALWAYS);
   panelDividido = new JSplitPane(JSplitPane.HORIZONTAL_SPLIT,
                    panelIzquierdo, panelDerecho);
   panelDividido.setDividerLocation(200);
```

Si mediante `setHorientation(VERTICAL_SPLIT)` se cambia la posición del separador, el código sigue funcionando sin realizar ningún cambio pero ahora los paneles aparecen uno encima del otro (Figura 11.8).

Tabla 11.11. Métodos de uso frecuente de la clase `JSplitPane`

Métodos	Funcionalidad
JSplitPane() JSplitPane(int) JSplitPane(int, Component, Component)	Constructores. Se le puede proporcionar la orientación y los componentes de sus dos partes.
void setOrientation(int) int getOrientation()	Establece u obtiene la orientación de la división. Por defecto aparece uno al lado del otro (HORIZONTAL_SPLIT) y se puede cambiar para que aparezca uno encima del otro (VERTICAL_SPLIT).
void setDividerSize(int) int getDividerSize()	Establece u obtiene el tamaño del separador en pixels.
void setTopComponent(Component) void setBottomComponent(Component) void setLeftComponent(Component) void setRightComponent(Component) Component getTopComponent() Component getBottomComponent() Component getLeftComponent() Component getRightComponent()	Establece u obtiene el componente que aparece en cada una de las zonas. Izquierda es equivalente a arriba y derecha es equivalente abajo para poder cambiar posteriormente la posición del separador.
void setDividerLocation(double) void setDividerLocation(int) int getDividerLocation()	Establece u obtiene la posición del separador. Dicha posición puede indicarse en porcentaje o en pixels.

Figura 11.8. Panel `JSplitPane` que contiene dos paneles `JScrollPane`. En la captura de la derecha se ha cambiado únicamente la orientación del separador.

La clase JTabbedPane

El panel con solapas es un contenedor que gestiona varios componentes (o grupos de componentes aunque habitualmente son paneles) como una pila de fichas. Los componentes se superponen completamente los unos a los otros de forma que sólo uno de ellos es visible en cada momento. El usuario puede decidir cuál de los componentes se visualiza seleccionando la solapa o lengüeta correspondiente a dicho componente. Las solapas incluyen un texto y/o un icono y se pueden colocar en las partes superior, inferior, derecha o izquierda del contenedor. El administrador de disposición por defecto de este componente es CardLayout.

Tabla 11.12. Métodos de uso frecuente de la clase JTabbedPane

Métodos	Funcionalidad
JTabbedPane() JTabbedPane(int)	Constructor. Se puede establecer la posición de las solapas mediante las constantes TOP, BOTTOM, LEFT, RIGHT.
int getTabPlacement() void setTabPlacement(int)	Obtiene o establece la posición de las solapas del panel.
void addTab(String, Icon, Component, String) void addTab(String, Icon, Component) void addTab(String, Component)	Añade una nueva ficha o componente (con su solapa) al contenedor. Los argumentos proporcionan el texto de la solapa, su icono, el componente a mostrar cuando se seleccione esa solapa, y la ayuda contextual de la solapa.
void insertTab(String, Icon, Component, String, int)	Igual que addTab() pero indica el índice en el que se añade la ficha en la lista de fichas.
int getSelectedIndex() Component getSelectedComponent() void setSelectedIndex(int) void setSelectedComponent(Component)	Obtiene u establece el índice o la ficha seleccionada. La selección de una ficha supone su presentación automática en pantalla.
void remove(Component) void removeTabAt(int)	Elimina la ficha del componente o la del índice correspondiente.
int indexOfComponent(Component) int indexOfTab(String) int indexOfTab(Icon)	Obtiene el índice de la ficha que se corresponde con el componente, título o icono.
void setComponentAt(int, Component) Component getComponentAt(int)	Establece u obtiene el componente asociado con la ficha situada en dicho índice.
void setTitleAt(int, String) String getTitleAt(int) void setIconAt(int, Icon) Icon getIconAt(int)	Establece u obtiene el título o el icono de la solapa correspondiente a la ficha cuyo índice se proporciona.
void setTabLayoutPolicy(int) int getTabLayoutPolicy()	Establece u obtiene el comportamiento del panel cuando no caben todas las solapas. Las opciones son pasar a otra línea (WRAP_TAB_LAYOUT) o incluir desplazamiento (SCROLL_TAB_LAYOUT).

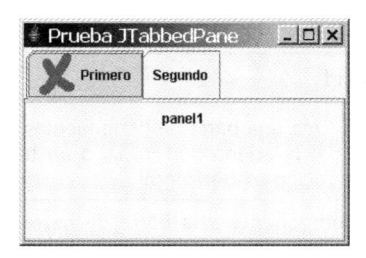

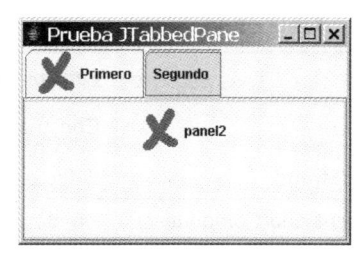

CAPÍTULO [11] Construcción de una interfaz gráfica en Swing

Figura 11.9. Panel con solapas con la visualización sucesiva de sus dos paneles.

Los componentes o fichas se añaden al contenedor mediante los métodos `addTab()` e `insertTab()`. Las fichas y sus correspondientes solapas están organizadas en una lista según se han añadido (el índice de la primera ficha es 0). Siempre hay una ficha seleccionada que será la que se presente en pantalla, y por defecto, es la primera que se ha añadido al contenedor. Si se selecciona otra ficha diferente automáticamente pasa a mostrarse en la pantalla de modo que no es necesario que el programador incluya código para el tratamiento de este evento. En la Tabla 11.12 se presentan los métodos de uso frecuente de esta clase.

En el siguiente código se crea un panel con dos solapas o fichas que contienen un panel cada uno. Ambas fichas tienen asociada una ayuda contextual y en los paneles correspondientes se incluye una etiqueta para diferenciar cuando se está mostrando cada uno. En la etiqueta de la primera solapa y en la etiqueta del segundo panel se ha incluido un icono además del texto (se utiliza el archivo `cross.gif` del ejemplo TicTacToe incluido en las demostraciones del JDK). El resultado se presenta en la Figura 11.9.

```
ImageIcon icono = new ImageIcon("cross.gif");
JTabbedPane panelSolapas = new JTabbedPane();
JPanel panel1 = new JPanel();
panel1.add(new JLabel("panel1"));
panelSolapas.addTab("Primero", icono, panel1,     "Pulsar para primer panel");
JPanel panel2 = new JPanel();
panel2.add(new JLabel("panel2", icono, JLabel.CENTER));
panelSolapas.addTab("Segundo", null, panel2,      "Pulsar para segundo panel");
// inclusion del panel de solapas en el panel de contenido
add(panelSolapas);
```

La clase JToolBar

Esta clase implementa una barra de herramientas, formada normalmente por botones o controles que incluyen iconos, y que aparecen organizados como una fila o una columna dependiendo de la zona de la pantalla donde se coloque. Normalmente, las barras de herramientas ofrecen una forma complementaria y sencilla de acceder a funcionalidades de una aplicación que también están disponibles mediante menús.

Por defecto, el usuario puede seleccionar y desplazar esta barra de herramientas a cualquier borde del contenedor que la incluye (en este caso se recomienda usar en ese contenedor el administrador de disposición `BorderLayout`) o a una ventana independiente. Si el programador no quiere que se pueda desplazar tiene que desactivar dicha posibilidad mediante `barraHerramientas.setFloatable(false)`. El administrador de disposición por defecto de una barra de herramientas es `BoxLayout`. En la Tabla 11.13 se presentan los métodos de uso frecuente de esta clase.

[237]

Tabla 11.13. Métodos de uso frecuente de la clase JToolBar

Métodos	Funcionalidad
JToolBar() JToolBar(int) JToolBar(String)	Constructor. Crea una barra de herramientas a la que se le puede dar la orientación inicial o un título. Por defecto su posición es horizontal.
Component add(Component)	Añade un componente a la barra de herramientas. Normalmente los componentes son botones.
void addSeparator()	Añade un separador al final de la barra de herramientas.
void setFloatable(boolean) boolean isFloatable()	Establece u obtiene si la barra de herramientas se puede desplazar o no.
void setOrientation(int) int getOrientation()	Establece u obtiene la posición inicial de la barra de herramientas. (HORIZONTAL o VERTICAL).

Componentes atómicos

Iconos

Aunque propiamente dicho los iconos no son componentes Swing es importante presentarlos y conocerlos ya que pueden incluirse en casi todos los componentes gráficos. Un icono es una imagen gráfica (pequeña y de tamaño fijo) que habitualmente se utiliza para mejorar la presentación de un componente.

En el paquete javax.swing se proporciona la interfaz Java Icon que es la que debe cumplir cualquier objeto que desee actuar como icono. No obstante, de forma complementaria se proporciona otra manera más sencilla y conveniente de crear un icono. Es mediante la clase javax.swing.ImageIcon que genera un icono a partir de una imagen en formato GIF o JPEG. La imagen se especifica mediante un objeto Image, un String o mediante un localizador uniforme de recursos (URL). En los ejemplos de las clases JTabbedPane y JButton se pueden encontrar ejemplos de uso de los iconos.

La clase JLabel

Esta clase implementa una etiqueta que puede contener una cadena de texto, un icono o ambos, y puede mostrarse en una ventana o cualquier contenedor. Una etiqueta es un campo sólo de salida, es decir sólo muestra su contenido (texto y/o icono) que no es ni seleccionable ni editable por el usuario (pero su contenido sí puede ser modificado de forma dinámica). Con frecuencia se emplea para dar un nombre (es decir, para etiquetar) a otros componentes de la interfaz gráfica.

En una etiqueta se puede especificar dónde aparece su contenido indicando el alineamiento vertical y horizontal. Por defecto, las etiquetas se muestran centradas verticalmente, y si sólo tienen texto, ajustadas a la izquierda. Si sólo tienen una imagen gráfica, por defecto se muestran centradas tanto vertical como horizontalmente. Además, también es posible indicar la posición relativa del texto con relación al icono. En la Tabla 11.14 se presenta un resumen de los métodos de utilidad de esta clase.

Una nueva posibilidad muy versátil introducida en Swing es que una etiqueta admite varias líneas, con distintos tipos de fuente y el texto puede estar escrito

Tabla 11.14. Métodos de uso frecuente de la clase `JLabel`

Métodos	Funcionalidad
JLabel(String, Icon, int) JLabel(String) JLabel(String, int) JLabel(Icon) JLabel()	Constructores. Se puede especificar el texto, el icono y la alineación horizontal del contenido en la etiqueta.
void setText(String) String getText()	Establece u obtiene el texto de la etiqueta.
void setIcon(Icon) Icon getIcon()	Establece u obtiene el icono de la etiqueta.
void setHorizontalAlignment(int) void setVerticalAlignment(int) int getHorizontalAlignment() int getVerticalAlignment()	Establece u obtiene la alineación. Los valores posibles de alineación horizontal son: LEFT (por defecto para etiquetas sólo de texto), CENTER (por defecto para etiquetas sólo gráficas), RIGHT, LEADING, y TRAILING. Para la alineación vertical son: TOP, CENTER (por defecto), y BOTTOM.
void setHorizontalTextPosition(int) void setVerticalTextPosition(int) int getHorizontalTextPosition() int getVerticalTextPosition()	Establece u obtiene la posición del texto relativa al icono. Los posibles valores en horizontal son: LEFT, CENTER, y RIGHT (por defecto). En vertical: TOP, CENTER (por defecto) y BOTTOM.
void setIconTextGap(int) int getIconTextGap()	Establece u obtiene la separación en pixels entre el icono y el texto.
void setLabelFor(Component) Component getLabelFor()	Establece u obtiene el componente al cual describe la etiqueta.

con formato que use el lenguaje de marcado de hipertexto (HTML). En este caso el texto debe empezar por "<html>".

Botones: la clase AbstractButton

Los botones son elementos gráficos de interacción con el usuario, que contienen un texto, un icono o ambos. Un botón también puede estar desactivado, lo que supone que en ese momento el usuario no puede interactuar con él (o seleccionarlo). Si está desactivado el sistema cambia automáticamente su presentación (habitualmente a un tono más claro que destaca menos). Este comportamiento se puede modificar para que muestre un icono diferente y también se puede variar cuando sucede algún otro cambio en el botón (por ejemplo, que es seleccionado o que se pulsa).

Al igual que con las etiquetas existen distintas posibilidades de modificar el aspecto del botón mediante la alineación del texto y el icono dentro del botón, y la alineación relativa entre ellos.

La clase `AbstractButton` es una superclase abstracta que agrupa y proporciona las funcionalidades básicas a todos los tipos de botones de Swing y para los elementos de menú (`JMenuItem`) (Figura 11.10). En la Tabla 11.15 se presenta un resumen de sus métodos de utilidad de uso frecuente. Por tanto, proporciona parte de los métodos comunes (por ejemplo, para establecer o cambiar la etiqueta

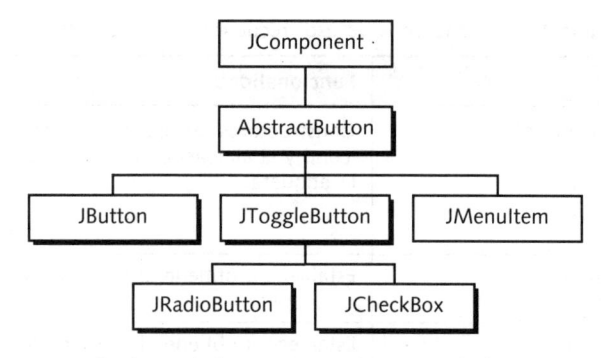

```
                    ┌─────────────┐
                    │ JComponent  │
                    └─────────────┘
                           │
                    ┌─────────────┐
                    │AbstractButton│
                    └─────────────┘
            ┌──────────────┼──────────────┐
     ┌──────────┐   ┌──────────────┐  ┌──────────┐
     │ JButton  │   │ JToggleButton│  │JMenuItem │
     └──────────┘   └──────────────┘  └──────────┘
                    ┌──────┴──────┐
              ┌──────────────┐ ┌──────────┐
              │ JRadioButton │ │ JCheckBox│
              └──────────────┘ └──────────┘
```

Figura 11.10. Jerarquía de clases de botones. Los elementos de los menús también son una especialización de los botones abstractos.

o el icono del botón) que son utilizados por todas las clases que la especializan. Las clases de botones que especializan esta clase son: botones normales de operación (JButton), botones con estado o conmutadores (JToggleButton), o las especializaciones de esta última clase formada por las casillas de verificación (JCheckBox), o los botones de radio o de opción (JRadioButton).

Los diferentes tipos de botones tienen modos distintos de operación o distintos modelos. Por ejemplo, al pulsar con el ratón sobre un botón de radio este queda seleccionado, mientras que al pulsar sobre un botón normal de operación

Tabla 11.15. Métodos de uso frecuente de la clase AbstractButton

Métodos	Funcionalidad
void doClick()	Selecciona el botón mediante programa (equivale a que el usuario haga clic sobre el botón).
Icon getIcon() void setIcon(Icon)	Obtiene o establece el icono del botón.
String getText() void setText(String)	Obtiene o establece el texto contenido en el botón (que lo etiqueta).
void setEnabled(boolean)	Activa o desactiva el botón.
boolean getSelected() void setSelected(boolean)	Obtiene o establece el estado del botón como seleccionado.
void setDisabledIcon(Icon) void setDisabledSelectedIcon(Icon) void setPressedIcon(Icon) void setRolloverIcon(Icon) void setRolloverSelectedIcon(Icon) void setSelectedIcon(Icon)	Establecen el icono que se muestra cuando se produce ese cambio de estado en el botón. Tienen sus métodos *get* correspondientes.
void setMnemonic(char) void setMnemonic(int) int getMnemonic()	Estable u obtiene la tecla de selección del botón.
void setActionCommand(String) String getActionCommand()	Establece u obtiene el nombre de la acción realizada por el botón.

éste obtiene el foco de entrada (se "arma") y si se suelta el pulsador del ratón sin desplazarlo del botón se lanza el evento de acción. Si por el contrario, se suelta el pulsador fuera del botón éste pierde el foco de entrada (queda "desarmado") y no se produce el evento de acción. Estas dos operaciones de pulsar y soltar con el ratón sobre el mismo elemento es lo que habitualmente denominamos hacer clic.

La clase `AbstracButton` proporciona soporte para los mnemónicos o teclas de acceso que permiten interactuar con un componente utilizando el teclado (habitualmente presionando Alt y la tecla asignada). El tipo de interacción depende del modelo concreto del componente y en el caso de los botones provoca su selección. La forma más sencilla de asignar un mnemónico a un botón es utilizar el método `setMnemonic()`, donde el argumento puede ser un carácter o una de las constantes del tipo `VK_<letra>` definidas en la clase `KeyEvent`. Por ejemplo, mediante `boton.setMnemonic(VK_C)` el botón puede seleccionarse pulsando Alt-C. Si la tecla asignada forma parte del texto del botón su aspecto se modifica (normalmente se subraya) pero si no aparece no hay ninguna indicación visual del mnemónico asignado a dicho botón.

La clase JButton

Esta clase implementa la forma más habitual de botón gráfico de interacción que sirve para ejecutar una acción haciendo clic sobre él (pulsando y soltando el botón principal del ratón sobre el botón gráfico). También se puede activar mediante el teclado si se le ha asociado una combinación de teclas. Prácticamente todo su comportamiento lo hereda de `AbstracButton`, pero, además, en su constructor opcionalmente se puede especificar el texto que incluye y un icono (`JButton(String, Icon)`).

Para proporcionar un manejo más sencillo las aplicaciones pueden incluir en el contenedor de alto nivel un botón predeterminado, que es el que se activará si el usuario pulsa Intro cuando esa ventana tiene el foco de interacción. En este caso es como si el usuario hubiera hecho clic en dicho botón. El botón predeterminado normalmente aparece más destacado que el resto de botones.

Como en las etiquetas el texto que contiene o etiqueta el botón puede estar codificado en HTML con las posibilidades de formato y tipos de fuente que esto conlleva. Esta característica se irá generalizando en futuras versiones de Swing a gran parte de los componentes gráficos.

En el siguiente fragmento de código se crean dos botones. El primero, además de texto incluye un icono para mejorar su apariencia gráfica (se utiliza el archivo cross.gif del ejemplo TicTacToe incluido en las demostraciones del JDK). El primer botón tiene asignada también un mnemónico o tecla de acceso que es la letra C. El segundo botón contiene texto en formato HTML. El uso del texto HTML permite crear botones con varias líneas y con distintos formatos de texto (por ejemplo, en el botón el texto "html" aparece en negrita). El resultado se puede ver en la Figura 11.11.

```
// se crea un icono
ImageIcon icono = new ImageIcon("cross.gif");
// se crea un boton con texto e icono
JButton boton = new JButton("Cancelar", icono);
boton.setMnemonic(KeyEvent.VK_C);
// se crea un botón con texto HTML
String cadHTML = "<html>Botón con <p> texto <b>html</b>";
JButton botonHTML = new JButton(cadHTML);
```

Figura 11.11. Botones que incluyen iconos y texto en HTML.

> **IMPORTANTE:** El texto en formato HTML proporciona muchas posibilidades para mejorar la apariencia de los botones pero sólo si se utiliza, por lo menos, la versión Java 1.3. Si se utilizan versiones anteriores el resultado es catastrófico como se muestra en la Figura 11.12.

La clase JToggleButton

Esta clase implementa un botón de operación que tiene un estado interno y funciona como un conmutador. Cuando se pulsa el botón su estado pasa a estar seleccionado hasta que se vuelve a pulsar de nuevo en cuyo caso deja de estar seleccionado.

Cuando el botón no está seleccionado su apariencia es igual a la de un botón de operación normal de la clase JButton. Por defecto, cuando el botón está seleccionado su apariencia gráfica se modifica para dar la idea de un botón pulsado. Las casillas de verificación y los botones de radio o de opción son especializaciones de esta clase.

En el constructor de JToggleButton además del texto que contiene y del icono asociado se puede indicar mediante un argumento lógico si el botón está inicialmente seleccionado (JToggleButton(String, Icon, boolean)).

La clase JCheckBox

Esta clase implementa una casilla de verificación. Es una especialización de un botón con estado o conmutador y, por tanto, tiene dos estados posibles seleccionada o no seleccionada, que determina y modifica su apariencia gráfica (normalmente mediante una cruz o marca de selección).

Generalmente, se utiliza para permitir que el usuario decida si desea elegir una opción o no. Si hay varias casillas de verificación, éstas no son mutuamente excluyentes, de modo que varias de ellas pueden estar seleccionadas de forma simultánea.

En el constructor de JCheckBox además del texto que contiene y del icono asociado se puede indicar mediante un argumento lógico si el botón esta inicialmente seleccionado (JCheckBox(String, Icon, boolean)).

Figura 11.12. Resultado de visualizar un botón con texto HTML con una versión de Java 2 anterior a la 1.3.

Los elementos que tienen este mismo comportamiento pero que aparecen dentro de un menú están implementados en la clase `JCheckBoxMenuItem`.

La clase JRadioButton

Esta clase implementa los botones de radio o de opción que son una especialización de un botón con estado o conmutador y se caracterizan porque en un grupo de botones de radio sólo uno de ellos puede estar seleccionado. Es decir, son mutuamente excluyentes de modo que si se selecciona otro botón de radio distinto el anterior, deja de estar seleccionado. El botón de radio seleccionado tiene una presentación gráfica resaltada y distinta del resto.

En el constructor de `JRadioButton` además del texto que contiene y del icono asociado se puede indicar mediante un argumento lógico si el botón esta inicialmente seleccionado (`JRadioButton(String, Icon, boolean)`).

Para conseguir este comportamiento de exclusión mutua los botones de radio se deben agrupar en un objeto de grupo de botones (`ButtonGroup`). La forma de agruparlos es crear el grupo de botones (con `ButtonGroup()`), crear los botones y añadirlos al grupo mediante el método `add()` como si se tratara de un contenedor. Normalmente, en el constructor de los botones se indica el botón que debe aparecer inicialmente seleccionado.

La agrupación proporcionada por el grupo de botones es únicamente lógica, por tanto, para dar al usuario la idea de que están relacionados normalmente se incluyen en algún otro contenedor intermedio (por ejemplo, panel) y se le añade algún tipo de borde.

Los elementos que tienen el mismo comportamiento pero que aparecen dentro de un menú están implementados en la clase `JRadioButtonMenuItem`.

> **PARA LOS MANITAS** Como las casillas de verificación y los botones de radio son dos especializaciones de los botones abstractos su apariencia gráfica, tanto normal como cuando han sido seleccionados, se puede modificar mediante los métodos `setIcon()` y `setSelectedIcon()`.

En el siguiente código de ejemplo se crea un panel en el que se incluyen los tres tipos de botones con estado previamente tratados. Nótese que con los botones de radio hay que añadirlos primero al grupo de botones y posteriormente al contenedor. En la Figura 11.13 se puede ver el resultado de la ejecución.

```java
public class PanelBotones extends JPanel {
    public PanelBotones(){
        JToggleButton boton1 = new JToggleButton("No seleccionado");
        JToggleButton boton2 = new JToggleButton("Seleccionado", true);
        add(boton1);
        add(boton2);

        JCheckBox casilla1 = new JCheckBox("No Seleccionada");
        JCheckBox casilla2 = new JCheckBox("Seleccionada", true);
        add(casilla1);
        add(casilla2);

        // crea un grupo de botones de radio
        ButtonGroup grupo = new ButtonGroup();
        JRadioButton opcion1 = new JRadioButton("Si", true);
        JRadioButton opcion2 = new JRadioButton("No");
```

```
            JRadioButton opcion3 = new JRadioButton("No sabe");
            // se incluyen los botones de radio en el grupo
            grupo.add(opcion1);
            grupo.add(opcion2);
            grupo.add(opcion3);
            // se añaden al contenedor
            add(opcion1);
            add(opcion2);
            add(opcion3);
    }
}//PanelBotones
```

Menús

Los menús permiten presentar al usuario agrupadas y de una forma sencilla un conjunto de operaciones que se pueden realizar con la aplicación. Los menús habitualmente aparecen en posiciones predeterminadas que son fáciles de localizar de modo que es sencillo ver su contenido, lo que hace que se empleen para mejorar la usabilidad de los programas. En vez de que el usuario aprenda el conjunto de operaciones que puede realizar, puede explorar los menús hasta que reconozca la operación deseada.

Existen varios tipos distintos de menús, como son los menús desplegables, los menús contextuales o emergentes y los menús en cascada (Figura 11.14).

Los menús no se colocan como otros componentes gráficos, donde decide el usuario dentro de la interfaz gráfica, porque tienen localizaciones predeterminadas y normalmente aparecen en las barras de menú o como un menú contextual asociado a otro componente.

Una barra de menús es una zona especial que habitualmente se presenta en la parte superior de una ventana directamente debajo de su título. Una barra de menú contiene una serie de entradas denominadas títulos de menú que proporciona el acceso a un menú desplegable formado por los elementos del menú u opciones. Generalmente, un menú desplegable agrupa un conjunto de operaciones o de opciones relacionadas, como, por ejemplo, las operaciones con archivos.

Los menús contextuales o emergentes están asociados a objetos concretos y son muy adecuados para presentar las operaciones específicas que se pueden realizar con dicho objeto. Los menús contextuales se muestran únicamente bajo demanda del usuario y no tienen un espacio dedicado en la pantalla. Por tanto, el usuario debe realizar algún tipo de acción, como, por ejemplo, pulsar el botón secundario (derecho) del ratón sobre un componente para que surja en esa posición su menú asociado (si existe).

En Swing los elementos de un menú son botones (especializaciones de `AbstractButton`) lo que implica que pueden incluir texto y gráficos (iconos). Los menús permiten dos tipos de operación mediante teclado, los mnemónicos o te-

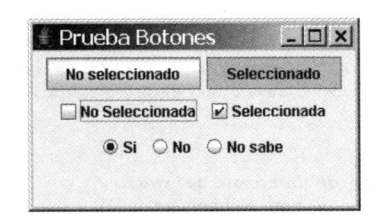

Figura 11.13. Ejemplo de botones con estado.

```
                        JComponent
        ┌──────────┬────────┴────────┬──────────┐
   JMenuBar    JPopupMenu     JAbstractButton  JSeparator
                          ┌──────────┼──────────────────┐
                        JMenu  JRadioButtonMenuItem  JCheckBoxMenuItem
```

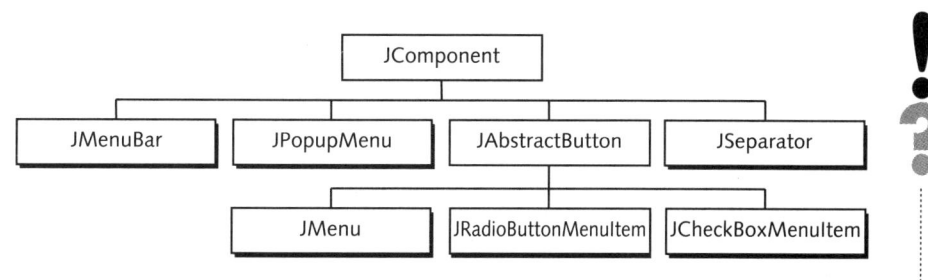

Figura 11.14. Jerarquía de clases relacionadas con los menús.

clas de acceso y las teclas aceleradoras. Los mnemónicos o teclas de acceso permiten navegar a través de los menús, seleccionando elementos que ya están visibles. Las teclas aceleradoras proporcionan atajos o acceso rápidos ya que permiten seleccionar un elemento de un menú aunque no esté visible. El soporte de los mnemónicos lo proporciona la clase `AbstractButton` que es especializada por todos los componentes de un menú. El soporte de las teclas aceleradoras lo proporciona la clase `JMenuItem` mediante los métodos `void setAccelerator(Keystroke)` y `Keystroke getAccelerator()` con la que se establece u obtiene la combinación de teclas asociada (una letra y una o varias teclas modificadoras –alt, AltGr, control, mayúsculas-).

Las barras de menú están implementadas por la clase `JMenuBar`. La clase `JPopupMenu` implementa los menús contextuales o emergentes. A estos dos tipos de menús se le puede añadir cualquiera de los elementos de menú (`JMenuItem`) o sus especializaciones que son los menús desplegables (`JMenu`), o las particularizaciones de las casillas de verificación (`JCheckBoxMenuItem`) y de los botones de radio (`JRadioButtonMenuItem`) para los menús. Los menús se pueden considerar como una lista de botones ya que todos sus elementos de menú son especializaciones de la clase `AbstractButton`. Para facilitar la agrupación lógica de las operaciones incluidas en un menú, además, se pueden incluir separadores de menú (`JSeparator`).

> **IMPORTANTE:** Los separadores `JSeparator` son componentes que se pueden utilizar en cualquier contenedor y no sólo en los menús (aunque éste sea su uso más frecuente).

Las casillas de verificación (`JCheckBoxMenuItem`) y los botones de radio (`JRadioButtonMenuItem`) de los menús funcionan de la misma forma y tienen métodos similares que los botones correspondientes (`JCheckBox` y `JRadioButton`), por tanto, no se repite su presentación (véanse los apartados correspondientes en los botones).

La clase JMenuBar

Implementa una barra de menús que habitualmente se añade a un contenedor de alto nivel (más concretamente se añade al panel raíz de dicho contenedor mediante `void setJMenuBar(JMenuBar)`). La forma de trabajo habitual es crear una barra de menús a la que posteriormente se le añaden los menús desplegables (`JMenu`).

Su constructor `JMenuBar()` no necesita parámetros. El método `JMenu add(JMenu)` permite añadir un menú desplegable a una barra de menús.

La clase JMenu

Implementa cada una de los menús desplegables asociados a las entradas o títulos de una barra de menús. Un menú desplegable debe estar asociado a una barra de menú. Normalmente al crearlo se le asigna su título, posteriormente se le añaden el resto de elementos de menú o cadenas de texto que se desea que aparezcan.

Permite, además, crear menús en cascada, también llamados menús jerárquicos o secundarios. Para crearlos simplemente hay que añadir un menú desplegable a otro menú desplegable. Generalmente en estos menús en cascada aparece una pista visual (por ejemplo, una flecha) en el elemento correspondiente del menú primario para indicar al usuario que existen opciones adicionales. En la Tabla 11.16 se presentan los métodos de uso más frecuente de esta clase.

En el siguiente ejemplo se crea una barra de menú, a la que se le añade un menú desplegable que contiene tres elementos de menú, dos separadores y una casilla de verificación. La barra de menús tiene que asociarse necesariamente a un contenedor de alto nivel (normalmente una ventana de tipo `JFrame`). El resultado gráfico se presenta en la Figura 11.15.

```
JMenuBar barraMenu = new JMenuBar();
JMenu menuOpciones = new JMenu("Menú de opciones");
JMenuItem listar = new JMenuItem("Listar todos los alumnos");
menuOpciones.add(listar);
// separador
menuOpciones.add(new JSeparator());
JMenuItem listarTarde = new JMenuItem("Ver alumnos de la tarde");
menuOpciones.add(listarTarde);
JMenuItem listarMañana = new JMenuItem("Ver alumnos de la mañana");
menuOpciones.add(listarMañana);
menuOpciones.add(new JSeparator());
JCheckBoxMenuItem verNumero = new JCheckBoxMenuItem("Mostrar Número");
menuOpciones.add(verNumero);
barraMenu.add(menuOpciones);
// establecer como barra de menús en contenedor de alto nivel
setJMenuBar(barraMenu);
```

Tabla 11.16. Métodos de uso frecuente de la clase `JMenuItem`

Métodos	Funcionalidad
JMenu() JMenu(String)	Constructor. Se puede dar el título que se muestra en barra de menú.
JMenuItem add(JMenuItem) JMenuItem add(Action) JMenuItem add(String)	Añade un elemento al final del menú desplegable. También se puede añadir una acción o una cadena de texto.
void addSeparator()	Añade un separador al final del menú desplegable.
JMenuItem insert(JMenuItem, int) JMenuItem insert(Action, int) void insert(String, int) void insertSeparator(int)	Inserta un elemento, una acción, una cadena o un separador al final del menú o en la posición indicada. El índice del primer elemento del menú es 0.
void remove(JMenuItem) void remove(int)	Elimina un elemento del menú a partir de su nombre o de su índice.

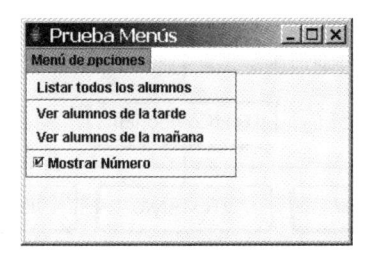

CAPÍTULO [11] Construcción de una interfaz gráfica en Swing

Figura 11.15. Captura de los menús generados.

La clase JPopupMenu

Implementa los menús contextuales o emergentes. Se crean de la misma forma que los menús desplegables (JMenu) y se les pueden añadir los mismos elementos de menú.

Una vez creado un menú emergente la forma de hacerlo aparecer es registrando un oyente de ratón en cada componente que tenga asociado dicho menú. En este oyente se debe detectar que el usuario solicita la presentación del menú emergente (habitualmente mediante la pulsación sobre dicho objeto del botón secundario del ratón). Cuando se produce esta solicitud se visualiza el menú correspondiente. En la Tabla 11.17 se presentan los métodos de uso frecuente de JPopupMenu.

Campos de texto. La clase JTextComponent

La clase abstracta JTextComponent proporciona las funcionalidades básicas de todos los componentes que trabajan con contenido textual (Figura 11.16). Permiten mostrar y, opcionalmente si se configura como tal, editar un texto. Es muy potente ya que proporciona el conjunto de funcionalidades básicas de un editor de texto, como por ejemplo, seleccionar, copiar, cortar y pegar texto.

Los componentes de manejo de texto, como otros componentes Swing, utilizan una adaptación del paradigma modelo-vista-controlador. Es decir, tienen un modelo de datos separado, denominado documento, que gestiona el contenido

Tabla 11.17. Métodos de uso frecuente de la clase JPopupMenu

Métodos	Funcionalidad
JPopupMenu() JPopupMenu(String)	Constructores. Se puede proporcionar el título de la ventana emergente.
JMenuItem add(JMenuItem) JMenuItem add(Action) JMenuItem add(String)	Añade un elemento de menú, o crea un elemento de menú a partir de un acción o una cadena y lo añade.
void addSeparator()	Añade un separador al final del menú.
void insert(Component, int)	Inserta un componente en la posición dada por el índice (el primer elemento tiene índice 0).
void remove(JMenuItem) void remove(int)	Elimina un elemento a partir de su nombre o de su índice.

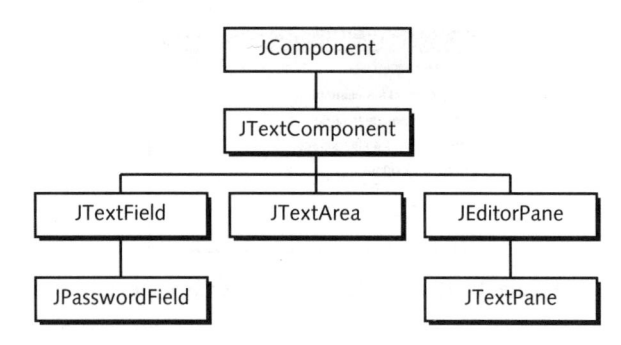

```
                    ┌──────────────┐
                    │  JComponent  │
                    └──────┬───────┘
                           │
                    ┌──────┴───────┐
                    │ JTextComponent│
                    └──────┬───────┘
          ┌────────────────┼────────────────┐
    ┌─────┴─────┐    ┌─────┴─────┐    ┌─────┴──────┐
    │ JTextField│    │ JTextArea │    │ JEditorPane│
    └─────┬─────┘    └───────────┘    └─────┬──────┘
          │                                  │
   ┌──────┴───────┐                   ┌──────┴────┐
   │JPasswordField│                   │ JTextPane │
   └──────────────┘                   └───────────┘
```

Figura 11.16. Jerarquía de clases que trabajan con contenido textual.

del componente. Tienen una vista, que es la que se ocupa de mostrar el componente en la pantalla. Finalmente, incluyen también un controlador (EditorKit) que es el que se ocupa de realizar modificaciones en el documento a partir de las interacciones que se realizan con la vista.

Además, proporciona soporte para operaciones deshacer/rehacer y la gestión del punto de inserción en el documento. Los componentes de texto no tienen barras de desplazamiento asociadas, de modo que si el contenido es mayor que el espacio de visualización deberían colocarse dentro de un panel con desplazamiento. En la Tabla 11.18 se incluyen algunos de los métodos de uso frecuente de la clase `JTextComponent`.

La clase JTextField

Componente que permite mostrar y editar una única línea de texto. Se utiliza para solicitar al usuario entradas de datos breves en forma de texto, como, por ejemplo, un nombre o un dato numérico. Esta lectura de caracteres es una forma segu-

Tabla 11.18. Métodos de uso frecuente de la clase `JTextComponent`

Métodos	Funcionalidad
void setText(String) String getText()	Establece u obtiene el texto contenido en el componente.
void setEditable(boolean) boolean isEditable()	Establece u obtiene si el usuario puede editar el texto del campo.
String getSelectedText()	Obtiene el texto seleccionado por el usuario.
void cut() void copy() void paste() void replaceSelection(String)	Corta, copia y pega utilizando el portapapeles del sistema.
void setCaretPosition(Position) void moveCaretPosition(int) Position getCaretPosition()	Establece, mueve u obtiene el elemento que gestiona el punto de inserción en el documento.
void setDocument(Document) Document getDocument()	Establece u obtiene el documento que gestiona el contenido del componente.

ra de obtener y validar datos proporcionados por el usuario, por ejemplo numéricos, antes de utilizarlos, evitando errores posteriores.

Utiliza principalmente los métodos heredados de `JTextComponent` y, además, incluye constructores muy sencillos en los que el contenido inicial se puede fijar mediante una cadena y, opcionalmente, se puede indicar la anchura del campo en columnas(`JTextField(String, int)`).

Habitualmente, la funcionalidad del campo se realiza mediante la asignación de un oyente de acciones (`ActionListener`). Cuando el usuario pulsa Intro en el campo de texto la entrada se da por completada y se lanza un evento de acción (`ActionEvent`).

Una especialización de los campos de texto son los campos de contraseña (`JPasswordField`) que tienen la particularidad de que no muestran el contenido que se escribe sino otro carácter de eco (por ejemplo un asterisco) para dar idea del número de caracteres introducidos a la vez que se mantiene la confidencialidad.

La clase JTextArea

Este componente permite mostrar y editar un campo de texto con varias líneas. Su limitación principal es que sólo permite mostrar texto sencillo en el que se utilice un único tipo de letra. Habitualmente se utiliza asociado a un panel con desplazamiento.

Por defecto, no realiza un ajuste horizontal de las líneas al espacio de visualización de modo que para visualizar su contenido habrá que incluirlo en un panel con desplazamiento o activar el ajuste automático de líneas (mediante `setLineWrap()`). En la Tabla 11.19 se presentan algunos de los métodos de uso frecuente de la clase `JTextArea`.

En este ejemplo sencillo se crea un panel como especialización de `JPanel` que contiene un campo de texto y un área de texto. El campo de texto sólo tiene una línea mientras que el área de texto puede incluir varias. En la Figura 11.17 se puede ver el resultado una vez que el usuario ha editado el área de texto incluyendo texto complementario al contenido inicial.

```
public class PanelTexto extends JPanel {
    final String FIN = "\n";
    public PanelTexto(){
        setLayout(new BorderLayout());
        JTextField campoTexto = new JTextField("Campo Texto");
        add(campoTexto, BorderLayout.NORTH);
        String texto = FIN+"Area texto"+FIN+"varias líneas";
        JTextArea areaTexto = new JTextArea(texto);
        add(areaTexto, BorderLayout.CENTER);
    }
}
```

Tabla 11.19. Métodos de uso frecuente de la clase `JTextArea`

Métodos	Funcionalidad
JTextArea() JTextArea(String) JTextArea(String, int, int)	Constructor. Se puede especificar el texto inicial, el número de filas y el número de columnas.
boolean getLineWrap() void setLineWrap(boolean)	Obtiene la política de ajuste de líneas. Establece el ajuste automático de líneas.
int getColumns() int getLineCount()	Obtiene el número de columnas o de filas del área de texto.
void insert(String, int)	Inserta un texto en una posición determinada.

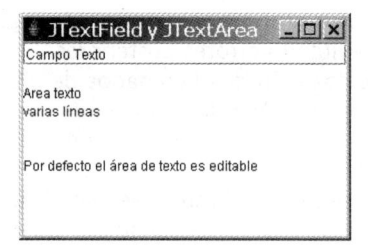

Figura 11.17. Ventana con un campo de texto y un área de texto. Por defecto, el área de texto es editable de modo que el usuario puede modificar su contenido.

La clase JEditorPane

Esta clase proporciona soporte para campos de texto de múltiples líneas y con formato. Además de texto simple soportan texto en formato HTML y texto en formato enriquecido (RTF, *Rich Text Format*). Estos campos son muy versátiles ya que en el texto mostrado se puede hacer todo aquello que es posible en dichos formatos, como, por ejemplo, incluir distintos tipos de fuente, colores, o incorporar imágenes dentro del texto. Aunque son básicamente editores de texto sencillos que implementan el ajuste de líneas, estos campos de texto no incluyen barras de desplazamiento y, por tanto, normalmente se utilizan asociados a un panel con desplazamiento.

El uso de estas altas funcionalidades ofrecidas también implica que hay que hacer una mayor particularización y programación asociada. No obstante, hay usos sencillos de esta clase que pueden aprovecharse de su capacidad de mostrar texto con formato para, por ejemplo, mostrar un cuadro de ayuda con información visualmente más atractiva para el usuario. En la Tabla 11.20 se presentan algunos de los métodos que permiten un uso sencillo de esta clase.

Esta clase está especializada por `JTextPane` que es un campo de texto enriquecido más sofisticado. Además de las posibilidades de `JEditorPane` ofrece otras más potentes, ya que su contenido se modela como párrafos que tienen asociados estilos de presentación (por ejemplo alineamiento, sangrías). A su vez, estos párrafos están formados por caracteres que también pueden tener asociados atributos de presentación (por ejemplo, fuente, color, negrita, cursiva) como en los procesadores de texto habituales.

Tabla 11.20. Métodos de uso frecuente de la clase `JEditorPane`

Métodos	Funcionalidad
JEditorPane(URL)	Constructor que crea un campo de texto a partir del contenido de una URL.
void setPage(URL) URL getPage()	Establece u obtiene el contenido del campo de texto a partir de una URL.
void setContentType(String) String getContentType()	Establece u obtiene el tipo de texto contenido. El texto puede ser plano (`text/plain`) o HTML (`text/html`).

La clase JList

La clase `JList` implementa una lista de elementos que se presenta habitualmente en forma de columna. En esta lista el usuario puede realizar la selección de uno (comportamiento por defecto) o varios de sus elementos. Si la lista tiene muchos elementos y, por tanto, puede no caber en el espacio de visualización asignado debería incluirse en un panel con barras de desplazamiento o modificar su orientación de presentación por una con ajuste (mediante `setLayoutOrientation()`).

El contenido de una lista viene dado por su modelo de datos, que debe implementar la interfaz Java `ListModel`, aunque se proporcionan constructores y métodos que crean automáticamente dicho modelo a partir de un array de objetos o de un vector. Además, se proporciona una implementación por defecto del modelo de datos de lista mediante la clase `DefaultListModel`. Esta clase permite modificar el contenido de una lista de forma dinámica mediante los métodos `addElement()` y `removeElement()`. En la Tabla 11.21 se incluyen algunos de los métodos de uso frecuente de esta clase.

En el siguiente fragmento de código se crea una lista mediante un componente `JList` cuyo modelo de datos o contenido es una serie de cadenas. Una vez creada la lista se añade un nuevo elemento al modelo y esto se refleja de forma automática en el componente. En esta lista se pueden hacer selecciones de un único elementos o de un intervalo de elementos continuos. Para visualizar la lista como tiene muchos elementos se introduce dentro de un panel con barras de desplaza-

Tabla 11.21. Métodos de uso frecuente de la clase `JList`

Métodos	Funcionalidad
JList(ListModel) JList(Object[]) JList(Vector)	Constructores.
void setListData(Object[]) void setListData(Vector) ListModel getModel()	Establece u obtiene el modelo de datos de la lista (contenido).
void setSelectionMode(int) int getSelectionMode()	Establece u obtiene el modo de selección. Las posibilidades son: por defecto sólo se permiten selecciones simples (SINGLE_SELECTION), la selección de un único intervalo continuo (SINGLE_INTERVAL_SELECTION) o la selección de intervalos múltiples (MULTIPLE_INTERVAL_SELECTION).
int getSelectedIndex() int getMinSelectionIndex() int getMaxSelectionIndex() int[] getSelectedIndices() Object getSelectedValue() Object[] getSelectedValues()	Obtiene el índice o valor seleccionados (o índices o valores dependiendo del modelo de selección que esté activado). Estos métodos tienen sus métodos *set* correspondientes para establecer estos valores.
void clearSelection() boolean isSelectionEmpty()	Desactiva la selección actual o detecta si la selección es vacía.
void setLayoutOrientation(int) int getLayoutOrientation()	Establece u obtiene la orientación de presentación de la lista. Los valores posibles son: VERTICAL (por defecto), VERTICAL_WRAP, HORIZONTAL_WRAP.

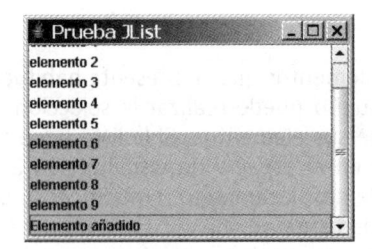

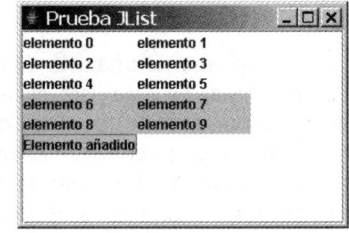

Figura 11.18. Ejemplo de lista `JList` donde el usuario ha seleccionado un intervalo formado por cinco valores. En la captura de la derecha se ha cambiado la orientación de presentación a HORIZONTAL_WRAP.

miento. En la Figura 11.18 se puede ver el aspecto de la lista creada cuando el usuario ha realizado la selección de un intervalo de valores.

```
DefaultListModel modeloDatos = new DefaultListModel();
for (int ind=0; ind<10; ind++)
    modeloDatos.addElement("elemento "+ ind);
JList lista = new JList(modeloDatos);
modeloDatos.addElement("Elemento añadido");
lista.setSelectionMode(ListSelectionModel.SINGLE_INTERVAL_SELECTION);
// se cambia la orientación de presentación y el ajuste
lista.setLayoutOrientation(JList.HORIZONTAL_WRAP);
JScrollPane panelDesplazamiento = new JScrollPane(lista);
```

La clase JComboBox

Esta clase implementa un cuadro combinado desplegable, en el que se agrupan las funcionalidades de una lista y un campo de texto. El campo de texto y la lista de valores (su modelo) tienen una estrecha relación de dependencia, de modo que si el usuario escribe texto en el cuadro, la lista se desplaza hasta la concordancia más próxima entre sus valores. Cuando el usuario selecciona un elemento de la lista, ese valor pasa automáticamente a mostrarse como contenido del cuadro combinado. En la lista, además de valores textuales se pueden incluir iconos.

Tiene dos posibles formas de uso. La primera y más simple en la que sólo se permite que el usuario escoja una opción de entre una lista fija de posibles valores. Esto es adecuado cuando hay poco espacio para presentar muchas opciones de la que sólo se puede elegir una (no hay espacio o no es adecuado utilizar botones de radio) o cuando estas opciones se calculan dentro del programa.

La segunda forma de uso es en la que, además de proporcionarse una serie de valores por omisión donde elegir, el usuario también puede introducir un nuevo valor. Esto permite orientar al usuario sobre posibles valores, simplificar la entrada sin fallos de aquéllos que son más frecuentes y a la vez permitirle introducir otros diferentes.

El contenido de un cuadro combinable desplegable viene dado por su modelo de datos que debe implementar la interfaz Java `ComboBoxModel` si es contenido fijo o `MutableComboBoxModel` si se pueden hacer cambios en el contenido. También existen constructores y métodos que crean automáticamente dichos modelos a partir de un array o de un vector de objetos. Además, se proporciona una implementación por defecto del modelo de datos de contenido variable mediante la clase `DefaultComboBoxModel`. En la Tabla 11.22 se presenta un resumen de sus métodos de utilidad.

CAPÍTULO [11] Construcción de una interfaz gráfica en Swing

Tabla 11.22. Métodos de uso frecuente de la clase `JComboBox`

Métodos	Funcionalidad
JComboBox() JComboBox(Object[]) JComboBox(Vector)	Constructores. El contenido inicial de la lista de valores se puede construir a partir de un array de objetos o de un vector.
void addItem(Object) void insertItemAt(Object, int)	Añade un objeto al final de la lista de valores o lo inserta en una determinada posición.
Object getItemAt(int) Object getSelectedItem()	Obtiene un elemento de una determinada posición o el actualmente seleccionado del cuadro combinado. Tienen los métodos set correspondientes para establecer estos valores.
void removeItemAt(int) void removeItem(Object)	Elimina un objeto de la lista de posibles valores.
void setEditable(boolean) boolean isEditable()	Establece u obtiene si un campo combinado es editable o no.
void setMaximumRowCount(int)	Establece el número máximo de filas que muestra para realizar la elección. Para acceder al resto presenta de forma automática barras de desplazamiento.

A continuación, se crea una clase que hereda de `JPanel` en la que se incluyen dos cuadros combinados, el primero no editable y el segundo editable. El contenido de los cuadros combinados es un array de cadenas. En la Figura 11.19 se muestra el resultado al añadir un objeto de esta clase en un ventana `JFrame`.

```java
public class PanelComboBox extends JPanel {
    String[] listaElementos = new String[15];
    public PanelComboBox(){
        for (int ind=0; ind<listaElementos.length; ind++)
            listaElementos[ind] = new String("elemento "+ ind);
        JComboBox combo1 = new JComboBox(listaElementos);
        JComboBox combo2 = new JComboBox(listaElementos);
        // el segundo se hace editable
        combo2.setEditable(true);
        combo2.setSelectedItem("OTRO");
        // sólo se visualizan 5 filas
        combo2.setMaximumRowCount(5);
        add(combo1);
        add(combo2);
    }
}//PanelComboBox
```

Otras clases gráficas de Swing

Swing incorpora, además, otras clases importantes que se enumeran a continuación y de las que se describe de forma breve su propósito.

- `JColorChooser`. Cuadro de diálogo que permite una elección de color a partir de una interfaz gráfica de una paleta de colores.
- `JDesktopPane`. Permite gestionar ventanas que incluyen varias capas para crear un escritorio virtual.

[253]

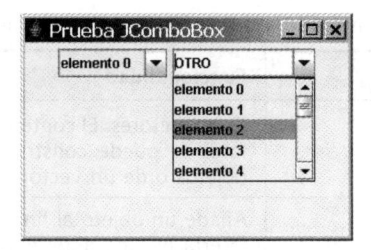

Figura 11.19. Ejemplo con las dos posibilidades de campo combinado: el de la izquierda es no editable y el de la derecha es editable.

- `JInternalFrame`. Es una ventana con marco que incluye todas las operaciones estándar con una ventana pero que se puede utilizar como un componente normal.
- `JLayeredPane`. Es un panel que puede tener varias capas. En cada una de las capas se pueden añadir componentes.
- `JProgressBar`. Barra configurable que muestra de forma gráfica la progresión temporal de una operación como un porcentaje de la longitud de la barra.
- `JRootPane`. Panel raíz que incluye un panel en capas, un panel transparente, un panel de contenido y opcionalmente una barra de menú.
- `JScrollBar`. Barra de desplazamiento.
- `JSlider`. Barra gráfica con un indicador deslizante asociado que sirve para obtener datos de entrada proporcionados por el usuario.
- `JTable`. Componente altamente configurable que permite visualizar tablas bidimensionales.
- `JToolTip`. Componente que muestra en una ventana emergente una breve información de ayuda contextual sobre otros componentes cuando el cursor se sitúa sobre ellos.
- `JTree`. Componente que permite visualizar datos organizados jerárquicamente en forma de árbol.
- `JViewport`. Panel que contiene información que se desplaza utilizando una barra de desplazamiento.

ADMINISTRADORES DE DISPOSICIÓN O DISEÑO (LAYOUT MANAGERS)

Un administrador de disposición o diseño es un objeto auxiliar que colabora con la aplicación, y con el sistema operativo en la que ésta se ejecuta, para determinar la mejor manera de mostrar los elementos gráficos en la ventana principal de la aplicación.

Un administrador de disposición permite una mayor flexibilidad y control para colocar los componentes gráficos dentro de un contenedor, a la vez que proporciona portabilidad e independencia frente a la plataforma concreta en la que se ejecuta. Por ejemplo, el programador no tiene que preocuparse sobre que pasa si el usuario cambia el tamaño de la ventana, el tamaño y la resolución de la pantalla, o si la aplicación pasa de ejecutarse en un PC con Windows a una computadora con UNÍX o Linux.

En las primeras versiones de Java, que sólo tenían AWT, se disponía de forma estándar de cinco administradores de diseño `FlowLayout`, `BorderLayout`, `GridLayout`, `CardLayout` y `GridBagLayout`. Swing, además de permitir que se utilicen los existentes en AWT, ha añadido nuevos administradores estándar entre los que cabe destacar `BoxLayout` por su utilidad y sencillez.

Conceptos básicos

La administración del diseño o disposición es el proceso en el que se determina el tamaño y la posición de los componentes gráficos de un contenedor. En este proceso se tiene en cuenta las sugerencias de tamaño de cada componente (su tamaño mínimo, preferido y máximo) y, en la mayoría de los casos el orden en el que se han añadido al contenedor (según el orden en la lista de componentes del contenedor). El administrador de diseño actúa de forma automática cada vez que se ha realizado alguna modificación en el contenedor que pueda producir un cambio en su presentación gráfica.

Cada contenedor tiene asignado un administrador de diseño por defecto. En el constructor de cada contenedor se crea y se asigna un administrador de disposición por defecto, que puede ser cambiado por el programador. `JPanel` tiene como administrador de diseño un objeto `FlowLayout`. Los paneles de contenido de los contenedores de alto nivel, como, por ejemplo, `JFrame` tiene asociado como administrador un objeto `BorderLayout`.

Si el programador desea cambiar el administrador por defecto de un determinado contenedor primero debe crear un objeto del tipo de administrador deseado y después asignárselo al contenedor. La asignación se realiza mediante el método `void setLayout(LayoutManager)` de `Container`. El tipo de administrador puede modificar la forma en la que se añaden los componentes al contenedor. Por ejemplo, como `BorderLayout` organiza el contenedor en distintas zonas en el método `add` además de proporcionar el componente hay que indicar en qué zona se quiere colocar.

Otra posibilidad es no utilizar ningún administrador de diseño y realizar una colocación absoluta de los componentes dentro del contenedor. Para esto simplemente hay que especificar que el administrador para dicho contenedor es `null`. No obstante, esta posibilidad no es muy recomendable en la mayoría de los casos, ya que la aplicación puede no presentarse de forma adecuada si se ejecuta en una plataforma diferente o se cambia el tamaño o resolución del monitor.

De modo general, hay que tener en cuenta los administradores de disposición con los paneles (`JPanel`) y con los paneles de contenido de los contenedores de alto nivel (por ejemplo, `JFrame`). Si no se desea utilizar el que incorporan por defecto se cambia por otro y se tiene en cuenta a la hora de añadir los componentes.

Es necesario hacer notar que utilizar un administrador de disposición más sofisticado no es la única manera de crear presentaciones gráficas complejas. Otra posibilidad es la de realizar agrupaciones de los componentes utilizando varios paneles, en cada uno de los cuales se utiliza el diseño que convenga, para finalmente añadir estos paneles al contenedor de alto nivel.

FlowLayout

Es el administrador de disposición más simple que proporciona Java y es el que se proporciona por defecto en los paneles (`JPanel`). Los componentes se colocan de forma secuencial, uno a continuación de otro, hasta ocupar el espacio completo asignado al contenedor según el orden en el que han sido añadidos. Si no caben en una línea se sigue en la siguiente, de forma similar a como se hace el ajuste automático con las palabras y líneas de un párrafo. La dirección de colocación de los componentes depende de la propiedad `componentOrientation` del contenedor cuyo valor puede ser: `LEFT_TO_RIGHT` o `RIGHT_TO_LEFT`. Los componentes se dimensionan según el tamaño que necesitan (su tamaño preferido) y dentro de cada línea se muestran centrados por defecto.

Proporciona tres constructores, uno sin argumentos (`FlowLayout()`) y otros dos con argumentos. En el constructor `FlowLayout(int)` se especifica la alineación de los componentes dentro de las filas. Para cambiar entre esta alineación centrada predeterminada y una alineación a la derecha o a la izquierda se proporcionan tres constantes de clase: `CENTER`, `RIGHT` y `LEFT`. Con `FlowLayout(int, int, int)` además de la alineación se proporciona el espacio horizontal y vertical que se deja entre los componentes (por defecto este espacio es de 5 pixels). En la Figura 11.20 se presentan dos capturas de cinco botones dispuestos en un panel con este administrador. Al modificar el tamaño de la ventana pasan a ocupar dos líneas en vez de una.

BorderLayout

Este administrador de disposición está basado en dividir el contenedor en cinco zonas, una central y otras cuatro según los puntos cardinales. Los puntos cardinales norte, sur, este y oeste se corresponden con las partes superior, inferior, izquierda y derecha del contenedor. No es necesario utilizar todas las zonas, de modo que las zonas ocupadas se reparten el espacio disponible. La zona central se considera privilegiada y trata de ocupar la mayor parte del espacio del contenedor.

Éste es el administrador utilizado por defecto en el panel de contenido de los contenedores de alto nivel (por ejemplo, `JFrame`, `JDialog`). Al añadir un componente a un contenedor que utilice `BorderLayout` se debe indicar la zona en que se quiere colocar. Cada una de las zonas está identificada por la correspondiente constante de clase: `CENTER`, `NORTH`, `SOUTH`, `EAST` y `WEST`. Por tanto, para colocar un componente en la zona sur en un panel de contenido se debe hacer: `panelContenido.add(componente, BorderLayout.SOUTH)`. El componente añadido trata de ocupar todo el espacio asignado a su zona y, por defecto, no se deja espacio entre las distintas zonas. Si sólo se incluye un componente y no se indica ninguna zona, por defecto se coloca en la zona central y ocupa todo el espacio disponible.

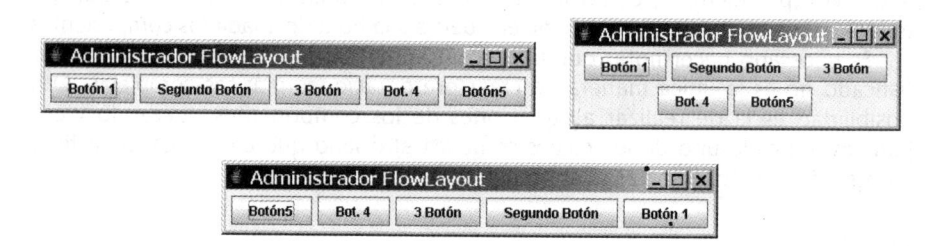

Figura 11.20. Capturas con el administrador de disposición `FlowLayout`. La original, después de cambiar el tamaño de la ventana y cambiando la orientación mediante `panel.setComponentOrientation(ComponentOrientation.RIGHT_TO_LEFT);`.

Además, `BorderLayout` permite la utilización de constantes de posicionamiento relativas a la orientación (y, por tanto, a las características de localidad) del contenedor. Estas constantes son: PAGE_START, PAGE_END, LINE_START, y LINE_END. Si la orientación del componente es de izquierda a derecha coinciden con norte, sur, este y oeste respectivamente.

Proporciona dos constructores, uno vacío (`BorderLayout()`) y otro en el que se puede especificar en pixels una separación horizontal y vertical entre zonas (`BorderLayout(int, int)`).

En el siguiente ejemplo se crean cinco botones y se añaden al panel de contenido de una ventana `JFrame` que usa este administrador de disposición. En la Figura 11.21 se presenta su resultado gráfico.

```java
public class PruebaBorderLayout extends JFrame {

    public PruebaBorderLayout(){
        // se crean los botones
        JButton b1, b2, b3, b4, b5;
        b1 = new JButton("Botón 1 (CENTER)");
        b2 = new JButton("Segundo Botón (NORTH)");
        b3 = new JButton("3 Botón (SOUTH)");
        b4 = new JButton("Bot. 4 (EAST)");
        b5 = new JButton("Botón5 (WEST)");
        // se añaden los botones
        add(b1, BorderLayout.CENTER);
        add(b2, BorderLayout.NORTH);
        add(b3, BorderLayout.SOUTH);
        add(b4, BorderLayout.EAST);
        add(b5, BorderLayout.WEST);
    }

    public static void main(String args[]) {
        PruebaBorderLayout ventana = new PruebaBorderLayout();
        ventana.setTitle("Administrador BorderLayout");
        ventana.pack();
        ventana.setVisible(true);
    }
}//PruebaBorderLayout
```

Ejemplo 11.2. Ejemplo de uso del administrador de disposición BorderLayout.

GridLayout

Con `GridLayout` los componentes se colocan en una matriz de celdas (definida por el número de filas y el número de columnas) que ocupa todo el espacio asig-

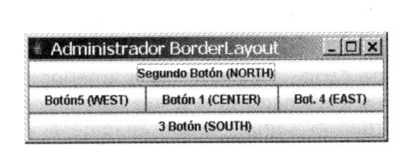

Figura 11.21. Administrador de disposición `BorderLayout`. Al aumentar el tamaño el elemento situado en el centro ocupa más espacio.

Figura 11.22. Administrador de disposición `GridLayout`. En la imagen izquierda simplemente se ha cambiado la orientación del componente a `RIGHT_TO_LEFT`.

nado al contenedor. Todas las celdas son iguales y los componentes utilizan todo el espacio disponible para cada celda.

Al añadir los componentes se va rellenando la matriz primero por filas (en función de la orientación del componente), cuando una fila está llena se pasa a la siguiente. Proporciona dos constructores, uno en el que sólo se indican el número de filas y el número de columnas de la matriz (`GridLayout(int, int)`) y otro en el que, además, se especifica en pixels la separación horizontal y vertical entre celdas (`GridLayout(int, int, int, int)`). Por lo menos uno de los argumentos que especifica el número de filas o el número de columnas debe ser distinto de cero. Por defecto, no hay espacio de separación entre las celdas. En la Figura 11.22 se presentan dos capturas del resultado de organizar cinco botones con este administrador en función de la orientación.

CardLayout

Este administrador de disposición, permite gestionar distintos componentes (normalmente paneles) que ocupan un mismo espacio de forma que en cada momento sólo uno de ellos es visible. Utiliza la idea de un mazo de tarjetas o cartas donde sólo es visible la primera de ellas, de modo que para visualizar las otras hay que ir poniéndolas sucesivamente en la parte superior del mazo.

La ordenación del mazo de cartas viene determinada por el orden en el que se han añadido los componentes. Inicialmente la carta o componente visible es el que se ha añadido primero. En CardLayout se proporciona el método `addLayoutComponent(Container, Object)` para que al añadir un componente al contenedor se le pueda asignar un nombre que simplifique su acceso posterior (el segundo argumento debe ser una cadena). En la Tabla 11.23 se presentan los métodos de uso frecuente de esta clase.

Tabla 11.23. Métodos de uso frecuente de la clase `CardLayout`

Métodos	Funcionalidad
CardLayout() CardLayout(int, int)	Constructores. Se puede proporcionar la separación horizontal y vertical en pixels.
addLayoutComponent(Container, Object)	Añade un componente al contenedor gestionado por CardLayout y le asigna un nombre.
void first(Container) void last(Container) void next(Container) void previous(Container)	Selecciona la primera carta o componente del contenedor, la última carta, la siguiente o la anterior del mazo. Al ser seleccionado se muestra automáticamente. El orden es según se han añadido al contenedor.
void show(Container, String)	Muestra la carta cuyo nombre se proporciona.

CAPÍTULO [11] Construcción de una interfaz gráfica en Swing

`CardLayout` define un conjunto de métodos que permiten recorrer el mazo de cartas secuencialmente (de la primera a la última o al revés) o mostrar una carta determinada a partir de su nombre.

Actualmente, este administrador de disposición ya no se usa mucho debido a que el panel `JTabbedPane` incorpora una funcionalidad similar pero necesita menos programación y, por tanto, es más sencillo de utilizar por parte de los programadores.

BoxLayout

Este administrador de disposición es el más utilizado de los nuevos diseños que incluye Swing. Con `BoxLayout` los componentes se organizan de acuerdo a un parámetro eje en una única fila, o en una única columna. La ordenación concreta dentro de la fila o columna puede ser absoluta: `X_AXIS` (horizontalmente de izquierda a derecha) y `Y_AXIS` (verticalmente de arriba abajo), o relativa dependiendo de la característica de orientación del componente: `LINE_AXIS` (como se organizan las palabras en una línea) y `PAGE_AXIS` (como se organizan las líneas en una página). Otra particularidad importante es que sus componentes no tienen que tener ni el mismo tamaño ni la misma alineación. En el cálculo de la presentación, además del tamaño asignado al contenedor, se tienen en cuenta las sugerencias de tamaño (máximo, mínimo, preferido) y de alineación de cada uno de los componentes individuales. Es el diseño por defecto de las barras de herramientas (`JToolBar`).

Si se crea un `BoxLayout` con eje vertical (`PAGE_AXIS`), y el componente tiene la orientación de izquierda a derecha, organiza los componentes uno encima del otro empezando por el borde superior izquierdo del contenedor. Trata de ocupar el máximo espacio asignado al contenedor, pero respeta las alturas máximas y mínimas de cada uno de los componentes y no deja espacio entre ellos. Si sobra espacio se deja sin ocupar en la parte inferior del contenedor. Un aspecto crucial para la apariencia final de los objetos dentro del contenedor es su alineación (centrada, izquierda o derecha). Como regla sencilla, salvo que se quiera algún efecto especial, los componentes deberían tener la misma alineación horizontal (se establece mediante `setAligmentX()` de `Component`). El comportamiento de `BoxLayout` es el mismo cuando organiza los elementos en una línea en vez de en una columna, realizando los cambios correspondientes (X por Y, anchura por altura).

Este administrador tiene la particularidad de que en su constructor hay que indicar el contenedor al que va a ser asignado. Además, hay que hacer la asignación como con los otros administradores. Unificando las dos operaciones en una, la asignación de un BoxLayout a un objetoContenedor se puede hacer así: `objetoContenedor.setLayout(new BoxLayout(objetoContenedor, Y_AXYS))`.

Con el objeto de proporcionar mayores posibilidades y mejorar la presentación este administrador permite incluir elementos invisibles como relleno que crean separaciones entre los componentes del contenedor. La forma de implementarlo es mediante una clase de contenedor especial, la clase `Box` que tiene a `BoxLayout` como su administrador de diseño por defecto y proporciona varios métodos estáticos o de clase para crear elementos invisibles. Los elementos invisibles más útiles, a la vez que sencillos de utilizar, son las áreas rígidas y los "pegamentos o gomas extensibles". Las áreas rígidas proporcionan un espacio fijo entre dos componentes. Si se añade un objeto "pegamento o goma extensible" (me-

Tabla 11.24. Métodos de uso frecuente de las clases BoxLayout y Box

Métodos	Funcionalidad
BoxLayout(Container, int)	Constructor. Para el contenedor especificado crea un BoxLayout con la orientación proporcionada. La orientación puede ser horizontal (X_AXIS) o vertical (Y_AXIS), de línea (LINE_AXIS) y de página (PAGE_AXIS).
Component createRigidArea(Dimension)	Método éste de la clase Box. Crea un componente rígido invisible que ocupa una zona de tamaño fijo.
Component createHorizontalGlue() Component createVerticalGlue() Component createGlue()	Métodos estáticos de la clase Box. Crean una «goma extensible» que permite distribuir el espacio sobrante entre dos componentes en vez de dejarlo vacío en un extremo.

diante add(Box.createGlue()) si hay espacio libre en el contenedor, se distribuirá entre los dos componentes adyacentes al pegamento, en vez de dejarlo vacío al final del contenedor. Añadiendo pegamento entre todos los componentes se puede lograr repartir este espacio de manera uniforme. En la Tabla 11.24 se presentan algunos métodos de uso frecuente de las clases BoxLayout y Box.

En el siguiente ejemplo se crea un panel en el que se establece BoxLayout como administrador de disposición. Se crean cinco botones que se añaden al panel y entre ellos se incluye pegamento para lograr una distribución uniforme del espacio sobrante en el contenedor. En la Figura 11.23 —de izquierda a derecha— se presentan cuatro ejemplos del resultado de añadir los botones sin pegamento, sólo con un pegamento entre dos botones, con pegamento entre todos y con pegamento entre todos pero cambiando la orientación a RIGHT_TO_LEFT, que corresponde al código presentado.

```java
public class PruebaBoxLayout4 extends JFrame {
    PruebaBoxLayout4(){
        JButton b1, b2, b3, b4, b5;
        b1 = new JButton("Botón 1");
        b2 = new JButton("Segundo Botón");
        b3 = new JButton("3 Botón");
        b4 = new JButton("Bot. 4");
        b5 = new JButton("Botón5");

        JPanel panel = new JPanel();
        // se asigna un BoxLayout de pagina al panel
        panel.setLayout(new BoxLayout(panel, BoxLayout.PAGE_AXIS));
        // se añaden los botones y pegamentos al panel
        panel.add(b1);
        panel.add(Box.createGlue());
        panel.add(b2);
        panel.add(Box.createGlue());
        panel.add(b3);
        panel.add(Box.createGlue());
        panel.add(b4);
        panel.add(Box.createGlue());
        panel.add(b5);
```

```
        add(panel);
        // se modifica la orientación
        panel.setComponentOrientation(ComponentOrientation.RIGHT_TO_LEFT);

        setTitle("BoxLayout4");
        pack();
        setVisible(true);
    }

    public static void main(String args[]) {
        PruebaBoxLayout4 ventana = new PruebaBoxLayout4();
    }
} // PruebaBoxLayout4
```

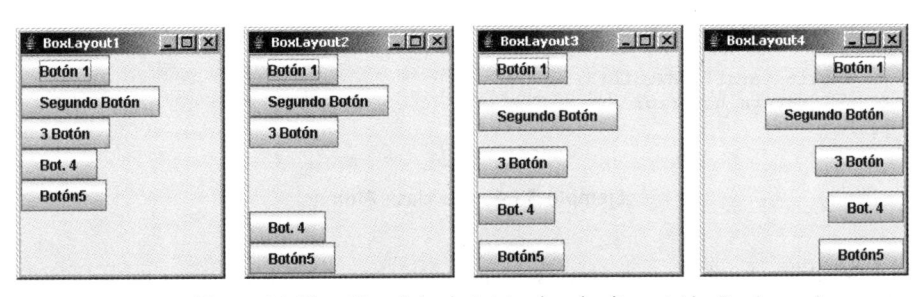

Ejemplo 11.3. Ejemplo de uso del administrador de disposición BoxLayout.

GridBagLayout

Éste es el administrador de disposición más versátil y funcional aunque también es complejo de entender y requiere una mayor programación. Permite organizar los componentes tanto verticalmente como horizontalmente aunque tengan distinto tamaño. Con este propósito mantiene una matriz de celdas, donde las filas y columnas pueden tener distinto tamaño, en las que se sitúan los componentes. Un componente puede ocupar varias celdas contiguas.

La situación y el espacio ocupado por cada uno de los componentes se describen por medio de restricciones (*constrains*). A cada componente se le asocia un objeto de la clase `GridBagConstrains` que especifica las restricciones y que, junto con las indicaciones de tamaño del componente (tamaño mínimo y tamaño preferido), determinan la presentación final del objeto en el contenedor. En la Figura 11.24 se presenta un ejemplo sencillo de un panel con cinco botones que usa este administrador de disposición. El botón cinco ocupa el doble de espacio que el resto de los otros botones.

El uso de este administrador de disposición es complejo ya que se pueden configurar muchos aspectos, como, por ejemplo, dónde se sitúa cada componente, las filas y columnas que ocupa, el espaciado entre componentes, etc.

IMPORTANTE: En general, combinando distintos contenedores a los que se les aplican diseños diferentes, se puede conseguir una presentación similar a la proporcionada por `GridBagLayout` **pero de una forma más simple.**

Figura 11.23. Uso del administrador de disposición BoxLayout

Figura 11.24. Administrador de disposición `GridBagLayout`.

IMPLEMENTACIÓN DE LA INTERFAZ GRÁFICA DE UNA APLICACIÓN DE GESTIÓN DE UN GRUPO DE ALUMNOS

En este apartado se aplican los contenidos de este tema y del tema anterior para proporcionar una interfaz gráfica de usuario a una aplicación muy sencilla que gestiona un grupo de alumnos.

Se toma como punto de partida el ejemplo simplificado de la clase `Alumno` presentada en temas anteriores, con un único constructor y un único método de acceso. Por simplicidad, a la clase Alumno se le añade un método `toString()` que proporciona una representación del alumno en formato cadena y que permite, por ejemplo, escribir directamente un alumno mediante un `System.out.println(alumno)` o presentarlo directamente en una lista (`JList`).

```
import java.util.*;

public class Alumno {
    private String nombre;
    private String apellidos;
    private int añoDeNacimiento;
    private Horario horario;

    public Alumno(String nombre, String apellidos, int año, Horario horario){
        this.nombre= nombre;
        this.apellidos= apellidos;
        añoDeNacimiento= año;
        this.horario= horario;
    }

    public String toString(){
        Formatter formato = new Formatter();
        formato.format("%-25s - %4d Horario: %7s", nombre + " " + apellidos, añoDeNacimiento, horario);
        return formato.toString();
    }

    public Horario dameHorario(){
        return horario;
    }
}
```

Ejemplo 11.4. La clase Alumno.

Se utiliza también una clase simple `Aplicacion` que gestiona un grupo de alumnos y los mantiene en una lista de tipo `ArrayList`. Esta clase pertenece al

CAPÍTULO [11] Construcción de una interfaz gráfica en Swing

paquete java.util y es muy versátil porque puede modificar su tamaño durante la ejecución del programa y permite el uso de iteradores. La aplicación tiene dos métodos de utilidad uno para añadir alumnos y otro para obtener el contenido de la lista.

```
public class Aplicacion{
    // se usa la interfaz de lista para declarar la lista en la
    // que se irán añadiendo los alumnos
    java.util.List<Alumno> lista;
    public Aplicacion(){
        // se instancia la lista con un ArrayList pero podría cambiarse por
        // un Vector o una LinkedList y seguiría funcionando igual
        lista = new ArrayList<Alumno>();
    }
    public void añadir(Alumno alumno){
        lista.add(alumno);
    }
    // devuelve una lista y no un ArrayList para poder modificar
    // la implementación de dicha lista
    public java.util.List<Alumno> dameContenido(){
        return lista;
    }
}//Aplicacion
```

Ejemplo 11.5. La clase Aplicación para manejar una lista de alumnos.

La ventana gráfica principal de la aplicación la proporciona la clase `InterfazGrafica` que se crea especializando la clase `JFrame`. Uno de los campos de esta clase es un objeto del tipo aplicación a la que proporciona la interfaz gráfica. Esta ventana tiene un menú de interacción y un panel de contenido que incluye una lista y dos botones de operación (Figura 11.25). En el constructor se crean los distintos elementos del panel de contenido, del menú, y los oyentes de acciones que se asignan a los componentes adecuados.

La obtención de datos del usuario así como los avisos se realizan por medio de cuadros de diálogo. Se aprovecha la potencialidad proporcionada por JOptionPane para crear de forma sencilla estos cuadros de diálogo, tanto en la creación de nuevos alumnos como para mostrar los mensajes correspondientes cuando no se añade un nuevo alumno. Por ejemplo, se muestran mensajes de aviso cuando el usuario cancela la operación y un mensaje de error cuando no se dan los datos necesarios (nombre o apellidos) o cuando se proporciona un número incorrecto. En la Figura 11.26 se presentan estos dos tipos de cuadros de diálogo.

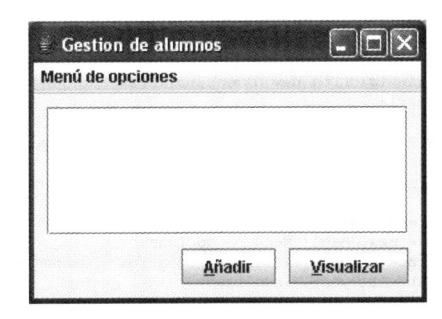

Figura 11.25. Ventana principal de la aplicación.

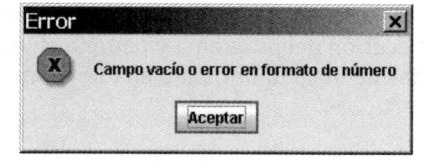

Figura 11.26. Cuadros de diálogo para indicar al usuario ha cancelado la operación o que se ha producido un problema de modo que la operación no se realiza.

Como clases internas se incluyen tres clases de oyentes que responden a las acciones de añadir un nuevo alumno (OyenteNuevo), visualizar en la lista los alumnos existentes (OyenteVisualizar) o visualizar en la lista los alumnos en función del turno al que correspondan (OyenteHorario). La ventaja de que sean clases internas es que tienen acceso directo a los miembros de la clase InterfazGráfica de modo que no hay que crear los métodos de acceso correspondientes.

```java
import javax.swing.*;
import javax.swing.border.*;
import java.awt.*;
import java.awt.event.*;
import java.util.*;

public class InterfazGrafica extends JFrame {
    private Aplicacion aplicacion;
    private JButton añadir;
    private JButton visualizar;
    private DefaultListModel modeloLista;

    public InterfazGrafica(Aplicacion aplicacion){
        this.aplicacion= aplicacion;
        OyenteVisualizar oyenteVisualizar = new OyenteVisualizar();
        OyenteHorario oyenteHorario = new OyenteHorario();
        JPanel panel = new JPanel();
        panel.setLayout(new BoxLayout(panel, BoxLayout.Y_AXIS));
        panel.setBorder(new EmptyBorder(10,10,10,10));
        modeloLista= new DefaultListModel();
        JList lista = new JList(modeloLista);
        panel.add(new JScrollPane(lista));

        JPanel panel2 = new JPanel();
        panel2.setLayout(new BoxLayout(panel2, BoxLayout.X_AXIS));
        panel2.setBorder(new EmptyBorder(0,10,10,10));
        añadir = new JButton("Añadir");
        añadir.setMnemonic("A");
        añadir.addActionListener(new OyenteNuevo());
        visualizar = new JButton("Visualizar");
        visualizar.setMnemonic("V");
        visualizar.addActionListener( oyenteVisualizar);
        panel2.add(Box.createHorizontalGlue());
        panel2.add(añadir);
        panel2.add(Box.createRigidArea(new Dimension(10,0)));
        panel2.add(visualizar);

        this.setLayout(new BoxLayout(this.getContentPane(), BoxLayout.Y_AXIS));
        add(panel);
        add(panel2);
        // menus
        JMenuBar barraMenu = new JMenuBar();
        JMenu menuOpciones = new JMenu("Menú de opciones");
        JMenuItem listar = new JMenuItem("Listar todos los alumnos");
        listar.addActionListener(oyenteVisualizar);
        menuOpciones.add(listar);
        // separador
        menuOpciones.add(new JSeparator());
```

CAPÍTULO [11] Construcción de una interfaz gráfica en Swing

```java
        JMenuItem listarTarde = new JMenuItem("Ver alumnos de la tarde");
        listarTarde.setActionCommand("tarde");
        listarTarde.addActionListener(oyenteHorario);
        menuOpciones.add(listarTarde);
        JMenuItem listarMañana = new JMenuItem("Ver alumnos de la mañana");
        listarMañana.setActionCommand("mañana");
        listarMañana.addActionListener(oyenteHorario);
        menuOpciones.add(listarMañana);
        barraMenu.add(menuOpciones);
        // establecer como barra de menús en contenedor de alto nivel
        setJMenuBar(barraMenu);

        setDefaultCloseOperation(JFrame.EXIT_ON_CLOSE);
        setTitle("Gestion de alumnos");
        setSize(300,250);
        setVisible(true);
    }

    class OyenteNuevo implements ActionListener{
        public void actionPerformed(ActionEvent evento){
            boolean error= false;
            PanelDatosAlumno panel = new PanelDatosAlumno();
            if (JOptionPane.showConfirmDialog(null
                        ,panel
                        ,"Introduzca datos"
                        ,JOptionPane.OK_CANCEL_OPTION
                        ,JOptionPane.PLAIN_MESSAGE
                        ) == JOptionPane.OK_OPTION) {
                String nombre = panel.campoNombre.getText();
                String apellidos = panel.campoApellidos.getText();
                int año=0;
                try {
                    año = Integer.parseInt(panel.campoAño.getText());
                }
                catch (Exception e){
                    error= true;
                }
                error = error || (nombre.length() ==0) || (apellidos.length() ==0);
                if (error)
                    JOptionPane.showMessageDialog(null,
                        "Campo vacío o error en formato de número",
                        "Error",
                        JOptionPane.ERROR_MESSAGE);
                Horario turno;
                if (panel.mañana.isSelected())
                    turno = Horario.MAÑANA;
                else
                    turno = Horario.TARDE;
                if (!error) {
                    Alumno alumno = new Alumno(nombre, apellidos, año, turno);
                    aplicacion.añadir(alumno);
                }
            }
            else{
                JOptionPane.showMessageDialog(null,
                    "Operación no realizada",
                    "Aviso",
                    JOptionPane.WARNING_MESSAGE);
            }
        }
    } //OyenteNuevo

    class OyenteVisualizar implements ActionListener{
        public void actionPerformed(ActionEvent evento){
            modeloLista.clear();
            Iterator iterador = aplicacion.dameContenido().listIterator();
            while (iterador.hasNext())
                modeloLista.addElement(iterador.next());
        }
    } //OyenteVisualizar
```

[265]

```
class OyenteHorario implements ActionListener {
    public void actionPerformed(ActionEvent evento){
        Alumno alumno;
        String accion=evento.getActionCommand();
        modeloLista.clear();
        Iterator iterador = aplicacion.dameContenido().listIterator();
        while (iterador.hasNext()) {
            alumno = (Alumno) iterador.next();
            if (((accion.equals("tarde")) && (alumno.dameHorario() == Horario.TARDE)) ||
                ((accion.equals("mañana")) && (alumno.dameHorario() == Horario.MAÑANA)))
                    modeloLista.addElement(alumno);
        }
    }
}
```

Ejemplo 11.6. El programa de manejo de alumnos con interfaz gráfica.

En la interfaz gráfica se utiliza la clase auxiliar `PanelDatosAlumno` para crear el cuadro de diálogo de petición de datos del nuevo alumno. Esta clase es una especialización de `JPanel` en la que se incluyen tres campos de texto (para el nombre, apellidos y el año) con sus correspondientes etiquetas identificativas y dos botones de radio para indicar el turno (de mañana o tarde). En la Figura 11.27 se presenta el cuadro de diálogo de petición de datos al usuario que utiliza un objeto de esta clase. Por simplicidad, para evitar los métodos de acceso oportunos todos sus miembros son públicos. Esta clase auxiliar permite simplificar el código de la clase principal de la interfaz gráfica encapsulando todos estos componentes en un único objeto. Además, en una aplicación más compleja se podría reutilizar con otros propósitos, como, por ejemplo, para permitir la modificación o para mostrar los datos de un alumno.

```
class PanelDatosAlumno extends JPanel{
    JTextField campoNombre;
    JTextField campoApellidos;
    JTextField campoAño;
    JRadioButton mañana;
    JRadioButton tarde;
    PanelDatosAlumno(){
        ///////// panel de datos del alumno //////////
        setLayout(new GridLayout(4,2));
        JLabel etiquetaNombre = new JLabel("Nombre: ", JLabel.RIGHT);
        campoNombre = new JTextField();
        add(etiquetaNombre);
        add(campoNombre);

        JLabel etiquetaApellidos = new JLabel("Apellidos: ", JLabel.RIGHT);
        campoApellidos = new JTextField();
        add(etiquetaApellidos);
        add(campoApellidos);

        JLabel etiquetaAño = new JLabel("Año nacimiento: ", JLabel.RIGHT);
        campoAño = new JTextField();
        add(etiquetaAño);
        add(campoAño);

        ButtonGroup grupoBotones = new ButtonGroup();
        mañana = new JRadioButton("Grupo Mañana", true);
        mañana.setMnemonic('M');
        tarde = new JRadioButton("Grupo Tarde");
        tarde.setMnemonic('T');
        grupoBotones.add(mañana);
        grupoBotones.add(tarde);
        add(mañana);
        add(tarde);
    }
} // PanelDatosAlumno
```

Ejemplo 11.7. Clase para introducir los datos de los alumnos.

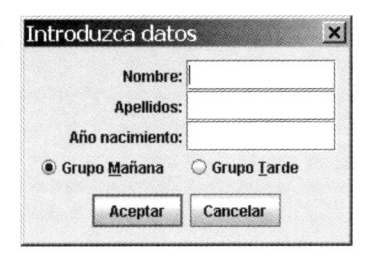

CAPÍTULO [11] Construcción de una interfaz gráfica en Swing

Figura 11.27. Cuadro de diálogo de introducción de datos de los alumnos.

Finalmente, se añade una clase `EjecutarAplicacion` que relaciona la aplicación con la interfaz gráfica para la cual incluye un método principal en el que se crean los objetos de las clases `Aplicacion` e `InterfazGrafica`. Por tanto, para lanzar la aplicación se debe utilizar `EjecutarAplicacion` como clase principal.

```
public class EjecutarAplicacion{
    public static void main(String args[]) {
        Aplicacion aplicacion= new Aplicacion();
        InterfazGrafica ventana = new InterfazGrafica(aplicacion);
    }
} // EjecutarAplicacion
```

Ejemplo 11.8. Clase principal del programa de manejo de alumnos.

Cada una de estas clases debe ir en su archivo correspondiente con las instrucciones de importación adecuadas. En este caso los paquetes implicados son `javax.swing`, `java.awt.event`, `java.awt` y `java.util`.

Cabe destacar que la aplicación es completamente independiente de su interfaz gráfica y, de hecho, no necesita disponer de ninguna referencia a dicha interfaz.

CAPÍTULO

[12]

Applets

[Notas]

Applets

En este tema se presentan las *applets*, aplicaciones que se ejecutan dentro de un navegador de Internet. Las applets son, probablemente, la principal razón del gran éxito inicial y de la repercusión pública que ha tenido el lenguaje Java, ya que es el lenguaje más empleado en el desarrollo de programas para Internet. En general, los navegadores de Internet más habituales son compatibles con Java, es decir, incorporan una máquina virtual Java, de modo que pueden ejecutar las applets.

Hasta ahora, en este libro, se han desarrollado aplicaciones con interfaz textual y con interfaz gráfica que se ejecutan de forma independiente como otro programa normal realizado en cualquier lenguaje de programación. Con las applets se crean programas con interfaz gráfica que se pueden incorporar de una forma sencilla a una página web. Cuando la página se visualiza en un navegador compatible con Java, el código de la applet se transfiere a la computadora y se ejecuta de forma automática. Java incorpora medidas de seguridad para restringir sus funcionalidades de modo que no se realicen operaciones indebidas o peligrosas, ya que las applets se ejecutan en la computadora en la que se visualizan las páginas web.

El nombre de applet es un diminutivo que originariamente significaba «aplicación pequeña» que se ejecuta dentro de otro programa. Actualmente, se utiliza más con el sentido de aplicación que los usuarios ejecutan mediante un navegador de Internet (otras denominaciones son subprograma o miniaplicación). Al ser las applets aplicaciones gráficas, pequeñas o grandes, todos los conceptos explicados en el tema anterior también son aplicables al diseño y creación de applets.

En este capítulo se trata la creación de applets con Swing. Las applets Swing presentan varios cambios respecto a las applets Java de versiones anteriores a Java 1.2 que las hacen incompatibles con ellas. Por ejemplo, las applet Swing son especializaciones de `JApplet` que es un contenedor de alto nivel y no de `Applet`.

Como Java está en continua evolución se pueden presentar problemas al visualizar las applets creadas con Swing en un navegador de Internet. No obstante, siempre es posible ejecutar las applets con el programa visualizador de applets (*AppletViewer*) incluido de forma gratuita en el JDK.

> **IMPORTANTE:** En el sitio web de Sun (*www.sun.com*) se puede encontrar información actualizada, así como complementos (*plug-ins*) y conversores, para resolver los posibles problemas existentes con distintos navegadores.

Entorno y ciclo de vida de un applet

Las applets son aplicaciones con interfaz gráfica que, por tanto, pueden contener a otros contenedores y componentes gráficos, y que se ejecutan dentro de otra aplicación mayor que le proporciona el entorno de ejecución. En realidad, una applet es un tipo especializado de panel que se ejecuta dentro de otro programa (por ejemplo, navegador, AppletViewer) que le suministra la funcionalidad y el soporte que habitualmente proporciona la ventana principal de una aplicación. El programa dentro del que se ejecuta la applet le comunica los sucesos relevantes, es decir, cuándo se tiene que crear, cuándo se tiene que ejecutar, cuándo se tiene que detener y cuándo se tiene que destruir. Estos sucesos conforman el *ciclo de vida* de una applet.

Como una applet se ejecuta en el entorno proporcionado por el navegador, normalmente no incluye ni método principal ni constructores. Su ejecución está determinada por unos métodos fijos de la applet que ejecuta directamente el navegador en respuesta a cada uno de los sucesos relevantes de su ciclo de vida. Por ejemplo, cuando se crea un applet se ejecuta el método `init()` y cuando se destruye se ejecuta el método `destroy()`.

Las applets Swing se crean siempre especializando la clase `JApplet` que proporciona el comportamiento por defecto y el marco de trabajo para su creación. La idea clave es que al crearse por especialización se heredan los métodos incluidos en `JApplet` (y en `java.applet.Applet`), de modo que en la applet sólo hay que reescribir aquellos métodos necesarios para obtener el comportamiento deseado. En la Figura 12.1 se presenta la jerarquía de clases relacionadas con las applets.

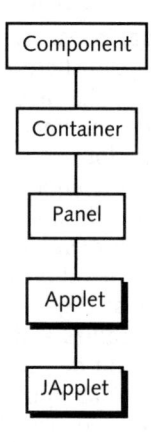

```
Component
   │
Container
   │
 Panel
   │
 Applet
   │
 JApplet
```

Figura 12.1. Jerarquía de clases relacionadas con las applets.

Los métodos (definidos en `java.applet.Applet`) que controlan la creación, ejecución y destrucción de una applet son los siguientes:

- `init()`   Es el método que se ejecuta cuando se carga la applet por primera vez en el navegador y es donde se deben realizar todas las tareas de inicialización. Normalmente, es donde se construye la interfaz gráfica de usuario. En general, siempre se reescribe este método con el código que en una aplicación normal se incluiría en el constructor.
- `start()`   Es el método que se ejecuta después del método `init()` y cada vez que el usuario vuelve a la página web que contiene la applet. Es decir, se ejecuta siempre que la applet pasa a estar visible de modo que puede ejecutarse muchas veces en la vida de una applet. Sirve para indicar a la applet que debe iniciar su ejecución normal. Debe reescribirse si hay alguna operación que se desea que se ejecute cada vez que se visite la página web que la contiene.
- `stop()`   Es el método que se ejecuta cada vez que el usuario abandona la página web que contiene la applet. Permite detener o suspender temporalmente operaciones costosas cuando la applet no es visible. Estas operaciones se deberían reanudar en el método `start()` para que la applet funcione correctamente. Este método también se ejecuta antes de destruir la applet.
- `destroy()`   Es el método que se ejecuta cuando se va a descargar o destruir completamente la applet. En este método se deberían liberar los recursos del sistema que pudieran estar asignados a la applet.

Hay que destacar que sólo hay que reescribir aquellos métodos en los que se está interesado, de modo que hay applets que sólo reescriben el método `init()`. Si una vez creada e inicializada la applet se debe comenzar a realizar alguna tarea entonces hay que reescribir el método `start()`. Normalmente, las applets que incluyen un método `start()` propio también deberían incluir un método `stop()`. En las applets básicas generalmente no es necesario incluir un método `destroy()`.

Creación de una applet

La creación de una applet es muy similar a la construcción de cualquier otra aplicación con interfaz gráfica de usuario. Los pasos habituales para la creación de una applet Swing son los siguientes:

1. La clase principal de la applet debe heredar de la clase `JApplet` que le proporciona la comunicación con el entorno y la funcionalidad básica de ejecución.
2. Se debe definir el método `init()` para inicializar todos los elementos de la applet. Aquí, se construye la interfaz gráfica de usuario que en las aplicaciones gráficas normales se incluía en el constructor.
3. Se pueden definir los métodos `start()`, `stop()` y `destroy()` para obtener el comportamiento deseado.
4. Se debe crear con HTML una página web que contenga a la applet.

La applet se ejecuta cuando se carga y visualiza en un navegador la página web que la contiene. El navegador de Internet debe ser compatible con Java para que no se produzcan errores. También se puede ejecutar directamente utilizando el visualizador de applets *AppletViewer* incluido en el JDK de Sun.

Los aspectos de diseño y creación de la interfaz gráfica de usuario y de la gestión de eventos para controlar el funcionamiento de dicha interfaz se hace de la misma forma que con las aplicaciones gráficas normales presentadas en temas anteriores. La única particularidad es que en las applets el contenedor de alto nivel es una clase que hereda de `JApplet`.

Las clases Applet y JApplet

Las clases principales implicadas en la creación de las applets Swing son `java.applet.Applet` y `javax.swing.JApplet`.

El paquete `java.applet` proporciona parte de las clases e interfaces Java necesarias para crear una applet Swing. En este paquete se define la clase `Applet` que proporciona el comportamiento y funcionalidad básica (por ejemplo, los métodos para responder a los sucesos del ciclo de vida de una applet) y otros métodos para que la applet pueda comunicarse con su entorno de ejecución. En la Tabla 12.1 se presentan algunos de los métodos de uso más frecuente de la clase `Applet`. Las applets también incorporan funcionalidades multimedia que permiten incorporar sonidos e imágenes de una forma sencilla, aunque por razones de espacio no se tratan en este libro.

La clase principal para la creación de applets Swing es `JApplet` que está incluida en el paquete básico de Swing `javax.swing`. Esta clase es una especialización de `Applet` que proporciona todas las funcionalidades de un contenedor

Tabla 12.1. Métodos de uso frecuente de la clase `Applet`

Métodos	Funcionalidad
`void init()`	Método invocado por el navegador cuando se carga la applet en el sistema.
`void start()`	Método invocado por el navegador para comenzar la ejecución de la applet.
`void stop()`	Método invocado por el navegador para detener la ejecución de la applet.
`void destroy()`	Método invocado por el navegador para indicar que la applet se va a destruir.
`String getParameter(String)`	Obtiene el valor del parámetro del archivo HTML cuyo nombre se proporciona como argumento.
`void showStatus(String)`	Muestra la cadena en la ventana de estado.
`boolean isActive()`	Determina si la applet está activa o no.
`URL getDocumentBase()` `URL getCodeBase()`	Obtiene la URL de la página web que contiene la applet o del código de la applet respectivamente.
`void resize(int, int)` `void resize(Dimension)`	Cambia el tamaño de la applet.
`AppletContext getAppletContext()`	Obtiene el contexto de ejecución asociado a la applet.

Tabla 12.2. Métodos de uso frecuente de la clase `JApplet`

Métodos	Funcionalidad
`Container getContentPane()` `void setContentPane(Container)`	Obtiene o establece el panel de contenido de la applet. A partir de Java 1.4 se pueden añadir los componentes directamente a la applet y no hace falta hacerlo a su panel de contenido.
`JMenuBar getJMenuBar()` `void setJMenuBar(JMenuBar)`	Obtiene o establece la barra de menú de la applet.
`void setLayout(LayoutManager)`	Establece el administrador de disposición. En versiones anteriores a Java 1.4 debía usarse sobre el panel de contenido y no directamente con la applet.

de alto nivel. Por tanto, las applets Swing tienen un panel de contenido y la capacidad de incorporar una barra de menú. El administrador de disposición por defecto de `JApplet` es `BorderLayout`. En la Tabla 12.2 se presentan los métodos de uso frecuente de la clase `JApplet`.

> **IMPORTANTE:** Las applet Swing se crean especializando `JApplet` que es un contenedor de alto nivel y puede incluir una barra de menús.

Ejemplo: La applet CicloVidaApplet

En este apartado se presenta un ejemplo de ciclo de vida de una applet, a la vez que introduce algunos conceptos como la inclusión de elementos gráficos tratados en el tema anterior.

La clase `CicloVidaApplet` especializa `JApplet`, reescribe todos los métodos que responden a los sucesos del ciclo de vida de modo que cada uno de ellos añade un texto indicativo a una lista de cadenas almacenadas en un `ArrayList`. En el método `init()`, además, se realiza la inicialización de la applet, se crea una lista vacía de cadenas y se crea la interfaz de usuario. En concreto se añaden una etiqueta, un panel y un botón al panel de contenido de la applet. Para ilustrar que no hay cambios en la gestión de eventos al botón de interacción de la interfaz se le asocia un oyente de acciones que muestra un cuadro de diálogo informativo cuando es pulsado por el usuario.

El panel incluido en la parte central de la ventana se crea mediante una clase interna `MiPanel` que especializa la clase `JPanel`. En `MiPanel` se ha redefinido el método estándar de dibujo del componente `paintComponent()` para que al mostrarse presente en su área de visualización el contenido de la lista de cadenas. En esta escritura se utiliza el método de escritura gráfica `drawString()`, donde, además de proporcionar la cadena a mostrar, hay que dar las coordenadas donde se quiere que se muestre dicha cadena dentro del componente.

Cabe destacar que en este ejemplo además del ciclo de vida de la applet se muestra cómo se puede cambiar la forma estándar de visualización de un componente gráfico mediante la redefinición de su método `paintComponent()`.

```java
import java.awt.*;
import java.awt.event.*;
import javax.swing.*;
import java.util.*;

public class CicloVidaApplet extends JApplet
{
    // se usa la interfaz de lista para declarar la lista de cadenas
    // en la que se almacenaran los eventos que se vayan produciendo
    java.util.List<String> lista;

    public void init() {
        // se instancia la lista de cadenas con un ArrayList
        lista = new ArrayList<String>();
        lista.add("Inicialización en init()");
        // creacion de la interfaz de usuario
        add(new JLabel("Mi primera applet"), BorderLayout.PAGE_START);
        MiPanel panel = new MiPanel();
        add(panel); // por defecto el panel se coloca en el centro
        JButton boton = new JButton("Boton");
        boton.addActionListener(new OyenteBoton());
        add(boton, BorderLayout.PAGE_END);
    }

    public void start() {
        lista.add("se ejecuta start()");
    }

    public void stop() {
        lista.add("se ejecuta stop()");
    }

    public void destroy() {
        lista.add("se ejecuta destroy()");
    }

    class MiPanel extends JPanel {
        MiPanel() { super(); }
        public void paintComponent(Graphics g) {
            super.paintComponent(g); //pintado del fondo
            for (int i=10, cont=0 ; cont <lista.size(); cont++, i=i+15)
                g.drawString(lista.get(cont).toString(), 15,i );
        }
    } // MiPanel

    class OyenteBoton implements ActionListener{
        public void actionPerformed(ActionEvent e){
            JOptionPane.showMessageDialog(null,
                "Ha pulsado el botón", // mensaje
                "Mensaje informativo", // título
                JOptionPane.INFORMATION_MESSAGE); // icono
        }
    } // OyenteBoton
} // CicloVidaApplet
```

Ejemplo 12.1. Programa que muestra el ciclo de vida de una Applet.

En la Figura 12.2 se puede ver una captura de la ejecución de esta applet en el visualizador AppletViewer proporcionado por Sun en el JDK. En la Figura 12.3 se presenta el menú de interacción con el AppletViewer que, entre otras opciones, permite reproducir los sucesos del ciclo de vida de la applet.

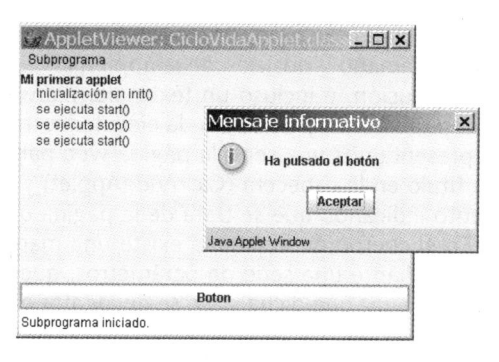

Figura 12.2. Captura de la ejecución de la applet en el AppletViewer. El cuadro de diálogo informativo se ha mostrado como respuesta a la interacción del usuario que ha pulsado el botón incluido en la interfaz.

HTML, XHTML y las applets: la marca <APPLET>

Una applet debe tener asociada una página web que, cuando es visualizada por un navegador de Internet, provoca su ejecución. Las páginas web se construyen utilizando un lenguaje de marcado denominado lenguaje de marcado de hipertexto (HTML, HyperText Markup Language) que también se denomina XHTML en sus versiones más recientes. Una descripción completa de (X)HTML queda fuera del ámbito de este libro de modo que sólo se pretende dar una visión general que permita entender los aspectos más relevantes de una página asociada a una applet.

Una página web es un archivo de texto creado con HTML en la que se puede diferenciar dos tipos de contenidos: los contenidos de información propiamente dichos y las marcas que identifican, delimitan y organizan dichos contenidos. Normalmente, las marcas van por parejas que indican el principio y el final de cada elemento del contenido. La marca inicial tiene el formato <marca> y la marca final </marca>. El navegador de Internet es capaz de utilizar las marcas para decidir cómo se realiza la presentación de los contenidos de la página.

> **PARA MANITAS:** En el sitio web del World Wide Web Consortium (*www.w3c.org*) se puede encontrar una introducción al HTML así como la información completa y más actualizada sobre XHTML.

Básicamente, una página web está formada por una cabecera y un cuerpo (con marcas <head> y <body> respectivamente). En la cabecera el elemento más característico es el título (<title>) que se utiliza para proporcionar el título de la página cuando se muestra en un navegador. En el cuerpo se incluyen los distintos elementos que forman el contenido de la página. Por ejemplo, la estructura del cuerpo de una página puede tener un encabezamiento de primer nivel (con la marca <h1>) que contiene varios párrafos de texto normal (<p>) y otro encabezamiento secundario (<h2>) con un párrafo de texto normal.

Además de estas marcas de presentación, existe una marca especial <applet> que indica que hay una applet asociada a la página y especifica cuál es la clase que se debe ejecutar cuando se visualiza la página. Mediante atributos especificados dentro de la marca <applet>, además de la clase a ejecutar, se puede proporcionar otra información complementaria como, por ejemplo, el directorio en el que se encuentra dicha clase, el tamaño y posición de la applet, los argumentos que se le proporcionan para la ejecución, e incluso un texto alternativo en caso de que el navegador no sea compatible Java y no se pueda ejecutar correctamente la applet.

A continuación, presentamos una sencilla página web para la applet anterior. Esta página tiene un titulo en la cabecera (CicloVidaApplet) y el cuerpo comienza con un encabezamiento indicando que se trata de la página que ilustra el ciclo de vida de una applet. En el cuerpo de la página existe una marca <applet>, dentro de la cual se indican, mediante una serie de parámetros, que la clase a cargar es `CicloVidaApplet.class`, que dicha clase se encuentra en el directorio *htm/*, que la applet se desea presentar en un panel de 200 por 200 y, como contenido de la marca, que en caso de que exista algún problema porque el navegador no sea compatible con Java se indique con un texto en la página web. En la Tabla 12.3 se describen los atributos más utilizados en la etiqueta <applet>.

```
<html>
<head>
    <title>CicloVidaApplet</title>
</head>
<body>
    <h1> El ciclo de vida </h1>

    <APPLET CODE = "CicloVidaApplet.class" CODEBASE = "html"
    WIDTH = 200 HEIGHT = 200></APPLET>
    Su navegador no es capaz de ejecutar applets
</body>
</html>
```

Ejemplo 12.2. Página en HTML necesaria para ejecutar el Applet en un navegador.

A una applet concreta también se le pueden proporcionar datos o argumentos para su ejecución desde la página web mediante la etiqueta `<param>` que permite especificar parámetros mediante su nombre y su valor. La applet puede acceder a dichos datos mediante el método `getParameter()`. Si en el ejemplo previo se hubiera incluido en la línea anterior al mensaje alternativo `<param name=nombre`

Tabla 12.3. Atributos usuales de descripción en la etiqueta <applet>

Atributo	Descripción
code	Especifica el nombre del archivo que contiene la clase principal de la applet.
object	Especifica el nombre del archivo que contiene una applet serializada.
width height	Especifican la anchura y altura de la applet en pixels.
codebase	Especifica la URL del directorio que contiene el código de la applet.
name	Especifica el nombre de la applet.
align	Especifica el alineamiento de la applet (left, right, top, middle, baseline y bottom).

CAPÍTULO [12] Applets

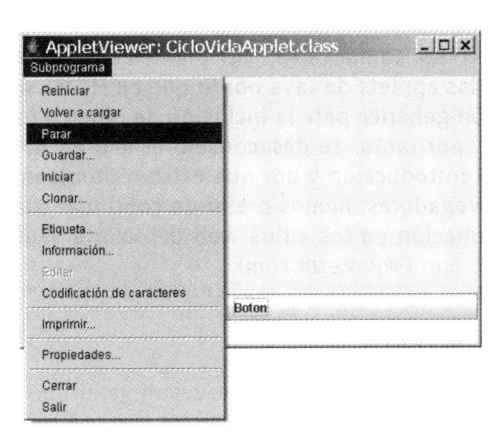

Figura 12.3. Captura del menú de operación de la AppletViewer que permite producir los sucesos del ciclo de vida de una applet.

value="Celia">, el resultado de haber ejecutado getParameter("nombre") en alguno de los métodos de la applet habría sido Celia. Una applet puede tener más de un parámetro.

Si la applet se ejecuta mediante el AppletViewer sólo se considera la etiqueta <applet> de modo que se carga el código correspondiente y se ignora el resto del archivo HTML (Figura 12.2).

En la Figura 12.4 se presenta el resultado de visualizar la página en el navegador Intenet Explorer de Microsoft. Para posibilitar su ejecución sin errores se ha instalado el complemento adecuado (plug-in) en el navegador y se ha utilizado el conversor de Sun para adaptar la página web a una applet Swing.

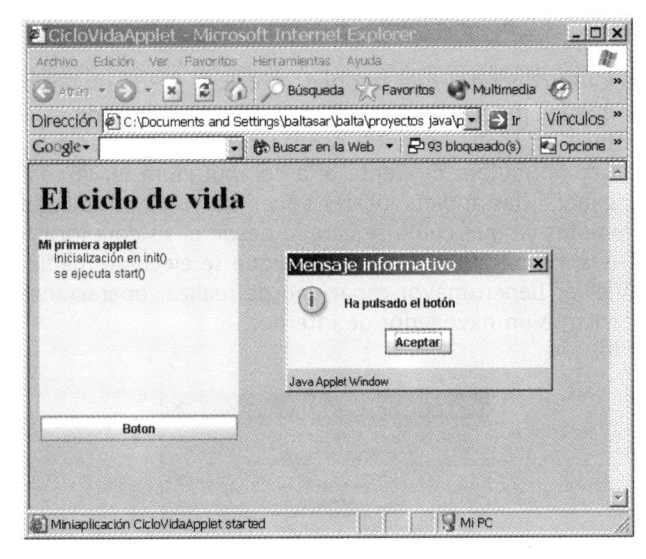

Figura 12.4. Captura de la ejecución de la applet que ilustra el ciclo de vida en el navegador Microsoft Internet Explorer.

[279]

> **PARA MANITAS:** La marca APPLET plantea el problema de que sólo funciona para las applets de Java por lo que en HTML 4 se optó por utilizar una solución genérica para la inclusión de objetos (o programas) que es la marca OBJECT y, por tanto, se desaconsejó el uso de APPLET. No obstante, por lo breve de esta introducción y por que existen problemas de incompatibilidad con algunos navegadores, hemos preferido continuar con APPLET. Se puede encontrar más información en los sitios web del World Wide Web Consortium (*www.w3c.org*) y de Sun (*www.sun.com*).

Seguridad de las applets

Java incorpora un modelo de seguridad que restringe el tipo de operaciones que pueden realizarse desde las applets. El objetivo es lograr que la sencillez introducida por las applets en la distribución y ejecución de programas a través de Internet sea compatible con un alto grado de seguridad. Por tanto, Java proporciona mecanismos de seguridad para evitar que las applets descargadas desde Internet puedan realizar operaciones peligrosas o indebidas que dañen la computadora local en la que se ejecutan.

Las principales restricciones en las operaciones de las applets están relacionadas con las operaciones con el sistema de archivos, con la ejecución de otros programas y con el establecimiento de comunicaciones con otros servidores diferentes al origen desde el que se ha descargado la applet. En general, en una applet no se puede borrar archivos de la computadora local, no se pueden crear nuevos archivos, no se pueden ejecutar otros programas y no se pueden establecer libremente conexiones con otras computadoras diferentes al origen de la applet. Además, las ventanas generadas desde una applet tienen una apariencia gráfica diferente para que el usuario pueda identificarlas de forma sencilla. En la Figura 12.5 se muestra el cuadro de diálogo generado en la applet `CicloVidaApplet` y en su borde inferior se indica que esta ventana pertenece a una applet y no a una aplicación (en cuyo caso no aparecería nada como en los ejemplos presentados en el tema anterior).

Las operaciones concretas que se pueden realizar desde una applet dependen del programa que les proporcione el entorno de ejecución y de si las applets son locales o remotas. Las applets remotas son las que se descargan a través de Internet desde otra computadora diferente a la computadora en la cual se ejecutan. Como norma general, las applets locales tienen mayores posibilidades de operación que las remotas ya que como se cargan desde el sistema local se consideran más fiables. De la misma manera, las applets que se ejecutan mediante el visualizador AppletViewer tienen mayor capacidad de realizar operaciones que las que se ejecutan mediante un navegador de Internet.

Figura 12.5. Captura del cuadro de diálogo informativo creado desde una applet.

CAPÍTULO [12] Applets

Java 2 incluye un nuevo modelo de seguridad que es configurable de modo que parte de las restricciones pueden relajarse o incluso eliminarse completamente. Incluye también capacidades muy sofisticadas como, por ejemplo, soporte para conexiones seguras, encriptación, autenticación o firma digital, que contribuyen a que Java sea un entorno de desarrollo seguro y fiable para la creación de aplicaciones en Internet.

PARA MANITAS: En el sitio web de Sun (*www.sun.com*) se puede encontrar toda la información relativa al modelo de seguridad incorporado en Java 1.5.

APÉNDICE

[A]

Sintaxis de Java

[Notas]

Sintaxis de Java

TIPOS DE DATOS PRIMITIVOS

Tipo	Tamaño	Descripción	Valor por defecto	Valor mín./máx.
byte	8 bits	Entero con signo	0	−128 a 127
short	16 bits	Entero con signo	0	−32768 a 32767
int	32 bits	Entero con signo	0	−2147483648 a 2147483647
long	64 bits	Entero con signo	0	−922117036854775808 a 922117036854775807
float	32 bits	Real de simple precisión	0.0	±3.40282347e+38 a ±1.40239846e−45
double	64 bits	Real de doble precisión	0.0	±1.79769313486231570e+308 a ±4.94065645841246544e−324
char	16 bits	Caracteres Unicode	\u0000	\u0000 a \uFFFF
boolean		Verdadero o falso	false	true o false

LITERALES

En esta sección se indica cómo se escriben los valores de los distintos tipos de datos primitivos y se añade, por su categoría especial, cómo se escriben valores de la clase String.

Enteros

Si no se indica nada serán byte, short o int, dependiendo del contexto. Se pueden escribir valores en octal si empiezan por un cero 0. Se pueden escribir valores en hexadecimal si empiezan por 0x. Si se desea escribir un valor del tipo long debe terminar en la letra ele («l» o «L»):

- byte, short, int: `34`, `023` (en octal), `0xCafe` (en hexadecimal).
- long: `4L`, `045L` (en octal), `0xffffffL` (en hexadecimal).

Reales

Si no se indica nada se supone que es un valor double. Para indicar que es del tipo float se añade una letra «f» o «F»:

- float: `5f`, `2.5f`, `1e4f`, `3.f`, `.9f`, `2.0873e+12F`
- double: `5.0`, `2.5`, `1e1d`, `4.`, `.8`, `2.0873e+12`, `3.2e6d`

Caracteres

Un valor del tipo carácter se escribe siempre entre comillas simples:

- char: `'a'`, `'%'`, `'\t'`, `'\\'`, `'\''`, `'\u03a9'`, `'\uFFFF'`, `'\177'`

Boolean

Puede tomar los valores `true` o `false`.

Cadenas de caracteres

Los literales van entre comillas dobles:

- Cadena vacía: `""`
- Cadena con un carácter: `"A"`, `"\""`
- Cadena con muchos caracteres: `"Esto es una cadena"`, `"Otro ejemplo\nen dos líneas"`
- Concatenación de cadenas: `"Esto es una cadena " + "de prueba"`

ENUMERADOS

Los enumerados permiten disponer de valores declarados por el programador para una estructura de datos. La declaración de los enumerados es como la de una clase. En su forma más simplificada tiene la siguiente estructura.

enum *NombreDelEnumerado* {*ListaValores*}

CARACTERES ESPECIALES

Java utiliza secuencias de escape para representar algunos caracteres especiales. Estos valores de caracteres especiales pueden aparecer como carácter o dentro de un String.

APÉNDICE [A] Sintaxis de Java

Carácter	Descripción
\b	Borrado.
\t	Tabulador.
\n	Salto de línea.
\f	Cambio de línea (form feed).
\r	Retorno de carro (carriage return).
\"	Comillas dobles.
\'	Comilla simple.
\\	Barra invertida.
\ddd	Número de carácter en octal. Valores posibles entre \000 y \377.
\uxxxx	Número de carácter en Unicode expresado en hexadecimal. Valores posibles entre \u0000 y \uFFFF.

OPERADORES

Aritméticos

Operador	Uso	Descripción
+	expr1 + expr2	Suma expr1 más expr2.
-	expr1 - expr2	Resta expr2 de expr1.
*	expr1 * expr2	Multiplica expr1 por expr2.
/	expr1 / expr2	Divide expr1 entre expr2.
%	expr1 % expr2	Calcula el resto de dividir expr1 entre expr2.

Incremento y decremento

Operador	Uso	Descripción
++	var++	Incrementa el valor de var en 1; se evalúa al valor de var antes de que se incremente.
++	++var	Incrementa el valor de var en 1; se evalúa al valor de var después de haberse incrementado.
--	var--	Decrementa el valor de var en 1; se evalúa al valor de var antes de que se decremente.
--	--var	Decrementa el valor de var en 1; se evalúa al valor de var después de haberse decrementado.

[287]

Cambio de signo

Operador	Uso	Descripción
+	+expr	Promociona la expr a un entero si es un byte, un short o un char.
-	-expr	Devuelve el valor de expr cambiado de signo.

Operadores relacionales

Operador	Uso	Devuelve true si
>	expr1 > expr2	El valor de expr1 es mayor que el valor de expr2.
>=	expr1 >= expr2	el valor de expr1 es mayor o igual que el valor de expr2.
<	expr1 < expr2	el valor de expr1 es menor que el valor de expr2.
<=	expr1 <= expr2	el valor de expr1 es menor o igual que el valor de expr2.
==	expr1 == expr2	el valor de expr1 es el mismo que el de expr2.
!=	expr1 != expr2	el valor de expr1 es distinto del de expr2.

Operadores lógicos

Operador	Uso	Devuelve true si
&&	expr1 && expr2	expr1 y expr2 valen ambos true, si expr1 vale false no se evalúa expr2.
||	expr1 || expr2	expr1 vale true o expr2 vale true, si expr1 vale true no se evalúa expr2.
!	! expr	expr vale false.
&	expr1 & expr2	expr1 y expr2 valen ambos true, siempre evalúa ambas expresiones.
|	expr1 | expr2	o expr1 vale true o expr2 vale true, siempre evalúa ambas expresiones.
^	expr1 ^ expr2	si expr1 y expr2 valor distinto, es decir si uno vale true y el otro false o viceversa.

Operadores de desplazamiento

Los operadores de desplazamiento desplazan los bits del valor de la expresión de la derecha un número de bits que indique la expresión de la derecha. El desplazamiento se realiza en el sentido del mismo operador.

Operador	Uso	Operación
>>	expr1 >> expr2	Los bits de expr1 los desplaza expr2 posiciones a la derecha.
<<	expr1 << expr2	Los bits de expr1 los desplaza expr2 posiciones a la izquierda.
>>>	expr1 >>> expr2	Los bits de expr1 los desplaza expr2 posiciones a la derecha sin signo.

Operadores lógicos sobre bits

Operador	Uso	Operación
&	expr1 & expr2	Y lógico de bits.
|	expr1 | expr2	O lógico de bits.
^	expr1 ^ expr2	O exclusivo lógico de bits.
~	~expr2	Complemento de bits.

Operadores de asignación

El operador básico que asigna el valor de una expresión a una variables es el =. Por ejemplo en:

```
var = expr
```

Java define otros operadores que permiten abreviar expresiones con asignación de valor:

Operador	Uso	Equivale a
+=	var += expr	var = var + expr
-=	var -= expr	var = var - expr
*=	var *= expr	var = var * expr
/=	var /= expr	var = var / expr
%=	var %= expr	var = var % expr
&=	var &= expr	var = var & expr
|=	var |= expr	var = var | expr
^=	var ^= expr	var = var ^ expr
<<=	var <<= expr	var = var << expr
>>=	var >>= expr	var = var >> expr
>>>=	var >>>= expr	var = var >>> expr

Otros operadores

Operador	Uso	Descripción
?:	condición ? expr1 : expr2	Si la condición vale true, devuelve el valor de expr1. Si no devuelve el valor de expr2.
[]	tipo [] Clase []	Declara un array, todavía sin tamaño conocido, de elementos de un determinado tipo u objetos de una clase.
[]	new tipo[expr-entera] new Clase[expr-entera]	Crea un objeto array del número de elementos que indique la expresión. Se crea un array de elementos del tipo u objetos de la Clase indicados.
[]	var[expr-entera]	Accede al elemento de la posición en el array var. Los índices van desde 0 al tamaño del array menos 1.
	var.nombre	Es una referencia al atributo nombre del objeto var.
()	nombre(parametros)	Llama al método con el nombre dado utilizando como argumentos de la llamada los que se ponen entre paréntesis. Los parámetros pueden no existir. Si hay más de uno se ponen separados por comas.
(tipo) (Clase)	(tipo) expr (Clase) objeto	Convierte el valor de expr al tipo dado. Convierte el objeto resultado en un objeto de la clase dada.
new	new Clase new nombre[]	Crea un nuevo objeto de una clase o un nuevo array.
instanceof	objeto instanceof Clase	Devuelve true si el objeto dado es una instancia de la clase indicada o deriva de la clase indicada.

Precedencia de los operadores

Precedencia	Tipo de operador	Operadores
1	Operadores prefijo o postfijo	++ — + - ~ ! [] . (tipo) expr++ expr—
2	Operadores unarios	++expr —expr +expr -expr
3	Creación Conversión de tipo o clase	new (type)expr
4	Multiplicativos	* / %
5	Aditivos	+ -

APÉNDICE [A]   Sintaxis de Java

Precedencia	Tipo de operador	Operadores
6	Desplazamiento	`<< >> >>>`
7	Relacionales	`< > <= >= instanceof`
8	Igualdad	`== !=`
9	AND de bits	`&`
10	OR exclusivo de bits	`^`
11	OR de bits	`|`
12	AND lógico	`&&`
13	OR lógico	`||`
14	Condicional	`? :`
15	Asignación	`= += -= *= /= %= &= ^= |= <<= >>= >>>=`

PALABRAS RESERVADAS

abstract	default	goto[1]	package	this
assert	do	if	private	throw
boolean	double	implements	protected	throws
break	else	import	public	transient
byte	enum	instanceof	return	true[2]
case	extends	int	short	try
catch	false[2]	interface	static	void
char	final	long	strictfp	volatile
class	finally	native	super	while
const[1]	float	new	switch	
continue	for	null[2]	synchronized	

[1] Estas palabras no se utilizan, aunque se han reservado como palabras del lenguaje.
[2] Estas palabras en realidad no son palabras reservadas sino que se tratan de literales. Sin embargo no se pueden utilizar como identificadores.

Métodos definidos en la clase `Object`

Estos métodos están definidos en la clase `Object`. Se pueden usar, por tanto, con cualquier objeto del lenguaje, ya que siempre existen. Cuando se define una clase, si se escribe un método como uno de éstos, lo que se está haciendo es reescribir el comportamiento del mismo. Quizá el método que más se suele reescribir es el método `toString()`, como se ha visto a lo largo del libro.

[291]

clone()	finalize()	hashCode()	notifyAll()	wait()
equals()	getClass()	notify()	toString()	

CLASES Y MÉTODOS

Notación

En las próximas secciones se describe la parte más importante de sintaxis del lenguaje Java. Para ello se utilizan los siguientes convenios:

- Un elemento entre corchetes indica que es opcional. Se puede poner o se puede no poner.
- Un elemento separado de otros u otros por una barra vertical (|) indica que hay que elegir uno de ellos.
- Un elemento en cursiva indica un identificador cuyo nombre elige el programador.
- Un elemento en negrita indica una palabra reservada del lenguaje

Por ejemplo, la cabecera de una clase puede ser la siguiente:

```
[public] [abstract | final] class NombreDeClase
        [extends Clase] [implements ListaInterfaces] {
}
```

Esto indica que se puede poner o no la palabra `public`. A continuación, se puede elegir si se pone, o no, la palabra `abstract` o la palabra `final`, pero nunca las dos a la vez. Después es obligatoria la palabra `class`. A continuación, va un nombre a elección del programador. Tras el nombre puede aparecer la palabra `extends` seguida de un nombre de clase. Por último, podría haber, o no, la palabra `implements` seguida de una lista de nombres de interfaces separados por comas. De esta forma, es correcto cualquiera de los dos siguientes ejemplos:

```
class MiClase1 {
}
```

o también el ejemplo de clase:

```
public abstract class MiClase2
        extends OtraClase1
        implements Interfaz1, Interfaz2 {
}
```

Declaración de una clase

```
[public] [abstract | final] [strictfp] class NombreDeClase
        [extends Clase] [implements ListaInterfaces] {
    cuerpo de la clase
}
```

En esta declaración cada una de las palabras clave se utiliza para lo siguiente:

- `public`: Si no se pone, indica que sólo se puede usar por clases que pertenezcan al mismo paquete. Si se pone `public` se puede utilizar por cualquier otra clase.

APÉNDICE [A] Sintaxis de Java

- `abstract`: Indica que la clase está incompleta, por lo que no pueden existir objetos de la misma. Obliga a que otra clase la extienda.
- `final`: Indica que esta clase no se puede extender.
- `strictfp`: Indica que todas las operaciones con números reales siguen el resultado definido en la norma IEEE 754.
- `class` *Nombre*. Siempre hay que indicar `class` y dar un nombre a la clase.
- `extends Clase`. Indica que esta clase es una extensión de la clase indicada. Por tanto, esta clase hereda todos los atributos y métodos de la clase indicada.
- `implements ListaInterfaces`. Indica que esta clase implementará los métodos de las interfaces declaradas.

Declaración de un constructor

```
[Acceso] NombreDeClase ([listaArgumentos])
      [throws listaExcepciones] {
   cuerpo del constructor
}
```

Declaración de atributos

```
[Acceso] [static] [final] [transient] [volatile] tipo nombreAtributo;
```

- Acceso: Permite controlar desde qué otras clases se puede acceder a este atributo utilizando uno de los cuatro niveles de acceso definidos (ver más adelante): publico (`public`), protegido (`protected`), de paquete (no se pone modificador), y privado (`private`). El modo de funcionamiento es el mismo que para los métodos de una clase.
- `static`: Indica que es un atributo de clase. Un atributo de clase se puede utilizar sin necesidad de crear ningún objeto de la clase. Existe un único ejemplar que se comparte en la clase y entre todos los objetos de la misma.
- `final`: Indica que su valor no va a cambiar. El resultado es como definir que este atributo es una constante. Los nombres de las constantes suelen escribirse en mayúsculas.
- `transient`: Indica que este atributo no pertenece al estado del objeto. Indica que este atributo no se debe incluir cuando se serializa el objeto.
- `volatile`: Indica que el atributo al que acompaña se utiliza en un entorno con varios procesos y su valor debe ser consistente entre múltiples ejecuciones. Si un atributo se marca como `volatile`, no puede marcarse como `final`.
- tipo: Indica el tipo de la variable. Este nombre de tipo puede ser cualquiera de los tipos predefinidos o un nombre de clase. Se pueden añadir corchetes para indicar que se trata de un array.
- nombreAtributo: El nombre que se va a utilizar en la clase para referirse a este atributo. No puede haber dos atributos con el mismo nombre. Sin embargo, sí puede declarar un atributo con el mismo nombre que un método de la clase como se muestra en el siguiente ejemplo:

```
public class Ejemplo {
    private String nombre;
    // Devuelve el nombre, el string del atributo.
    public String nombre() {
        return nombre;
    }
}
```

Declaración de un método

```
[Acceso] [static] [abstract | final] [synchronized] [native] [strictfp]
         tipoDevuelto nombreMetodo ([listaArgumentos])
         [throws listaExcepciones] {
   cuerpo del método
}
```

- Acceso: Permite controlar desde qué otras clases se puede acceder a este método utilizando uno de los cuatro niveles de acceso definidos: público (public), protegido (protected), de paquete (no se pone modificador), y privado (private). El modo de funcionamiento es el mismo que para los atributos de una clase. Se describe más adelante con más detalle.
- static: Indica que es un método de clase. Un método de clase se puede utilizar sin necesidad de crear ningún objeto de la clase. Un método de clase sólo puede invocar a métodos de clase y utilizar atributos de clase.
- abstract: Un método es abstracto cuando no tiene implementación, el cuerpo del método. Un método abstracto siempre pertenece a una clase abstracta. Un método abstracto debe implementarse en una clase derivada de la clase abstracta que lo contiene. Si se utiliza abstract no se puede utilizar ninguno de los siguientes: private, static, final, native, strictfp.
- final: Un método es final cuando no se puede modificar. Es decir, si un método es final ninguna clase que extienda la clase que lo contiene puede reescribir el comportamiento del método y, por tanto, no puede modificar su forma de actuar.
- synchronized: El modelo de concurrencia de Java se basa en el modelo de monitores. Cuando un método se indica como synchronized, se asegura que todos los procesos que ejecuten este método lo ejecutan en exclusión mutua con el conjunto de métodos declarados como synchronized en la clase. Es decir, sólo un proceso puede estar ejecutando un método synchronized en cualquier instante de tiempo.
- native: Si ya tiene bibliotecas de funciones escritas en otros lenguajes y desea seguir utilizándolas, puede declarar un método como nativo, lo que indica que cuando se llame a este método se debe llamar en realidad a un método escrito en otro lenguaje de programación. Otro uso que se suele dar a native es para mejorar la velocidad de ejecución de algunas partes de un programa que pueden ser críticas. Si se utiliza native no se puede utilizar strictfp.
- strictfp: Indica que todas las operaciones con números reales siguen el resultado definido en la norma IEEE 754.
- tipoDevuelto: Indica el tipo de dato o la clase del objeto que devuelve el método cuando termina su ejecución. Si el método no devuelve ningún valor se indica con la palabra reservada void.
- nombreMétodo: El nombre elegido por el programador para este método. Debe ser un identificador.
- listaArgumentos: La información que se pasa al método para su ejecución.
- throws excepciones: Si en el método se pueden generar excepciones o si algunas de las que se pueden producir no se capturan, el método debe de indicar la lista de excepciones que deja pasar hacia el método que le llamó. A este proceso se le denomina delegación de excepciones.

Objeto actual this (auto referencia)

`this`

Palabra clave para desambiguar el nombre de un atributo del de una variable local que se llame de la misma forma. Tiene usos especiales cuando existen clases internas, pero son usos avanzados que no pertenecen al ámbito de este libro.

Acceso a la clase base super

`super`

Se utiliza cuando un método reescribe el comportamiento de un método de la clase padre. Si se desea acceder a los métodos que existían originalmente en la clase padre, super hacer referencia a dicha clase pudiendo acceder de esta forma a sus comportamientos.

Bloque static

Dentro del cuerpo de la clase se pueden poner bloques estáticos que se ejecutan cuando se carga la clase. De esta forma se puede inicializar parte de los atributos estáticos de una clase si fuese necesario.

```
static {
    cuerpo del bloque
}
```

CONTROL DE FLUJO

Las estructuras de control de flujo:

Tipo de estructura	Estructura
Bucles	`while, do-while , for`
Condicionales	`if-else, switch-case`
Manejo de excepciones	`try-catch-finally, throw`
Salto	`break, continue, label:, return`

Estructuras condicionales

La forma más simple de la estructura `if` es con una condición. Si la condición se evalúa a `true` (es cierta) se ejecutan las sentencias del bloque que encierra la sentencia if. Si se evalúan a `false` (no es cierta), no se ejecutan.

```
if (condición) {
    sentencias
}
```

La estructura `if-else` consta de dos bloques: uno en la parte del `if` y otro en la parte `else`. El primero se ejecuta si la condición es cierta, el segundo si la condición es falsa.

```
if (condición) {
    sentencias
} else {
    sentencias
}
```

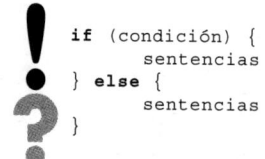

La estructura `if-else` se puede encadenar con otras estructuras `if-else` de la siguiente forma.

```
if (condición) {
    sentencias
} else if (condición) {
    sentencias
} else if (condición) {
    sentencias
} else {
    sentencias
}
```

La estructura `switch` evalúa la expresión a un entero o un carácter y ejecuta, a partir de ella, la sentencia case cuyo valor coincida. Si no existe se ejecuta a partir de la sentencia `default`.

```
switch (expresión entera) {
    case expresión constante:
        sentencias
        break;
    ...
    default:
        sentencias
        break;
}
```

Estructuras de repetición. Bucles

El bucle `while` se utiliza para repetir un bloque de sentencias mientras sea cierta una condición. La sentencia se evalúa antes de empezar a ejecutar las sentencias.

```
while (condición) {
    sentencias
}
```

El bucle `do-while` se utiliza para repetir un bloque de sentencias mientras se cumpla una condición. La condición se evalúa después de haber ejecutado las sentencias del bucle.

```
do {
    sentencias
} while (condición);
```

El bucle `for` se utiliza para repetir un bloque de sentencias mientras se cumpla una condición. La sentencia se evalúa antes de empezar a ejecutar las sentencias. Antes de empezar la primera vez se ejecuta la parte de inicialización. Después de ejecutar las sentencias del bucle y antes de evaluar de nuevo la condición se ejecuta la parte de la actualización. Se utiliza, principalmente, cuando se conoce el número de veces que se va a repetir.

```
for (inicialización; condición; actualización) {
    sentencias
}
```

APÉNDICE [A]   Sintaxis de Java

También existe una segunda versión que permite recorrer arrays completos o todos los elementos de una colección de la siguiente forma:

```
for (tipo variable : variable_Array_o_colección) {
    sentencias
}
```

Manejo de excepciones

Lanza una excepción para indicar un problema. El objeto excepción debe existir o se puede crear en la sentencia en que se lanza.

```
throw excepción;
```

La sentencia `try-catch-finally` se utiliza para capturar y tratar excepciones. Se ejecutan las sentencias del bloque `try`. Si ocurre una excepción se comprueban una a una si casa con alguna de las sentencias de los bloques `catch` y se ejecuta dicho bloque `catch`. Si existe una sentencia `finally`, se ejecuta siempre, se haya producido una excepción o no.

```
try {
    sentencias
} catch (Excepción nombre) {
    sentencias
} catch (Excepción nombre) {
    sentencias
} finally {
    sentencias
}
```

Sentencia break

Se usa para terminar un `switch` o un bucle.

```
break;
```

Se usa igual que `break` pero continúa en la sentencia con la etiqueta dada.

```
break etiqueta;
```

Sentencia continue

Vuelve al punto de evaluación del bucle que se estaba ejecutando.

```
continue;
```

Vuelve al punto de evaluación del bucle externo con la etiqueta dada.

```
continue etiqueta;
```

Sentencia return

Sin una expresión termina un método que devuelve `void`.

```
return;
```

Devuelve el valor de la expresión indicada y termina la ejecución del método.

`return expr;`

MODIFICADORES DE ACCESO

Véase su uso en la declaración de clases, atributos y métodos. Se puede ver desde:

Tipo de acceso	Modificador	Clase	Paquete	Subclase	Resto
Privado	`private`	X			
De paquete	(ninguno)	X	X	X*	
Protegido	`protected`	X	X	X	
Público	`public`	X	X	X	X

* Si se encuentra dentro del mismo paquete.

Por ejemplo: si un método se indica `private` sólo se puede acceder a dicho método desde la misma clase. No se puede acceder a él ni desde una subclase, ni desde otra clase del mismo paquete ni desde otra clase que no sean del mismo paquete.

PAQUETES

Para indicar que una clase forma parte de un paquete, se utiliza la sentencia package al principio del archivo.

`package nombre;`

La sentencia `package` debe ser la primera sentencia de una clase. Todas las clases que se hayan declarado con el mismo nombre de paquete pertenecen al mismo paquete.

El nombre del paquete puede seguir una estructura jerárquica de nombre como: `package java.lang;` Una vez indicado que la clase pertenece al paquete java.lang implica que existe un directorio denominado Java donde debe haber un directorio denominado lang, donde se guardará la clase.

Para utilizar una clase que pertenezca a otro paquete se ha de emplear la sentencia import. Una sentencia como:

`import java.lang.Vector;`

se puede sustituir por la siguiente:

`import java.lang.*;`

APÉNDICE [B]

Referencias

[Notas]

Referencias

La mayoría de las referencias que puede encontrar sobre el lenguaje provienen de dos fuentes: libros y documentación en Internet.

En cuanto a la primera fuente existen cada vez más libros publicados en español sobre el lenguaje. Muchos de ellos no resultan apropiados para un estudiante que empieza con un lenguaje como éste, aunque sí lo son para alguien que ya tiene experiencia programando. Le debería resultar sencillo seguir con muchos de ellos una vez haya terminado de leer y de hacer los ejemplos de este libro.

Para quien desee información de mayor nivel resulta casi imprescindible acudir a la documentación que se puede encontrar en inglés. Entre los libros que merece la pena destacar se encuentran los que publica directamente Sun Microsystems, la compañía creadora del lenguaje a través de la editorial Addison-Wesley, en la colección Java Series.

En cuanto a la segunda fuente, el número de sitios en Internet con información sobre el lenguaje de programación Java es cada vez más numeroso, siendo imposible detallarlos todos. En este apéndice se presenta una selección escogida de los más importantes, clasificados por utilidad o temática. A partir de los presentados debería ser capaz de obtener gran información en cualquier tema sobre el lenguaje y su entorno.

Si le parece de interés un documento en Internet en Inglés y no conoce el idioma lo suficiente, puede utilizar los traductores automáticos que ofrecen muchos portales de la red como Altavista en: *http://babel.altavista.com/translate.dyn*, Ya.com en *http://traductor.ya.com/*, en la compañía de traducción Systran en *http://www.systransoft.com* y otros muchos.

EN ESPAÑOL

Libros y cursos de Java en Internet

Aprenda Java como si estuviese en Primero en *http://mat21.etsii.upm.es/ayuda-inf/aprendainf/Java/Java2.pdf*.

Planet Java. Un curso en castellano desde Mexico: *http://www.geocities.com/javayp/*.

Curso básico de Java: *http://www.prodigyweb.net.mx/pupis/Cursos/java/index2.htm*.

Grupos de noticias y discusión

Utilice los grupos para acceder a información y preguntar sobre el lenguaje en Español. Puede acceder, por ejemplo, a través de los grupos en Yahoo: *http://es.dir.groups.yahoo.com* en la sección Internet y Ordenadores → Lenguajes de programación → Java.

Puede utilizar también los grupos de noticias accesibles desde Google en: *http://groups.google.es*. El grupo es.comp.lenguajes.java se encuentra en: *http://groups.google.es/groups?hl=es&lr=&group=es.comp.lenguajes.java*

Webs sobre Java

Java en castellano:

http://www.programacion.com/java/

Información de distintos manuales. Busque la palabra Java para acceder a recursos en Español:

http://www.monografias.net/

Instituto Tecnológico de Informática:

http://www.iti.upv.es/java/

El Rincón de Java con recopilación de información y enlaces:

http://www.greeneyed.org/guide/java/

Tecnología Java. Recopilación de recursos esenciales:

http://www.sisfo.com/java/

DOCUMENTACIÓN EN INGLÉS

La mejor documentación, y más completa, sobre Java la puede encontrar en el sitio Web de la compañía creadora del lenguaje Sun Microsystems. Dentro de su Web se pueden encontrar los siguientes apartados importantes:

Sitios en *sun.com*

Página principal de Sun sobre Java:

http://java.sun.com/

APÉNDICE [B] Referencias

Documentación del entorno de desarrollo:
   http://java.sun.com/j2se/

Java Foundation Classes:
   http://java.sun.com/products/jfc/

Tutorial sobre Java de Sun:
   http://java.sun.com/docs/books/tutorial/

Documentación sobre Swing:
   http://java.sun.com/products/jfc/tsc/index.html

Libros

Libros gratis en la red (aunque algunos son antiguos le pueden servir para revisar conceptos):

Java Tutorial. Sun Microsystems:
   http://java.sun.com/docs/books/tutorial/

Thinking in Java. Bruce Eckel:
   http://www.mindview.net/Books/TIJ/

Java Look and Feel Design Guidelines. Sun Microsystems:
   http://java.sun.com/products/jlf/

Introduction to Programming Using Java. David J. Eck:
   http://math.hws.edu/javanotes/

Data Structures and Algorithms with Object-Oriented Design Patterns in Java. Bruno R. Preiss:
   http://www.pads.uwaterloo.ca/Bruno.Preiss/books/opus5/html/book.html

Java: An Object First Approach. Fintan Culwin:
   http://www.scism.sbu.ac.uk/jfl/jflcontents.html

A Java GUI Programmer's Primer. Fintan Culwin:
   http://www.scism.sbu.ac.uk/jfl/jibook/jicontents.html

Writing Advanced Applications for the Java Platform. Calvin Austin, Monica Pawlan:
   http://developer.java.sun.com/developer/onlineTraining/Programming/JDCBook/index.html

Tutoriales e información variada de Java, desde principiante hasta avanzado:
   http://java.about.com/

Directorios sobre Java

Directorio de Cetus sobre Java. Quizá el mayor y mejor catalogado:

http://www.cetus-links.org/oo_java.html

En Yahoo:

http://dir.yahoo.com/Computers_and_Internet/Programming_and_Development/Languages/Java/
http://es.dir.yahoo.com/Internet_y_ordenadores/Programacion_y_desarrollo/Lenguajes_de_programacion/Java/

En Excite:

http://msxml.excite.com/info.xcite/search/web/Java

Tecnología sobre Java de IBM:

http://www-130.ibm.com/developerworks/java/
http://alphaworks.ibm.com/java

En Microsoft:

http://www.microsoft.com/mscorp/java/

Gamelan. Uno de los sitios importantes sobre Java:

http://www.gamelan.com/java

Revistas

JavaWorld Magazine. Artículos, tendencias y entrevistas sobre el lenguaje Java:

http://www.javaworld.com/

JBuilder Developer's Journal. Revista centrada en la herramienta JBuilder aunque con buenos artículos sobre Java:

http://www.sys-con.com/jbuilder/newjbdj.cfm

Java Developer's Journal, Revista con artículos de actualidad sobre Java y otros temas de tecnologías de la información:

http://www.javadevelopersjournal.com/java/index2.html

Revista Devx:

http://www.devx.com/java

Applets

JARS (Java Applet Rating Service), quizá el mejor sitio para buscar un Applet:

http://www.jars.com/

The Java Cookbook. Ejemplos de Applets listas para utilizar:

http://www.mantiscorp.com/JavaForDummies/CookBook/

Applets gratuitas:

http://freewarejava.com/applets/index.shtml

Applets clasificadas:

http://javaboutique.internet.com/applets/

Listas de correo y FAQ

Listas de correo sobre Java:

http://www.cafeaulait.org/mailinglists.html

FAQ sobre el lenguaje Java:

http://journals.ecs.soton.ac.uk/java/javafaq.html

FAQ sobre el lenguaje Java:

http://www.ibiblio.org/javafaq/javafaq.html

Herramientas de desarrollo

Una lista ordenada, realmente importante, de herramientas para Java puede encontrarla en:

http://community.java.net/projects/community/javatools

jEdit: http://www.jedit.org/

BlueJ. Un sistema muy educativo, pensado para empezar a aprender Java:

http://www.bluej.org/

NetBeans. Un entorno de libre distribución de tipo profesional apoyado por Sun:

http://www.bluej.org/

Eclipse. Entorno de libre distribución de tipo profesional apoyado por IBM:

http://www.eclipse.org/

Java IDE Gel. Entorno gratuito pequeño y compilado nativamente para Windows:

http://www.gexperts.com/

Jbuilder de Inprise. Uno de los entornos más premiados. Se puede descargar una versión gratuita.

http://www.borland.com/jbuilder/

IBM WebSphere de IBM. Una de las herramientas mejor valoradas para el desarrollo profesional con Java:

http://www-306.ibm.com/software/awdtools/studiositedev/

JDeveloper Suite de Oracle Corporation. Herramienta de Oracle. Forma parte de la inclusión de Java en sus productos:

http://www.oracle.com/tools/jdev_home.html

MS Visual J++ de Microsoft. Aparentemente abandonado por Microsoft el soporte y el desarrollo de la misma:

http://msdn.microsoft.com/vjsharp/default.aspx

CodeWarrior for Java de Metrowerks. Orientada al desarrollo profesional:

http://www.metrowerks.com/MW/Develop/Desktop/Java/Default.htm

Java Studio de Sun Microsystems:

http://www.sun.com/software/products/jscreator/index.xml

APÉNDICE

[C]

Documentación del código

[Notas]

Documentación del código

En Java la documentación del código es fundamental. Resulta evidente en cuanto se consulta la documentación de las clases que proporciona directamente en los paquetes que distribuye Sun. Toda la documentación se ha generado utilizando una herramienta, llamada javadoc. También podrá hacer lo mismo con todos sus programas.

Java promueve que el programador documente el funcionamiento de las clases dentro del propio código. A partir de unos comentarios especiales, llamados comentarios de documentación, con la herramienta javadoc se genera un conjunto de páginas en HTML por las que se puede navegar utilizando cualquier navegador Web.

Un comentario de documentación está delimitado por una marca de comienzo: /** y una marca de terminación: */. Entre estos delimitadores se pueden encontrar dos partes, una de descripción y otra parte con cero o más etiquetas de documentación. Por ejemplo:

```
/**
 * Esta es la parte de la descripción donde se
 * comenta lo que venga a continuación
 *
 * @etiqueta Uso de la etiqueta y comentario
 */
```

En este ejemplo se puede ver la estructura normal que uno se puede encontrar en un comentario de documentación. Éste empieza con el delimitador de comentario de documentación (/**) en una línea.

El resto del comentario empieza siempre cada línea con un carácter asterisco. Estos asteriscos al principio de la línea desaparecen cuando se generan las páginas

HTML a partir de esta documentación. Los entornos de programación suelen ayudar a generar este tipo de comentarios especiales de forma que el programador no tenga que preocuparse por dar este formato especial.

La última línea termina con el delimitador de fin de comentario de documentación (*/).

Un comentario de documentación tiene dos partes bien diferenciadas:

- En la primera parte va un texto en el que el programador escribe el comentario sobre la clase, atributo, constructor o método que venga a continuación. En esta primera parte puede poner todo el texto que desee. Además, puede incluir etiquetas propias del lenguaje HTML que se mantendrán en la versión final, de manera que las interprete posteriormente el navegador Web. De esta forma se puede dar cierto formato al texto que aparecerá en la página Web de documentación.
- En la segunda parte se pone la lista de etiquetas de documentación con cierto texto que aparecerá después en apartados específicos de la documentación. Estas etiquetas tienen un significado especial que permite darles un formato propio en la documentación para destacar dicha información.

ETIQUETAS Y POSICIÓN

No todas las etiquetas se pueden utilizar en cualquier comentario de documentación. Hay etiquetas que no tienen sentido delante de un constructor de una clase, como por ejemplo @param, pero no tienen sentido para describir un atributo.

Existen dos tipos de etiquetas de documentación:

- Etiquetas de bloque: Son las etiquetas que sólo se pueden incluir en el bloque de documentación (véase sección anterior). Estas etiquetas son las que en la tabla comienzan por @.
- Etiquetas en el texto: son las etiquetas que se pueden poner en cualquier punto de la descripción o en cualquier punto de la documentación asociada a una etiqueta de bloque. Estas etiquetas son las que en la tabla están definidas entre llaves como {@code}

En la Tabla C.1 puede ver la lista completa de etiquetas, el ámbito en el que se puede emplear dicha etiqueta y la versión de Java en la que aparece por primera vez.

USO DE LAS ETIQUETAS

En esta sección se describe solamente el uso de las etiquetas de documentación más habituales. Si desea una descripción completa consulte la documentación de Java en java.sun.com.

`@author` *texto con el nombre*

El texto después de la etiqueta no tiene que tener ningún formato especial. Se pueden incluir múltiples etiquetas `@author`, una detrás de otra, o poner varios nombres de autores en la misma etiqueta.

`@author Jesús Sánchez Allende`

APÉNDICE [C] Documentación del código

Tabla C.1. Lista de etiquetas de documentación y ámbito de uso.

	@author	{@code}	{@docRoot}	@deprecated	@exception	{@inheritDoc}	{@link}	{@linkplain}	{@literal}	@param	@return	@see	@serial	@serialData	@serialField	@since	@throws	{@value}	@version
Descripción	X		X	X			X	X				X				X			X
Paquete	X		X	X			X	X				X				X			X
Clases e interfaces	X		X	X			X	X				X	X			X			X
Atributos			X	X			X	X				X	X		X	X		X	
Constructores y métodos			X	X	X	X	X	X		X	X	X		X		X	X		
Aparece en el JDK/SDK	1.0	1.5	1.3	1.0	1.0	1.4	1.2	1.4	1.5	1.0	1.0	1.0	1.2	1.2	1.2	1.1	1.2	1.4	1.0

[311]

@version *texto de la versión*

El texto de la versión no tiene ningún formato especial. Se recomienda poner el número de la versión y la fecha de la misma. Se pueden incluir múltiples etiquetas `@version` una detrás de otra o poner varios nombres de autores en la misma etiqueta.

```
@version 1.2 29-Enero-2004
```

@deprecated *texto*

Indica que no debería de utilizarse, indicando en el texto las causas de ello. Se puede utilizar en todos los apartados de documentación. Si se ha realizado una sustitución debería indicarse qué utilizar en su lugar.

```
@deprecated El método no actúa correctamente.
Utilice en su lugar {@link metodoCorrecto}.
```

@exception *nombre-excepción texto*

Esta etiqueta es un sinónimo de @throws.

@param *nombre-atributo texto*

Al atributo (parámetro) le debe seguir el nombre del atributo que se va a comentar. Resulta de interés indicar en el comentario el tipo o clase del argumento, así como su uso y límites de valores, si existen. Como texto puede escribir tantas líneas como sean necesarias.

```
@param numAlumnos El número de alumnos en el grupo
```

@return *texto*

Se puede omitir en los métodos que devuelven void. Debe de aparecer en todos los métodos, dejando explícito qué tipo o clase de valor devuelve y sus posibles rangos de valores.

```
@return Devuelve el índice del elemento buscado. -1 si no existe.
```

@see *referencia*

Añade una sección "See Also" con un enlace y un comentario sobre la referencia. Existen tres tipos básicos:

- @see "texto" – Aparece el texto tal y cómo se ha escrito entre comillas. Sirve para hacer referencia a libros, artículos, etc.
- @see <a href="URL#valor">texto </a> - añade el enlace dado.
- @see paquete.clase#miembro texto – Añade una referencia a un elemento del programa.

Si existe sobrecarga de métodos hay que indicar el tipo de los argumentos para que el generador pueda interpretar correctamente a cuál de ellos se refiere.

APÉNDICE [C] Documentación del código

En el caso de que el argumento sea de una clase se debe especificar el paquete completo. Si al final se añade un nombre aparece dicho nombre como enlace de hipertexto hacia el elemento marcado.

```
@see #metodo El método indicado
@see java.lang.Integer
@see Integer
@see Integer#MAX_VALUE El mayor valor posible
@see Integer#toString(int)
@see Integer#valueOf(java.lang.String)
```

@throws *nombre-excepción texto*

El nombre de la excepción es su nombre completo. Añada uno por cada excepción que se lance explícitamente con una cláusula throws, siguiendo un orden alfabético. En Java 2 se puede utilizar la etiqueta @throws como sinónimo de @exception.

```
@throws numeroNegativoException El valor del argumento no puede ser
negativo.
```

@since *texto*

Sirve para indicar a partir de qué versión aparece esta característica o elemento en el paquete donde se encuentra.

```
@since 1.5
```

@version *texto*

Sirve para indicar cuál es la versión actual del elemento. Pueden utilizarse varios.

```
@version 2.4 03/03/2005
```

ORDEN DE LAS ETIQUETAS

El orden de las etiquetas debe ser el siguiente:

- @author: En clases e interfaces. Se pueden poner varios. En este caso resulta apropiado hacerlo en orden cronológico.
- @version: En clases y en interfaces.
- @param: En métodos y constructores. Se ponen tantos como argumentos tenga el constructor o el método. Deberían aparecer en el mismo orden en que se declaran.
- @return: En métodos.
- @exception: En constructores y métodos. Deberían aparecer en el mismo orden en que se declaran o en orden alfabético.
- @throws: Con Javadoc 1.2 es un sinónimo de @exception.
- @see: Se pueden poner varios. Se recomienda empezar por los más generales e ir indicando después los más concretos.
- @since.
- @deprecated.

EJEMPLO DE DOCUMENTACIÓN DE UNA CLASE

En esta sección se pone un ejemplo de cómo se puede comentar una clase siguiendo las recomendaciones de documentación anteriores. Para seguir el ejemplo se ha elegido comentar la clase Grupo descrita en el Capítulo 6.

```java
/*
 * Clase Grupo.java
 * Java 2. Iniciación y referencia. Segunda edición
 * Año 2005
 *
 * Jesús Sánchez Allende
 */

import java.io.*;

/**
 * La clase Grupo permite disponer de una reunión de
 * alumnos de la clase Alumno. Todos los alumnos se
 * guardan en un array cuyo tamaño se determina cuando
 * se construye el objeto Grupo.
 *
 * @author Jesús Sánchez Allende
 * @author Gabriel Huecas Fernández-Toribio
 * @author Baltasar Fernández Manjón
 * @author Pilar Moreno Díaz
 * @version 2.2, Enero de 2005
 * @see Alumno
 */
public class Grupo {
    /**
     * Nombre que permite identificar el grupo
     */
    private String nombre;

    /**
     * Array que contiene los alumnos del grupo.
     */
    private Alumno[] alumnos;

    /**
     * Variable que indica cuantos alumnos hay en el grupo.
     * Un grupo puede que no esté lleno.
     */
    private int numAlumnos;

    /**
     * Unico constructor de la clase.
     *
     * @param nombre Nombre que se desea asignar al grupo.
     * @param tamaño Tamaño con el que se crea el grupo.
     * @exception Exception Si el tamaño del grupo es menor que un
     * solo alumno.
     */
    public Grupo(String nombre, int tamaño) throws Exception {
        if (tamaño < 1)
            throw new Exception(«Tamaño insuficiente»);
        this.nombre = nombre;
        alumnos = new Alumno[tamaño]; // Se crea el grupo.
        numAlumnos = 0; // Inicialmente hay cero alumnos.
    }
```

APÉNDICE [C] Documentación del código

```java
/**
 * Comprueba si el grupo está vacío. Es decir, si no tiene
 * ningún alumno.
 *
 * @return true si el grupo no tiene alumnos, false en caso contrario.
 */
public boolean estáVacío() {
    return numAlumnos == 0;
}


/**
 * Comprueba si el grupo ya está lleno. Es decir, si no quedan
 * sitios libres.
 *
 * @return true si el grupo está lleno, false si hay huecos.
 */
public boolean estáLleno() {
    return numAlumnos == alumnos.length;
}


/**
 * Dado un alumno lo añade al grupo.
 *
 * @param alumno Alumno que se desea añadir
 * @exception Exception Si el grupo ya estaba lleno y no se puede
 * añadir.
 *
 */
public void añadir(Alumno alumno) throws Exception {
    if (estáLleno())
        throw new Exception(«Grupo lleno. Imposible añadir.»);
    alumnos[numAlumnos] = alumno;
    numAlumnos++;
}


/**
 * Elimina del Grupo un alumno que coincida con el alumno
 * indicado. Tenga en cuenta que para ver si el alumno
 * coincide con el indicado se utiliza el método equals
 * definido en la clase Alumno, por lo que se considera que
 * se ha encontrado si equals para los alumnos devuelve true.
 *
 * @param alumno Alumno que se desea eliminar.
 * @return true si se ha eliminado un alumno, false si no se
 * ha eliminado ningún alumno.
 * @see Alumno#equals(Alumno)
 */
public boolean eliminar(Alumno alumno) {
    int pos = buscar(alumno);
    if (pos < 0)
        return false;

    for (int i = pos; i < numAlumnos-1; i++) {
        alumnos[i] = alumnos[i + 1];
    }
    numAlumnos--;
    return true;
}

/**
 * Busca un alumno que coincida con los datos del
 * alumno dado dentro del grupo. Dos alumnos se supone
 * que coinciden si el método equals de los alumnos
 * devuelve true.
 *
 * @param alumno Alumno que se desea buscar.
 * @return Indice del Grupo donde se encuentra el alumno.
```

```
     * Se devuelve -1 si el alumno no se encuentra en
     * el grupo.
     * @see Alumno#equals(Alumno)
     */
    public int buscar(Alumno alumno) {
        for (int i = 0; i < numAlumnos; i++) {
            if   (alumnos[i].equals(alumno))
                return    i;
        }
        return   -1;
    }


    /**
     * Imprime el nombre del grupo y los datos de
     * todos los alumnos que contiene utilizando
     * el método de imprimir alumnos definido en la
     * clase Alumno.
     *
     * @see Alumno#imprime
     */
    public void imprimir() {
        System.out.println(nombre);
        for (int i = 0; i < numAlumnos; i++) {
            alumnos[i].imprime();
            System.out.println();
        }
        System.out.println();
    }
}
```

Una vez generada la documentación con la herramienta javadoc o con alguna opción del entorno de desarrollo que esté utilizando podrá verla con cualquier navegador Web de la forma que se puede ver en el siguiente volcado de pantalla.

Package **Class** Use Tree Deprecated Index Help
PREV CLASS NEXT CLASS   FRAMES NO FRAMES All Classes
SUMMARY: NESTED | FIELD | CONSTR | METHOD   DETAIL: FIELD | CONSTR | METHOD

---

ejemplo1
Class Grupo

```
java.lang.Object
  └ejemplo1.Grupo
```

---

public class **Grupo**
extends java.lang.Object

La clase Grupo permite disponer de una reunión de alumnos de la clase Alumno. Todos los alumnos se guardan en un array cuyo tamaño se determina cuando se construye el objeto Grupo.

Version:
    2.2, Enero de 2005
Author:
    Jesús Sánchez Allende, Gabriel Huecas Fernández-Toribio, Baltasar Fernández Manjón, Pilar Moreno Díaz
See Also:
    Alumno

Constructor Summary

Grupo(java.lang.String nombre, int tamaño)
    Único constructor de la clase.

APÉNDICE **[C]** **D**ocumentación del código

Method Summary

void	**añadir**(Alumno alumno) Dado un alumno lo añade al grupo.
int	**buscar**(Alumno alumno) Busca un alumno que coincida con los datos del alumno dado dentro del grupo.
boolean	**eliminar**(Alumno alumno) Elimina del Grupo un alumno que coincida con el alumno indicado.
boolean	**estáLleno**() Comprueba si el grupo ya está lleno.
boolean	**estáVacio**() Comprueba si el grupo está vacío.
void	**imprimir**() Imprime el nombre del grupo y los datos de todos los alumnos que contiene utilizando el método de imprimir alumnos definido en la clase Alumno.

Methods inherited from class java.lang.Object
clone, equals, finalize, getClass, hashCode, notify, notifyAll, toString, wait, wait, wait

Constructor Detail

Grupo

public **Grupo**(java.lang.String nombre,
            int tamaño)
     throws java.lang.Exception

Único constructor de la clase.

Parameters:
nombre - Nombre que se desea asignar al grupo.
tamaño - Tamaño con el que se crea el grupo.
Throws:
java.lang.Exception - Si el tamaño del grupo es menor que un solo alumno.

Method Detail

estáVacio

public boolean **estáVacio**()

Comprueba si el grupo está vacío. Es decir, si no tiene ningún alumno.

Returns:
true si el grupo no tiene alumnos, false en caso contrario.

---

estáLleno

public boolean **estáLleno**()

Comprueba si el grupo ya está lleno. Es decir, si no quedan sitios libres.

Returns:
true si el grupo está lleno, false si hay huecos.

---

añadir

public void **añadir**(Alumno alumno)
          throws java.lang.Exception

Dado un alumno lo añade al grupo.

Parameters:
alumno - Alumno que se desea añadir
Throws:
java.lang.Exception - Si el grupo ya estaba lleno y no se puede añadir.

---

[317]

APÉNDICE

[D]

Convenios de programación en Java

[Notas]

Convenios de programación en Java

En este apéndice se incluye un conjunto de reglas que le permitirán seguir un estilo de programación uniforme para que sean fáciles de entender y corregir sus programas. Tener unas reglas para programar es importante porque:

- La mayor parte del tiempo se dedica a leer programas, por lo que resulta importante que sean fáciles de leer y de entender.
- Seguir unas reglas de programación permite mejorar la legibilidad del código escrito y entender fácilmente el código que no es de uno mismo.
- Si se da código propio a terceras personas, o se intenta explicar lo que se ha hecho, será más fácil de entender si se ha seguido un estilo consistente y similar, o igual, al de otros programadores.
- Casi nunca ocurre que todo el código que utiliza para un programa sea escrito por un solo programador, sino que se habrá desarrollado por un grupo de programadores.

Este apéndice se ha estructurado teniendo en cuenta los distintos elementos del lenguaje a considerar. Al principio pueden parecerle demasiadas cosas. Empiece por unas pocas y vaya leyendo nuevas guías de codificación según vaya ganando confianza con el lenguaje y conozca y aplique bien las anteriores.

ESTRUCTURA DE UN ARCHIVO FUENTE EN JAVA

Todo archivo fuente en Java tendrá la siguiente estructura:

- Comentario inicial: cada archivo fuente contendrá un comentario inicial donde se describirá el objetivo de dicho archivo.

- Sentencia de paquete, si existe.
- Importación de las clases que se utilizan en esta clase.
- Declaración de clases e interfaces, que deberán aparecer en el siguiente orden:
  - Comentario de documentación de la clase o interfaz.
  - Sentencia de declaración de la clase o interfaz.
  - Atributos estáticos, primero los públicos, después los protegidos, después los de paquete y por último los privados.
  - Resto de los atributos, primero los públicos, después los protegidos, después los de paquete y por último los privados.
  - Constructores.
  - Resto de los métodos. Se sugiere agrupar los métodos por funcionalidad, no por su accesibilidad (públicos, privados, etc.). De esta forma se trata de mejorar la legibilidad de los mismos y encontrarlos mejor dentro de la clase.

Sangrado y tamaño de las líneas

El sangrado deberá aplicarse a toda estructura que esté lógicamente contenida dentro de otra. El sangrado será de un tabulador. Se estima suficiente entre 2 y 4 espacios. Para alguien que empieza a programar suele ser preferible unos 4 espacios.

Las líneas no tendrán en ningún caso demasiados caracteres que impidan que se pueda leer en una pantalla. Un número máximo recomendable puede estar en torno a unos 70 caracteres, incluyendo los espacios de sangrado. Si una línea debe ocupar más caracteres debe dividirse en dos o más líneas. Para dividir una línea en varias utilice los siguientes principios:

- Tras una coma.
- Antes de un operador, que pasará a la línea siguiente.
- Una construcción de alto nivel, por ejemplo una expresión con paréntesis.
- La nueva línea deberá alinearse con un sangrado lógico respecto al punto de ruptura.

Ejemplos

Dividir tras una coma.

```
function (expresionMuyLargaDeExpresar1,
          expresionMuyLargaDeExpresar2,
          expresionMuyLargaDeExpresar3,
          expresionMuyLargaDeExpresar4);
```

Dividir tras una coma, alineando la siguiente línea de forma lógica.

```
var = funcion1(expresionMuyLargaDeExpresar1,
               funcion2(expresionMuyLargaDeExpresar2,
                        expresionMuyLargaDeExpresar3));
```

Mantener la expresión entre paréntesis en la misma línea.

```
nombreLargo1 = nombreLargo2 *
        (nombreLargo3 + nombreLargo4 - nombreLargo5) +
        4 * nombreLargo6;
```

APÉNDICE [D] Convenios de programación en Java

Pequeña excepción: si la aplicación de estas reglas hace que el sangrado sea ilegible:

```
private static synchronized unNombreMuyLargo(int unArg,
        Object otroArg,
        String elTercerArg,
        Object unCuartoArg) {

if ((condición1 || condición2)
        && (condición5 || condición6)
        && (condición7 || condición8)) {
    sentencias
}
```

Comentarios

Los comentarios de un programa miden, de alguna forma, la calidad del código que se ha escrito. No sea parco utilizándolos.

Se debe poner un comentario:

- Al principio de cada archivo con la descripción y objetivo del mismo.
- Antes de cada método, explicando para qué sirve.
- Antes de cada algoritmo, explicando qué hace el algoritmo.
- Antes de cada definición de estructura de datos, indicando cuál es su objetivo.
- Antes de cada parte significativa del programa.

Los comentarios deben ir precedidos por una línea en blanco para separarlos lógicamente de la parte precedente del programa.

Existen varias formas de escribir comentarios:

Comentario multilínea: en este caso, cada línea debe ir precedida por el carácter "*", excepto la primera y última que contendrán los símbolos de principio y fin de comentario, respectivamente.

```
/*
 * Esto es un comentario de un método
 * que sigue a continuación y donde se cuenta
 * para qué sirve dicho método.
 */
```

Los comentarios en una línea deben ir sangrados al mismo nivel que el código que comentan.

```
/* Se comprueba si funcion devuelve 3 o no */
if (funcion(unaVariable) == 3) {
    haceAlgo();
} else {
    haceOtraCosa();
}
```

Comentarios al final de la línea: si se utilizan, deben ir suficientemente separados para distinguirlos como algo aparte del código. Es preferible utilizar el tipo anterior de comentario.

```
if (funcion(unaVariable) == 3) {
    haceAlgo();        /* si funcion devuelve 3 */
} else {
    haceOtraCosa();
}
```

Comentarios hasta final de línea: anteponiendo el símbolo "//". No se recomiendan para comentar varias líneas seguidas. En el ejemplo se muestran dos formas de usar este comentario. Utilice una sola forma de manera consistente.

```
if (funcion(unaVariable) > 36) {
    // Hace algo con la variable dada
    haceAlgo(unaVariable);
} else {
    haceOtraCosa();     // Hace otra cosa
}
```

Declaraciones

Las declaraciones deberían hacerse una por línea, ya que facilita su documentación. Si alinea a la izquierda los nombres de las variables pueden resultar más fáciles de leer, aunque debe considerar cada caso.

```
int      pesoDeclarado;
int      pesoReal;
ListaMia unaLista;
```

Excepciones son: las declaraciones en la cláusula de inicialización de un for y las declaraciones de variables auxiliares:

```
int ancho, alto;

for (int i=0, j=1; ...
```

En ningún caso se utilizarán declaraciones en la misma línea de elementos que son de distinto tipo lógico, por ejemplo un entero y un array de enteros.

```
int numeroDeElementos, valoresReales[]; //EVITAR
int numeroDe Elementos;
int valoresReales[];
```

Aunque Java permite declarar variables en cualquier punto del código, hágalo preferiblemente sólo al principio de un bloque.

Evite declarar una variable en un bloque interno que oculte una declaración de un bloque exterior.

```
public int funcion (int a) {
    int var1;

    if (a > 2) {
        int var1;     // dar un nombre diferente
    }
}
```

Espacio en blanco

El espacio en blanco no es un espacio desperdiciado. Resulta un espacio importante para separar unos elementos de otros de manera que sea fácilmente identificable lo que va junto y, por tanto, está relacionado y lo que se puede separar. Además de separar grupos de sentencias añada una línea en blanco:

APÉNDICE [D] Convenios de programación en Java

- Separando dos métodos dentro de una clase.
- Entre la declaración de atributos de una clase y sus constructores y métodos.
- Entre la declaración de variables locales de un método y la parte de ejecución.
- Antes de un comentario dentro del código.

```java
if (condicion) {
    sentencias
}

//Ahora vemos cuando terminamos de repetirlo
while (otracondición) {
    sentencias
}
```

- Para separar código en trozos funcionales

```java
if (n < 0) {
    throw new Exception(«Error en entrada»)
}

//cálculo de factorial
for (int i= 1; i < n; i++) {
    ...
}
```

En cuanto al uso de espacios en blanco, es mejor separar las operaciones que se están realizando para que queden claras:

Separar los operadores binarios con blancos.

```java
a = b + c * variable.dameCoordenada();
```

Separar las partes de un `for` con un blanco delante.

```java
for (int i=0; i < 23; i++) {
    sentencias
}
```

Instrucciones

Cada instrucción debe ir en una única línea.

```java
i++;
j++;
```

Sentencia `if`:

```java
if (condicion) {
    sentencias;
}

if (condicion) {
    sentencias;
} else {
    sentencias;
}

if (condicion) {
    sentencias;
} else if (condicion) {
    sentencias;
```

```
} else if (condicion) {
    sentencias;
}
```

Las sentencias dentro del `if` siempre deben ir entre llaves, aunque sólo contenga una sentencia. Si no se ponen las llaves puede provocar errores posteriores, tanto al añadir nuevo código como al interpretar lo que hace. De todas formas hay que considerar cada caso.

```
if (condicion)       // Evitar siempre, poner llaves
    sentencias;
```

Sentencia `switch`. Utilícela de la siguiente forma: deje claras las opciones que no se interrumpen con `break`. Separe unos casos de otros lo suficiente. Deje claros cuáles son los distintos casos que se consideran en el `switch`. Toda sentencia `switch` debería tener el caso por defecto (`default`), aunque no haga nada. Ponga `break` en el `default`, aunque sea redundante.

```
switch (condicion) {
    case ABC:
        sentencias;
        /* sigue */
    case DEF:
        sentencias;
        break;

    case XYZ:
        sentencias;
        break;

    default:
        sentencias;
        break;
}
```

Sentencia `for`. Igual que en la sentencia if ponga siempre llaves en la parte que repite un `for` aunque sólo repita una sentencia.

```
for (inicializacion; condicion; continuacion) {
    sentencias;
}
```

En el caso del `for` para un conjunto de valores es similar.

```
for (variable : coleccion) {
    sentencias;
}
```

Si el `for` no lleva ninguna sentencia indíquelo claramente poniendo el punto y coma en la línea siguiente.

```
for (inicializacion; condicion; actualización)
    ;
```

Sentencia `while`. Lo que repite el `while` siempre va entre llaves, aunque sólo sea una sentencia.

```
while (condicion) {
    sentencias;
}
```

[326]

Si `while` no repite ninguna sentencia utilice la siguiente forma:

```
while (condicion)
    ;
```

La sentencia `do-while` siempre se escribe igual:

```
do {
    sentencias
} while (condicion);
```

Sentencia `try` – `catch` – `finally`. Utilícela de la siguiente forma:

```
try {
    sentencias;
} catch (Exception1 e) {
    sentencias;
} catch (Exception2 e) {
    sentencias
} finally {
    sentencias
}
```

La sentencia `return` no debe pasar el valor que se devuelve entre paréntesis, para diferenciarlo de una llamada a un método.

```
return valorCalculado;
```

Elección de nombres

Utilice las siguientes reglas al asignar nombre a los distintos elementos de un programa:

- Clases: utilice sustantivos, simples y descriptivos. Se deben escribir en minúsculas, uniendo las palabras que componen el nombre empezando cada palabra con mayúscula. Evite el uso de abreviaturas o acrónimos.

    ```
    class ObjetoComplejo ;
    ```

- Interfaces: utilice adjetivos o sustantivos. Deben escribirse igual que las clases

    ```
    interface Dibujable ;
    ```

- Métodos: utilice verbos, indicando la acción que realizan. Se escriben como las clases pero empezando con minúscula

    ```
    calculaCantidad();
    extraeElemento();
    ```

- Atributos: deben tener un nombre descriptivo que indique su utilidad. Evite el uso de nombres pequeños para los atributos, a excepción de los índices de bucles `for` donde se pueden utilizar `i`, `j`, etc. Si un atributo representa una colección de valores, debería ir en plural indicando este hecho.

    ```
    int valorCalculado;
    Lista elementosObtenidos;
    ```

- Constantes: utilice nombres en mayúsculas, separados con guión bajo.

    ```
    final int CAMBIO_MONEDA = 168;
    ```

[327]

Prácticas de diseño

En este apartado se dan consejos de diseño que debe aplicar en la programación de sus clases.

- Minimice la parte pública de una clase. Para ello, defina primero la parte pública de una clase antes de empezar a codificar. Esta definición debería realizarse durante el diseño de la misma.
- Todos los atributos de una clase deberían declararse como privados en dicha clase. Para acceder a sus valores se deben de utilizar métodos de acceso, para obtener y fijar el valor de cada uno de dichos atributos.
- Métodos de acceso a los atributos de una clase:
- Deberían utilizarse como la única forma de acceder a un atributo de una clase, incluso desde dentro de la misma clase, aunque pueda accederse directamente a ellos.
- Para identificar los métodos de acceso se debe utilizar el prefijo `get` y `set`, para acceder y establecer el valor de una variable de la clase, respectivamente (en español se sugiere utilizar pon y dame o bien pon y el nombre del atributo). Si el tipo del atributo es `boolean` se puede poner el prefijo `is` (en español es o está). Por ejemplo:

```
getValorCalculado();
getElementosObenidos();
isCompleto();
ponValorCalculado();
dameNombre();
estaCompleto();
```

- Si un atributo contiene múltiples valores añada métodos para acceder, insertar y eliminar valores de dicho atributo de manera individual.
- Intente mantener la visibilidad de los métodos de acceso tan reducida como sea posible. Lo más aconsejable es que sean `protected`, permitiendo a las clases derivadas acceder a los mismos. Es común que los métodos de acceso para obtener un valor sean `public` y los métodos para fijar el valor sean `protected`.
- Los atributos calificador como `static` deben inicializarse siempre. No puede asegurar que no se accede a ellos antes de crear ningún objeto.

APÉNDICE

[E]

Clases de uso común

[Notas]

Clases de uso común

String

La clase String se utiliza para representar textos. Para guardar un texto en una variable se suele utilizar un objeto de esta clase. En Java la creación de objetos de esta clase tiene un uso especial que no obliga a seguir la norma general de uso del operador new para construir el objeto. En lugar de tener que escribir:

```
String texto = new String("Texto de ejemplo.");
```

se puede utilizar directamente:

```
String texto = "Texto de ejemplo.";
```

java.lang.String	
Constructores	
`public String(byte[] bytes)`	Construye un nuevo String convirtiendo el array de bytes indicado a caracteres.
`String(byte[] bytes, int indice, int num)`	Construye un nuevo String convirtiendo una parte de un array de bytes a caracteres. Los parámetros son, los bytes a convertir en caracteres, el índice del primer byte a convertir y el número de bytes a convertir.

java.lang.String	
Constructores	
`String(char[] cars)`	Crea un nuevo String que contiene el array de caracteres.
`String(char[] value, int indice, int num)`	Crea un nuevo String que contiene parte de un array de caracteres. El argumento indice es el índice del primer carácter del array a partir del cual se crea el String y el argumento num especifica la longitud del String que se crea.
`String(String texto)`	Crea un nuevo objeto String inicializado a la misma secuencia de caracteres del argumento. Es decir hace una copia del String.
Métodos	
`public char charAt(int indice)`	Devuelve el carácter que se especifica en el índice. El intervalo del índice está entre 0 y la longitud de la cadena menos uno (length() – 1). No se puede utilizar como argumento un índice negativo o fuera de intervalo.
`int compareTo(String texto)`	Compara dos cadenas lexicográficamente. Devuelve 0 si la cadena es igual al argumento, un valor menor que 0 si la cadena es lexicográficamente anterior (menor) que el argumento, y un valor mayor que 0 si la cadena es lexicográficamente posterior (mayor) que el argumento. El orden lexicográfico es como aparecería en un diccionario. No se puede utilizar como argumento una cadena nula.
`int compareToIgnoreCase(String texto)`	Igual que compareTo pero si los caracteres son mayúsculas o minúsculas.
`String concat(String texto)`	Concatena el argumento al texto, devolviendo una cadena que representa la concatenación de los caracteres del objeto con los caracteres del argumento. No se puede utilizar como argumento una cadena nula.
`int indexOf(int c)`	Devuelve el índice de la posición en la que se encuentra el carácter por primera vez en la cadena, si el carácter no se encuentra en la cadena devuelve –1.
`int lastIndexOf(int c)`	Devuelve el índice de la posición en la que se encuentra el carácter por última vez en la cadena, si el carácter no se encuentra en la cadena devuelve –1.
`int length()`	Devuelve la longitud de la secuencia de caracteres representada por ese objeto String.
`String replace(char antiguo, char nuevo)`	Devuelve un nuevo String resultado de reemplazar todos los caracteres antiguo con el carácter nuevo.

APÉNDICE [E]   Clases de uso común

java.lang.String	
Constructores	
`String[] split(String expr)`	Divide el String de acuerdo con la expresión regular dada como argumento. Por ejemplo, si se usa la expr " ", devuelve todos los trozos separados por espacios.
`String substring (int inicio, int fin)`	Devuelve un nuevo String que se corresponde con un String que comienza en el índice inicio y finaliza en el índice fin del argumento. Al utilizar este método no se pueden pasar como argumento inicio un número negativo, o como argumento fin un número mayor que la longitud del argumento ni como argumento inicio un valor mayor que el argumento fin.
`String toLowerCase()`	Convierte todos los caracteres del String a minúsculas.
`String toUpperCase()`	Convierte todos los caracteres del String a mayúsculas.
`String trim()`	Elimina los espacios en blanco que pueda haber al principio o al final.

Scanner

La clase Scanner permite leer de una fuente de datos tipos primitivos y String utilizando expresiones regulares. Por defecto el separador es espacios en blanco.

Clase scanner	
Constructores	
`Scanner(InputStream origen)`	Lee a partir de un flujo de bytes. Es el constructor que se utiliza para leer del teclado.
`Scanner(File origen)`	Permite leer a partir de un archivo.
`Scanner(String origen)`	Permite leer a partir de un String.
Métodos	
`void close()`	Cierra la entrada de datos, por ejemplo, cierra el archivo del que se lee.
`boolean hasNextInt()`	Devuelve true si el siguiente dato que se puede leer se puede interpretar como un entero. Existe un método como éste para el resto de tipos primitivos.

Clase scanner	
Constructores	
`int nextInt()`	Devuelve un valor entero a partir del siguiente elemento leído. Existen métodos similares para leer todos los demás tipos de datos primitivos.
`String nextLine()`	Devuelve hasta el siguiente fin de línea saltándolo.

File

La clase File proporciona una abstracción para el manejo de fichero y rutas de acceso que lo hace independiente de la máquina. No permite manejar el contenido de los archivos ni directorios. Para ello utilice las clases de manejo de flujos como se describe en el Capítulo 7.

java.io.File	
Constructores	
`File(String ruta)`	Construye un objeto fichero.
Métodos	
`boolean canRead()`	Comprueba si el fichero existe y se puede leer.
`boolean canWrite()`	Comprueba si se puede escribir en el fichero.
`boolean delete()`	Elimina un fichero o directorio. Si se trata de un directorio, éste debe de estar vacío. Devuelve true si se elimina correctamente, false en caso contrario.
`boolean exists()`	Comprueba si existe el fichero.
`String getAbsolutePath()`	Devuelve la ruta completa del objeto File.
`String getName()`	Devuelve el nombre del objeto File.
`boolean isDirectory()`	Comprueba si se trata de un directorio.
`boolean isFile()`	Comprueba si se trata de un archivo.
`long length()`	Devuelve el tamaño del archivo en bytes.
`String[] list()`	Devuelve un array de `String` con los nombres de los archivos y directorios que contiene un directorio.
`File[] listFiles()`	Devuelve un array de `File` con los objetos File que contiene un directorio.

APÉNDICE [E] Clases de uso común

java.io.File	
Métodos	
`boolean mkdir()`	Crea un directorio.
`boolean renameTo (File destino)`	Renombra un archivo. Devuelve `true` si el proceso se ha resuelto satisfactoriamente, false en caso contrario. Dependiendo del sistema de archivos puede utilizarse para mover un archivo a otra ruta.

Random

Una instancia de la clase Random permite crear objetos que generan una secuencia de números seudoaleatorios.

Random	
Constructores	
`Random()`	Construye un nuevo generador de números aleatorios, utiliza como semilla un valor basado en el reloj del sistema.
`Random(long seed)`	Construye un nuevo generador de números aleatorios, utiliza como semilla el valor `seed`.
Métodos	
`void setSeed(long seed)`	Pone la semilla para la generación de números aleatorios.
`boolean nextBoolean()`	Devuelve el siguiente valor boolean de una secuencia aleatoria con distribución uniforme.
`int nextInt()`	Devuelve el siguiente valor entero de una secuencia de números aleatorios con distribución uniforme.
`int nextInt(int n)`	Devuelve un valor entero aleatorio entre 0 y el valor especificado.
`double nextDouble()`	Devuelve un valor entre 0.0 y 1.0 de una secuencia aleatoria con distribución uniforme
`double nextGaussian()`	Devuelve un valor entre 0.0 y 1.0 de una secuencia aleatoria con distribución normal (Gaussiana).
`void nextBytes(byte[] bytes)`	Genera bytes aleatorios y los sitúa en el array de bytes dados, el número de bytes producidos es igual a la longitud del array de bytes.

Math

La clase Math proporciona métodos estáticos para realizar operaciones numéricas básicas como la exponencial, el logaritmo, la raíz cuadrada y funciones trigonométricas.

java.lang.Math	
Atributos	
`double E`	Valor del número *e*, base de los logaritmos naturales.
`double PI`	Valor del número π (pi), la relación entre la longitud de una circunferencia y el diámetro de la misma.
Métodos	
`tipo abs(tipo a)`	Devuelve el valor absoluto del valor a. El tipo del valor puede ser: double, float, int, long.
`double acos(double a)`	Devuelve el arco coseno de un ángulo, en el intervalo de 0.0 a π.
`double asin(double a)`	Devuelve el arco coseno de un ángulo, en el intervalo de –π/2 a π/2.
`double atan(double a)`	Devuelve el arco tangente de un ángulo, en el intervalo de –π/2 y π/2.
`double atan2 (double a, double b)`	Devuelve el arco tangente de a/b, en el intervalo de –π y π.
`double ceil(double a)`	Devuelve el entero más cercano por encima del argumento.
`double cos(double a)`	Devuelve el coseno de un ángulo.
`double exp(double a)`	Devuelve la exponencial de un número.
`double floor(double a)`	Devuelve el entero más cercano por debajo del argumento.
`double log(double a)`	Devuelve el logaritmo natural (en base *e*) del argumento.
`double log10(double a)`	Devuelve el logaritmo en base 10 del argumento.
`tipo max(tipo a, tipo b)`	Devuelve el mayor de los dos argumentos. El tipo del valor puede ser: double, float, int, long.
`tipo min(tipo a, tipo b)`	Devuelve el menor de los dos argumentos. El tipo del valor puede ser: double, float, int, long.

APÉNDICE [E] Clases de uso común

java.lang.Math	
Métodos	
`double pow (double a, double b)`	Devuelve el valor del primer argumento elevado a la potencia del segundo argumento.
`double random()`	Devuelve un número entre 0.0 y 1.0.
`double rint(double a)`	Devuelve como double el valor entero más próximo al argumento, redondea el número.
`long round(double a)`	Devuelve como long el valor entero más próximo al argumento, redondea el número.
`int round(float a)`	Devuelve como int el valor entero más próximo al argumento, redondea el número.
`double sin(double a)`	Devuelve el seno de un ángulo.
`double sqrt (double a)`	Devuelve la raíz cuadrada de un número.
`double tan(double a)`	Devuelve la tangente de un ángulo.
`double toDegrees (double angrad)`	Convierte la medida de un ángulo dado en radianes en su medida equivalente dada en grados.
`double toRadians (double angdeg)`	Convierte la medida de un ángulo dado en grados en su medida equivalente dada en radianes.

Date

La clase Date representa una fecha medida en milisegundos desde el 1 de enero de 1970 a las 00:00:00.000 horas.

java.util.Date	
Constructores	
`Date()`	Construye una fecha que representa el momento en que se creó el objeto, según el reloj del sistema.
`Date(long fecha)`	Construye una fecha utilizando su valor en milisegundos.
Métodos	
`boolean after(Date fecha)`	Comprueba si la fecha es posterior a la del argumento.
`boolean before(Date fecha)`	Comprueba si la fecha es anterior a la del argumento.
`long getTime()`	Devuelve el número de milisegundos desde el 1 de Enero de 1970 a las 0:00.

GregorianCalendar

La clase GregorianCalendar premite manejar valores de fechas utilizando los valores del calendario habitual.

Java.util.GregorianCalendar	
Constructores	
`GregorianCalendar()`	Crea un objeto calendario con la fecha del sistema.
`GregorianCalendar(int año, int mes, int díaDelMes)`	Crea un objeto calendario con la fecha indicada y la hora 0:00:00.
`GregorianCalendar(int año, int mes, int díaDelMes, int hora, int minutos, int segundos)`	Crea un objeto calendario con la fecha y hora indicadas.
Métodos	
`void add(int campo, int cantidad)`	Añade al valor indicado en campo la cantidad del segundo argumento utilizando las reglas del calendario. Ej. add(Calendar.MINUTES, 89).
`int compareTo(Calendar otraFecha)`	Compara dos fechas.
`int get(int field)`	Devuelve el valor del campo especificado. Véase más abajo para ver los valores de los campor. Ej: get(Calendar.YEAR) devuelve el valor del año.
`long getTimeInMillis()`	Devuelve el valor de la fecha en milisegundos.
`void roll(int campo, int cantidad)`	Aumenta (disminuye) el valor de un campo en una determinada cantidad según las reglas del calendario.

Los campos que se utilizan como argumentos son: DATE (día del mes), DAY_OF_MONTH (día del mes), DAY_OF_WEEK (día de la semana), DAY_OF_YEAR (día del año), HOUR (hora), HOUR_OF_DAY (hora) MILLISECOND (milisegundos), MINUTE (minutos), MONTH (mes), SECOND (segundos), WEEK_OF_MONTH (semana del mes), WEEK_OF_YEAR (semana del año), YEAR (año).

ArrayList

La clase ArrayList implementa una lista de objetos. Adicionalmente, permite manipular el tamaño del array que se utiliza para guardar los elementos. Su uso es similar al de la clase Vector, excepto que Vector es sincronizada (se utiliza cuando varios procesos comparten la información del Vector).

APÉNDICE [E] Clases de uso común

Para crear un ArrayList hay que indicar qué clases de objetos se van a guardar en la lista de la siguiente forma, para crear un ArrayList que permita guardar Alumnos:

```
ArrayList<Alumno> miLista = new ArrayList<Alumno>();
```

En la siguiente tabla, E indica que la lista se ha creado para elementos de la clase E o subclases de E.

java.util.ArrayList	
Constructores	
`ArrayList()`	Crea un objeto con una capacidad inicial de 10.
`ArrayList (int capacidadInicial)`	Crea un objeto con la capacidad inicial indicada.
Métodos	
`boolean add(E objeto)`	Añade el objeto indicado a la lista. Devuelve true si se modificó la lista.
`void add(int indice, E elemento)`	Añade el elemento indicado en la posición indicada en el índice.
`void clear()`	Elimina todos los elementos de la lista.
`boolean contains(Object elem)`	Devuelve true si la lista contiene el objeto indicado.
`E get(int posición)`	Devuelve el elemento que se encuentra en la posición especificada.
`int indexOf(Object objeto)`	Busca la primera ocurrencia del objeto dado en la lista utilizando el método equals del objeto. Devuelve −1 si no lo encuentra.
`boolean isEmpty()`	Comprueba si la lista no tiene elementos.
`int size()`	Devuelve el número de elementos en la lista.
`Object[] toArray()`	Convierte la lista en un array de objetos.

[339]

APÉNDICE
[F]

Glosario

[Notas]

Glosario

100% Pure Java: Iniciativa de Sun Microsystems para promover el lenguaje Java para que los desarrolladores escriban, certifiquen y vendan sus productos como escritos completamente en el lenguaje de programación Java.

abstract: Se utiliza en una definición de clase para indicar que esta clase puede tener métodos sin el cuerpo y, por tanto, no se pueden crear objetos de la misma, si no que se debe heredar por otra clase que los implemente.

alias: Una referencia se dice que es alias de otra cuando ambas hacen referencia al mismo objeto.

ámbito: Indica el entorno desde donde se puede utilizar un identificador. En general un identificador sólo se puede utilizar desde dentro del bloque donde se ha declarado. Los únicos elementos que no cumplen esta regla son los atributos de clase y los métodos de clase, que se puede acceder a ellos desde fuera de la clase anteponiendo el nombre de la clase.

API (Application Programming Interface): Especifica la interfaz que utiliza un programador para escribir aplicaciones que hagan uso de las clases y métodos que componen dicha API.

applet: Una programa en Java que se ejecuta dentro de un navegador Web que dispone de una máquina virtual de Java, como por ejemplo NetScape Navigator, Internet Explorer o HotJava.

argumento: Dato que se pasa en la llamada a un método.

array: Colección de datos del mismo tipo accesibles por un número de posición.

ASCII (American Standard Code for Information Interchange): Forma de ordenar los caracteres que se pueden escribir utilizando un formato de 7 bits. Existe una tabla ASCII extendido que utiliza 8 bits que permite disponer de los caracteres españoles.

aserción: Comprobación del cumplimiento de una determinada condición en un momento de ejecución de un pograma.

atributo de clase: Elemento de dato asociado a una clase, no a objetos particulares de dicha clase. Un atributo de clase se define con el modificador static. Para acceder a un atributo de clase no es necesario crear ningún objeto de la clase.

atributo de instancia: Atributo de un objeto concreto a diferencia de los atributos de clase. Cada objeto tiene un conjunto de atributos de instancia que determinan el estado de dicho objeto.

AWT (Abstract Window Toolkit): Componentes para crear interfaces de usuario. Inicialmente utilizan la plataforma nativa. En la actualidad se han visto sustituidos por Swing.

Autoboxing: Conversión automática entre un tipo primitivo y una referencia a un objeto envoltorio de dicho tipo.

bloque: Todo el código que se escriba entre un carácter de abrir llave, que abre el bloque, y un carácter de cierra llave, que cierra el bloque.

booleano: Indica un valor de verdad o falsedad. En Java el valor de una expresión lógica es un valor booleano, true o false.

bucle infinito: Un bucle cuya condición de terminación no se cumple nunca. Por tanto, este bucle se repite de forma indefinida.

bytecode: Véase código de bytes.

clase abstracta: Se denomina de esta forma a las clases que tienen métodos abstractos.

clase base: Clase de la que se derivan otras clases que serán subclases de ésta. Una clase es superclase de todas la que la extiendan y de todas las que extiendan a estas últimas.

clase derivada: Clase que extiende otra clase. Una clase que es subclase de otra no tiene por qué extenderla directamente, puede extenderla extendiendo una clase entre medias que extiende a dicha superclase.

clase genérica: Una clase que declara un tipo o clase como variable. De esta forma cuando se declare una variable de una clase genérica hay que especificar adicionalmente cuál es la clase con la que se declara realmente.

classpath: Variable de entorno que indica a las aplicaciones de Java dónde se encuentran las clases que se utilizan en el programa, entre ellas las clases de las bibliotecas de Java.

código de bytes: Forma de escribir un programa de manera independiente de la máquina que es capaz de interpretar las máquinas virtuales de Java. El código fuente de Java se compila traduciéndolo a código de bytes.

coerción: Conversión explícita de un tipo de dato a otro.

comentario: Parte de un programa delimitado por /* y */ o líneas que empiezan con los caracteres // que se utiliza para explicar textualmente para qué sirve o qué hace dicha parte. El compilador ignora todos los comentarios.

compilador: Es un programa que traduce el código fuente de un programa en un código ejecutable. En Java el compilador traduce de un programa escrito en Java en códigos de bytes que puede ejecutar la máquina virtual de Java.

const: Palabra reservada de Java sin uso en la actualidad.

constructor: Es un método que se utiliza en la creación de un objeto de una clase.

declaración: Sentencia en la que se define un nombre de atributo y el tipo o clase a la que pertenece, reservando la memoria necesaria para dicho atributo.

APÉNDICE [F]   Glosario

deprecated: Se dice de aquellas clases, interfaces, constructores o métodos cuyo uso ya no se recomienda y que pueden dejar de existir en futuras versiones de la plataforma Java.
encapsulación: Forma de incluir todos los datos y métodos dentro de un objeto. De esta forma el objeto puede actuar como una caja negra para el exterior al mismo. Cualquier cambio en la clase debería ser inadvertido si se mantiene la interfaz de uso que presentaba la clase, encapsulando de esta forma su contenido.
enumerado: Tipo cuyos valores válidos se restringen a un conjunto de valores fijos.
envoltorio (wrapper): Clase que en Java se utiliza para dar una representación y funcionalidad de objeto a los tipos primitivos.
excepción: Suceso inesperado durante la ejecución de un programa que rompe el flujo de ejecución natural, normalmente debido a un error o un valor no esperado. Las excepciones se pueden capturar y tratar de forma elegante mediante la sentencia try-catch-finally. Un método puede lanzar una excepción propia ante algo inesperado con la sentencia throw.
expresión: Código que se forma al unir otras expresiones formadas por literales o variables con operadores. Una expresión tiene un valor que se calcula teniendo en cuenta la precedencia de los operadores que se utilizan en dicha expresión.
extensión de clases: Mecanismo por el que una clase puede extender otra ampliando la funcionalidad de esta última La extensión de clases es el mecanismo que se utiliza en Java para dar soporte a la herencia de atributos y comportamientos de una clase por otra. En Java la extensión de clases sólo se puede hacer extendiendo una clase. No se admite la herencia múltiple.
final: Palabra reservada del lenguaje Java que indica que es una definición final y no se puede modificar. De esta forma se puede aplicar a una clase para indicar que no se puede extender, a un atributo para indicar que no se puede modificar, convirtiéndose en una constante, o a un método para indicar que no se puede sobrescribir su comportamiento.
flujo: Es una forma de transmitir una serie de bytes de un emisor a un receptor.
goto: Palabra reservada de Java sin uso en la actualidad. Al ser una palabra reservada no se puede utilizar en un programa evitando equívocos respecto a su utilización.
GUI (Graphical User Interface): Interfaz que utiliza componentes gráficos para la interacción con un usuario.
herencia: Concepto por el que una clase dispone de todos los atributos y comportamiento de la clase de la que hereda. En Java la herencia se realiza mediante una extensión de clases. Véase extensión de clases.
HotJava: Navegador Web desarrollado por Sun Microsystems. Este navegador esta escrito en el lenguaje Java.
HTML (HyperText Markup Language): Lenguaje de marcas hipertextuales. Es el lenguaje que se utiliza para crear sitios Web. Se basa en marcar los elementos que componen una pátina indicando para qué sirve cada parte y los atributos que tiene.
HTTP (HyperText Transfer Protocol): Protocolo de transferencia de hipertexto. Protocolo que se utiliza para la comunicación entre un navegador Web y un servidor de páginas Web. Este protocolo forma parte de la familia de protocolos de TCP/IP.
identificador: Nombre que se da a un elemento de un programa. Este identificador es el nombre por el que luego se puede referir a dicho elemento desde

otras partes de un programa. Se aplica a clases, atributos, métodos, argumentos.

implementación parcial: Se dice de las clases abstractas, pues no contienen toda la implementación de sus métodos.

inicializar: Asignar un valor a una variable antes de usarla en una expresión.

instancia: Objeto de una clase particular.

interfaz: Estructura del lenguaje Java similar a una clase pero sin comportamiento que se utiliza para definir un conjunto de constantes y declaraciones de métodos. Posteriormente, alguna de las clases implementará los métodos de dicha interfaz.

intérprete: Programa que decodifica un programa y ejecuta lo que dicho programa indica. La máquina virtual de Java es un intérprete de códigos de bytes.

JAR (archivos .jar) Java ARchive: Formato de archivo que se utiliza para disponer de un conjunto de clases en un único archivo.

Java (plataforma): La plataforma Java consta de un lenguaje de programación del mismo nombre Java, un conjunto de API estándar de la plataforma, una biblioteca de clases, un conjunto de herramientas (compilador, generador de documentación, depurador, etc.) y una máquina virtual que interpreta los programas compilados en códigos de bytes. La definición actual es la de la plataforma Java 2. Dentro de esta plataforma existen varias ediciones: Java 2 Platform, Enterprise Edition dirigida a grandes desarrollos corporativos y aplicaciones cliente/servidor con varias capas; Java 2 Platform, Standard Edition, dirigida al desarrollo de aplicaciones de propósito general multiplataforma y Java 2 Platform, Micro Edition, dirigida a dispositivos portátiles y de gran consumo como teléfonos móviles, televisores, set-top, etc.

Java: Marca de Sun Microsystems que incluye un conjunto de tecnologías de desarrollo de software.

JDBC (Java Database Connectivity): Estandar para el acceso a bases de datos desde la plataforma de desarrollo Java. JDBC utiliza una API basada en el lenguaje de consulta SQL.

JDK (Java Development Kit): Entorno de desarrollo en Java para el desarrollo de aplicaciones, applets, etc.

JIT (Just-in-time Compiler): Compilador que, durante la ejecución de un programa en Java como códigos de bytes por una máquina virtual de Java, traduce los códigos de bytes al lenguaje nativo de la máquina donde se ejecuta. El resultado es una mejora en la velocidad de ejecución de los programas Java.

JRE (Java Runtime Environment): Subconjunto del JDK para la ejecución de programas en Java ya compilados. Consta de una máquina virtual de Java y un conjunto de bibliotecas estándar.

JVM (Java Virtual Machine): Programa que sirve para ejecutar un programa Java después de compilado. Interpreta los códigos de bytes de dicho programa creando un entorno de ejecución seguro para dicho programa.

literal: Representación de un valor dependiendo del tipo del mismo. Por ejemplo: 3.0F es un líteral del tipo float.

long: Tipo de dato que define un entero con signo represetado con 32 bits.

máquina virtual de Java: Véase JVM (Java Virtual Machine).

máquina virtual: Software que siguiendo la especificación de Sun interpreta las instrucciones de los códigos de bytes que se generan con el compilador de Java a partir de un programa escrito en Java para ejecutarlo en un ordenador.

método abstracto: Un método que no tiene cuerpo definido.

APÉNDICE [F] Glosario

método de clase: Método al que se puede llamar sin necesidad de crear un objeto de la clase. Estos métodos se declaran utilizando el modificador static.
método de instancia: Método que se llama con un objeto concreto y cuya ejecución depende del estado de dicho objeto.
método: Una función que se define dentro de una clase. Aunque se denomine función puede que no devuelva ningún valor, en cuyo caso se indica que devuelve void.
null: Palabra reservada del lenguaje Java con la que se asigna un valor a las referencias que no tinen objeto.
objeto: Elemento principal de la POO. Es cada unidad de un programa con datos, atributos del objeto, y un comportamiento, sus métodos.
octal: Sistema de numeración en base 8. Los números utilizan los dígitos del 0 al 7. Cuando un número en Java empieza con el dígito 0, su representación es en octal. El número 054 representa al número decimal 44.
operador binario: Un operador que opera sobre dos elementos.
operador de bits: Operador que opera con los bits individuales de los valores sobre los que actua.
paquete: Un grupo de clases bajo el mismo nombre de paquete. Para indicar que una clase pertenece a un paquete se pone como primera sentencia de la clase.
POO (Programación Orientada a Objetos): Paradigma de programación cuyo elemento principal son los objetos, clases como modelos de los objetos y la herencia como relación principal entre clases.
recolección de basura (garbage collection): En Java la recolección de basura es un proceso automático del que no se debe preocupar el programador. La máquina virtual de Java se encarga de liberar la memoria asociada de todos los objetos de los que ya no existe una referencia.
reescribir: Escribir una implementación diferente de un método en la clase que extiende dicho método de la clase padre.
referencia: Variable que hace refencia a un objeto. Si no hace referencia a ningún objeto su valor en Java es null. Dos referencias pueden referirse al mismo objeto.
runtime: Software que permite ejecutar programas escritos en Java y compilados como códigos de bytes. El sistema de runtime dispone de todo lo necesario para la carga dinámica de las clases que componen el programa, las bibliotecas estándar del lenguaje, una implementación de la máquina virtual de Java, etc.
serialización: Forma en la que se codifican los objetos para su envío y recepción a través de un flujo.
sobrescritura: Cuando un método se llama de la misma forma que otra dentro de la misma clase se dice que está sobrecargado. Se diferencian entre sí por el número de argumentos que utilizan o el tipo o clases de los mismos.
subclase: Veasé clase derivada.
superclase: Veasé clase base.
Swing: Nombre de una colección de componentes de interfaces de usuario creados para su uso en cualquier plataforma de desarrollo.
Unicode: Codificación de caracteres que utiliza 16 bits para representar cada carácter, permitiendo de esta forma representar casi cualquier alfabeto de la tierra. Los programas en Java se permite que utilicen caracteres Unicode para escribirlos. De esta forma se puede emplear la letra ñ o una letra acentuada como un identificador.
URL: Localizador uniforme de recursos. Forma estándar de referirse a un recurso al que se puede acceder en Internet. Un URL utiliza un formato de protoco-

[347]

lo://máquina/ruta donde se encuentra. Por ejemplo, http://java.sun.com/products, se refiere al protocolo http (el de Web), en la máquina java.sun.com en el directorio products.

variable: Un elemento con un nombre que guarda un valor. Toda variable tiene un tipo y un ámbito.

variable local: Variable o referencia definida en el ámbito de un bloque a la que se puede acceder desde el bloque donde se declara pero no desde un bloque externo.

WWW World Wide Web: Red de ordenadores que, conectados entre sí mediante los protocolos de Internet forman Internet.

Índice analítico

@author, 311
@deprecated, 312
@exception, 312
@param, 312
@return, 312
@see, 312
@since, 313
@throws, 313
@version, 312, 313
abstract, 294
AbstractButton, 239
Accesibilidad, 221
acceso
  de paquete, 70
  derechos de, 70
  privado, 70
  protegido, 70
  público, 70
  uso de modificadores de, 71
administradores de diseño, 254
  BorderLayout, 256
  BoxLayout, 259
  CardLayout, 258
  conceptos básicos, 255
  FlowLayout, 255
  GridBagLayout, 261
  GridLayout, 257

administradores de disposición. *Véase* administradores de diseño
alias, 35, 343
almacenamiento, 139
ámbito, 343
  de clase, 69
  de declaración, 69
  de variables, 52
  dinámico, 53
  estático, 52
  y visibilidad, 123
API, 343
applet, 343
  ciclo de vida, 272
  con Swing, 271
  creación, 273
  inclusión en HTML, 277
  métodos, 273
  seguridad, 280
Applet, 271
  y JApplet, 274
AppletViewer, 272, 279
archivo
  características, 160
  de acceso aleatorio, 170
  leer y escribir, 160
  representación, 160

ÍNDICE

argumentos, 44, 343
  número variable de, 47
expresiones, 22
ArrayIndexOutOfBoundsException, 141
ArrayList, 153
arrays, 139
  atributo length, 142
  búsqueda, 148
  creación, 140
  declaración, 140
  índices, 141
  inicialización, 140
  multidimensionales, 143
  ordenación, 148
  uso, 145
  uso y recorrido, 142
arreglo. *Véase* arrays
ASCII, 343
aserción, 344
aserciones, 108
  como invariantes, 108
  como postcondiciones, 109
  como precondiciones, 109
asignación, 14
atributos, 31, 38
  de clase, 67, 344
  de instancia, 344
  definición, 38
  uso, 33
  valor inicial, 39
Autoboxing, 344
Autorreferencia this, 51, 295
AWT, 201, 344

bloque, 11, 32, 344
  ámbito de variables, 68
  apilamiento y anidamiento de estructuras, 88
  características, 52
  de definición, 30
  de una clase, 38
  static, 67, 295
BlueJ. *Véase* Entorno de desarrollo
boolean, 26, 78. *Véase* Tipos primitivos
  envoltorio para, 79
  operadores, 20
  palabra reservada, 291
BorderLayout, 256

botones, 239
BoxLayout, 259
break, 103, 104
bucle, 95
  anidado, 144
  de lectura, 171
  do-while, 97
  for, 98
  infinito, 344
  infinito en recursión, 56
  para recorrer un array, 142
  uso apropiado, 101
  uso de break y continue, 102
  while, 95
búsqueda
  en arrays ordenados, 149
  métodos en la API, 149
byte, 26, 78. *Véase* Tipos primitivos
  palabra reservada, 291
bytecode, 6, 344

cabecera, 40
cambio de línea. *Véase* caracteres especiales
caracteres especiales, 18
CardLayout, 258
char. *Véase* Tipos primitivos
  envoltorio para, 79
clase
  AbstractButton, 239
  ArrayList, 153, 191, 338
  AWTEvent, 207
  Box, 259
  BufferedReader, 164
  Character, 104
  CharArrayReader, 162
  CharArrayWriter, 162
  Comparable, 151
  Component, 221
  ComponentAdapter, 211
  Container, 223
  Date, 337
  DefaultComboBoxModel, 252
  DefaultListModel, 251
  Dialog, 226
  EventObject, 204
  Exception, 107
  File, 159, 169, 334
  FileInputStream, 166

[350]

ÍNDICE

clase (cont.)
  FileReader, 162
  FileWriter, 161
  FocusAdapter, 211
  Frame, 225
  GregorianCalendar, 338
  GridBagConstrains, 261
  ImageIcon, 224
  JApplet, 274
  JButton, 241
  JCheckBox, 242
  JColorChooser, 253
  JComboBox, 252
  JComponent, 223
  JDesktopPane, 253
  JDialog, 228
  JEditorPane, 250
  JFileChooser, 231
  JFrame, 226
  JInternalFrame, 254
  JLabel, 238
  JLayeredPane, 254
  JList, 251
  JMenu, 246
  JMenuBar, 245
  JOptionPane, 229
  JPanel, 233
  JPopupMenu, 247
  JProgressBar, 254
  JRadioButton, 243
  JRadioButtonMenuItem, 243
  JRootPane, 226, 254
  JScrollBar, 254
  JScrollPane, 233
  JSlider, 254
  JSplitPane, 234
  JTabbedPane, 236
  JTable, 254
  JTextArea, 249
  JTextComponent, 247
  JTextField, 248
  JToggleButton, 242
  JToolBar, 237
  JToolTip, 254
  JTree, 254
  JViewport, 254
  KeyAdapter, 211
  Math, 43, 81, 336
  MouseInputAdapter, 209, 211
  Object, 95, 291
  Random, 335
  RandomAccessFile, 159, 160, 170
  Scanner, 25, 106, 167, 333
  StreamTokenizer, 159
  String, 82, 331
  StringReader, 162
  StringWriter, 162
  TreeSet, 196
  Vector, 182
  Window, 224
  WindowAdapter, 211
clases, 30
  abstractas, 132
  adaptadoras de eventos, 209
  ámbito, 69
  anónimas, 77
  ascendiente, 120
  atributos de, 38
  base, 116
  bloques de, 38
  compatibilidad, 119
  contenedoras, 115
  contenidas, 115
  criterios de definición, 38
  definición, 30
  derivadas, 116
  elementos de, 65
  envoltorios, 77, 123
  extensión, 113, 116
  genéricas, 192
  herencia, 116
  herencia de `Object`, 122
  hijas, 116
  implementación de interfaces, 179
  importación estática, 84
  instancias de, 30
  internas, 75
  locales, 77
  padre, 116
  predefinidas, 77
  representación gráfica, 32
  visibilidad, 123
classpath, 344
codificación
  aspectos, 8
  de los números, 20
Codificación. *Véase* Desarrollo de programas
códigos de bytes, 6
coerción, 344

[351]

colecciones, 151
   interfaz de, 152
comentario, 9, 12
   convenios para escribir, 323
   de bloque, 12
   de documentación, 12, 309
   de línea, 13
comodines
   en genéricos, 193
Comparator, 198
compilador, 6, 7, 344
componentes
   atómicos, 238
   gráficos, 218
composición, 114
constructores, 57
   invocación desde otro, 61
   sobrecarga, 60
contenedores, 218
   de alto nivel, 224
   intermedios, 232
continue, 103, 104
control
   estructuras de, 87
conversión
   ascendente, 23, 120
   automática, 23
   de tipo, 23
   descendente, 23, 120
   entre clases, 126
   explícita, 23
   forzar, 24, 121
Corrección, 9
cortocircuito
   evaluación en, 22
Cuadros de diálogo, 228
cuerpo, 40

Declaraciones
   convenios para escribir, 324
delegación de eventos, 201
derechos de acceso, 70
Desarrollo de programas
   Codificación, 8
   Diseño, 8
   Especificación, 8
   Mantenimiento, 8
   Prueba, 8
diagrama de diamante, 180

diamante
   diagrama de, 180
dígito, 13
diseño
   prácticas de, 328
Diseño. *Véase* Desarrollo de programas
do-while, 97
documentación
   del código, 309
   ejemplo, 314
   etiquetas, 309
double, 26, 78. *Véase* Tipos primitivos
   envoltorio para, 80
   palabra reservada, 291
downcasting. *Véase* conversión descendente

Eclipse. *Véase* Entorno de desarrollo
efectos laterales, 68
Eficiencia, 9
encapsulación, 73
enlace dinámico, 113
Entorno de desarrollo, 5
   BlueJ, 5, 305
   CodeWarrior, 306
   Eclipse, 5, 305
   IBM WebSphere, 306
   Java Studio, 306
   JBuilder, 5, 305
   JCreator, 5
   jEdit, 305
   NetBeans, 5, 305
enumerados, 24
envoltorios, 77
   Boolean, 79
   Character, 79
   Double, 80
   Float, 80
   Integer, 80
especificación, 72
Especificación. *Véase* Desarrollo de programas
estructuras
   anidamiento, 88
   apilamiento, 88
   de control, 87
   de repetición, 95
   de repetición, uso, 101
   de salto, 102

estructuras (*cont.*)
  de selección, 88
Etiquetas
  de bloque, 311
  de documentación, 311
  en el texto, 311
  orden, 313
  uso, 311
evento
  ComponentEvent, 211
  FocusEvent, 211
  KeyEvent, 211
  MouseEvent, 211
  MouseMotionEvent, 211
  WindowEvent, 211
eventos, 204
  clases adaptadoras, 209
  jerarquía, 207
  programación basada en, 203
  tipos de, 207
  tratamiento, 203
excepción
  ArrayIndexOutOfBoundsException, 141
  `ClassCastException`, 120
  EOFException, 171
  Exception, 106
  FileNotFoundException, 171
  IllegalStateException, 181
  InputMismatchException, 106
  `NoSuchElementException`, 181, 184, 186
  `NullPointerException`, 34
  `NumberFormatException`, 80
  UnsupportedOperationException, 181, 184, 187
excepciones
  capturar, 105
  delegar, 106
  lanzamiento, 50
  manejo, 105
expresiones, 21

File, 169
filtros, 164
final, 293, 294, 345
float, 26, 78. *Véase* Tipos primitivos
  envoltorio para, 80
  palabra reservada, 291

FlowLayout, 255
flujo, 345
flujos, 158
  de bytes, 159
  de caracteres, 159
  tipos de, 158
for, 98
fuente. *Véase* programa fuente

genéricos, 191
  definición, 192
  herencia, 193
  métodos, 195
GridBagLayout, 261
GridLayout, 257
GUI, 201, 345

HashMap, 153
HashSet, 153
herencia, 116, 345
  constructores, 128
  criterios de diseño, 134
  de genéricos, 193
  forzada, 132
  jerarquía, 122
hexadecimal, 17
HotJava, 345
HTML, 277, 345
  marca applet, 277

Iconos, 238
identificador, 13, 345
if, 88
if-else, 89
  anidadas, 90
implementaciones parciales, 133
infinito, 80
inicializar, 346
instanceof, 121
int, 17, 26, 78, *Véase* Tipos primitivos
  envoltorio para, 80
  palabra reservada, 291
interfaces, 177
  criterios de diseño, 181
  definición, 177
  genéricos, 195
  jerarquía, 180

ÍNDICE

interfaces (*cont.*)
   uso, 179
Interfaces gráficas de usuario, 201
interfaz, 346
   ActionListener, 205, 210
   AncestorListener, 210
   CaretListener, 210
   ChangeListener, 210
   Collection, 153, 191
   Comparator, 198
   ComponentListener, 211
   DocumentListener, 211
   FocusListener, 211
   ItemListener, 211
   Iterator, 181
   KeyListener, 211
   ListSelectionListener, 211
   MenuListener, 211
   MouseInputListener, 211
   WindowListener, 211
interfaz gráfica
   creación, 202
   diseño y composición, 219
   elementos, 202
intérprete, 7, 346
iteratividad, 102
Iterator, 181
   codificación, 183
   uso, 182

JApplet, 218, 274
Java
   convenios de programación, 321
   Desarrollo de programas, 6
   elementos, 4
   entornos de desarrollo, 5
   Estructura de archivo, 321
   Estructura de un programa, 9
   flujos predefinidos, 159
   modelo de seguridad, 281
   Proceso de desarrollo, 8
   sintaxis, 285
   swing, 221
   tipos primitivos, 16
Java Core, 4
Java JFC, 201
JBuilder. *Véase* Entorno de desarrollo
JButton, 241
JCheckBox, 242

JColorChooser, 253
JComboBox, 252
JCreator. *Véase* Entorno de desarrollo
JDesktopPane, 253
JDialog, 228
JDK, 4, 237, 241, 272, 273, 276, 310
JEditorPane, 250
JFileChooser, 228, 231
JFrame, 218, 226
JInternalFrame, 254
JLabel, 238
JLayeredPane, 254
JList, 251
JMenu, 246
JMenuBar, 245
JOptionPane, 229
JPanel, 218, 233
JPopupMenu, 247
JProgressBar, 254
JRadioButton, 243
JRootPane, 218, 254
JScrollBar, 254
JScrollPane, 233
JSlider, 254
JSplitPane, 234
JTabbedPane, 236
JTable, 254
JTextArea, 249
JTextComponent, 247
JTextField, 248
JToggleButton, 242
JToolBar, 237
JToolTip, 254
JTree, 254
JViewport, 254

layout managers, 218, 254
   BorderLayout, 256
   BoxLayout, 259
   CardLayout, 258
   conceptos básicos, 255
   FlowLayout, 255
   GridBagLayout, 261
   GridLayout, 257
Legibilidad, 9
ligadura dinámica, 113
LinkedHashMap, 153
LinkedHashSet, 153
LinkedList, 153

ÍNDICE

Linux, 6, 254
Liskov, 135
literal, 346
literales, 17
long, 26, 78. *Véase* Tipos primitivos
   palabra reservada, 291
Look and Feel, 220

Mantenimiento. *Véase* Desarrollo de programas
máquina virtual, 7
Math, 81
memoria
   leer y escribir, 162
Menús, 244
métodos, 31, 39
   cabecera de, 40
   criterios de definición, 57
   cuerpo, 40
   definición, 40
   funcionamiento, 43
   genéricos, 195
   invocación, 33, 42
   parámetros, 40
   recursividad, 55
   sobrecarga, 54
modelo de delegación de eventos, 204
modelo-vista-controlador, 220
MVC, 220

NaN (Not a Number), 80
native, 294
NetBeans. *Véase* Entorno de desarrollo
new, 30
null, 33, 347
   asignación, 33
   comparar con, 34
   representación gráfica, 34
números enteros, 19
Números reales, 18

Object, 291
objeto
   ciclo de vida, 37
   construcción, 58
   estado, 32
   fuente, 204

leer y escribir, 171
oyente, 204
serialización, 172
octal, 17, 347
operadores, 287
   aritméticos, 287
   booleanos, 20
   cambio de signo, 287
   concatenación, 12
   condicional, 90
   de asignación, 289
   de números, 19
   desplazamiento, 288
   Incremento y decremento, 287
   instanceof, 121
   lógicos, 287
   lógicos sobre bits, 289
   precedencia, 290
   relacionales, 287
ordenación
   métodos de, 149

Palabras reservadas, 291
paquete, 347
paquetes, 73
   nombres, 74
   uso, 74
parámetros, 40, 44
   como alias, 46
   número variable, 47
   paso de, 45
Petición de datos, 25
pluggable Look and Feel, 220
plug-in, 272, 279
polimorfismo, 131
programa fuente, 6
programación
   basada en eventos, 203
   convenios en Java, 321
   dirigida por eventos, 203
Prueba. *Véase* Desarrollo de programas

realización, 72
recursividad, 55
   vs. iteratividad, 102
reescritura, 125
referencia, 347

[355]

referencias
    compartidas, 35
    desigualdad, 36
    igualdad, 36
retorno de valor, 48
retroceso. *Véase* caracteres especiales
return, 48

salto de línea. *Véase* caracteres especiales
sangrado, 322
Sentencia, 10
serialización, 347
short, 26, 78. *Véase* Tipos primitivos
    palabra reservada, 291
signatura, 41, 54, 69, 125
sobrecarga, 54
static, 65, 293, 294
    bloque, 295
strictfp, 294
String, 82
subclase, 116
Sun Microsystems, 3, 301, 302, 303, 306
`super`, 127, 295
superclase, 116
Swing, 201, 347
    descripción general, 220
switch, 91
synchronized, 294

tabulador. *Véase* caracteres especiales
teclado
    leer desde, 167
this, 51, 295
tipos
    compatibilidad, 119

Tipos primitivos, 16
    boolean, 16, 285
    byte, 16, 285
    char, 285
    double, 16, 285
    float, 16, 285
    int, 16, 285
    long, 16, 285
    short, 16, 285
Tooltip, 224
toString, 76, 95
transient, 293
TreeMap, 153
TreeSet, 153, 196

Unicode, 13, 16, 158, 347
UNIX, 6
upcasting. *Véase* conversión ascendente

valor, 14
variable, 14, 348
    ámbito, 52
    ámbito dinámico, 53
    ámbito estático, 52
    local, 52
ventana, 218
    creación, 227
visibilidad, 123
volatile, 293

while, 95
wrappers. *Véase* clases envoltorios

XHTML, 277

McGraw-Hill/Interamericana de España, S. A. U.
División Profesional
C/ Basauri, 17 - Planta 1.ª - 28023 Aravaca. Madrid
Enteça, 95 - Planta 5.ª - 08015 Barcelona

☐ **Por favor, envíenme información de productos de McGraw-Hill**

☐ Informática ☐ Negocios ☐ Ciencia/Tecnología

Nombre y apellidos _____
c/ _____ n.º _____ C.P. _____
Población _____ Provincia _____ País _____
CIF/NIF _____ Teléfono _____
Correo electrónico _____ Fax _____
Empresa _____ Departamento _____
Nombre y apellidos _____
c/ _____ n.º _____ C.P. _____
Población _____ Provincia _____ País _____
Correo electrónico _____ Teléfono _____ Fax _____

3 FORMAS RÁPIDAS Y FÁCILES DE SOLICITAR SU CATÁLOGO

EN LIBRERÍAS ESPECIALIZADAS

E-MAIL
profesional@mcgraw-hill.com

PÁGINA WEB
www.mcgraw-hill.es

McGraw-Hill quiere conocer su opinión

¿Por qué elegí este libro?

☐ Renombre del autor
☐ Renombre McGraw-Hill
☐ Reseña de prensa
☐ Catálogo McGraw-Hill
☐ Página Web de McGraw-Hill
☐ Otros sitios Web
☐ Buscando en librería
☐ Requerido como texto
☐ Precio
☐ Otros

Temas que quisiera ver tratados en futuros libros de McGraw-Hill:

_____
_____
_____
_____
_____
_____
_____
_____

Este libro me ha parecido: **J2IR2**

☐ Excelente ☐ Muy bueno ☐ Bueno ☐ Regular ☐ Malo

Comentarios: _____

McGRAW-HILL le informa que los datos que figuran en este cupón se incluirán en un archivo automatizado que se conservará de forma confidencial, con la finalidad de emisión de acciones publicitarias aplicando estadísticas sobre sus datos al objeto de determinar pefiles de consumo para ofrecerle nuestros productos. A través de nuestra empresa podrá recibir informaciones comerciales de otras entidades del sector. Vd. podrá en cualquier momento ejercer su derecho de acceso, rectificación, cancelación y oposición en los términos establecidos en la Ley Orgánica 15/1999, dirigiendo un escrito a la siguiente dirección: McGraw-Hill / Interamericana de España, S .A. U. – Dpto. de Marketing – División Profesional – C/ Basauri, 17, Edificio Valrealty A, planta baja, 28023 – Aravaca (Madrid).
Vd. autoriza el tratamiento de sus datos con la finalidad indicada; en caso contrario, marque con una X la siguiente casilla ☐.

CONÉCTESE A www.mcgraw-hill.es

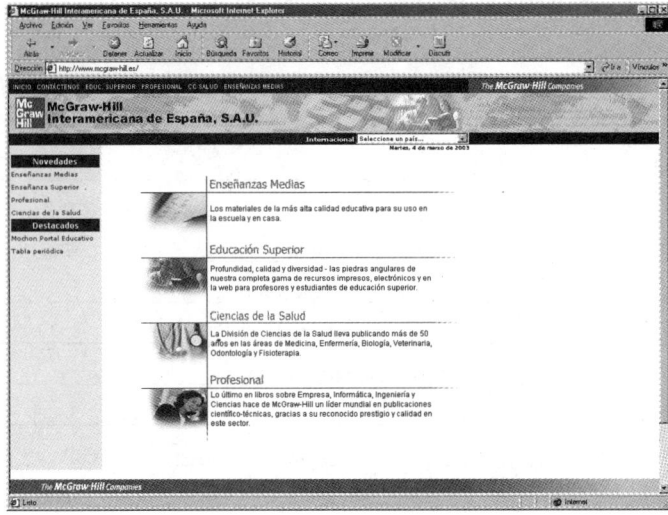

Para otras web de McGraw-Hill, consulte:
www.mcgraw-hill.com

OFICINAS IBEROAMERICANAS

ARGENTINA
McGraw-Hill Interamericana Argentina
Cerrito, 1070, 1 piso, oficina A C1010 AAV
Buenos Aires, Argentina
Tel.: (54 11) 4819 8800 al 49 Fax: (54 11) 4819 8810

BRASIL
McGraw-Hill Interamericana do Brasil
Rua da Assembleia, 10/2319
20011-00 Rio de Janeiro, RJ Brazil
Tel./Fax: (55 21) 531 2318

CARIBE
Santo Domingo, Puerto Rico
McGraw-Hill Interamericana Editores
Fantino Falco, 48, local 1 Ensanche Naco
Santo Domingo, República Dominicana
Tel.: (809) 227 92 67 Fax: (809) 227 94 06
e-mail: mcgrawhill@codetel.net.do

McGraw-Hill Interamericana del Caribe
1121 Avenida Muñoz Rivera Rio Piedras
Puerto Rico 00925
Tel.: (787) 751 2451 - (787) 751 3451
Fax: (787) 764 1890

CENTRO AMÉRICA
Guatemala, El Salvador
McGraw-Hill Guatemala
11 calle 0-65, zona 10, Edificio Vizcaya, nivel 3
Guatemala, Guatemala
Tel.: (502) 332 8079 al 84 Fax: (502) 332 8114
e-mail: mghguate@infovia.com.gt

McGraw-Hill El Salvador
Residencias de la Campiña
Senda Los Robles, Casa n.º 1, block "C"
San Salvador, El Salvador
Tel./Fax: (503) 286 2906 e-mail: pepe@sal.gbm.net

COLOMBIA
McGraw-Hill Colombia
Avda. de las Américas, n.º 46-41
Colombia
Tel.: (571) 4069000 Fax: (571) 4069033

CONO SUR
Chile, Uruguay
McGraw-Hill Interamericana de Chile
Procuro, 2151 Providencia
Santiago de Chile, Chile Tel.: (56 2) 373 30 00

ESPAÑA
McGraw-Hill/Interamericana de España, S. A. U.
Basauri, 17, Edificio Valrealty A
28023 Aravaca (Madrid)
Tel.: (91) 180 30 00 Fax: (91) 372 85 13
e-mail: profesional@mcgraw-hill.com
www.mcgraw-hill.es

MÉXICO
McGraw-Hill Interamericana de Editores,
S. A. de C. V.
Cedro, 512, Col. Atlampa, Cuahútemoc
México D. F. C.P. 06450
Tel.: (52) 5117 1515

Atlacomulco, 499, Fracc. San Andrés Atoto
Naucalpan - Edo. De México C.P. 53500
Tel.: (52) 2122 5353 - www.mcgraw-hill.com.mx

PACTO ANDINO
Ecuador, Perú
McGraw-Hill Ecuador
La Pinta, 235 y Reina Victoria, PB
Quito, Ecuador
Tel./Fax: (593) 2 543408 Tel./Fax: (593) 9 734115
Tel./Fax: (593) 9 738207

McGraw-Hill Interamericana, S. A.
Malecón, 28 de julio 365,
Lima 18, Perú
Tel./Fax: (51) 1 447 2548 Tel./Fax: (51) 1 447 4517

PORTUGAL
McGraw-Hill de Portugal
Rua Barata Salgueiro, 51 A
Edifício Castillo, 5
1250-043 Lisboa, Portugal
Tel.: (21) 355 3180 Fax: (21) 355 3189
servicio_clientes@mcgraw-hill.com

VENEZUELA
McGraw-Hill Interamericana
Avda. Francisco Solano López,
Torre Solano Mezz 1
Sabana Grande
Caracas, Venezuela, C.P. 1050
Tel.: (58) 212 7618181 - (58) 212 7625562
Fax: (58) 212 7628224
e-mail: servicioalcliente.ve@mcgraw-hill.com
www.mcgraw-hill.com.ve